Ellen Madeker

Türkei und europäische Identität

Ellen Madeker

Türkei und europäische Identität

Eine wissenssoziologische Analyse der Debatte um den EU-Beitritt

VS VERLAG FÜR SOZIALWISSENSCHAFTEN

Bibliografische Information Der Deutschen Nationalbibliothek
Die Deutsche Nationalbibliothek verzeichnet diese Publikation in der
Deutschen Nationalbibliografie; detaillierte bibliografische Daten sind im Internet über
<http://dnb.d-nb.de> abrufbar.

Zgl.: Diss. Univ. Passau 2007

Gedruckt mit freundlicher Unterstützung der Deutschen Forschungsgemeinschaft.

1. Auflage 2008

Umschlaggestaltung: KünkelLopka Medienentwicklung, Heidelberg
Satz: <Bausatz> Frank Böhm
Druck und buchbinderische Verarbeitung: Krips b.v., Meppel
Gedruckt auf säurefreiem und chlorfrei gebleichtem Papier
Printed in the Netherlands

ISBN 978-3-531-15615-6

Danksagung

Die vorliegende Studie wurde im November 2006 an der Universität Passau als Dissertation angenommen. Ohne die Unterstützung einer Reihe von Personen wäre meine Arbeit in dieser Form sicherlich nicht zustande gekommen. An vorderster Stelle gilt mein Dank daher Prof. Dr. Maurizio Bach für seine exzellente fachliche Betreuung, für beständige Ermunterung, professionelle Kritik und doktorväterliches Verständnis. Prof. Dr. Richard Münch danke ich für seine Unterstützung, seinen professionellen Rat und sein Fungieren als Gutachter. Für die Betreuung während meines Forschungsaufenthaltes am Europäischen Hochschulinstitut in Florenz danke ich Prof. Dr. Martin Kohli.

Meinen Lieben Suvi Ervamaa in Helsinki, Lara Fiedler in Brüssel, Melanie Grell in München, David Kalweit in Freising, Katja Schröder in Regensburg, sowie Sandra Jungbauer, Stephanie Nau und Eunike Piwoni in Passau danke ich für ihre Treue und Zeit, ihren unentbehrlichen Rat und ihre immer offenen Ohren. Ebenso gilt mein Dank Ina Grimmer, Dagmar Heinrich, Stefanie Klein, Stefan Köppl und Alexander Street, die in entscheidenden Momenten für mich da waren. Der Friedrich-Naumann-Stiftung danke ich für ihre finanzielle und ideelle Unterstützung durch die Aufnahme in den Kreis ihrer Stipendiaten. Ohne meine tolle Familie aber hätte ich diese Doktorarbeit weder begonnen noch abgeschlossen. Für jahrelanges Rücken stärken und „Runden" freuen gilt mein wichtigster Dank meinen Eltern, meinen Brüdern und den Lieblingsverwandten. Ihnen sei dieses Buch gewidmet.

Passau und Bamberg, im April 2007

Ellen Madeker

Inhaltsverzeichnis

1 Einleitung

1.1 Entstehung der Forschungsidee

Am 17. Dezember 2004 war es endlich soweit. Nach Jahrzehnten der Verhandlungen und „Aufs und Abs" der Beziehungen zwischen der EU und der Türkei entschied der Europäische Rat für eine Aufnahme von Beitrittsverhandlungen mit der Türkei. Seit Monaten, ja seit Jahren, hatte die „Türkei-Frage" die europäische Öffentlichkeit polarisiert, Feuilletons gefüllt, Podiumsdiskussionen und Symposien ins Leben gerufen und politische Lager entzweit. So entstand die Forschungsidee zu der vorliegenden Dissertation im Kontext der zunehmend lauter werdenden Debatten zum Thema „EU-Beitritt der Türkei" im Vorfeld des EU-Gipfels Ende 2004. Nie zuvor hatte ein Beitrittsgesuch eine solch lautstarke und emotionale Debatte entzündet, die Geographen, Historiker, Theologen, Politologen, Ökonomen und Soziologen gleichermaßen auf den Plan rief.

Türkei: (k)ein Teil Europas?

In der „Türkei-Debatte", um eine eingehendere Analyse derer es im Folgenden gehen soll, stand einerseits die Frage im Zentrum, inwieweit die Türkei den Katalog der Kopenhagener Kriterien erfüllt. Diese betreffen vor allem die Stabilität der Institutionen, Demokratie, Rechtsstaatlichkeit, funktionierende Marktwirtschaft, Achtung und Schutz von Minderheiten sowie die Übernahme gemeinschaftlicher Regeln, Standards und Politiken, die die Gesamtheit des EU-Rechts darstellen und auch als *acquis communautaire* bezeichnet werden. Andererseits – und hier liegt das eigentliche Spezifikum der Debatte – wurde erstmals in der Geschichte der EU die Frage nach dem *europäischen Charakter* eines Beitrittskandidaten dezidiert in den Mittelpunkt der Diskussion gerückt. Die Leitfragen der öffentlichen Diskussion lauteten: Gehört die Türkei zu Europa? Sind die Türken in historischer, religiöser oder kultureller Hinsicht Europäer? Haben sie eine europäische Identität und – falls nein – könnten sie eine solche entwickeln? Ist ein mehrheitlich islamisch geprägtes Land mit einer europäischen Identität kompatibel? Sollte sich die EU als Christenclub definieren? In der öffentlichen Diskussion wurde vor allem der Frage nachgegangen, ob die Türkei genügend Anteil am europäischen Kulturerbe habe, um Art. 49 des Vertrages über die Europäische Union zu erfüllen, in dem es heißt: „Jeder europäische Staat [...] kann beantragen, Mitglied der Union zu werden" (o.V. 2001).[1] Als Indikatoren für den „Grad des Europäisch-Seins" wurden neben der geographischen Lage und historischen Vergangenheit vor allem die religiöse Ausrichtung des Bewerberlandes herangezogen und diskutiert.

---

1 Art. I-57 Abs.1 des Entwurfs über eine Verfassung über Europa ist inhaltlich identisch: „Die Union steht allen europäischen Ländern offen [...]" (Europäische Union 2005).

Kontrastfolie Osterweiterung

Diese und andere Besonderheiten der Diskussion um den EU-Beitritt der Türkei fallen besonders ins Auge, wenn man die öffentliche Rhetorik mit jener der Osterweiterung vergleicht. Strukturell gesehen bringen nämlich Ost- und Südosterweiterung ähnliche Probleme mit sich: Mit der befürchteten Abwanderung von Betrieben in europäische Billiglohnländer, der Migrationsgefahr und „Überfremdung", der Sorge um die Handlungs- und Reformfähigkeit der EU angesichts der hohen Zahl neuer Mitglieder, der schwachen Demokratien und wenig konkurrenzfähigen Marktwirtschaften der neu beitretenden Länder, der Korruption und der ungesicherten Außengrenzen seien nur einige genannt. Trotz dieser ähnlichen Probleme und Befürchtungen unterscheiden sich Rhetorik und Inhalte der beiden Erweiterungsdiskurse fundamental. Während es im Fall der Ostweiterung im Grunde kaum eine öffentliche Diskussion im Stil „Pro-Contra" gab, ja im Diskurs implizit von der Richtigkeit und Notwendigkeit der „Rückkehr der Ostländer nach Europa" ausgegangen wurde, gab es in der „Türkei-Frage" kaum einen Politiker oder öffentlichen Intellektuellen, der nicht eindeutig für oder gegen einen Beitritt der Türkei Stellung bezog.

Die öffentliche und mediale Diskussion der Osterweiterung bestand im Wesentlichen in der Begründung der Erweiterung als moralisch korrekt, zeitlich überfällig, notwendig und gut. Einer Studie des Wissenschaftszentrums Berlin zufolge charakterisierten folgende Deutungen die Rhetorik des Osterweiterungsdiskurses: Notwendigkeit der Erfüllung existentieller Bedürfnisse der Ostländer, Erinnerung an das eigene (westeuropäische) Versagen, Begründung einer historischen Haftungsverantwortung und Schuld durch die Kriegs- und Besatzungszeit; Begründung von Ungerechtigkeit und Bedürftigkeit durch die Teilung Europas (Jalta) und angesichts 40 Jahre Sozialismus, Dankesschuld durch Unterstützung des deutschen Wiederaufbaus, Verpflichtung zu Solidarität und europäischer Zusammenarbeit (vgl. Ecker-Ehrhardt 2002: 23-35). Diese und ähnliche Deutungen legitimierten in erster Linie die öffentliche moralische Argumentation *für* die Osterweiterung; Argumente dagegen waren in der öffentlichen Diskussion kaum zu hören. Zudem, so die Ergebnisse der Studie, dominierten Deutungen, die klare Gemeinschaftsbezüge zwischen „westlichem" und „östlichem", respektive „altem" und „neuem" Europa herstellten. Insbesondere die von Vaclav Havel geprägte Formulierung „Heimkehr nach Europa" zeugte davon, dass Europa als sozial und emotional verbundene Gemeinschaft wahrgenommen wurde.

Spezifika des Türkei-Diskurses

Vor dieser Kontrastfolie treten einige Besonderheiten der „Türkei-Debatte" zutage, die eine Diskursanalyse reizvoll und lohnend erscheinen lassen: Erstens wurden wir im Kontext der Erweiterungsdiskussion Zeugen eines *Identitätsdiskurses*, der in der Geschichte der Europäischen Union seinesgleichen sucht. Es gilt zu erhellen, welche Rolle das Konzept „Europäische Identität" im Diskurs spielt. Wie und warum wird dieser

Begriff normativ gewendet und so quasi zur „Kampfvokabel"? Welche argumentative Funktion kommt Identitätskonstruktionen in den Argumenten der Beitrittsbefürworter bzw. -gegner zu? Zweitens ließ die Diskussion um eine potentielle Mitgliedschaft der Türkei jene Einigkeit und Harmonie vermissen, durch die sich noch die Rhetorik der Osterweiterung auszeichnete. In der Diskussion um den Beitrittskandidaten Türkei prallten rigide *Pro- und Contrapositionen* aufeinander und spalteten sowohl den medialen Diskurs als auch die öffentliche Meinung. In diesem Zusammenhang stellt sich die Frage, wie das Für und Wider eines Türkei-Beitritts im Diskurs begründet wird. In welchem Zusammenhang stehen die hier kommunizierten Wahrnehmungen mit Deutungen kollektiver europäischer Identität? Drittens zeichnete sich die Diskussion durch *hohe emotive Belastung* aus, was sich insbesondere in der Verwendung der Sprache (Diskursstrategien), als auch in der Natur der Argumente (Kulturalismus, Xenophobie, Unsachlichkeit) spiegelte. Wie lässt sich diese Affektualität operationalisieren und erklären? Wie, warum und von welchen Akteuren werden Diskursstrategien eingesetzt? Eine Analyse von Deutungsmustern und Diskursstrategien erscheint zudem lohnend, weil von einer Untersuchung der Argumentationsstrukturen der öffentlichen Debatte Aufschlüsse auf die ebenso deutliche wie breit gefächerte Ablehnung des Türkei-Beitritts in der Bevölkerung erwartet werden. Im April 2004 sprachen sich 66% aller Deutschen gegen eine Südosterweiterung aus (Allensbacher Institut 2004).[2]

Werturteilsfreiheit

Angesichts dieses politisch hoch kontrovers diskutierten Themas sei vorab bemerkt, dass die vorliegende Arbeit weder ergründen will, noch den Anspruch erhebt, beantworten zu können, ob die Türkei zu Europa gehört oder nicht. Auch Empfehlungen im Hinblick auf die Frage, ob die Türkei der EU beitreten *soll*, wird der Leser vergeblich suchen. Nicht zuletzt entsprechen wir damit der Weberschen Forderung nach Werturteilsfreiheit, die ein striktes Auseinanderhalten der Feststellung empirischer Tatsachen und der als erfreulich oder unerfreulich beurteilenden Stellungnahme fordert (vgl. Weber [1904] 1991).[3] Zwar werden Deutungsmuster als Rationalisierungen „bewertet", doch enthalten sich diese Feststellungen jeglicher *persönlicher* Stellungnahme etwa betreffend der Güte, Erfreulichkeit oder Verwerflichkeit des jeweiligen Arguments. Insofern werden Argumentationsstrukturen mit Pareto als logisch (rational) oder schein-logisch (nicht-rational) kategorisiert, *nicht* aber als wünschenswert gelobt oder als unrichtig verdammt. Wir kommen darauf zurück.

---

2   Ähnliche Umfragewerte wurden auch in anderen EU-Ländern ermittelt, insbesondere die französische Bevölkerung zeigte sich entschieden abweisend gegenüber einem türkischen EU-Beitritt. Ipsos-Umfragen aus der Zeitspanne 2002 bis 2004 belegen, dass die Zahl der französischen Beitrittsgegner zwischen 56% (2002) und 67% (2004) schwankte (von Oppeln 2005: 392, Demesmay / Fougier 2005). Lediglich im traditionell euroskeptischen Großbritannien scheint die Türkei-Frage ein weniger heikles Thema zu sein – unter britischen Politikern finden geographische, religiöse oder kulturelle Argumente offensichtlich wenig Zustimmung (Anastasakis 2005, Öktem 2005).

3   Einschränkend muss dabei mit Weber festgehalten werden, dass freilich bereits die Themenwahl bzw. hier: die Auswahl der Diskursfragmente in gewisser Weise Wertungen beinhaltet (vgl. ebd.).

1.2   Forschungsfragen und Hypothesen

Leitfragen

Zwei Mal jährlich befragen die Statistiker von *Eurostat* EU-Bürger nach ihren Zugehörigkeitsgefühlen. Diese Umfragen ergeben regelmäßig, dass sich nur eine zahlenmäßig überschaubare Elite gefühlsmäßig mit Europa (bzw. der EU) identifiziert. Dem „Mann auf der Straße" hingegen sind die EU-Institutionen fremd, er beteiligt sich nicht an den Wahlen zum Europäischen Parlament und identifiziert sich vorrangig mit seiner Heimatregion bzw. dem jeweiligen Nationalstaat. Wie stark nationale Zugehörigkeitsgefühle nach wie vor sind, hat die Fußballweltmeisterschaft jüngst eindrucksvoll vor Augen geführt. Der Begriff „Euroskepsis" hat spätestens Konjunktur seit der Entwurf des Verfassungsvertrages zunächst heftig debattiert und sodann auf Eis gelegt wurde. Europa, darin sind sich Europawissenschaftler einig, steckt in einer Identitäts-, Legitimations- und Erweiterungskrise (Bach 2003, 2006, Vobruba 2003, Rhodes 2003).

Angesichts sinkender Zustimmungswerte für die EU verwundert – und erscheint erklärungsbedürftig! – weshalb gerade in diesen Jahren der Begriff „europäische Identität" in aller Munde ist, ja so scheint es in der Türkei-Frage: geradezu beschworen wird. Sollten europäische Wir-Gefühle gar bloße Fiktionen von Essayisten und Politikern sein? Oder rücken die Europäer wirklich – angesichts des Fremden, Anderen, Muslimischen – näher zusammen? Die vorliegende Analyse motiviert der Zweifel an der „Rückbesinnung" der Europäer auf bereits bestehende Wir-Gefühle, seien diese nun kulturell, historisch oder religiös begründet. Gegen eine solch essentialistische Sicht, wie sie im öffentlichen Diskurs derzeit dominiert und beispielsweise von Autoren wie Winkler (2004, 2004a) und Wehler (2004, 2004a) vertreten wird, wenden sich in der Soziologie Ansätze, die kollektive Identität, Grenzen, das Eigene und Andere als gesellschaftliche, also gleichsam dynamische Konstruktionen begreifen.[4] Im Hinblick auf den gewählten empirischen Gegenstand also lauten unsere Leitfragen: *Warum* wird gerade in der öffentlichen Türkei-Debatte wiederholt auf „Wir-Gefühle" und „unser" Selbstverständnis rekurriert? *Wie* wird europäische Identität im Diskurs konstruiert? *Welche Rolle* spielt das Konzept „Identität" in der Debatte um das Für und Wider einer türkischen Vollmitgliedschaft?

In den letzten Jahren waren die konkurrierenden Bestimmungsversuche der europäischen Identität, sowohl mit und ohne Türkei, Gegenstand zahlreicher Publikationen. An dieser Stelle seien die Bände von Leggewie (2004), Heit (2005) und Giannakopoulos / Maras (2005), die Monographien von R. Schmidt (2004) und Stautner (2004), sowie die Artikel von Große-Hüttmann (2005), von Oppeln (2005) und Wimmel (2005) genannt. So ist der Identitätsdiskurs auch über den Diskursraum Deutschland hinaus

---

4   Vgl. grundlegend für diese konstruktivistische Perspektive die Beiträge in den Sammelbänden von Viehoff et al. 1999, Drulák 2001, Herrmann et al. 2004 und Eigmüller / Vobruba 2006.

hervorragend dokumentiert. Die Herausgeber und Autoren bleiben jedoch weitgehend beschreibend, oder aber teilen (wie die Beiträge in Leggewie 2004) einen stark normativen Impetus[5]. Die genannten Studien setzen sich das m.E. sehr bescheidene Ziel, Argumentationslinien und Europabilder nachzuzeichnen – die Frage nach Herkunft, Rolle und diskursiver Funktion der verschiedenen Identitätskonstruktionen bleibt unbeantwortet. Diese Bestandsaufnahme verwundert, ist doch aus soziologischer Sicht die Südosterweiterung insofern interessant, als die Türkei traditionell einen von Europas „generalisierten Anderen" darstellt (vgl. Brewin 2000, Neumann 1999, Huntington 1996, Wolff 1994). Hülsse greift diesen Gedanken in zwei Diskussionspapieren auf (1999, 2000), bleibt aber letztlich ebenso rein deskriptiven Ansätzen verhaftet. Die vorliegende Studie möchte einen Beitrag zur Schließung der skizzierten Forschungslücke leisten und beantworten, *wie und warum* europäische Identität in der deutschen Diskussion der Türkei-Frage konstruiert (und wie wir noch sehen werden: instrumentalisiert) wird.

Um diese Frage zu erhellen, müssen die Argumente der Diskursakteure freilich zunächst nachvollzogen und „verstanden" (im Sinne Webers) werden. In zweierlei Hinsicht gilt es in diesem Zusammenhang, die Inhalte von Deutungskämpfen zu „idealtypologisieren": Erstens wird im betreffenden Diskurs, wie eben dargelegt, um eine Europa-Definition gefochten. Zweitens geht es um die Konstruktion des Türkeibeitritts als eine entweder viel versprechende und wünschenswerte, oder aber als eine problematische, gleichsam zu verhindernde Perspektive in der Europäischen Union. Von objektiver Warte betrachtet, müssten Problemdeutungen („Die Türkei soll (nicht) beitreten, weil …") und Identitätsdefinitionen („Die Türkei ist (k)ein europäisches Land, weil …") getrennt voneinander beleuchtet werden. Gerade dies scheint jedoch – interessanterweise! – in der öffentlichen Debatte nicht der Fall zu sein. Um den Stellenwert und die Funktion von Identitätskonstruktionen zu erhellen, muss also die folgende Frage beantwortet werden: *In welcher Beziehung* steht die Deutung europäischer Identität (als exklusiv oder inklusiv) zu der Bewertung des Türkeibeitritts (als zu begrüßen bzw. zu verhindern)?

Hypothesen

Vor dem Hintergrund der oben zitierten Umfragewerte zum Türkei-Beitritt, angesichts nur bedingt vorhandener Wir-Gefühle in der Union und in Anbetracht der diskursiven Omnipräsenz der Vokabel „europäische Identität" sollen folgende Hypothesen formuliert werden:

---

5   In diesem Zusammenhang sei besonders auf die Schriften von H. Schmidt 2004, Frey 2004 und Goulard 2004 hingewiesen, die sich – allesamt essentialistisch mit „europäischer Identität" argumentierend – gegen eine Südosterweiterung aussprechen.

1. Die diskursive Konstruktion von europäischer Identität als a) die Türkei inkludierend oder b) exkludierend ist im Rahmen von *Deutungsmustern* verknüpft mit der Einschätzung des Beitritts als a) wünschenswert oder b) *soziales Problem*.
2. In termini von *Machtrelationen* dominieren exklusive Identitätsdefinitionen den öffentlichen Diskurs, welche sich in Verbindung mit der Konstruktion des Türkei-Beitritts als soziales Problem und dem Einsatz von *Diskursstrategien* zu einer Exklusionsrhetorik verdichten, die einer sozialen Schließung auf diskursiver Ebene gleichkommt.
3. Die Rede von „europäischer Identität" verschleiert – oder konkret: rationalisiert – in Argumentationen gegen einen Türkei-Beitritt sowohl diffuse xenophobische Tendenzen (*Gefühle*) als auch zweckorientiertes Kalkül (*Interessen*).

Die Überprüfung dieser Hypothesen führt uns für Hypothese (1) in das Feld der Deutungsmuster- oder Frametheorien und lädt zur Auseinandersetzung mit der Konstruktion sozialer Probleme ein. Hypothese (2) verweist auf die Notwendigkeit, die Macht von Deutungsmustern zu operationalisieren und lenkt unseren Blick zudem in Richtung einer Soziologie der persuasiven Kommunikation und Rhetorik. Da Hypothese (3) auf die Funktion und Rolle der Identitätskonstruktionen abzielt und in diesen „vorgeschobene" – weil anderweitige Motive überlagernde – Strukturen vermutet, ist zudem eine Diskurstheorie vonnöten, die es ermöglicht, jenseits des Weberschen Verstehens rationalisierende Sinnstrukturen greif- und sichtbar zu machen. In diesem Zusammenhang wollen wir uns auf die Soziologie des Klassikers[6] Vilfredo Paretos stützen, die „nicht-logisches Handeln" in den Fokus rückt und menschliches Handeln als ein von Gefühlen und Interessen motiviertes begreift.

1.3   Forschungsdesign

Perspektivenwechsel: Deutungsmuster und Derivationen

Unser Forschungsdesign sieht einen Perspektivenwechsel vor, der es erlaubt, die eben gestellten Forschungsfragen zu beantworten und die formulierten Hypothesen einer kritischen Prüfung zu unterziehen. Dies erklärt die Zweiteilung des sich an Betrachtungen zu Theorie (Kapitel 2) und Methode (Kapitel 3) anschließenden empirischen Teils. Dieser enthält eine Deutungsmusteranalyse (Kapitel 4) *und* eine Derivationenanalyse (Kapitel 5), woran sich ein Resümee anschließt, das unsere Ergebnisse kurz zusammen fasst (Kapitel 6).

Im Rahmen der *Deutungsmusteranalyse* gilt es erstens, die Positionen und Argumentationslinien der Türkei-Debatte im Weberschen Sinne zu verstehen, also subjektive Sinn-

---

6   Der Klassikerstatus Vilfredo Paretos geht auf Parsons [1937] (1968) zurück, der in seinem Werk Paretos *Trattato* den Werken Webers und Durkheim gegenüber stellte.

strukturen zu erhellen. Die Herausforderung liegt darin, die Deutungen der Akteure methodisch kontrolliert zu rekonstruieren, um zu einer Deutungsmusteridealtypologie zu gelangen. Die Beantwortung folgender Fragen stellt die Grundlage für die weiterführende Derivationenanalyse dar: Welche Deutungsmuster werden im medialen Diskurs von welchen kollektiven Akteuren kommuniziert? Inwiefern handelt es sich hierbei um „Problemmuster", also um Deutungen, die den EU-Beitritt der Türkei als soziales Problem konstruieren? Auf welche Weise wird der Sachverhalt „EU-Beitritt der Türkei" als gesellschaftliches Problem interpretiert? Welche Muster sind aus welchen Gründen „stärker" als andere, setzen sich also erfolgreicher durch? Welche Konstruktionen von europäischer Identität können unterschieden werden? Wie lässt sich idealtypisch darstellen, in welcher Beziehung diese zur Bewertung des Türkeibeitritts als wünschenswert oder problematisch stehen? Die Typologie, die am Ende der Deutungsmusteranalyse steht, bildet ihrerseits den Ausgangspunkt für die Analyse von Rationalisierungen, Gefühlen und Interessen.

In einem zweiten Analyseschritt soll eine Sinndimension erschlossen werden, die jenseits der Annahme subjektiven Sinns liegt. Um die Ebene der Rationalisierungen zu greifen, lassen wir also für die *Derivationenanalyse* das auf der Annahme des subjektiven Sinns fußende Theoriegerüst Webers hinter uns und wenden uns der paretianischen Handlungs- und Diskurstheorie zu, die theoretische und – in bescheidenem Rahmen – methodische Werkzeuge bereit stellt, um Argumente als Rationalisierungen zu entlarven, Diskursstrategien als solche zu erkennen und darüber hinaus handlungsmotivierende Gefühle und Interessen sichtbar zu machen. Jede menschliche Handlung lässt sich nach Pareto unter zwei Aspekten studieren, nämlich einmal unter dem Aspekt „was sie wirklich ist", und zum anderen unter dem, wie sie sich im Geiste des Handelnden oder anderer Menschen darstellt. Dabei nennt Pareto den erstgenannten Aspekt „objektiv" und den zweitgenannten „subjektiv" (vgl. Eisermann 1962: 430). Als Derivationen begreift Pareto objektiv unbegründete und logisch inkonsistente Gedanken, Argumente bzw. Theorien. Trotz ihrer Inkonsistenz entfalten sie enorme persuasive Kraft und werden dadurch relevant für soziales Handeln. Mit Blick auf die Türkei-Diskussion soll also konkret beantwortet werden: Was treibt den Identitätsdiskurs „wirklich" an? Was liegt hinter / unter / jenseits der Identitätsrhetorik? Auf welche Handlungsmotive lassen sich jene diskursiven Prozesse zurückführen, die oben hypothetisch unter dem Begriff der sozialen Schließung zusammengefasst wurden?

Wissenssoziologische Diskursanalyse

Die Deutungsmuster- und Derivationenanalyse werden als Teile einer Diskursanalyse verstanden, die wir im doppelten Sinne als eine wissenssoziologische begreifen. Dabei fußt unser erster Analyseschritt – die *Deutungsmusteranalyse* – auf den grundlegenden Gedanken von Weber [1913] (1988) und deren phänomenologischer Weiterentwicklung durch Schütz [1932] (1960), sowie den Arbeiten der „neuen" Wissenssoziologen Berger / Luckmann [1966] (2004), Knoblauch (1995) und schließlich Keller et al. (2001,

2003). Dieser erste Teil unserer Diskursanalyse basiert auf der Annahme, dass öffentliche Diskurse Wissensordnungen prozessieren und Alltagswirklichkeit bzw. gültige Annahmen darüber „schaffen". So zielt die Deutungsmusteranalyse auf die methodisch kontrollierte Rekonstruktion des – sozial relevanten – Wissens über die Türkei-Frage. Die vorliegende Deutungsmusteranalyse wird folglich als Forschungsperspektive unter dem Dach der wissenssoziologischen Hermeneutik verortet (vgl. Soeffner 1989, 1991, 1999, 1999a; Soeffner / Hitzler 1994; Reichertz / Schröer 1994; Schröer 1994, 1997; Honer 1999; Hitzler et al. 1999; Reichertz 2003).

Ebenso zielt Paretos Forschungsprogramm auf die Analyse von Wissensordnungen. Konkret geht es um eine Offenlegung gesellschaftlicher Strukturen durch eine Analyse reflexiv verfügbarer Inhalte, also auf Sinnstrukturen, die Wissens- und Glaubensysteme rationalisieren. Eisermann (1962, 1962a, 1987), Berger (1967), Bobbio (1971) und Bach (2004) erkennen in der Theorie der Derivationen den Kern einer paretianischen Wissenssoziologie, wobei Eisermann anmerkt: „Freilich harrt er [Pareto, E.M.], nachdem man ihm [sic!] bislang zumeist verkannt oder gar missdeutet hat, noch der breiteren Anwendung auf die praktische wissenssoziologische Forschung" (Eisermann 1962: 463). Obwohl Paretos Diskurstheorie ein beachtliches analytisches Potenzial birgt, zahlreiche Anwendungsmöglichkeiten denken lässt und viel versprechende Anknüpfungsmöglichkeiten für die „etablierten" Ansätze eröffnet, trifft Eisermanns Einschätzung wohl bis heute zu. Residuen- oder Derivationenanalysen existieren meines Wissens nicht. Insbesondere für das methodische Vorgehen bedeutet dies, dass auf keinerlei Erfahrungswerte zurückgegriffen werden kann.

Gliederung

Auf die Charakterisierung der vorliegenden Studie als wissenssoziologische Diskursanalyse in dem genannten „doppelten" Sinn komme ich gleich anschließend detailliert zu sprechen (Kapitel 2.1). Sodann sollen die Begriffe *Diskurs*, *Deutungsmuster* und *Derivation* konkretisiert und präzisiert werden, um einen den gestellten Forschungsfragen angemessenen diskurstheoretischen Grundbogen zu entwickeln. Während der letztgenannte Terminus eindeutig definiert ist, – es handelt sich schließlich um eine paretianische Begriffsneuschöpfung – tut eine Formulierung der ersten beiden Konzepte als wissenschaftliche Arbeitsbegriffe dringend not. Der verwendete Diskursbegriff (Kapitel 2.2) wird hierbei der wissenssoziologischen Diskursanalyse nach Keller (2001, 2003, 2005) entlehnt, die ihrerseits die Grundgedanken Foucaults ([1973] (1983), [1972] (1991)) und Berger / Luckmanns [1966] (2004) verknüpft und für empirische Anwendungen fruchtbar macht. Wissenssoziologische Diskursanalyse im eben genannten Sinn ist weniger als Forschungsprogramm denn als Forschungsperspektive zu verstehen, die soziale Prozesse der kommunikativen Konstruktion, Stabilisierung und Transformation symbolischer Ordnungen in den Analysefokus rückt. Die Feinanalyse des Türkei-Diskurses wird sich entsprechend auf einen wissenssoziologischen Deutungsmusterbegriff stützen, wie wir ihn im Anschluss an die Diskussion des Diskurskonzepts konkretisieren (Kapitel 2.3).

Zur Anwendung kommt das Deutungsmusterkonzept in seiner Formulierung durch Meuser / Sackmann (1992), das später von Schetsche (1996, 2000; Plaß / Schetsche 2001) als zentrale Kategorie einer wissenssoziologischen Theorie sozialer Deutungsmuster weiter entwickelt wurde. Schetsches Konzeptualisierung eignet sich hervorragend, um Argumentationsstrukturen zu operationalisieren und vor allem die Verknüpfung der einzelnen Deutungsmusterkomponenten sichtbar zu machen. In diesem Abschnitt explizieren wir einige Annahmen zur Binnenstruktur von Deutungs- und Problemmustern und kommen auf das Problem der Operationalisierung von Deutungsmacht zu sprechen. Der Derivationenbegriff wird schließlich nach Pareto (1964a, b) bzw. seiner Rezipienten Eisermann (1962a, 1987) und Bach (2004) definiert (Kapitel 2.4).

An diese theoretischen Ausführungen schließt ein methodischer Teil an (Kapitel 3), dessen erster Abschnitt sich das Ziel setzt, den oben erwähnten Perspektivenwechsel nachvollziehbar und transparent zu machen (Kapitel 3.1). Die darauf folgenden Ausführungen behandeln das methodologische Vorgehen (Kapitel 3.2) und diskutieren den Umgang mit Kontextwissen (3.2.1), die Erhebung der Daten (3.2.2), die Analysemethode (3.2.3) sowie die Erstellung der Typologie (3.2.4). Angesichts der Größe des Datenkorpus – mithilfe der Datenbank *LexisNexis* wurden für das Jahr 2004 knapp 400 Pressestimmen erhoben – fiel die Entscheidung für eine computergestützte Analysemethode. Die Software MAXqda des Entwicklerteams um Udo Kuckartz (Universität Marburg) bietet als Verfahren der qualitativen Datenanalyse flexible Kodierfunktionen und effiziente Analysetools (Kuckartz 2005, 2005a, 2006; Kuckartz et al. 2004). Zudem kann dank der Möglichkeit der Variablendefinition eine systematische Zurechnung der Deutungen auf die Akteure vorgenommen, und so einem zentralen Anspruch jeder wissenssoziologischen Fragestellung entsprochen werden. Von der vorliegenden Studie darf insofern ein Forschungsbeitrag erwartet werden, als die gewählte Analysemethode für die Identifikation, Analyse und Typologisierung von Deutungsmustern fruchtbar gemacht wird. Bisher existieren für solche Anwendungen keinerlei Erfahrungswerte. Zudem werden die Möglichkeiten und Grenzen computergestützter Verfahren im konkreten Forschungszusammenhang sichtbar gemacht (Madeker 2006a).

Der eigentlichen Deutungsmusteranalyse (Kapitel 4) ist eine rein quantitative Auswertung der erhobenen Diskursfragmente vorgeschaltet. Bevor wir uns dem Diskurs textinterpretierend nähern, sollen zunächst einige objektive Daten betreffend der Zusammensetzung des Diskursforums, der Diskursakteure und der politischen Färbung des Meinungsspektrums bereit gestellt werden (Kapitel 4.1). Die darauf folgenden Abschnitte stellen schließlich die Deutungsmuster- bzw. Problemmustertypologien vor (Kapitel 4.2) und verknüpfen die Problem- bzw. Situationsdefinitionen mit den diversen – exklusiven und inklusiven – Konstruktionen von europäischer Identität (Kapitel 4.3). Bevor sich der Leser der Derivationenanalyse zuwendet, findet er in einem Zwischenfazit die bisherigen Ergebnisse theoriegeleitet aufgearbeitet (Kapitel 4.4).

Die Derivationenanalyse geht nun insofern über die reine Inhalts- bzw. Deutungsmusteranalyse hinaus, als mit der Sinnebene der Rationalisierungen eine gänzlich neue

Analysedimension eröffnet wird (Kapitel 5). In einem ersten Schritt wird hier die im Diskurs omnipräsente Vokabel „europäische Identität" als Derivation charakterisiert (Kapitel 5.1). Zu diesem Zweck kontrastieren wir unsere in Kapitel 4 gewonnenen und idealtypisierten Daten mit „objektiven" Forschungsergebnissen zur Zugehörigkeitsdimension von europäischer Identität. Da sich die persuasive Kraft von Derivationen aus dem Einsatz von Diskursstrategien speist, umfasst dieses Kapitel Ausführungen zur rhetorischen Dimension des untersuchten Diskurses. Um unseren oben skizzierten Perspektivenwechsel zu verdeutlichen, bieten wir im Rahmen eines Exkurses einen auf der Annahme subjektiven Sinns basierenden Erklärungsversuch an. Im Anschluss widmen wir uns der Funktion der exklusiven Identitätskonstruktionen und ergründen mithilfe des paretianischen Handlungsbegriffs den diskursiv vonstatten gehenden sozialen Schließungsprozess. An dieser Stelle soll aber noch nicht zu weit vorgegriffen werden.

Bemerkung zur Literatur

Wie in den vorangehenden Ausführungen deutlich wurde, ist die Literaturbasis, auf die für die vorliegende Studie zurückgegriffen wurde, recht unausgewogen. Zwar sind wissenssoziologische Diskursanalysen *à la mode*, doch ausschließlich in der „Weber-Variante", wie sie hier Rahmen der Deutungsmusteranalyse durchgeführt wird. So gibt es eine Fülle von Studien, denen für unser viertes Kapitel Orientierungshilfen entnommen werden konnten. Mit den wissenssoziologische Züge tragenden Analysen von Gusfield (1981), Hajer (1995), Gerhards et al. (1998), Keller (1998), Schneider (1999) und Gerhards / Rucht (2000) seien nur die wichtigsten genannt. Ferner erwies sich die Konsultation der Beiträge in den Handbüchern von Keller et al. (2001, 2003) als äußerst hilfreich. So diversifiziert die Literatur zur wissenssoziologischen Diskursanalyse im Allgemeinen und zu den Themenkreisen Mediendiskurs, öffentliche Meinung, Diskursstrategien und Deutungsmustern im Besonderen ist – in den Standardwerken und Handbüchern sucht man vergeblich Hinweise auf die Diskurstheorie Vilfredo Paretos. Dies überrascht, legt doch der Italiener ein anhand unzähliger Beispiele ausgearbeitetes Programm einer Diskurs-, Argumentations- und Rhetorikanalyse vor. Die vorliegende Dissertation betritt insofern Neuland, als in keinster Weise auf bereits bestehende Residuen- oder Derivationenanalysen Bezug genommen werden kann. Für die folgende Anwendung stützen wir uns folglich zum Einen auf Primärliteratur, also auf Paretos *Trattato di sociologia generale* (1964a, b), zum Anderen auf die oben genannten Interpretationen von Eisermann, Bobbio und Bach.

Nicht unerwähnt bleiben darf, dass die Literatur zu den Pro- und Contraargumenten bezüglich der türkischen Vollmitgliedschaft wahrlich bereits Bibliotheken füllt.[7] Aus Sicht der sozialwissenschaftlichen Europaforschung beschäftigen sich Andreas Wim-

---

7   Hier seien nur wenige, ausgewählte Titel genannt. Vgl. für Überblicksdarstellungen aus „europäischer Sicht" Kalberer 2002, Gieler et al. 2002 und aus türkischer Sicht Bozkurt 1995, Öymen 2001, Arikan 2003 sowie Carkoglu et al. 2003. Zum Thema Islam und Kemalismus vgl. Tibi 1998 und Agai 2004; zur Geo- und Sicherheitspolitik vgl. Struck 2003, Akkaya / Aver 2004, Gumpel 2004, Öztürk 2004 und

mel, Jürgen Gerhards und Georg Vobruba mit der Beitrittsfrage. Wimmel zeigt in einer komparativen Studie, dass die öffentlichen Debatten um die türkische Vollmitgliedschaft in Deutschland, Frankreich und Großbritannien als Beispiel für einen transnationalen Diskurs gelesen werden können, eine Beobachtung, die der allgemeinen These vom Öffentlichkeitsdefizit der EU zuwider läuft (Wimmel 2006). Aus der Perspektive einer empirischen Kultursoziologie versucht Gerhards zu ergründen, ob zwischen der Türkei und den EU-Staaten eine „Wertekongruenz" existiert (Gerhards 2004, 2005). Hierbei werden quantitativ-komparatistisch Werteinstellungen erhoben, wobei das Vertragswerk der Union mit den darin aufgeführten Werten als Messlatte dient. Wenig überraschend kommt Gerhards zu dem Schluss, dass die Türkei „kulturell" bisher nicht zur EU passt.[8] Vobruba betrachtet die Türkei-Frage aus dem Blickwinkel seiner Theorie der „Dynamik Europas" (2005). Die Ausdehnung der EU verlaufe seit ihrer Entstehung in konzentrischen Kreisen, wobei das Wechselspiel von Integration und Expansion heute an geographische Grenzen stoße. Dennoch sei unter Funktionalitätsgesichtspunkten zu erwarten, dass die Türkei in absehbarer Zeit Vollmitglied werde, schließlich wisse die Union um deren machtpolitische Relevanz als Puffer- und Brückenzone (Vobruba 2005a).

In der Überzeugung, dass eine sinnvolle Beurteilung der im Folgenden zu entwickelnden Idealtypen nur aus der Sicht eines gut informierten Bürgers (Schütz [1946] 1972, Hitzler 1991) geschehen kann, wollen wir im Folgenden die geschichtlichen und politischen Hintergründe der Debatte skizzieren. Dabei soll auf die Bedeutung Atatürks für die Europäisierung der türkischen Gesellschaft, auf die politischen Schritte in Richtung Europa bzw. EU, sowie den aktuellen Stand der türkisch-europäischen Beziehungen eingegangen werden.

1.4   Geschichtliche und politische Hintergründe des Diskurses

1.4.1   Die Europäisierung der türkischen Gesellschaft

Die Bedeutung Kemal Atatürks

Reformbestrebungen nach westlichem Vorbild gab es bereits im Osmanischen Reich. Hervorzuheben ist die *Tanzimat*-Periode (seit 1839), in der beachtliche Fortschritte im Bereich des Rechtswesens erzielt werden konnten, so vor allem die Gleichstellung aller Untertanen vor dem Gesetz. Allerdings kam erst mit Mustafa Kemal – er wurde ab

---

Schlegel 2004; zur Kopftuchdebatte vgl. Göztepe 2004, hierbei speziell zum türkischen Laizismusverständnis Seufert 2004.

8   Es sei kritisch angemerkt, dass die Annahme eines konsensualen Wertekanons in der Europäischen Union höchst problematisch erscheint. Zudem gilt es zu berücksichtigen, dass Werteinstellungen dynamischer Natur sind.

1934 *Atatürk*, Vater der Türken, genannt – in den zwanziger Jahren eine radikale, kompromisslose und umfangreiche Europäisierung in Gang, die bis heute in der islamischen Welt ihresgleichen sucht.

Der erste Weltkrieg hinterließ das Osmanische Reich, das an der Seite Deutschlands in den Krieg eingetreten war, zermürbt und aufgeteilt unter den Siegermächten England, Frankreich, Italien und Griechenland. General Mustafa Kemal stellte sich an die Spitze des erwachenden Widerstands gegen die Besatzungsmächte und weckte eine nationale Bewegung, die in einer nationalen Befreiungsarmee Gestalt annahm. Entschlossen zogen die Türken in einen fünf Jahre andauernden Befreiungskrieg, der mit dem Friedensvertrag von Lausanne 1923 endete. Dieser legte die Landesgrenzen fest, die bis heute gelten. Im selben Jahr verließen die letzten Besatzungstruppen Istanbul und die Republik wurde ausgerufen (vgl. Buhbe 1996: 27ff.). Es war das Anliegen Atatürks, die Türkei in eine „zivilisierte" Nation umzuwandeln. Zivilisation empfanden bereits die Jungtürken als europäische, nicht-islamische Zivilisation: „Es gibt keine zweite Zivilisation. Zivilisation bedeutet europäische Zivilisation, und sie muss eingeführt werden – mit ihren Rosen und ihren Dornen." (Steinbach 2002: 11). Oberstes Ziel Atatürks war es, jedermann die Abkehr vom Islam im Staatsgedanken zu demonstrieren. Zunächst wurde 1922 das Sultanat abgeschafft, zwei Jahre später das Kalifat, alle religiösen Gerichtshöfe und Ausbildungsstätten. Weitere Reformen griffen tief ins Alltagsleben ein. So brach die Einführung des gregorianischen Kalenders und des lateinischen Alphabets radikal mit der osmanischen Vergangenheit. Dies gilt auch für die Einführung eines Gesetzes, welches das Tragen von Familiennamen regelte und den Gebrauch osmanischer Höflichkeitsanreden untersagte. Hand in Hand mir diesen Neuerungen gingen die Einführung des Frauenstimmrechts und die Abschaffung der Polygamie 1926. 1928 schließlich wurde der Islam als Staatsreligion für immer abgeschafft. Einige Neuerungen waren von ganz besonderer Symbolik, so vor allem das kategorische Verbot des traditionellen Fez als Kopfbedeckung für den Mann und des Schleiers für die muslimische Frau – der europäische Kleidungsstil war für Atatürk der Innbegriff von moderner Zivilisation. Zur Illustration sei ein Ausschnitt aus Atatürks berühmter „Hut-Rede" zitiert:

> Eine zivilisierte, internationale Kleidung ist würdig für unsere Nation. Stiefel und Schuhe an unseren Füßen, Hosen an unseren Beinen, Jackett und Krawatte und zur Vervollständigung eine Kopfbedeckung mir einem Rand. Darauf lege ich besonderen Wert. Diese Kopfbedeckung nennt man Hut. (Moser / Weithmann 2002: 109)

Ab 1935 wurde der Sonntag nach europäischem (christlichem) Vorbild per Gesetz zum alleinigen Ruhetag erklärt. Diese Regelung zielte bewusst darauf ab, den Freitag als muslimischen Gebetstag abzuschaffen, er sollte als gewöhnlicher Arbeitstag begangen werden (vgl. Buhbe 1996: 48ff.).

Es lässt sich festhalten, dass in der Regierungszeit Atatürks eine tief greifende, radikale Europäisierung durchgeführt wurde, die im Rückblick als „Zwangsverwestlichung" bezeichnet werden kann. Bis heute basiert die Gesetzgebung auf europäischen Vorbildern, so auf dem Schweizer Zivilrecht, dem deutschen Handelsrecht und dem italienischen Strafgesetzbuch. 1937 wurden die sechs kemalistischen Prinzipien in die Verfassung aufgenommen, auf denen der neue Staat gründen sollte: Der Nationalismus und der Laizismus bzw. Säkularismus bildeten zusammen die stärksten Pfeiler des atatürkistischen Konzepts und markierten den irreversiblen Austritt der Türkei aus der islamischen Staatenwelt. Der Islam sollte als Identifikationsebene zurücktreten und einem Nationalismus nach europäischem Vorbild weichen. Mit Atatürks Worten sollte es Ziel sein, „Türke, nicht Muslim zu sein". Aus der Abschaffung des Sultanats und des Kalifats ergab sich der Republikanismus als drittes bestimmendes Prinzip. Der Populismus stellte viertens auf die Volksgemeinschaft als konstitutives Element der jungen Republik ab, während mit dem Prinzip des Etatismus eine lenkende und kontrollierende Funktion des Staates in der Wirtschaft festgelegt war. Das sechste Prinzip könnte mit „Revolutionismus" (Buhbe 1996: 47) oder „Reformismus" (Steinbach 2002: 10) übersetzt werden, was im ersten Sinn die unbedingte Gefolgschaft im kemalistischen Reformprozess bezeichnet, im zweiten Sinn auf die Idee einer permanenten, dynamischen Umformung und Reformierung der Gesellschaft abstellt.

Die türkische Gesellschaft heute

Aus rein „deutscher" Perspektive erscheint es schwierig, zu beurteilen, wie weit die (Zwangs-)Europäisierung durch Atatürk nun auch in den Köpfen der türkischen Gesellschaft verwurzelt ist. In der Literatur ist einerseits von „Re-islamisierung" die Rede, andererseits wird die islamische Identität zugunsten einer nationalen, bzw. gar europäischen gänzlich negiert. Nach Tibi war der Islam als identitätsstiftendes Moment in der Türkei zu allen Zeiten präsent, insbesondere im Leben der ländlichen Bevölkerung, die wenig westlichen Einflüssen ausgesetzt war:

> In der Türkei […] hat der Islam nie aufgehört zu existieren und das Leben der Türken zu bestimmen; er blieb, sieht man von der verwestlichten Elite der Kemalisten ab, stets die religiös-kulturelle Quelle der Identität der Mehrheit der Türken. Von einer ‚Re-Islamisierung' kann daher keine Rede sein. (Tibi 1998: 76)

Andererseits haben sich mit Durugönül in der Türkei „die demokratischen Einstellungen, die laizistischen Traditionen und ein säkulares Bewusstsein gefestigt" (Durugönül 1995: 258). Problematisch erscheint im Zusammenhang mit dem EU-Beitritt, dass dieser in vielerlei Hinsicht idealisiert wird. Es werden, wie das folgende Zitat zeigt, Erwartungen aufgebaut, die in absehbarer Zeit mit Sicherheit nicht erfüllt werden können:

> Let's see the direct advantages in the lives of Turkish citizens in the condition of being a member of the EU: the return of taxes will be the services at the highest level, the citizens will not be miserable in hospitals, will not have trouble at the courts, the inflation will not melt his earnings away and his effort will not always get cheaper. Lifetime will get longer, the quality of education will increase, the health services will be more suitable for humanity, the economy will revive and regional imbalance will end. (Altan 2002: 17)

Zusammenfassend können wir festhalten, dass seit den von Atatürk erzwungenen Reformen tiefe Trennlinien die türkische Gesellschaft durchziehen. Laizisten und Islamisten, Moderne und Traditionelle, Progressive und Konservative stehen in dauerndem Konflikt. Das europäisch geprägte Istanbul kontrastiert scharf mit dem anatolischen Hinterland, dessen primäre Identifikationsquelle wohl bis heute der Islam ist. Trimbergers „Zwei-Nationen-These" ist damit noch aktuell: „In fact, a major effect of the kemalist program was to create two nations: one rural, traditionalist and underdeveloped; the other urban, modernist and developing" (Trimberger 1978: 122). Es sind jedoch Trends zu erkennen, anhand derer vorsichtig auf eine zukünftige Entwicklung des Verhältnisses von europäisiertem Zentrum und islamischer Peripherie geschlossen werden darf. Schließlich wird von den dominierenden Eliten Europa als *das* Modell der Zukunft angesehen. Dies wird sicherlich die Anlehnung an den Westen weiter forcieren. Hierfür sprechen auch die Phänomene der Urbanisierung, der Verbesserung der Bildungschancen und der Verjüngung der Bevölkerung.

1.4.2   Politische Schritte in Richtung EU

Nachkriegszeit: Anlehnung an den Westen

Das erste Jahrzehnt nach dem zweiten Weltkrieg war geprägt von einer starken Polarisierung zwischen Ost und West. In jener Zeit des Kalten Krieges hatten sich die Beziehungen zwischen der Türkei und der Sowjetunion wegen sowjetischer Gebietsansprüche auf Teile der türkischen Nordostprovinzen erheblich verschlechtert. Dieser Umstand veranlasste die Türkei dazu, ihre außenpolitische Neutralität aufzugeben und sich zunehmend an den Westen anzulehnen. Natürlich spielte hierbei auch der Wunsch, an der Wirtschaftshilfe durch den Marshallplan teilzuhaben, eine nicht zu unterschätzende Rolle. Aus diesen Zusammenhängen ist die folgende institutionelle Integration in Europa zu verstehen (vgl. Bozkurt 1995: 7). Im April 1948 gehörte die Türkei zu den Gründungsmitgliedern der OEEC (Organisation for European Economic Cooperation), ein Jahr später trat sie – wie auch Griechenland – dem Europarat und sodann der Europäischen Konvention zum Schutz der Menschenrechte bei. Mit dem NATO-Beitritt im Jahr 1952 war die Türkei nahezu vollständig im europäischen Bündnissystem inkludiert (vgl. Steinbach 2002a: 308f.). Nur die Bemühungen um eine Mitgliedschaft in der EWG bzw. später in der EG sollten noch einige Jahrzehnte andauern. Nach vierjähriger Verhandlungszeit trat 1964 das Ankara-Abkommen in Kraft. Es handelt sich hierbei um ein Assoziationsabkommen[9], wie es 1961 bereits mit Griechenland geschlossen worden war. Ziel der Assoziation war es, die Handels- und Wirtschaftsbe-

---

9   Die Assoziierungs- und Kooperationspolitik der EG / EU diente und dient der Herstellung bevorzugter Wirtschaftsbeziehungen mit Drittstaaten, wobei es in der Regel zusätzliches Anliegen ist, politische, wirtschaftliche und politische Transformationsprozesse in den assoziierten Ländern zu unterstützen. Die Assoziation ist heute entweder als Kompensation für eine Nichtmitgliedschaft oder als Vorbereitung für einen zukünftigen Beitritt zu verstehen (vgl. Algieri 2002: 69).

ziehungen mit der Türkei zu fördern, wobei die Notwendigkeit eines beschleunigten Aufbaus der türkischen Wirtschaft stets berücksichtigt werden sollte (vgl. ebd.: 12). Konkret bedeutete dies u.a. die Gewährung von Krediten und begünstigten Zolltarifen seitens der Gemeinschaft. Die Assoziation sollte sich in drei Phasen (Vorbereitungs-, Übergangs- und Endphase) vollziehen und fasste langfristig eine Zollunion ins Auge. Ein Zusatzprotokoll zum Ankara-Abkommen konkretisierte dieses Ziel 1970 und legte im Rahmen eines „Zollsenkungskalenders" detailliert jene Schritte fest, die zur Zollunion führen sollten. Folglich ging mit der Assoziierung eine Gewichtsverlagerung der türkischen Beziehungen innerhalb der westlichen Welt von den USA zur EG einher. Der damalige EG-Kommissionspräsident Walter Hallstein sprach 1964 aus, was gleichzeitig Grundgedanke und Ziel der türkischen Außenpolitik war: „Turkey is part of Europe" (vgl. Grothusen 1985: 92f.). Es sei dennoch an dieser Stelle darauf hingewiesen, dass die Konzeption des Abkommens insofern problematisch war, als sie unterschiedliche Interpretationen des Assoziationsstatus zuließ. Während die Assoziation in der Türkei als Vorstufe der Vollmitgliedschaft in der EG gewertet wurde, wurde ein Beitritt der Türkei von der Gemeinschaft lediglich als eine zu prüfende Möglichkeit gefasst (vgl. Bozkurt 1995: 22). Kramer sprach in diesem Zusammenhang von der „Ambivalenz der Assoziationsstatus" (Kramer 1987: 163).

Politische und wirtschaftliche Krisen

In den siebziger Jahren sollten sich die Beziehungen zwischen der EG und der Türkei erheblich verschlechtern. Dies begann 1971, als das Militär nach Jahren der Gewalt und des Terrors zwischen links und rechts bereits zum zweiten Mal im Laufe der türkischen Nachkriegsgeschichte die Macht übernahm. Es handelte sich hierbei nicht um einen Militärputsch im klassischen Sinne. Vielmehr trat Ministerpräsident Demirel zurück, um dem Militär die Regierung zu überlassen, das sich als „Wächter des Kemalismus" verstand und sich – getragen von diesem Selbstverständnis – der Aufgabe stellte, die Anarchie zu beenden, Reformen durchzusetzen und eine neue Verfassung auszuarbeiten. Zwei Jahre nach der Machtübernahme der Militärs erschütterte ein weiteres innenpolitisches Ereignis die europäische Öffentlichkeit: Nach den Wahlen vom Oktober 1973 konnte die islamistische Partei MSP (*Millî Selamet Partisi*, Nationale Heilspartei) als drittstärkste Gruppierung ins Parlament einziehen und wurde Koalitionspartner der CHP von Bülent Ecevit (vgl. Buhbe 1996: 98). Mit der Zypernkrise kam 1974 nun auch ein außenpolitisches Ereignis hinzu, das seitens der internationalen Gemeinschaft mit Argwohn betrachtet wurde und die Beziehungen zur EG weiter belastete.[10] Die Türkei durchlebte in den siebziger Jahren nicht nur eine schwierige politische Phase, sondern auch – Auslöser war der sprunghafte Anstieg der Ölpreise – eine

---

10 Die Bevölkerung auf Zypern ist seit der Eroberung der Insel durch das Osmanische Reich 1571 ethnisch-heterogen zusammengesetzt. Eine griechisch-zypriotische Mehrheit steht einer türkisch-zypriotischen Minderheitsbevölkerung gegenüber. 1960 verließen die Briten, die 1925 Zypern zur Kronkolonie erklärt hatten, aufgrund enormen Drucks der griechisch-zypriotischen Untergrundorganisation EOKA („Nationale Organisation zypriotischer Kämpfer") die Insel. Die EOKA kämpfte bereits in den fünfziger Jahren für den Anschluss der Insel an das „Mutterland" Griechenland (vgl.

wirtschaftliche Krise, die es erheblich erschwerte, das Verhältnis zu Europa zu pflegen. 1980 übernahm das Militär unter der Führung von General Kenan Evren ein drittes Mal die Macht, was diesmal die Auflösung des Parlaments und die Außer-Kraft-Setzung der Verfassung bedeutete. Die Aufhebung der Demokratie in der Türkei belastete die Assoziationsbeziehungen nachhaltig und stieß in der europäischen Öffentlichkeit auf starke Kritik (vgl. Bozkurt 1995: 64f.). Erst unter der zivilen Regierung Özals beschleunigte sich die vom Militär überwachte Redemokratisierung.

Am 14. April 1987 stellte die Türkei einen Antrag auf Vollmitgliedschaft in der EG, dem man in Europa mit Skepsis begegnete. Mehrere Gründe wurden von der Gemeinschaft für die Ablehnung des Antrags angeführt. Zum Einen betonte sie, dass sie aufgrund der bevorstehenden Vollendung des Binnenmarktes nicht in der Lage sei, Beitrittsverhandlungen in die Wege zu leiten. Zum Anderen wurde ein erhebliches wirtschaftliches Gefälle zwischen Bewerberland und Gemeinschaftsländern festgestellt. Im Bereich der Politik wurde die fehlende Anerkennung der (kurdischen) Minderheiten und vor allem Defizite in der Umsetzung der Menschenrechte kritisiert (vgl. Bozkurt 1995: 107f.; Şen 1998: 91). Allgemeiner formuliert schien die grundsätzliche Beitrittsfähigkeit nicht in Frage gestellt – wohl aber die nötige Beitrittsreife.

Zollunion und Kandidatenstatus

Nachdem 1996 die Zollunion[11] in Kraft getreten war, enttäuschte der EU-Gipfel 1997 die türkischen Erwartungen, als dem Land die ersehnte Benennung als Beitrittskandidat verwehrt wurde. Gründe hierfür waren die drohende Gefahr des islamischen Fundamentalismus und die geringen Fortschritte im Hinblick auf die Kurdenfrage und die Lage der Menschenrechte (vgl. Struck 2003: 2). Doch bereits zwei Jahre später wurde diese Entscheidung auf dem EU-Gipfel in Helsinki revidiert und die erhoffte Vollmitgliedschaft schien wieder in greifbare Nähe zu rücken. Wie Steinbach bemerkt, hatte

---

Şen 1998: 110f). 1954 wurde von Griechenland vor den Vereinten Nationen die Forderung nach einem Selbstbestimmungsrecht für Zypern erhoben, was zu einer ersten internationalen Auseinandersetzung zwischen den beiden Volksgruppen, ihren „Mutterländern", Großbritannien, der UNO und der NATO führte. 1959 bildete das Londoner Abkommen die Grundlage für die Gründung der unabhängigen Republik Zypern mit binationaler Regierung, d.h. unter Beteiligung griechischer und türkischer Volksgruppen, was die Lage kurzfristig beruhigte (vgl. ebd.). Nach dem Militärputsch in Griechenland 1967 erklärte die Militärdiktatur den Anschluss der Insel Zypern zum obersten außenpolitischen Ziel. So kam es 1974 zu einem Putschversuch der griechischen Militärjunta gegenüber der Führung in Nikosia und Nikos Sampson, Aktivist der EOKA, wurde zum Präsidenten ausgerufen. Die Türkei verstand sich als Garantiemacht der Verträge von 1959 und der Verfassung von 1960 und intervenierte – herausgefordert – zum Schutz der zypriotisch-türkischen Minderheit. Sie suchte so den Anschluss der Insel an Griechenland auf militärischem Wege zu verhindern. Seither ist die Insel Zypern faktisch zweigeteilt (vgl. ebd.: 112f.).

11   Die Zollunion hatte eine Abschaffung aller Zölle und sonstigen Handelsbeschränkungen für industrielle Erzeugnisse zwischen den EU-Staaten und der Türkei zur Folge. Zusätzlich wurde der Außenzolltarif der EU als gemeinsamer Außenzoll für die ganze Zollunion eingeführt und das türkische Zollrecht an jenes der EU angepasst. Die wesentlichen Vorschriften der EU-Handelspolitik wurden durch die Türkei übernommen (vgl. Kramer 1996: 593).

allerdings „der Schwenk der EU auf dem Weg von Luxemburg nach Helsinki […]
weniger mit Veränderungen innerhalb der Türkei als mit der sicherheitspolitischen Einschätzung zu tun" (Steinbach 2002a: 311). Tatsächlich stand die Gipfelkonferenz in
Helsinki unter massivem Druck der USA, die die Türkei aus geostrategischen Gründen
baldmöglichst im europäischen System aufgenommen wissen wollten (vgl. Riemer 2003:
42). Ungeachtet dieser Gründe löste die Entscheidung auf dem EU-Gipfel in Helsinki
in der Türkei eine regelrechte „Europhorie" aus, implizierte doch diese Entscheidung
die offizielle Gleichstellung der Türkei mit den anderen (osteuropäischen) Beitrittskandidaten. Sie wurde von den türkischen Eliten vielfach positiv bewertet und interpretiert:

> As a candidate for membership, Turkey has attained recognition from its European neighbours
> that it belongs in the European club of states – a status sought by Turkish and Ottoman govern-
> ments for almost 150 years. (Yesilada 2002: 94)

> By openly and unambiguously stating that Turkey is a candidate, the Union has effectivly de-
> monstrated its determination not to be an inward-orientated fortress. (Kuneralp 2001: 72).

Ein Jahr nach der Entscheidung von Helsinki wurde auf dem EU-Gipfel in Nizza der
Vertrag über die Beitrittspartnerschaft unterzeichnet. Auch wenn die Türkei im Erweite-
rungsfahrplan der Union bis 2010 noch nicht aufgeführt wurde (vgl. Struck 2003: 7),
schien allein die Aussicht auf einen baldigen Beitritt positive Wirkungen zu zeigen. Als
klarer Sieger der Wahlen im November 2002 ging die AKP (Gerechtigkeits- und Ent-
wicklungspartei) mit ihrem Vorsitzenden Recep Tayyip Erdogan hervor. Sie konnte sich
mit 34% Prozent der Wählerstimmen 363 der 550 Sitze im Parlament sichern. Die neue
Regierung antwortete auf die Entscheidung auf dem EU-Gipfel in Nizza mit der Verabschiedung weiterer Reformpakete und erklärte die Vollmitgliedschaft der Türkei in der
EU zum obersten außenpolitischen Ziel. Struck weist darauf hin, dass sich die AKP erst
15 Monate zuvor als reformistische, islamische Partei von den konservativen, fundamen-
taleren Islamisten getrennt hatte (vgl. ebd.: 8). Erdogan wird deshalb von Kritikern als
„Wolf im Schafspelz" gesehen und als latente Bedrohung verstanden.[12]

Aktueller Stand der europäisch-türkischen Beziehungen

In der Hoffnung auf einen baldigen Beginn von Beitrittsverhandlungen wurden unter
der Regierung Erdogans zahlreiche Reformpakete verabschiedet, die die Angleichung
des türkischen Rechtssystems an den *acquis communautaire* zum Gegenstand hatten.
Neue Gesetze hoben den Ausnahmezustand in den südöstlichen Provinzen auf, be-

---

12 Erdogan wurde nicht zu Unrecht skeptisch beurteilt. Bezeichnend ist, dass der Istanbuler Bürgermei-
ster erst am 10. März 2003 Ministerpräsident werden konnte, da ihm – dem Spitzenkandidaten –
zum Zeitpunkt des Wahlsiegs seiner Partei wegen „religiöser Volksverhetzung" das passive Wahl-
recht aberkannt worden war. Als Ministerpräsident wurde deshalb zunächst Abdullah Gül, ein enger
Vertrauter Erdogans, eingesetzt. Eine Verfassungsänderung machte es möglich, dass Erdogan bei
Nachwahlen am 8. und 9. März 2003 ins Parlament gewählt wurde. Abdullah Gül ist seither als
Außenminister und stellvertretender Ministerpräsident Erdogans tätig. Diese Konstellation wurde
von Staatspräsident Sezer gebilligt.

kämpften entschieden die Folter und weiteten die Grundfreiheiten (Meinungs-, Versammlungsfreiheit usw.) aus. Am 15. Januar 2003 wurde im Europarat auch das 6. Zusatzprotokoll zur Europäischen Menschenrechtskonvention unterzeichnet, das die Todesstrafe in Friedenszeiten verbietet. Im Januar 2004 wurde die Todesstrafe in der Türkei per Gesetz abgeschafft. Die Union begrüßte diese Schritte und lobte im Fortschrittsbericht – auf dessen Basis über den Beginn von Beitrittsverhandlungen entschieden werden sollte – die türkischen Reformbemühungen (Europäische Kommission 2004b). Im Dezember 2004 legte der EU-Gipfel den 3. Oktober 2005 als Verhandlungsbeginn fest. Der entsprechende Passus im offiziellen Beschluss lautet:

> The European Council recalled its previous conclusions regarding Turkey, in which, at Helsinki [1999, E.M.], it agreed that Turkey was *a candidate State destined to join the Union on the basis of the same criteria as applied to the other candidate States* and, subsequently, concluded that, if it were to decide at its December 2004 meeting, *on the basis of a report and recommendation from the Commission, that Turkey fulfils the Copenhagen political criteria, the European Union will open accession negotiations with Turkey without delay.* (Europäischer Rat 2005, Hervorhebung i. O.)

Am 29. Juni 2005 legte die Kommission den Rahmen für die in Bälde zu eröffnenden Verhandlungen vor.[13] In einer Presseerklärung hieß es, der Verhandlungsprozess habe ein offenes Ende, man werde also ein Scheitern der Gespräche als mögliches Ende der Verhandlungen ins Auge fassen:

> The shared objective of the negotiations is accession. These negotiations are an open-ended process, the outcome of which cannot be guaranteed beforehand. […] In case of a serious and persistent breach by Turkey of the principles of liberty, democracy, respect for human rights and fundamental freedoms […] accession negotiations may be suspended. (Europäische Union 2005a)

Während am 3. Oktober 2005 die Verhandlungsgespräche symbolisch eröffnet wurden, begann man am 12. Juni 2006, das erste (von 35) Kapiteln des *acquis communautaire* zu besprechen. Der aktuelle Fortschrittsbericht, der am 8. November 2006 von Erweiterungskommissar Olli Rehn in Brüssel vorgestellt wurde, hebt zwar den türkischen Reformwillen positiv hervor, bemängelt aber die Verlangsamung des Reformtempos und kritisiert die türkische Haltung in der Zypern-Frage scharf (Europäische Kommission 2006). So räumt die Europäische Kommission der Türkei eine letzte Schonfrist ein, dem „Ankara-Protokoll"[14] nachzukommen und die türkischen Häfen für zypriotische Schiffe zu öffnen. Zudem seien, so Rehn, weitere Reformen hinsichtlich der Religionsfreiheit und den Rechten von Frauen dringend nötig.

2006 haben sich – im direkten Vergleich zu den Vorjahren – die Beziehungen zwischen der Türkei und der EU erheblich abgekühlt. Zu diesem Schluss kommt ein Studie des *German Marshall Funds*, auf dessen 100-Grad „Thermometer" die türkische „Wär-

---

13   Für einen hervorragenden, kritischen Überblick zu den europäisch-türkischen Beziehungen im Jahr 2005 vgl. Kramer 2005.

14   Am 29. Juli 2005 hatte Ankara dieses Protokoll unterschrieben und sich so bereit erklärt, die seit 1995 bestehende Zollunion auch auf Zypern auszudehnen. Dies ist bisher nicht geschehen; zypriotische Schiffe dürfen türkische Häfen nicht anlaufen, was den Handel erheblich beeinträchtigt (vgl. Gau 2006, Schwarz 2006).

me" gegenüber Europa bei nur noch 45 Grad liegt (2004 waren es noch 52 Grad). Bedenklich erscheint, dass sich die türkisch-iranischen Beziehungen in fast identischem Ausmaß erwärmt haben (German Marshall Fund of the United States 2006). Die Gründe für diese Entwicklung sind vielfältig. Während die türkische Regierung die Anwendung „doppelter Standards" bemängelt, sich in der Zypern-Frage unverstanden fühlt und vor allem mit Blick auf die Parlamentswahlen (2007) zunehmend das Reformtempo verlangsamt, gibt sich die europäische Seite ungeduldig und zunehmend weniger geneigt, Freiheits- und Menschenrechtsverletzungen hinzunehmen. So kommt es, dass gerade in diesen Tagen in Brüssel das Kriterium der Aufnahmekapazität heiß diskutiert wird.[15] Zudem scheint sich auf Seiten der EU-Europäer der Widerstand gegen einen Türkei-Beitritt zu verfestigen. In Deutschland sprechen sich derzeit 74% gegen eine Südosterweiterung aus; nur noch jeder Fünfte kann sich eine EU-Mitgliedschaft vorstellen (Europäische Kommission 2005).

---

15 Vgl. hierzu verschiedene Standpunkte im aktuellen EU-Turkey-Monitor des Zentrums für Europäische Integrationsforschung (2006).

2 Theorie

2.1 Theoretische Vorüberlegungen

2.1.1 Handlungstheoretische Grundlagen

Die Annahme subjektiven Sinns

Die phänomenologisch inspirierte wissenssoziologische Diskursanalyse, wie sie derzeit federführend von Reiner Keller und anderen (Keller 1998, 2003, 2005; Keller / Hirseland / Schneider / Viehöver 2001, 2003; Knoblauch 2001; Schneider 1999) vertreten wird, basiert auf der zentralen Annahme des subjektiven Sinns, der mit Weber jedem sozialen Handeln inne wohnt, dieses gleichsam motiviert und leitet. Bekanntlich konzeptualisierte Weber in „Wirtschaft und Gesellschaft" seinen Begriff sozialen Handelns und nahm folgende Gegenstandsbestimmung der verstehenden Soziologie vor:

> Soziologie [...] soll heißen: eine Wissenschaft, welche soziales Handeln deutend verstehen und dadurch in seinem Ablauf und in seinen Wirkungen ursächlich erklären will. [...] ‚Handeln' soll dabei ein menschliches Verhalten [...] heißen, wenn und insofern als der oder die Handelnden mit ihm einen subjektiven *Sinn* verbinden. (Weber [1922] 1980: 1, Hervorhebung i.O.)

Die handlungstheoretische Unterfütterung phänomenologischer Analysen besteht also in der Verknüpfung von menschlichem Handeln und subjektiven Sinnstrukturen. Es wird angenommen, dass die Sinnstrukturen in der alltäglichen Interaktion und Kommunikation der Alltags- oder „Lebenswelt"[16] entstehen, die menschliches Handeln steuern und es für den Forscher sinnhaft verstehbar machen. Die phänomenologische Soziologie fragt folglich nach den Entstehungsbedingungen von Sinn und den Arten der sozialen Konstruktion von intersubjektiv geteiltem Wissen bzw. von Wirklichkeit.

Die verstehende Soziologie Max Webers wurde von Alfred Schütz phänomenologisch weiterentwickelt und fundiert. Ebenso wie Weber begreift Schütz den sozialwissenschaftlichen Untersuchungsgegenstand als Handeln, das nur durch Verstehen zu erschließen und kausal zu erklären sei (Schütz [1932] 1960: 24ff.). Wenn des Forschers Sinndeutung auf subjektiven Sinn zielt, so hat er

> den Sinnzusammenhang im Blick [...], in welchem die Erlebnisse des Erzeugenden, von denen das Erzeugnis zeugt, für diesen stehen oder standen, d.h. wenn wir die polythetischen Akte, in denen sich diese Erlebnisse des das Erzeugnis Setzenden aufbauen, in Gleichzeitigkeit oder Quasigleichzeitigkeit unserer Dauer nachvollziehen vermögen. (ebd.: 187)

---

16 Schütz hat sein Lebenswerk der Analyse der „Lebenswelt" gewidmet (Schütz / Luckmann 1979, 1984). Dieser Begriff stammt ursprünglich von Husserl und erhielt erst dank Schütz die soziologische Prägung, mit der er im Folgenden verwendet werden soll. Die Lebenswelt ist eine kulturell

Mit anderen Worten geht das auf subjektiven Sinn ausgerichtete Verstehen *erzeu-gerorientiert* vor, was es von einem Verstehen unterscheidet, das auf objektiven Sinn ausgerichtet ist und so *erzeugnisorientiert* operiert. Objektiven Sinn zu erfassen heißt also, Objekte als Phänomene zu begreifen, ohne dass nach den Sinnsetzungsprozessen gefragt wird, die im Inneren eines Anderen ablaufen (vgl. Kurt 2004: 221).

> Objektiver Sinn steht daher nur in einem Sinnzusammenhang für das Bewusstsein des Deuten-den, subjektiver Sinn verweist daneben und darüber hinaus auf einen Sinnzusammenhang für das Bewusstsein des Setzenden. (Schütz [1932] 1960: 188)

Da der Akt des Verstehens von subjektiv gemeintem Sinn immer auf das Bewusstsein eines Dus, also auf ein fremdes Bewusstsein verweist, sollte auch im Hinblick auf die vorliegende Analyse immer berücksichtigt werden, dass der fremde *gemeinte* Sinn auch bei optimaler Deutung immer ein „Limesbegriff" (ebd.: 49) bleiben muss.

In handlungstheoretischer Hinsicht setzen Weber und Schütz am einzelnen handelnden Individuum an. Es gilt, den Sinn zu erschließen, den die in der Sozialwelt Handelnden mit ihrem Handeln verbinden, denn

> [n]ur das Handeln des Einzelnen und dessen *gemeinter Sinngehalt* ist verstehbar, und *nur* in der Deutung des individuellen Handelns gewinnt die Sozialwissenschaft Zugang zur Deutung jener sozialen Beziehungen und Gebilde, die sich in dem Handeln der einzelnen Akteure der sozialen Welt konstituieren (ebd.: 13f., Hervorhebung E.M.).[17]

In methodischer Hinsicht ist jede phänomenologische Analyse einem (text-) herme-neutischen Zugriff verpflichtet, der auf das wissenschaftliche Verstehen subjektiven Sinns zielt. Ziel der wissenssoziologischen Hermeneutik (vgl. Soeffner 1989, 1991, 1999, 1999a; Soeffner / Hitzler 1994; Reichertz / Schröer 1994; Schröer 1994, 1997; Honer 1999; Hitzler / Reichertz / Schröer 1999; Reichertz 2003) ist es, eben diesen subjektiven Sinn methodisch kontrolliert zu rekonstruieren. Eine sich als wissensso-

---

vorgeformte Sinnwelt, die von Schütz als intersubjektiv geteilter Wissensvorrat verstanden wird. In dieser Welt laufen die Prozesse der Realitätskonstruktion ab, das heißt der Einzelne ist durch seine sinnhaften Handlungen und Interaktionen mit anderen aktiv an der Konstruktion der Wirklichkeit beteiligt. Insofern wird die Lebenswelt als intersubjektiver Handlungs- und Erfahrungsraum begriffen, der einerseits zwar eine menschliche Produktionsleistung ist, andererseits aber als fraglos gege-ben wahrgenommen wird. Ausgehend von diesem „sozialontologischen Boden" (Bühl 2002: 145) erleben wir unsere Lebenswelt entlang von Relevanzstrukturen bzw. -systemen. Je nach Relevanz für eine Situation werden bestimmte Formen des Wissens aktiviert. Hier spielt neben Rezeptwissen – was als Problemlösungswissen funktioniert – und Routinewissen die Wissenskategorie der Typifika-tion eine entscheidende Rolle. Eine Typifikation ist eine Kategorie, die vom Individuellen abstrahiert und so als Wissensform erlern- und tradierfähig ist. Nach Schütz erleben wir unsere Welt von Geburt an als „typifiziert", als vorgeformt oder objektiviert, wobei Typifizierungen im Alltagsdenken inte-grierend wirken und die Lebenswelt beherrschen, weil sie als „gesichert und gesellschaftlich bewährt erlebt werden" (Schütz 1962: 149, zitiert nach Berger / Luckmann [1966] 2004: 17). Mit dem Kon-zept der Lebenswelt, ihren Relevanzstrukturen und Typisierungen legte Schütz einen wichtigen Grund-stein für die neuere Wissenssoziologie, wie sie 1966 von Berger und Luckmann formuliert wurde. Als Hauptanliegen der Wissenssoziologie definierte Schütz die Analyse der Verteilungsmechanismen von Wissen in der Gesellschaft (vgl. ebd.: 121). Der Frage nach der gesellschaftlichen Distribution von Wissen wurde jedoch von Berger / Luckmann eine vergleichsweise geringe Bedeutung beige-messen (vgl. Berger / Luckmann [1966] 2004: 18).

17 Dieser subjektorientierte Ansatz ist klar zu unterscheiden von strukturalistischen Ansätzen, wie sie etwa von Saussure, Althusser und Lévi-Strauss vertreten wurden.

ziologisch definierende Hermeneutik basiert auf der Annahme, dass Handlungssubjekte Wirklichkeit einerseits als objektiv vorgegeben vorfinden, sie aber andererseits immer wieder neu ausdeuten und so modifizieren bzw. konstruieren (Berger / Luckmann [1966] 2004).

Als „phänomenologisch"[18] wird der Forschungsansatz nach Weber und Schütz bezeichnet, weil die Welt dem Individuum oder Forscher als Objekt, bzw. als *Phänomen* gegenüber tritt, wobei sie aber gleichzeitig als von den Individuen konstruiert verstanden wird. Eine Handlung, die von einem Individuum ausgeführt wird, betrachtet der Forscher also als *Phänomen* und er versucht, den subjektiven Sinn dieses Handlungsphänomens zu erfassen. Mit der methodisch kontrollierten Rekonstruktion des subjektiven Sinns hat der Phänomenologe sein Ziel erreicht – damit wird die Handlung im wissenschaftlichen Sinne als „verstanden" betrachtet. Für Vertreter der wissenssoziologischen Hermeneutik nach Soeffner u.a. (vgl. oben) entspricht dieses Verstehen folglich dem ersten Schritt im Rahmen einer methodisch kontrollierten Rekonstruktion der gesellschaftlichen Wirklichkeit. Darüber hinaus nimmt Soeffner an, dass wissenschaftliches Verstehen im Sinne einer Sinnrekonstruktion die Grundlage für das Bilden von Idealtypen im Sinne Webers darstelle. Diese führen ihrerseits zur „Erklärung" im Sinne Webers:

> Der konkrete Einzelfall wird also *ausschließlich* im Hinblick auf seinen Abstand vom und seine Differenz zum begrifflich ,reinen' zweckrationalen Idealtypus *kausal* erklärt. Nicht durch diese kausale Erklärung der Differenz lässt sich der Einzelfall deutend verstehen, *sondern umgekehrt*: durch deutendes Verstehen sozialen Handelns gelangt man zur Konstruktion von Idealtypen, die ihrerseits den Einzelfall als solchen sichtbar machen […]. Indem sie seine *Differenz zum Idealtypus erklären*, tragen sie dazu bei, ihn in seiner Singularität und Konkretion zu verstehen. (Soeffner 1999: 47, Hervorhebung E.M.)

Stark vereinfacht formuliert heißt dies, der Phänomenologe nimmt über Handlung, Sinn und Idealtypus an: „Es ist wie es ist." Damit soll umschrieben werden – und im Grunde impliziert dies bereits der Begriff „phänomenologisch" – dass weder nach tiefer gehenden Erklärungen gefahndet, noch nach weiteren Sinnebenen des Handelns gefragt wird. Unsere eingangs gestellten Forschungsfragen zielen aber gerade auf die Erschließung einer solchen zweiten, versteckten oder zumindest überlagerten Sinndimension, – jene der Rationalisierungen oder mit Pareto: Derivationen.

Für unsere Deutungsmusteranalyse erscheint es aber zunächst durchaus sinnvoll, phänomenologisch inspiriert vorzugehen und zumindest bis hin zur Konstruktion der Idealtypen mit den Annahmen der wissenssoziologischen Hermeneutik zu arbeiten bzw. das Schütz'sche Konzept des „wissenschaftlichen Verstehens" (vgl. Kapitel 3.1.2) an-

---

18 Bei diesem Ansatz handelte es sich zunächst um einen rein philosophischen: Edmund Husserl [1913] (1976) vertrat die philosophische Phänomenologie als Lehre, die von der geistigen Anschauung des Wesens der Gegenstände oder Sachverhalte ausgeht, also die Wesensschau in Form geistig-intuitiver Erkenntnis einer rationalen Erkenntnis vorzieht. Schütz machte diesen Ansatz für die Soziologie fruchtbar und überführte so die philosophische Phänomenologie in eine soziologische. Aus soziologischer Perspektive steht nun nicht mehr das menschliche Bewusstsein als das Erkennende im Vordergrund. Vielmehr begreift Schütz die Welt als eine sinnhaft konstruierte, weshalb in seinem Hauptwerk „Der sinnhafte Aufbau der sozialen Welt" [1932] (1960) subjektive Sinndeutungs- und Sinnsetzungsvorgänge in den Mittelpunkt gerückt werden.

hand des Diskurses umzusetzen. Wie oben dargelegt stellt jedoch die Deutungsmuster-analyse nicht das Endziel der vorliegenden Studie dar. Im Gegenteil: Die Konstruktion der Idealtypen dient uns als Mittel zum Zweck, gleichermaßen als Handwerkszeug und solide Grundlage für eine weitergehende Analyse der Argumente *jenseits* der Annahme subjektiven Sinns. Diese ist motiviert von der Überzeugung, dass für eine tiefer gehen-de Analyse des Diskurses die für Soeffner zentrale Annahme, mit der Konstruktion der Idealtypen werde bereits eine „Erklärung" mitgeliefert (vgl. Soeffner 1999), zu kurz greift und den Blick auf jene sozialen Prozesse verstellt, die quasi „versteckt" hinter den Diskursen ablaufen und eine soziologische Analyse lohnen. Im Folgenden gilt es zu klären, was es in handlungstheoretischer Hinsicht mit weiteren Sinnebenen auf sich hat und wie wir gedenken, diese diskursanalytisch greifbar zu machen.

Residuen und Derivationen: Jenseits subjektiven Sinns

Grundlegend für das Verständnis der paretianischen Soziologie ist die Klassifikation aller Handlungen in logische (= rationale) Handlungen einerseits und nicht-logische (= nicht-rationale) Handlungen andererseits (vgl. Bach 2004: 112-127). Die von einem objektiven Beobachter – Pareto denkt hierbei an hoch qualifizierte, wissenschaftliche Beobachter bzw. „Experten" – erkennbare Zweck-Mittel-Entsprechung entscheidet hier-bei darüber, ob eine Handlung als logisch oder nicht-logisch zu definieren ist. Von einer logischen Handlung soll nur genau dann gesprochen werden, wenn das eingesetz-te Mittel in einer nach wissenschaftlichen Maßstäben rationalen Relation zum ange-strebten Zweck steht. Mit anderen Worten: Der Einsatz des gewählten Mittels muss nach objektiven Erkenntnissen, die sich ausschließlich an wissenschaftlichen Metho-den orientieren, logisch zu dem gewünschten Zweck führen. Nach Pareto finden wir also die Reinform logischen Handelns im wissenschaftlichen Erkenntnisprozess, der sich stets am Ideal der logisch-experimentellen Methode orientiert: „Qui ragiono solo oggettivamente ed analiticamente, secondo il metodo logico-sperimentale" (Pareto 1964a: 41, § 75). Dieses Zitat belegt mit besonderem Nachdruck, dass sich das pareti-anische Rationalitätsmodell am Ideal des wissenschaftlichen Experiments bzw. Diskur-ses ausrichtet. Paretos Grundverständnis soll auch unserer Analyse zugrunde gelegt werden.

Entscheidend für das Verständnis des paretianischen Handlungsbegriff ist nun, dass Pareto davon ausgeht, dass es sich bei den oben definierten logischen Handlungen um Einzel-, bzw. Grenzfälle handelt, denen im Vergleich zu nicht-rationalen, also nicht-logischen Handlungen Seltenheitswert zukommt: „molte azioni umane fra le più im-portanti corrispondono alle teorie che non sono logico-sperimentali" (Pareto 1964a: 79, § 146). Das bedeutet mit anderen Worten: Pareto nimmt an, dass nicht-logische Handlungen im Hinblick auf ihre gesellschaftliche Prägekraft von ungleich größerer Bedeutung sind (vgl. Bach 2004: 124). Diese Einsicht ist fundamental für das Ver-ständnis des paretianischen Handlungsmodells und erklärt, warum Pareto seine Sozio-logie als eine „Soziologie nicht-logischer Handlungen" konzipiert. Der größte Teil menschlicher Handlungen lässt einen sachverständigen Beobachter oder Experten eben gerade *keine* logische Relation von Mittel und Zweck erkennen. Da diese Handlungen vom Rationalitätsideal des zugrunde gelegten szientistischen Verständnisses abweichen, bezeichnet sie Pareto als nicht-logisch bzw. nicht-rational.

Gehen wir also mit Pareto davon aus, dass das menschliche Handeln – gemessen anhand wissenschaftlicher Rationalitätsstandards – zum größten Teil als nicht-logisch bzw. als nicht-rational charakterisiert werden muss. Nehmen wir weiter an, dass logisches Handeln lediglich als theoretisches Modellkonstrukt, als Idealtypus bzw. Kontrastfolie dient, vor welcher für das Auge des wissenschaftlichen Beobachters nicht-logische Handlungen sichtbar werden. Es versteht sich von selbst, dass sich diese überwiegende Mehrheit aller menschlichen Handlungen offensichtlich nicht über Kosten-Nutzen-Kalküle greifen lässt. Diese Einsicht führt uns unweigerlich zu der Frage nach der Motivation menschlicher Handlungen.

Es darf bereits vorweggenommen werden, dass sich der paretianische Handlungsbegriff insofern fundamental von jenem Webers unterscheidet, als Pareto nicht nur von komplexen, sich überlappenden Motivlagen ausgeht, sondern vor allem auf unreflektierte, dem Bewusstsein nicht zugängliche Motivationsstrukturen verweist. So geht er in seinem Handlungsmodell davon aus, dass das Handeln des Menschen, ganz gleich ob logisch oder nicht-logisch, in erster Linie durch „Gefühle" (*sentimenti*), „Instinkte" (*istinti*) oder „Seelen- bzw. Gemütszustände" (*stati d'animo*) bestimmt wird. Diese „Gefühle" sind aber weder zu verwechseln mit Emotionen im herkömmlichen Sinne, sind also nicht gleich zu setzen mit Neid, Angst, Hoffnung, Trauer oder Lust, noch sollen sie als „Instinkte" im biologischen Sinne verstanden werden. Bach unterstreicht zudem, dass „Gefühle" nicht als psychische Antriebe missgedeutet werden dürfen, im Gegenteil:

> Die Soziologie interessiert sich […] definitiv nicht für die psychischen oder unbewussten Triebstrukturen des sozialen Handelns. […] Die Abgrenzung von der Psychologie könnte unmissverständlicher nicht sein […]. (Bach 2004: 145)

Um diesen Missinterpretationen vorzubeugen und die spezifische Natur dieser handlungsmotivierenden „Gefühle" zu unterstreichen, prägt Pareto dafür einen eigenen Begriff: Er spricht von *Residuen*. Diese stellen sozusagen die Tiefenstrukturen sozialen Handelns dar. Sie liegen jedem sozialen Handeln zugrunde, motivieren und formen dieses. Als kognitive Grundmuster – man könnte auch sagen: Frames oder Deutungsmuster – sozialen Handelns wirken sie allerdings unbewusst und sind nicht reflexiv verfügbar.

Diese Konzeption von Handlungsmotivation stellt den Forscher vor eine Reihe methodische Probleme. Zum Einen, und darin liegt m.E. das Hauptproblem, sind Residuen oder handlungsbestimmende Emotionen vor- oder prä-reflexiv und verschließen sich damit einem direkten Zugriff über das Bewusstsein. Zudem sind „Emotionen" ebenso flüchtig wie subjektiv, was sie einer sozialwissenschaftlichen Analyse schwer zugänglich macht (vgl. Bach 2004: 216). Gesetzt den Fall, es fände sich geeignetes Material, um „Gefühle" empirisch nachzuweisen, stellt sich immer noch die Frage, wie die diffusen *stati d'animo* durch den Forscher objektiviert werden sollen. Wie operationalisiert man „Gefühle"? Wie müsste eine „Hermeneutik der Gefühle" (Bach) aussehen? Wie soll der Forscher vorgehen, um die sozial relevanten Gefühlslagen – und damit Handlungsmotivationen – frei zu legen? Eine Residuen*analyse* wird m.E. zudem dadurch verkompliziert, dass das konkrete Handeln schließlich immer eine spezifische Mischung *mehrerer* Residuen aufweist. Wie ließe sich jenseits von Vermutung, Spekulation und Intuition die spezifische Kombination aufdecken? Auch wenn wir uns jenseits der Annahme subjektiven Sinns bewegen und durchaus annehmen, dass das menschliche Handeln über weitere Sinndimensionen erschlossen werden kann, erscheint es im Rahmen unserer Studie wenig ratsam, zu versuchen, die Motivlagen der Akteure diskursanalytisch zu erschließen. Möchte man aber als Forscher dennoch Annahmen über handlungsmotivierende Residuen treffen, bietet es sich an, auf die Residuentypologie zurückzugreifen, die Pareto in seinem *Trattato* aufstellt (vgl. Pareto 1964a: 526ff., §§ 888ff.). In Kapitel 5.2 kommen wir hierauf zurück.

Wenden wir uns also der zweiten Sinndimension von Paretos Handlungsmodell zu: der Ebene der Rationalisierungen. Weiter oben haben wir gesehen, dass soziales Handeln in aller Regel ein nicht-logisches ist. Eine fundamentale menschliche Erfahrung besteht folglich in der allgegenwärtigen Nicht-Übereinstimmung von subjektiv erwarteten und tatsächlich eintretenden Handlungsfolgen wegen nicht-rationaler Wahl des Mittels. Diese grundlegende Erfahrung des Scheiterns bzw. das Erlebnis der Ungewissheit im Hinblick auf eintretende Handlungsfolgen produziert nach Pareto eine eigene Sinndimension: Es entstehen Erklärungs- und Rechtfertigungsstrukturen, deren Funktion es ist, das Handeln inklusive der unweigerlichen Erfahrung des Scheiterns in Wissensstrukturen oder Ideenordnungen höherer Art einzubinden. Diese werden als *Derivationen* bezeichnet. Derivationen können als Räsonnements (*ragionamenti*) oder Rationalisierungen umschrieben werden, die dem Handeln logische Folgerichtigkeit zuschreiben, wo diese – von einem im oben genannten Sinne objektiven Standpunkt aus betrachtet – nicht vorhanden ist:

> Le derivazioni comprendono ragionamenti logici, sofismi, manifestazioni di sentimenti adoperate per derivare; esse sono manifestazioni del bisogno di ragionare che prova l'uomo. Se questo bisogno si appagasse solo coi ragionamenti logico-sperimentali, non vi sarebbero derivazioni, ed invece di esse si avrebbero teorie logico-sperimentali; ma il bisogno di ragionamento dell'uomo si appaga in molti altri modi, cioè: con ragionamenti pseudi-sperimentali, con parole che muovono i sentimenti, con discorsi vani, inconcludenti; e così nascono le derivazioni. (Pareto 1964b: 5, § 1401)

Pareto geht also so weit, anzunehmen, dass die Rationalisierung eine Grundeigenschaft menschlichen Handelns darstellt. Bedingt durch die Erfahrung der nicht vorhandenen Entsprechung von Zweck und Mittel entstehen so pseudo-rationale oder schein-logische Theorien, eigene „Sinnuniversen", in denen sich Rationalisierungen in Form von Zuschreibungen und Generalisierungen verselbstständigen. Als Ideensysteme, z.B. in Form von religiösen oder politischen Ideologien, begleiten diese Rationalisierungen alles soziale Handeln (vgl. Bach 2004: 156-170).

Im Gegensatz zu den Residuen sind Derivationen durchaus dem Bewusstsein verfügbar und damit reflexiv zugänglich. Da von Residuen angenommen wird, dass sie die Grundkonstanten oder -motive menschlichen Handelns darstellen, müssen sie notwendigerweise statischer Natur sein; dies gilt freilich nicht für Derivationen, die insbesondere in unserer modernen Gesellschaft variabel und sozialen Diskursen unterworfen sind (vgl. ebd.: 166). An diese Überlegung wollen wir anknüpfen und im öffentlich-medialen Diskurs an den EU-Beitritt der Türkei Derivationen durch Texthermeneutik sichtbar machen. Paretos Theorie der Derivationen wird in Kapitel 2.4 detaillierter erläutert werden; der methodischen Herangehensweise widmet sich Kapitel 3.1.3.

Zusammenfassung

Phänomenologisch inspirierte Analysen gehen davon aus, dass es den subjektiven Sinn einer (diskursiven) Handlung zu ergründen gilt, um diese Handlung zu verstehen – und schlussendlich über die Konstruktion von Idealtypen auch erklären zu können. Abbildung 2.1 macht deutlich, dass sich die methodischen Schritte des Verstehens und des Erklärens auf ein und derselben Sinnebene abspielen (vgl. linke Seite des Schaubilds). Demgegenüber zeigt die Darstellung schematisch, das Pareto hinter der sichtbaren Handlung von zwei weiteren Sinnebenen ausgeht – die dem Bewusstsein nicht zugängliche Ebene der Residuen und die reflexiv verfügbare Ebene der Derivationen (vgl. rechte Seite).

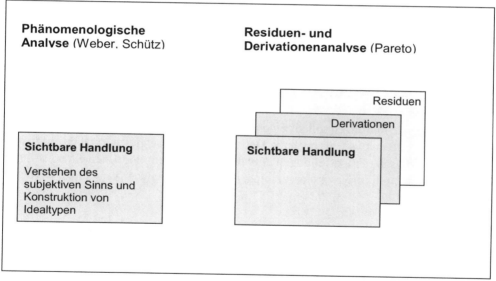

Abb. 2.1: Schematische Gegenüberstellung der Sinnebenen (eigene Darstellung)

Das Schaubild zeigt schematisch, dass sich im Hinblick auf die Konstitution von Sinn der Versuch, „von Paretos Handlungstheorie, zur phänomenologischen Soziologie wie auch zum symbolischen Interaktionismus[19] eine Brücke zu spannen, wohl als ein letzt-

---

19   Der Symbolische Interaktionismus gilt als eigenständiges Paradigma in den Sozialwissenschaften und liefert weitere Grundannahmen für den interpretativen Zugriff phänomenologischer Analysen.

lich aussichtsloses Unterfangen" erweist (Bach 2004: 222). Unsere Ausführungen haben überdies verdeutlicht, dass Paretos Handlungsbegriff konträr zur Annahme eines
handlungsmotivierenden subjektiven Sinns steht: Weber hätte die paretianischen Residuen im Bereich des Irrationalen verortet. Es soll auch nicht versucht werden, besagte
Brücke zu schlagen. Im obigen Schema bewegt sich unsere Deutungsmusteranalyse
(vgl. Kapitel 4) auf der ersten Ebene, also auf der Ebene der sichtbaren Handlung oder
wenn man so will: jener des von Weber angenommenen subjektiven Sinns. Weitere
Sinnebenen bleiben vorläufig außen vor. In handlungstheoretischer Hinsicht nehmen
wir zwar die Existenz von handlungsleitenden residualen Strukturen an, verzichten aber
auf eine Residuenanalyse und klammern damit eine Untersuchung der dem Bewusstsein nicht zugänglichen Sinnebene gänzlich aus. Die Derivationenanalyse (vgl. Kapitel
5) zielt demgegenüber darauf ab, einen Schritt über das Forschungsprogramm der phä-
nomenologisch-wissenssoziologischen Diskursanalyse hinaus zu wagen und eine zweite
Sinndimension zu erschließen, die jenseits der phänomenologischen „Es-ist-wie-es-
ist"-Annahme liegt, also Rationalisierungen bzw. schein-rationale Argumente enthält.
Unsere Analyse möchte Argumentationsstrukturen „entzaubern" und Rationalisierungen sichtbar machen, die dem Weberschen oder Schütz'schen Verständnis und Verstehen subjektiven Sinns notwendigerweise verborgen bleiben müssten. So nimmt unsere
Derivationenanalyse auf Paretos handlungssoziologisch hervorragend fundierte Deri-
vationen- oder Argumentationstheorie Bezug und zielt gleichsam darauf ab, die diskursiven Muster an soziale Prozesse rückzubinden, was schlussendlich Ziel jeder (wis-
sens-)soziologischen Analyse sein sollte.

2.1.2 Verortung in der Wissenssoziologie

Die folgenden Ausführungen sollen zeigen, dass sowohl die phänomenologisch inspirierte Deutungsmusteranalyse, als auch die Derivationenanalyse gleichermaßen auf genuin
wissenssoziologische Fragestellungen antworten. Im diesem doppelten Sinne soll also
die vorliegende Studie als „wissenssoziologische Diskursanalyse" verstanden werden.

Herbert Blumer – ein Schüler von Mead – ist es zu verdanken, dass in der Soziologie seit 1937 von
„Symbolischem Interaktionismus" die Rede ist. Die programmatische Darstellung des methodologi-
schen Standorts des Symbolischen Interaktionismus formuliert Blumer in Form von drei zentralen
Prämissen, von denen die erste von entscheidender Bedeutung ist: „Die erste Prämisse besagt, dass
Menschen ‚Dingen' gegenüber auf der Grundlage von *Bedeutungen* handeln, die diese ‚Dinge' für
sie besitzen" (Blumer [1969] 1980: 81, Hervorhebung E.M.). Mit ‚Dingen' meint Blumer alles, was
der Mensch in seiner Lebenswelt – um es mit Schütz auszudrücken – oder Alltagsrealität – um die
Berger / Luckmann'sche Terminologie zu verwenden – wahrnimmt. Dazu gehören physische Gegenstände ebenso wie Menschen bzw. Typen von Menschen, Institutionen, Leitideale und soziales Handeln im o.g. Sinn. Mit dieser Bezugnahme auf Bedeutung und Sinn schließt Blumer an Weber und
Schütz an und lässt sich gleichsam von positivistischen bzw. objektivistischen Ansätzen, wie auch
von Paretos Residuen- und Derivationentheorie abgrenzen.

Erkenntnisinteresse der Neuen Wissenssoziologie

Nähern wir uns zunächst den Forschungsfragen, die an die Deutungsmusteranalyse gestellt werden. Allgemein formuliert soll beleuchtet werden, wie im medialen Diskurs Wirklichkeit gesellschaftlich konstruiert wird. Konkret stellt sich beispielsweise die Frage nach der Konstruktion der europäischen Identität, nach der Konstruktion des „Anderen", nach Gefahr oder dem viel bemühten Argument der „Überfremdung". Damit folgen wir Berger und Luckmann, den Begründern der „Neuen Wissenssoziologie"[20], die ihr Erkenntnisziel wie folgt formulieren:

> [Die Wissenssoziologie soll sich, E.M.] zu allererst fragen, was ‚jedermann' in seinem alltäglichen, nicht- oder vortheoretischen Leben ‚weiß'. Allerweltswissen, nicht ‚Ideen' gebührt das Hauptinteresse der Wissenssoziologie, denn dieses ‚Wissen' eben bildet die Bedeutungs- und Sinnstruktur, ohne die es keine menschliche Gesellschaft gäbe. Die *gesellschaftliche Konstruktion der Wirklichkeit* ist also der Gegenstand der Wissenssoziologie. (Berger / Luckmann [1966] 2004: 16, Hervorhebung E.M.)

Berger / Luckmann unternehmen in ihrem mittlerweile zum Klassiker avancierten Werk den systematischen Versuch, die Rolle des Wissens in der Gesellschaft theoretisch zu fassen. Die zentralen Fragestellungen der Neuen Wissenssoziologie lauten also: Wie interpretieren bzw. deuten soziale Akteure die gesellschaftliche Realität? Wie wird subjektiv gemeinter Sinn zu objektiver Faktizität? Wie wird unsere Alltagswirklichkeit gesellschaftlich konstruiert? Es liegt auf der Hand, dass sich diese Reformulierung des wissenssoziologischen Forschungsgegenstands als ungleich anschlussfähiger für die qualitative empirische Sozialforschung erweist als die „ideologielastige" Konzeption der Wissenssoziologie nach Mannheim u.a. (vgl. FN 5). Bergers und Luckmanns Theorie der gesellschaftlichen Konstruktion der Wirklichkeit ruht auf phänomenologischen Fundamenten und nimmt nicht zuletzt Bezug auf das Schütz'sche Konzept der dem Einzelnen *subjektiv sinnhaft* erscheinenden Lebenswelt[21].

---

20 Der Begriff „Neue Wissenssoziologie" versteht sich in Abgrenzung zur „Klassischen Wissenssoziologie" wie sie von Max Scheler, Karl Mannheim und Theodor Geiger begründet wurde. Ersterer – seines Zeichens Philosoph – war es, der den Begriff „Wissenssoziologie" prägte (Scheler 1926), woraufhin diese zu einem zentralen Forschungsfeld der Soziologie avancierte. Die Theoretiker hatten jedoch divergierende Vorstellungen davon, was als Forschungsprogramm der neu geschaffenen Disziplin gelten sollte. Schelers Interesse an Wissenssoziologie gründete auf dem Fernziel, eine philosophische Anthropologie zu begründen, die das Problem der Relativität überwinden musste. Karl Mannheim begriff alles Wissen – mit Ausnahme der Mathematik und der Naturwissenschaften – als *Ideologie* im Sinne von Wirklichkeitsverzerrung und begriff damit Ideologiekritik als zentrales Anliegen der deutschen Wissenssoziologie. Während Mannheim davon ausging, dass nur eine „frei schwebende Intelligenz" in der Lage sei, sich von der Verwurzelung in der Seinsgebundenheit zu lösen, näherte sich Geiger dem Problem aus quasi positivistischer Perspektive. Er schlug vor, durch „wissenschaftliche" Herangehensweise – z.B. durch „theoretisch-kühle Distanznahme" – das Problem der Verzerrung zu beheben (Geiger 1962: 429). Die Beschäftigung mit Sonderwissen in Form von Ideen und Ideologien brachte erhebliche erkenntnistheoretische Probleme mit sich, deren Lösung ein zentrales Problem der „klassischen" Wissenssoziologie war. Die Neue Wissenssoziologie umgeht dieses Problem, indem sie sich ausdrücklich von den Begründern der Wissenssoziologie abgrenzt und die Erforschung des Alltagswissens – in Abgrenzung zu Sonderwissen – zum Ziel setzt: „Die Wissenssoziologie muss sich mit allem beschäftigen, was in der Gesellschaft als ‚Wissen' gilt. [...] Theoretische Gedanken, ‚Ideen', Weltanschauungen, sind so wichtig nicht in der Gesellschaft" (Berger / Luckmann [1966] 2004: 16).

21 „Wir müssen also mit der Erklärung jener Wirklichkeit anfangen, die dem Verstand des gesellschaftlichen Normalverbrauchers zugänglich ist" (Berger / Luckmann [1966] 2004: 21). Analog zum Kon-

Berger und Luckmann gehen nun insofern über Schütz hinaus als sie im Hinblick auf die Alltagsrealität eine objektive und eine subjektive Wirklichkeit unterscheiden und den subjektiven Aspekt der Konstruktion von Wirklichkeit unterstreichen. Die Gesellschaft tritt dem Einzelnen einerseits als Faktum, also als objektivierte und legitimierte Realität gegenüber, andererseits wird sie als subjektive Konstruktion begriffen. So wird gesellschaftliche Ordnung als permanente menschliche Interpretations- und Produktionsleistung verstanden.[22] Berger und Luckmann fassen ihr dialektisches Gesellschaftsmodell in drei Sätzen zusammen:

> Gesellschaft ist ein menschliches Produkt [Externalisierung, E.M.]. Gesellschaft ist eine objektive Wirklichkeit [Objektivierung, E.M.]. Der Mensch ist ein gesellschaftliches Produkt [Internalisierung, E.M.]. (Berger / Luckmann [1966] 2004: 65)

Dieses Verständnis von Gesellschaft bildet das theoretische Fundament unserer phänomenologisch fundierten Analyse. Als zentrales Anliegen der Wissenssoziologie verstehen wir mit Berger / Luckmann die Analyse der oben genannten Prozesse, insbesondere die Rekonstruktion von Deutungsprozessen im Rahmen der Konstruktion bzw. Transformation von Wirklichkeit. Dem konstruktivistischen Verständnis von Gesellschaft folgend muss auch Berücksichtigung finden, dass selbst die Forscherin mit jeglicher Form der Entäußerung am Prozess der Konstruktion der Wirklichkeit teilhat; freilich muss offen bleiben, wie groß der Einfluss des jeweiligen Forschungsprojekts auf die Transformation der Wirklichkeit – im konkreten Fall also beispielsweise auf eine veränderte Wahrnehmung des türkischen EU-Beitritts – hat.

Obwohl die Theorie der gesellschaftlichen Konstruktion der Wirklichkeit nach Berger / Luckmann auf phänomenologischen Fundamenten und damit auf der Annahme eines subjektiven Sinns beruht, ist es m.E. legitim, das oben dargelegte dreistufige Modell

---

zept der Lebenswelt ist diese Alltagsrealität gekennzeichnet durch Intersubjektivität, räumliche und zeitliche Strukturierung und Vorrangstellung unter anderen Wirklichkeiten wie beispielsweise der Traumwelt. Die Wirklichkeit der Alltagswelt wird wahr- und hingenommen als einfach *da*, das heißt sie wird als natürlich empfunden, was sie als ebenso selbstverständlich wie unentrinnbar erscheinen lässt (vgl. ebd.: 21ff.). Unsere Deutungsmusteranalyse beschäftigt sich mit einem Ausschnitt aus eben dieser Alltags- oder Lebenswelt.

22 Die entscheidenden Prozesse können wie folgt zusammenfassend dargestellt werden: Gesellschaftliche Wirklichkeit kommt zustande durch die Prozesse der Externalisierung, Objektivierung, Institutionalisierung, Legitimierung und Internalisierung durch Sozialisation. Entscheidend ist hierbei, dass Berger und Luckmann Gesellschaft analytisch als dialektischen Prozess verstehen, der aus den drei Komponenten Externalisierung, Objektivation und Internalisierung besteht (vgl. Berger / Luckmann [1966] 2004: 65). Externalisierung bezeichnet als anthropologische Notwendigkeit den Akt der Entäußerung von subjektiv gemeintem Sinn in Form von Sprache. Dank zwischenmenschlicher Kommunikation und durch die Kraft der Objektivierung, die dem menschlichen Ausdrucksvermögen inne wohnt, manifestiert sich das Entäußerte in Form von Vergegenständlichungen oder Objektivationen. Das heißt das Veräußerlichte wird zu einem für mehrere Subjekte Wirklichen und so zu einem objektiv „vorhandenen" Bestandteil der Wirklichkeit. „Die Wirklichkeit der Alltagswelt ist nicht nur voll von Objektivationen, sie ist vielmehr nur wegen dieser Objektivationen wirklich" (ebd.: 37). Grundlage jeglicher gesellschaftlicher Ordnung in dieser konstruierten Objektivität ist die Institutionalisierung. Diese bezeichnet allgemein gesprochen einen Prozess, durch den menschliches Verhalten gleichsam organisiert und normiert wird, also bindenden Charakter annimmt. Sie wurzelt in dem menschlichen Vermögen zur Habitualisierung und Ablagerung von Erfahrung (Sedimentation). Mit einer habitualisierten Handlung ist eine Handlung gemeint, die gewohnheitsbedingt wiederholt wird, so dass ihr Sinn nicht immer wieder neu reflektiert werden muss. Dank reziproker Typisierung von

der sozialen Konstruktion von Wirklichkeit *dem Prinzip nach* auch unserer Derivationenanalyse als zentrale Annahme zugrunde zu legen. Zwar können wir mit Pareto nicht
annehmen, dass subjektiver Sinn in Form von Wissen objektiviert wird, wohl aber,
dass sich Derivationen als gesellschaftliche Institutionen verselbstständigen und den
Menschen als objektive Wirklichkeiten gegenüber treten (vgl. Bach 2004: 168f.). Derivationen beeinflussen ihrerseits als sozial relevantes Wissen – nebst den unbewusst
wirkenden und nicht-kontingenten Residuen – gesellschaftliches Handeln. Grundsätzlich lässt sich damit festhalten, dass die Annahme der sozialen Konstruiertheit unserer
Wirklichkeit nicht im Widerspruch zur paretianischen Negierung eines handlungsleitenden subjektiven Sinns steht.

Derivationenanalyse als Wissenssoziologie

Was ist nun an Paretos Forschungsprogramm und unseren Fragen an die Derivationenanalyse als spezifisch wissenssoziologisch zu bezeichnen? Pareto zielt mit seiner Resi-
duentheorie auf die Analyse von Wissensstrukturen, die prä-reflexiver und nicht-dyna-
mischer Natur sind und daher nicht im Fokus der vorliegenden Arbeit stehen[23]. Die
Derivationenanalyse zielt demgegenüber auf eine Offenlegung gesellschaftlicher Strukturen durch eine Analyse reflexiv verfügbarer und bewusster Inhalte, also auf Sinnstrukturen, die Wissens- und Glaubensysteme rationalisieren:

> Paretos Analyse zielt auf die Verknüpfung von Handlung mit jener ‚theoretischen‘ Dimension,
> die durch Sinnbezüge erklärender und / oder rechtfertigender Art vor dem Horizont alltagswelt-
> licher, religiöser, pseudo-wissenschaftlicher usw. Vorstellungswelten konstituiert wird. Mit an-
> deren Worten: es wird nach der Integration von sichtbarem Handeln in allgemeinere, situations-
> übergreifende, mehr oder weniger theologisch oder philosophisch rationalisierte Sinn- und Be-
> deutungssysteme gefragt. (Bach 2004: 169)

Mit den Derivationen, die Pareto als kollektive Repräsentationen bzw. Kollektivvorstellungen begreift und die ihrerseits neben den Residuen menschliches Handeln maßgeblich beeinflussen, zielt Pareto also auf die Analyse einer spezifischen Form des

---

habitualisierten Handlungen durch Typen von Handlungen (vgl. ebd.: 58) wird menschliches Handeln einschätzbar, vorhersagbar und kontrollierbar. Insofern erfüllen Habitualisierungen und die damit verbundenen Rollen als Handlungsmuster eine entscheidende Stabilisierungsfunktion. Zu einer
Institution wird ein solches Handlungsmuster jedoch erst, wenn es tradiert wird. Typisierungen verfestigen schließlich – als Formen der Objektivierung – Institutionen im Bewusstsein und bilden
sozusagen den Rahmen jeglicher Institutionalisierung. Wenn nun Institutionen erfolgreich über Generationen tradiert werden sollen, müssen sie erfolgreich legitimiert werden, so dass sie für die jeweils neue Generation Sinnhaftigkeit erhalten. Daher lässt sich Legitimierung als „„sekundäre" Objektivation von Sinn bezeichnen. Sie produziert eine neue Sinnhaftigkeit. [...] Die Funktion dieses
Vorganges ist, ‚primäre‘ Objektivationen, die bereits institutionalisiert sind, objektiv zugänglich und
subjektiv ersichtlich zu machen" (ebd.: 98f.). Mit dem Schritt der Legitimierung wird sozusagen die
Brücke geschlagen von der objektivierten Realität bzw. objektiven Wirklichkeit zur subjektiven Plausibilität und Sinnhaftigkeit. Im Rahmen der Sozialisation, in deren Verlauf der Mensch in seine
Teilhaberschaft an der Gesellschaft eingeführt wird, kommt es zur Internalisierung. Diese meint den
Prozess, im Rahmen dessen das Erfassen der Welt als einer sinnhaften und gesellschaftlichen Wirklichkeit geschieht (vgl. ebd. 139ff.).

23   Residuenanalysen wären folglich in der Soziologie der Emotionen zu verorten.

Wissens. Führt man sich Paretos Handlungsbegriff vor Augen, wird verständlich, warum der Italiener keinen vergleichbaren Zugang zu Prozessen der Interaktion und Kommunikation hat wie wir ihn beispielsweise bei Schütz oder Vertretern des Symbolischen Interaktionismus vorfinden (s.o.). Psychischen Antrieben oder Instinkten misst Pareto entscheidende Bedeutung für menschliches Handeln zu, wenngleich es verfehlt wäre, soziales Handeln auf eben diese reduzieren zu wollen.[24] So geht es Pareto nicht um subjektiven Sinn, wie er sich im Sinne Webers, Schütz', Blumers und Luckmanns in Kommunikation und Interaktion konstituiert, sondern um zwei andere sozial relevante Wissensformen, die er – sie in ihrer Eigenheit als handlungsmotivierende Triebe und handlungsbegleitende Ideen verstehend – Residuen und Derivationen tauft. Letzteren nimmt sich die hier vorliegende *wissenssoziologische* Diskursanalyse mit dem Ziel an, Rationalisierungen texthermeneutisch aufzuspüren (Kapitel 5.1) und zu erklären (Kapitel 5.2).

Diskurse als Erkenntnisgegenstand

Dem „Türkei-Diskurs" wollen wir uns also in zweierlei Hinsicht aus wissenssoziologischer Perspektive nähern. In einem ersten Schritt soll die *Konstruktion unserer medial geprägten Alltagswirklichkeit* in den Fokus der Analyse gerückt werden. Konkret wird dabei gefragt, inwiefern die Beitrittsfrage in unserer alltäglichen Wahrnehmung als Problem gedeutet wird und welche Rolle die damit ins Blickfeld geratenden Konstruktionen europäischer Identität spielen. Zweitens soll der Blick auf die *Rationalisierungen* gelenkt werden, welche die öffentlich-mediale Debatte prägen und ihrerseits wiederum in Diskursen objektiviert werden.

In der Neuen Wissenssoziologie spricht man von der „kommunikativen Wende"[25], die mit Berger / Luckmann ihren Anfang nahm und den Moment bezeichnet, ab welchem sich die wissenssoziologische Forschung zunehmend kommunikativer Prozesse annimmt, also ihre Fragestellung insbesondere auf die kommunikative Vermittlung und Modifikation von gesellschaftlichem Wissen konzentriert:

---

24   Für detailliertere Ausführungen zu Paretos Handlungstheorie vgl. Bach 2004: 146ff.
25   Unsere Lebenswelt ist seit einigen Jahrzehnten durch ein ständiges Anwachsen von Informationstechnologien und Kommunikationsmedien charakterisiert. Sie baut sich nach Knoblauch „aus vielen multimodalen Erfahrungen technisch vermittelter Kommunikation auf" (Knoblauch 2001: 208). Die technologische Spezialisierung geht folglich Hand in Hand mit der Zunahme der Bedeutung von Kommunikation in allen Bereichen unserer funktional differenzierten Gesellschaft. Nach Knoblauch wird „[d]ie Eigenheit des Gesellschaftlichen [...] in zunehmendem Maße durch Kommunikation definiert" (Knoblauch 1995: 1). So sei in der Soziologie bereits von „Informationsgesellschaft" und „Kommunikationsgesellschaft" die Rede und kommunikatives Handeln werde zur Schlüsselform sozialen Handelns aufgewertet. Nach Knoblauch bewirken diese Entwicklungen ein Konvergieren verschiedener soziologischer Theorien in einer Soziologie der Kommunikation bzw. unter einem „kommunikativen Paradigma" (Habermas 1981a: 518). Das Anliegen, „Sprache im Verwendungszusammenhang" zu untersuchen hat in empirischer Hinsicht zur Entwicklung neuer, eigenständiger Methoden wie der Konversationsanalyse, der Gattungsanalyse und eben der Deutungsmusteranalyse geführt, welche im Folgenden zur Anwendung kommen soll.

> Das klassische Thema der Wissenssoziologie [...] wird nunmehr *in der Kommunikation verortet*: Kommunikativ sind die Vorgänge der Wissensproduktion und -vermittlung, und in der Kommunikation werden zugleich soziale Strukturen erzeugt und reproduziert. [...] Ihr Gegenstand sind zwar nach wie vor Sinnzusammenhänge, doch legt sie [die Wissenssoziologie E.M.] den Schwerpunkt auf die Vorgänge, in denen Sinnzusammenhänge überhaupt erst objektiviert und vermittelt werden. (Knoblauch 2001: 209, Hervorhebung E.M.)

Dementsprechend reformuliert Luckmann die Aufgabe der Neuen Wissenssoziologie:

> If social reality is constructed in communicative interaction, and if it is pervasive in social life, our most reliable knowledge of that reality will come from reconstructions of theses processes. (Luckmann 2005: 7)

Eine so verstandene, rekonstruktive Wissenssoziologie stellt konkret auf kommunikative Prozesse ab, beleuchtet also Wissensvermittlung und -austausch *in actu* und eröffnet so zahlreiche Anknüpfungsmöglichkeiten für auf die Analyse kommunikativer Vorgänge abzielende Analysemethoden wie insbesondere der Diskursanalyse in ihren verschiedenen Ausprägungen. Luckmann betont, dass die Untersuchung von Kommunikation als Produktionsfaktor von Wissen zunehmend auf den „production process" anstatt, wie lange Zeit zuvor, auf das „product" ziele. So gehe es heute um eine Analyse von Interaktion und Dialog, „both as *part* of social reality and as *source* of much of social reality" (Luckmann 2005: 8, Hervorhebung E.M.).

Entscheidend für unsere Deutungsmusteranalyse ist nun zum Einen die grundlegende Annahme, dass Kommunikation die entscheidende Rolle bei der gesellschaftlichen Konstruktion der Wirklichkeit spielt, sowie zum Anderen die Annahme, dass diese kommunikative Konstruktion im Wesentlichen auf *gesamtgesellschaftlichen Diskursen* und den sie tragenden Diskursgemeinschaften ruht (vgl. Knoblauch 1995: 297f.). Diskurse, und hierauf fußt die im Folgenden noch näher zu bestimmende wissenssoziologische Deutungsmusteranalyse, spiegeln die Lebenswelt nicht einfach wider, vielmehr modifizieren sie sie und wirken damit in entscheidender Weise an der gesellschaftlichen Konstruktion der Wirklichkeit mit. Mit Kellers Worten: „Diskurse bilden ‚Welt' nicht nur ab, sondern konstituieren Realität in spezifischer Weise" (Keller 2004: 63).

Pareto hingegen analysiert soziale Diskurse nicht mit Blick auf die gesellschaftliche Konstruktion der Wirklichkeit. Für ihn stellen Diskurse vielmehr in Textform objektiviertes Erkenntnismaterial dar, anhand dessen er über eine Analyse von Ideen, kollektiven Vorstellungen, Weltanschauungen und / oder Denksystemen auf Residuen und Derivationen schließt. Pareto zieht eine bunte Mischung aus historischen und zeitgenössischen, meist literarischen und religiösen Texten heran:

> I componimenti puramente letterari, di finzioni, di favole, ed altri simili, possono spesso avere grande valore per farci conoscere i sentimenti e certe volte una testimonianza indiretti di tal genere val di più di molte testimonianze dirette. (Pareto 1964a: 334, § 545)

Weil sich Pareto in post-positivistischer Manier auf die Analyse von sozialen Tatsachen, also von Beobachtbarem einlässt und dabei textinterpretierend vorgeht, spricht Bach von der „hermeneutischen Wende" (Bach 2004: 191ff.) und stuft Pareto als Vorläufer der modernen Wissenssoziologie ein.

Zusammenfassung

Paretianische Diskursanalysen und jene à la Berger / Luckmann, Soeffner, Keller u.a. konzentrieren sich gleichermaßen auf die Analyse von (Alltags-)wissensstrukturen, indem sie empirisches Material in Form von Texten untersuchen und interpretieren.[26] Den „Türkei-Diskurs" analysieren wir also in zweierlei Hinsicht. Aus der Sicht der Neuen Wissenssoziologie interessiert erstens, wie über den öffentlich-medialen Diskurs Wirklichkeit konstruiert wird, welche Akteure hierfür die entscheidende Rolle spielen und auf welche Deutungs- oder Problemmuster die Konstruktion des Sachverhalts „EU-Beitritt der Türkei" zurückgeführt werden kann. Aus der Perspektive einer Soziologie der Derivationen soll zweitens mit den diskursspezifischen Rationalisierungen eine weitere Sinndimension sichtbar gemacht werden. Dieser Teil der Analyse gehört mit Pareto in den Bereich der Soziologie der Rhetorik bzw. Soziologie der persuasiven Kommunikation. Zumal Diskurs, Deutungsmuster und Derivation die wichtigsten theoretisch-methodischen Werkzeuge darstellen, ist es unerlässlich, zunächst eine exakte Bestimmung dieser drei Konzepte vorzunehmen. Dies soll in den folgenden Abschnitten (2.2, 2.3 und 2.4) geschehen.

2.2   Bestimmung des Diskursbegriffs

2.2.1   Zu den Wurzeln des sozialwissenschaftlichen Diskursbegriffs

Im Laufe des letzten Jahrzehnts ist die Zahl der sozialwissenschaftlichen Publikationen, die das Thema Diskursforschung zum Gegenstand haben, beständig angewachsen. Dies gilt für den anglophonen und französischsprachigen Raum, insbesondere aber für Schriften in deutscher Sprache. Sozialwissenschaftliche Diskursforschung stellt ein Forschungsfeld dar, das ebenso jung wie „à la mode" ist. Nähert man sich der Verwendung des Diskursbegriffs, stellt man fest, dass eine Definition dessen, was als „Diskurs" verwendet wird, häufig entweder gar nicht bzw. nur ungenau vorgenommen wird (vgl. auch Keller 1997: 9). Bevor im Folgenden unser Verständnis von Diskurs präzisiert und explizit wird, soll zunächst auf die Anfänge des sozialwissenschaftlichen Diskursbegriffs eingegangen werden.

   Die Wirkungs- bzw. Erfolgsgeschichte der Diskursanalyse beginnt mit Michel Foucault, dessen Arbeiten weit über Frankreich hinaus rezipiert wurden und dem Diskursbegriff insbesondere in den Sozialwissenschaften zu großer Popularität verholfen haben (vgl. Bublitz 2003: 5, Keller 2004: 42). Foucaults Arbeiten stellen bis heute die zentrale Referenz für zahlreiche DiskursforscherInnen dar und haben dem Diskurskonzept entscheidende Impulse beschert. Insbesondere die *French Discourse Analysis*

---

26   Aufgrund der vielfachen technischen Möglichkeiten, mit denen Sinn bzw. Ideen oder Wissensstrukturen fixiert werden können, sind freilich auch Analysen von Fotos, Karikaturen, Videomaterial, Filmen usw. denkbar.

(FDA) lässt sich nicht ohne Foucault denken (vgl. Williams 1999). So fragt Angermüller bereits in der Soziologischen Revue, ob sich Foucault auf dem Weg zum soziologischen Klassiker befinde, schließlich werde er „auf einer Augenhöhe" mit Theoretikern wie Weber und Luhmann gehandelt (vgl. Angermüller 2004: 385). Über den Klassikerstatus Michel Foucaults kann man geteilter Ansicht sein; Tatsache ist, dass kaum eine Arbeit im Feld der Diskursforschung eine Bezugnahme auf Foucault vermissen lässt. Im folgenden Abschnitt soll daher kurz zum Foucault'schen Diskursbegriff Stellung bezogen werden; vor allem wird begründet, warum er im Folgenden nur partiell zur Anwendung kommt.

Foucault als Wissenssoziologe

In der „Archäologie des Wissens" (1973) stellt Foucault sein theoretisches Programm vor. Hier geht es nicht mehr darum,

> Diskurse als Gesamtheiten von Zeichen, sondern als Praktiken zu behandeln, die systematisch die Gegenstände bilden, von denen sie sprechen. Zwar bestehen diese Diskurse aus Zeichen; aber sie benutzen diese Zeichen für mehr als nur zur Bezeichnung der Sachen. Dieses *mehr* macht sie irreduzibel auf das Sprechen und die Sprache. Dieses *mehr* muss man ans Licht bringen und beschreiben. (Foucault [1973] 1981: 74)[27]

Es wird deutlich, dass ein solcher Diskursbegriff darauf abstellt, dass Dinge dem Diskurs nicht vorgegeben werden, er also Wirklichkeit nicht nur widerspiegelt, sondern dass umgekehrt besagte Dinge vom Diskurs produziert werden. Damit vertritt Foucault einen Diskursbegriff, der klar wissenssoziologische Züge aufweist. Hiervon zeugt auch die von Foucault bemühte und anschließend viel zitierte Ordnung der Tiere nach einem Text des Schriftstellers Jorge Louis Borges, demzufolge sich Tiere in „einer gewissen chinesischen Enzyklopädie" wie folgt gruppieren:

> a) Tiere, die dem Kaiser gehören, b) einbalsamierte Tiere, c) gezähmte, d) Milchschweine, e) Sirenen, f) Fabeltiere, g) herrenlose Hunde, h) in diese Gruppierung gehörige, i) die sich wie Tolle gebärden, k) die mit einem ganz feinen Pinsel aus Kamelhaar gezeichnet sind, l) und so weiter, m) die den Wasserkrug zerbrochen haben, n) die von weitem wie Fliegen aussehen. (Borges 1966: 212, zitiert nach Foucault [1966] 1974: 17)

Diese Ordnung der Tiere erscheint uns nicht nur unlogisch und unverständlich, sie erweist sich uns auch als un-*sinnig*, weil die ihr zugrunde liegenden Bedeutungskategorien nicht in unseren Köpfen verankert bzw. Teil unseres Alltagswissens sind. Mit unserem Wissen von der Lebenswelt ist daher diese Ordnung weder zu entschlüsseln,

---

27   Bei der Bestimmung des Diskursbegriffs Michel Foucaults erscheint problematisch, dass sich verschiedene, teilweise divergierende Definitionen von Diskurs innerhalb des Foucault'schen Werks, ebenso wie innerhalb der „Archäologie des Wissens" finden. Es scheint jedoch weitgehend Konsens darüber zu bestehen, dass der Diskursbegriff Foucaults eng an jenen der „Archäologie" gebunden ist und eben auch in der „Archäologie des Wissens" ursprünglich verortet wurde. Zu diesem Schluss kommen auch die Autoren des Tagungsberichts des „Praxis-Workshops Diskursanalyse" des Arbeitskreises Diskursanalyse der Sektion Wissenssoziologie der DGS, welcher methodische Probleme Foucault-inspirierter Diskursanalysen in den Sozialwissenschaften zum Thema hatte (vgl. Klemm / Glaze 2004).

noch zu *verstehen*. Im Hinblick auf den Foucault'schen Diskursbegriff ziehen wir mit Schneider zwei entscheidende Schlussfolgerungen: Zum Einen kann die Welt nicht ausgehend von den Objekten selbst – also von den „products" (Luckmann 2005: 8) oder „Dingen" her – rekonstruiert werden. Zum Anderen kann ebenso wenig ausschließlich auf das erkennende Subjekt als solches rekurriert werden, da unser Erkennen, unser „eingesetzter Blick" von internalisierten, also vorgegebenen Wissensordnungen geleitet wird. Diese von Foucault erkannte Problematik formulieren Berger und Luckmann *in termini* der bereits ausgeführten Dialektik von objektiver und subjektiver Wirklichkeit (vgl. Schneider 1999: 71). Foucault vertritt also insofern einen konstruktivistischen Diskursbegriff als er einerseits davon ausgeht, dass der „eingesetzte Blick" auf die Dinge kulturell geprägt, also gleichsam auf bestimmte Weise vorgeformt ist. Andererseits bringen Diskurse selbst „Dinge" hervor und modifizieren unsere Wirklichkeit, indem sie eine Realität *sui generis* darstellen. Diese Fassung von Diskurs als Teil der Alltagswirklichkeit grenzt sich ab von einem abbildtheoretischen Verständnis der Beziehung von Diskurs und Gesellschaft und geht davon aus, dass Diskurse *mehr* sind als lediglich Ausdruck oder Spiegel gesellschaftlicher Praxis. Dieses konstruktivistische Grundverständnis soll auch dem in der vorliegenden Analyse verwendeten Diskursbegriff zugrunde liegen.

Foucaults Akteursbegriff und Positivität

Problematisch erscheint für die vorliegende Analyse, dass der handelnde Akteur für Foucaults poststrukturalistischen Diskursbegriff keine Relevanz hat: Akteure begreift Foucault als Produkte von diskursiven Praktiken, sie sind aber nicht für diese konstitutiv. Diskursive Praktiken, „Aussagen" bzw. „Aussagensysteme" sind es, die Realität konstruieren, nicht das handelnde Subjekt selbst. Foucault dekonstruiert das Subjekt, d.h. das handelnde Individuum bleibt außen vor und wird nur als Ergebnis der formenden Macht von Diskursen erfasst. In der Literatur ist auch vom „Verschwinden" des Menschen die Rede (Bublitz 2003: 5). Aufgabe der „Archäologie" ist es, unabhängig von den Subjekten „Regelmäßigkeit[en] einer diskursiven Praxis ans Licht zu bringen" (Foucault [1973] 1981: 206), also in den Aussagen Strukturen zu erkennen und zu benennen. Die Archäologie wird als eine Art Geschichtswissenschaft verstanden, die in Abgrenzung von der Ideengeschichte nicht „die Gedanken, die Vorstellungen, die Bilder, die Themen [der Subjekte E.M.]" (ebd.: 198) usw. im Blick hat, sondern vielmehr die Diskurse selbst, Diskurse, die als bestimmten Regeln gehorchende Praktiken verstanden werden. An anderer Stelle heißt es bei Foucault:

> Sie [die Archäologie, E.M.] definiert Typen und Regeln von diskursiven Praktiken, die individuelle Werke durchqueren, die mitunter sie völlig bestimmen und sie beherrschen, ohne dass ihnen etwas entgeht [...]. Die Instanz des schöpferischen Subjekts als *raison d'être* eines Werkes und Prinzip seiner Einheit ist ihr fremd. (ebd.: 199)

Angesichts dessen, dass das Subjekt lediglich als Produkt von Machttechniken bzw. -beziehungen begriffen wird, kann es auch nicht Ausgangspunkt einer Diskursanalyse sein. Aufgabe der Archäologie ist es konsequenterweise, Diskurse nicht ausgehend vom Subjekt, sondern ausgehend von ihrer Aussagestruktur zu untersuchen. Bei Foucault interessiert eben gerade nicht die interpretative Dimension oder Idee des Verstehens von subjektiv sinnvollem Handeln. Sicherlich stützt sich Foucault bei seinen Analysen auf Texte; die Autoren derselben spielen in der archäologischen Analyse allerdings keine Rolle. Der Archäologe gräbt gewissermaßen „Monumente" (ebd.: 15) aus und betrachtet sie als „einfach da", sozusagen als Produkte ohne Produzenten. Die Oberflächenstruktur der Monumente, die die archäologische Herangehensweise im Blick hat, bezeichnet Foucault mit dem Begriff der „Positivität". Bewusst soll der Ausgrabende oder Diskursanalytiker darauf verzichten, vom Autor Gedachtes oder Geschriebenes im Hinblick auf tiefer liegende Bedeutungen zu hinterfragen oder gar zu analysieren. So stellt Foucault gezielt dem Begriff des „Dokuments" jenen des „Monuments" gegenüber:

> [S]ie [die Archäologie, E.M.] wendet sich an den Diskurs in seinem ihm eigenen Volumen als *Monument*. Es ist keine interpretative Disziplin, sie sucht nicht einen ‚anderen Diskurs', der besser verborgen wäre. Sie wehrt sich dagegen, ‚allegorisch' zu sein. (ebd.: 198, Hervorhebung i. O.)

Historisches Material soll als Objekt in seiner Positivität untersucht werden, also ohne sich mit tieferen Bedeutungen zu beschäftigen bzw. auf Subjekte als deren Erzeuger zurückzugreifen. Dem interpretativen Zugriff, also der hermeneutischen Analyse, wie sie in der folgenden Untersuchung durchgeführt werden soll, erteilt Foucault damit eine klare Absage.

Das Foucault'sche Konzept der Macht

Wie bereits angesprochen spielen Diskurse, insbesondere öffentliche oder gesamtgesellschaftliche Diskurse, eine entscheidende Rolle im Rahmen der gesellschaftlichen Konstruktion von Wirklichkeit. Diskurse produzieren Wirklichkeit, sie produzieren Vorbilder, soziale Probleme, Handlungsrelevanzen und tragen zur Identitätskonstruktion der Individuen bei. Diese Wirkungen von Diskursen sind untrennbar verbunden mit dem Phänomen der Macht, das es im Folgenden näher zu bestimmen gilt. Foucault ist der erste, der den Machtbegriff unmittelbar an Diskurse bindet und Diskurse als neue Form der Macht versteht. Dies geschieht erstmals in „Die Ordnung des Diskurses", wo es heißt:

> „Man muss den Diskurs als eine Gewalt begreifen, die wir den Dingen antun; jedenfalls als eine Praxis, die wir ihnen aufzwingen" (Foucault [1972] 1991: 36f.).

Dieses Zitat weist darauf hin, dass Diskurs und Macht bei Foucault tendenziell negativ konnotiert sind. Diskurse werden in erster Linie als reglementierend und kontrollierend verstanden. Hiervon zeugen auch Foucaults umfangreiche Untersuchungen, u.a. zur Geschichte der Sexualität („Der Wille zum Wissen"), wo Macht als eine Gewalt beschrieben wird, die das Individuum und sein Sexualleben unterdrückt bzw. regelt. Zudem erscheint Macht als allgegenwärtig und dennoch kaum fassbar:

> Allgegenwart der Macht: nicht weil sie das Privileg hat, unter ihrer unerschütterlichen Einheit
> alles zu versammeln, sondern weil sie sich in jedem Augenblick und an jedem Punkt – oder
> vielmehr in jeder Beziehung zwischen Punkt und Punkt – erzeugt. Nicht weil sie alles umfasst,
> sondern weil sie von überall kommt, ist die Macht überall. [...] Die Macht ist der Name, den man
> einer komplexen strategischen Situation in einer Gesellschaft gibt. (Foucault [1976] 1983: 114)

Macht stellt für Foucault ein omnipräsentes und unausweichliches Phänomen dar, das dezentral wirkt und daher nicht eindeutig zu lokalisieren ist. Diskurse stehen daher für unsichtbare, gewaltlose Machtwirkungen bzw. Zwänge, denen jeder ausgesetzt ist und die letztlich bewirken, dass „in der Regel nur das gedacht oder gesagt werden kann, was einer Kultur oder Gesellschaft als denk- oder sagbar erscheint" (Bublitz 2003: 59).[28]

Zusammenfassung

Es ist offensichtlich, dass die Foucault'sche Konzeption des Subjekts und das Selbstverständnis der Archäologie in fundamentalem Widerspruch zu dem methodologischen Vorgehen der verstehenden Soziologie nach Max Weber steht, unter deren Paradigma unsere Deutungsmusteranalyse bereits zu Beginn verortet wurde. Für die vorliegende Analyse ist jedoch die Annahme von sowie das Ansetzen an Subjekten und ihrem Handeln grundlegend. Ferner erscheint ob der sehr allgemein gehaltenen Fassung des Machtbegriffs eine Anwendung der Foucault'schen Machttheorie im Rahmen einer Diskursanalyse wenig praktikabel, zumal sich der Machtbegriff auch als analytisch kaum greifbar erweist. Knoblauch plädiert aus eben diesem Grund dafür, den Foucault'schen Diskursbegriff nur partiell zu übernehmen (vgl. Knoblauch 2001: 212), was auch in der vorliegenden Analyse geschehen soll. Angelehnt an die Foucault'sche Formulierung des Diskursbegriffs in der „Archäologie des Wissens" (s.o.) gehen wir also davon aus, dass Diskurse Wirklichkeit konstruieren und dabei einerseits von Macht strukturiert werden, andererseits selbst Machtwirkungen entfalten. Diskurse wollen wir als kontingente Erscheinungen verstehen, die allerdings nicht Subjekte konstituieren, sondern umgekehrt *von diesen konstituiert werden*. Im Gegensatz zu Foucault nehmen wir das Subjekt als nicht-determiniertes an, das sinngeleitet handelt und somit *mehr* ist, also lediglich ein Produkt von (gesamtgesellschaftlichen) Diskursen bzw. Ergebnis von dezentral wirkender Macht. Aus diesem Grund bleibt unsere Analyse einem interpretativen Zugriff, und damit der Hermeneutik als Methode, verpflichtet. Nicht zuletzt aus den oben genannten Gründen ergeben sich nicht unerhebliche Probleme bei der Operationalisierung und methodologischen Umsetzung der Konzepte Foucaults, weshalb auch Keller die an Foucault orientierte Diskursanalyse lediglich als „breiten Gegenstandsbereich" bzw. als „Untersuchungsprogramm", nicht aber „Methode" bezeichnet. Es gebe keinen allgemein anerkannten Leitfaden, wie man „à la Foucault" eine Diskursanalyse aufzubauen habe (vgl. Keller 2004: 51, auch

---

28   In „Der Wille zum Wissen" arbeitet Foucault eine Machtkonzeption aus, die er „strategisch-produktiv" nennt und die er von einer zuvor vertretenen „juridisch-diskursiven" Machtkonzeption abgrenzt. Während „juridisch-diskursiv" eine Macht meint, die allein als repressive Gewalt gedacht ist, also etwas unterdrückt, was befreit werden könnte, kann eine „strategisch-produktive" Macht auch positiv konnotiert sein. Für nähere Ausführungen zur negativen und positiven Konnotation des Machtbegriffs bei Foucault vgl. Lorey 1999.

Klemm / Glaze 2004). Keller kritisiert, dass sich zudem aus der Perspektive der qualitativen Sozialforschung kaum theoretisch konsistente Hinweise auf konkrete Strategien der Materialbearbeitung finden (vgl. ebd.: 51). Ebenso bemerkt Schwab-Trapp, dass Foucault in der „Archäologie" kein methodisch abgesichertes Verfahren zur Rekonstruktion seiner Gegenstände vorstelle (vgl. Schwab-Trapp 2003: 170). Anders verhält es sich mit dem Diskurskonzept der wissenssoziologischen Diskursanalyse, das in den letzten Jahrzehnten methodisch substantiell weiterentwickelt wurde. Darauf soll im Folgenden näher eingegangen werden.

2.2.2   Der Diskursbegriff der wissenssoziologischen Diskursanalyse

Produktion von Bedeutung

Es ist deutlich geworden, dass der vorliegenden Forschungsarbeit eine konstruktivistische Grundperspektive zugrunde liegt, die von den Arbeiten Foucaults geprägt ist. Das heißt, es wird davon ausgegangen, dass die Bedeutungen und Bedeutungskategorien unserer Lebenswelt, die für das Handeln der Individuen sinnstiftend wirken, gesellschaftlich konstruiert sind. Hierbei ist entscheidend, dass Diskurse an der Produktion, Legitimation und Modifikation dieser symbolischen Bedeutungsordnung entscheidend mitwirken. Die symbolische Ordnung der Bedeutungen ist in Diskursen und dank der Diskurse sprachförmig organisiert (vgl. Keller 1997: 315). Der im Folgenden vorgestellte Diskursbegriff führt gewissermaßen die Foucault'sche Diskurstheorie mit jenen Ansätzen zusammen, die zuvor im interpretativen Paradigma verortet wurden. Folglich soll also vom „wissenssoziologischen Diskursbegriff" die Rede sein. Dieser wurde vorrangig von Keller (Keller et al. 2001, 2003; Keller 1998, 2004, 2005) für die theoretische Fundierung der wissenssoziologischen Diskursanalyse formuliert. Keller begreift Diskurse zunächst als thematisch-institutionelle Bündelungen der Wissensproduktion, also als Verknüpfungen von Deutungen, die in bestimmten *Settings* oder Foren institutionalisiert sind. Zudem sind Diskurse durch einen „gewissen Abstraktionsgrad von den lebensweltlichen Routinen" charakterisiert (Keller 1998: 35). Diese spezifischen Bündelungen von Deutungen existieren – was die zeitliche Dimension betrifft – relativ dauerhaft und sind auf bestimmte Weise strukturiert, d.h. sie weisen eine gewisse Regelhaftigkeit auf (vgl. ebd.: 34).

Im Rahmen dieser institutionalisierten Form der Textproduktion kommt es zur Produktion von Bedeutung. Diesen Aspekt hebt besonders Knoblauch hervor, der Diskurse als soziale Orte der Konstruktion von Relevanzen in einer Gesellschaft begreift:

> Diskurse umfassen eine große Anzahl kommunikativer Aktivitäten, sie bedienen sich verschiedenster Kanäle, sie verwenden unterschiedliche Muster und können in verschiedenen Formen in der Öffentlichkeit inszeniert werden. So vielfältig diese Ausdrucksformen gesellschaftlicher Diskurse sind, so kreisen sie doch um eine begrenzte Anzahl *relevanter* Probleme. Gesamtgesellschaftlich relevante Probleme finden gleichsam ihre ‚Artikulation' [...] in Diskursen, d.h. Diskurse sind durch das ‚Problem der Artikulation' direkt an gesellschaftliche Relevanzen gekoppelt. (Knoblauch 1995: 305, Hervorhebung E.M.)

Der Begriff der „Relevanz" meint, dass über teil- oder gesamtgesellschaftliche Diskurse bestimmte objektive „Dinge" in der Lebenswelt Bedeutung bekommen, also *sozial* relevant werden. Erst durch die Zuweisung von Bedeutung kann ein „Ding" Problemcharakter und damit Handlungsrelevanz erhalten. Ein Thema – beispielsweise der Türkei-Beitritt der EU – wird also erst mit Bedeutung gefüllt, wenn es zur Kommunikation von Deutungen über kollektive Akteure kommt. So kommt der Diskursforschung insbesondere bei der Analyse sozialer Probleme, sowie deren Auf- und Abstieg besondere Bedeutung zu (vgl. Schetsche 1996); darauf soll zu einem späteren Zeitpunkt näher eingegangen werden. Mit seiner Definition von Diskurs steht Knoblauch in der Linie Hajers, der „Diskurs" umschreibt als

> [...] a specific ensemble of ideas, concepts and categorisations that are produced, reproduced and transformed in a particular set of practices and through which meaning is given to physical and social realities. (Hajer 1995: 44)

Im Folgenden wird weiter davon ausgegangen, dass Diskurse den sozialen Ort der Aushandlungsprozesse von Bedeutungen darstellen (vgl. Keller 1997: 314). Ausgehandelt bzw. ausgefochten werden hier legitime Realitätsdefinitionen im Hinblick auf soziale Probleme, Verantwortlichkeiten usw. Mit Donati wollen wir Diskurse in erster Linie als Definitionskämpfe begreifen:

> Weil dieser Prozess der Kategorisierung [von Bedeutungen, E.M.] praktische Konsequenzen hat, Akteure entsprechend ihrer Kategorien entscheiden und handeln und damit den relevanten Fakten Sinn verleihen, werden unterschiedliche Kategorien als Quelle sozialer Kämpfe um legitime Realitätsdefinitionen wahrscheinlich. (Donati 2001: 151)

So wird ein Diskurs als sozialer Ort verstanden, an dem Kämpfe um die Definition sozialer Wirklichkeit stattfinden, wobei alle Akteure das selbe Ziel verfolgen, nämlich für die von ihnen verfochtene Deutung kollektive Geltung zu erreichen. Hierbei handelt es sich also um Machtkämpfe, wobei mit „Macht" im Folgenden immer die Definitions- oder Deutungsmacht als spezifische Ausprägung der Macht gemeint ist. Die über Deutungsmacht verfügenden Akteure sind in der Lage, für die von ihnen verfochtene Deutung Hegemonie zu erlangen, bzw. die eigene Sichtweise als die legitime durchzusetzen. Nicht zuletzt sind es also Machtverhältnisse, die darüber entscheiden, was im Diskurs als wahr anerkannt wird und was nicht.

Sprache wird also auch hier nicht abbildtheoretisch, d.h. als Werkzeug zur bloßen Deskription der Realität verstanden, sondern als Instrument zur Definition der Wirklichkeit. Folglich wird Sprache weniger als Zeichensystem untersucht, das Bedeutungen widerspiegelt, sondern vielmehr als Zeichensystem, das Bedeutungen produziert. So nehmen wir mit Keller an, dass Bedeutungen in Form von zusammenhängenden und strukturierten Zeichen organisiert sind, die wiederum typisierbare und typisierte Schemata bilden (vgl. Keller 1998: 315). Diese Schemata werden im Rahmen der folgenden Kapitel als Deutungsmuster identifiziert und genauer konkretisiert werden, zunächst wollen wir es jedoch bei dieser antizipierenden Bemerkung belassen.

Die Rolle der Akteure

In fundamentalem Gegensatz zum Diskurskonzept Michel Foucaults werden für die vorliegende Analyse Akteure als deutungs- und handlungsfähig, und damit als konstituierend für Diskurse angenommen. Es sind nicht-determinierte Akteure, die Diskurse zum Leben erwecken, sie aktualisieren, modifizieren und auch in der Lage sind, ihnen wieder Leben zu entziehen. Darüber hinaus wird für die Deutungsmusteranalyse angenommen, dass Diskurse „auf einer interessensbezogenen, bewusst betriebenen Interpretationsarbeit" (Keller 1998: 35) seitens der Akteure beruhen, Akteure also mehr sind als bloße Marionetten der diskursiven Machtwirkungen. Sie agieren eigennützig und nutzenorientiert, wobei mit einem Eingreifen in den Diskurs immer der Wunsch verbunden ist, kollektive Geltung für die verfochtenen Interpretationen zu erlangen. Die Akteure formulieren die Beiträge, die in ihrer Gesamtheit den Diskurs darstellen, und orientieren sich bei ihrer Aussagenproduktion an den zur Verfügung stehenden Ressourcen sowie an den Regeln der jeweiligen Diskursfelder[29] (vgl. Keller 2004: 57). Eribon bemängelt im Hinblick auf die Diskurstheorie Foucaults: „[Er] erklärt uns nicht, was ja gerade das Interessanteste wäre: nämlich [...] wie die Menschen von einem Denken zum anderen übergehen" (Eribon 1991 [1989]: 254). Dem gegenüber birgt das eben dargelegte Akteurskonzept den Vorteil, dass durchaus erklärt werden kann, wie und warum Diskurse und damit Bedeutungen entstehen, wie sie sich verändern und weshalb sie wieder von der Bildfläche verschwinden. Ob sich die Erklärung hierfür nun auf Annahmen über Instinkte, Interessen, Kosten-Nutzen-Erwägungen oder gar Kombinationen dieser Handlungsmotive stützt, hängt freilich maßgeblich von der zugrunde gelegten Handlungstheorie ab. Wir werden zu einem späteren Zeitpunkt mit Annahmen zu handlungsleitenden Residuen und Interessenslagen arbeiten (vgl. Kapitel 5.21 und 5.2.2.3).

Zusammenfassung

Zusammenfassend können folgende Merkmale des von nun an verwendeten Diskursbegriffs bestimmt werden: Erstens, die sprachförmige Organisation einerseits des Diskurses, andererseits der Bedeutungen, die dank ihm und durch ihn vermittelt werden. Aus einer konstruktivistischen Grundperspektive, die sich auf den Diskursbegriff Foucaults stützt, wird ein Diskurs zweitens als sozialer Ort der Konstruktion von Relevanzen verstanden. Das heißt, Diskurse konstituieren gesellschaftliche Wirklichkeit, indem sie materiellen Phänomenen Bedeutung verleihen. Da dieser Prozess der Bedeutungszuschreibung praktische, benennbare Konsequenzen hat, beispielsweise im Hinblick auf politische Entscheidungen, kommt es drittens im Rahmen von Diskursen zwischen den beteiligten Akteuren zu Kämpfen um Deutungen und Definitionsmacht. Diese Deutungskämpfe sind viertens in bestimmten Settings oder Arenen institutionali-

---

29 Unter Diskursfeld bzw. diskursivem Feld soll das jeweilige Forum oder *Setting* verstanden werden, in dem die Deutungskämpfe der Akteure stattfinden.

siert, wobei sich das sprachliche Niveau des Diskurses durch eine mehr oder weniger hohe Abstraktion auszeichnet. Diskurse als Prozesse der Bedeutungsattribuierung zeichnen sich fünftens durch zeitliche Stabilität und sechstens durch eine gewisse Regelhaftigkeit aus. Es ist deutlich geworden, dass es sich bei einem Diskurs immer um ein „analytisches Konstrukt" (Keller 2001: 127) handeln muss. Insofern darf nicht unterschlagen werden, dass die Verwendung des Diskursbegriffs freilich immer impliziert, dass ein gesellschaftliches Phänomen zu Forschungszwecken unter spezifischen, benennbaren Gesichtspunkten in seiner Komplexität reduziert und zusammengefasst wird.

2.2.3   Der öffentliche Diskurs

2.2.3.1 Öffentlichkeit und öffentliche Meinung

Begriffliche Vorklärungen

Im Rahmen der folgenden Abschnitte sollen die Grundannahmen für das weitere Vorgehen expliziert werden. Bevor dies geschehen kann, muss zuerst eine Definition dessen erfolgen, was als „Öffentlichkeit", „öffentliche Meinung" und als „öffentlicher Diskurs" gelten soll. Öffentlichkeit definieren Gerhards, Neidhardt und Rucht zunächst sehr allgemein als „frei zugängliches Kommunikationsforum für alle, die etwas mitteilen, oder das, was andere mitteilen, wahrnehmen wollen" (Gerhards et. al. 1998: 38). Eine abstraktere Begrifflichkeit fasst Öffentlichkeit als „ein Kommunikationssystem, in dem die Erzeugung einer bestimmten Art von Wissen stattfindet" (Gerhards / Neidhardt 1991: 41f.), wobei mit dieser bestimmten Form von Wissen öffentliche Meinungen und Einstellungen gemeint sind. Unter *der* öffentlichen Meinung wird eine Meinung verstanden, die in der öffentlichen Kommunikation mit breiter Zustimmung rechnen kann und sozusagen die legitime, herrschende Meinung darstellt (vgl. ebd.: 42). Die öffentliche Meinung spielt insofern eine wichtige Rolle, als sie einerseits als Sensor, andererseits als Instrument für die Legitimation von politischer Herrschaft fungiert. Zum Einen zeigt sie politischen Machthabern an, inwiefern ihre Entscheidungen mit der breiten Masse konform gehen, zum Anderen ist die Sicherung der öffentlichen Meinung der wichtigste Schritt auf dem Weg zu Durchsetzung und langfristiger Absicherung politischer Macht (vgl. Schetsche 1996: 108).

Das Kommunikationssystem Öffentlichkeit ist durch die Besonderheit charakterisiert, dass seine Grenzen fließend bzw. das Publikum „unabgeschlossen" ist, also prinzipiell alle Mitglieder der Gesellschaft an der Generierung der öffentlichen Meinung mitwirken dürfen. Insofern gilt die prinzipielle Offenheit des Systems als konstituierend für Öffentlichkeit (vgl. ebd.: 45). Gerhards und Neidhardt gehen davon aus, dass verschiedene Ebenen von Öffentlichkeit unterschieden werden können. Dazu gehören erstens die „einfachen Interaktionssysteme", die sich spontan und zufällig bilden, sobald Menschen aufeinander treffen und kommunizieren, so z.B. in Warteschlangen und dergleichen. Eine zweite Ebene von Öffentlichkeit stellen öffentliche Veranstaltungen dar, die so genannten „thematischen Interaktionssysteme" wie Podiumsdiskussionen, Wahlveranstaltungen etc. Die dritte Ebene, und darauf soll unser Fokus liegen, stellt die *massenmediale Kommunikation* dar. Diese basiert auf einer entwickelten technischen Infrastruktur und verfügt daher über erhebliche Möglichkeiten, auf die öffentliche Meinung Einfluss zu nehmen (vgl. ebd.: 49-54).

Arena mit Galerie

Die dritte Ebene von Öffentlichkeit, also das massenmediale Kommunikationssystem, kann nun bildhaft beschrieben werden als eine Arena, die ringsherum von einer Galerie umgeben ist. In der Arena sind jene Akteure zu finden, die konkret an den oben beschriebenen Prozessen der Aushandlung von Deutungen teilnehmen. Hierzu gehört erstens die Gruppe der „Sprecher", wie zum Beispiel Politiker, öffentliche Intellektuelle, Experten etc., und zweitens die Gruppe der so genannten „Medien" im Sinne von Verbreitungskanälen, womit hier in erster Linie an Journalisten und Berichterstatter gedacht ist. In der Galerie des Öffentlichkeitsforums sitzt bildhaft das „Publikum", also jene Akteure, die gemeinhin mit Zuschauer, Leser oder Hörer umschrieben werden und die Aushandlungsprozesse der Sprecher verfolgen, ohne selbst aktiv einzugreifen (vgl. Gerhards et al. 1998: 38, Hilgartner / Bosk 1988). Bei diesem Publikum handelt es sich in der Regel um eine sehr abstrakte Gruppe. In Anbetracht der Tatsache, dass sich die öffentliche Meinung in Gegenwartsgesellschaften hauptsächlich durch die massenmediale Öffentlichkeit konstituiert und die Themen der ersten und zweiten Öffentlichkeitsebene erst dann eine allgemeine Wahrnehmung erfahren, wenn sie von der dritten Ebene aufgegriffen werden, erscheint eine Fokussierung auf die massenmediale Kommunikation als Untersuchungsgegenstand gerechtfertigt. Freilich entstehen öffentliche Meinungen über alle drei Ebenen hinweg, doch soll nicht die öffentliche Meinung Gegenstand der Analyse sein, sondern vielmehr konkurrierende Deutungen in den Massenmedien, die wiederum mit hoher Wahrscheinlichkeit in die öffentliche Meinung einfließen.

Öffentlicher und massenmedialer Diskurs

Unter einem öffentlichen Diskurs soll im Folgenden eine im oben explizierten Sinne „öffentlich" geführte Kommunikation von Akteuren verstanden werden, die benennbare Themen, darauf bezogene Positionen, Begründungen und Deutungen zum Gegenstand hat. Ein solcher öffentlicher Diskurs spielt sich in mehreren gesellschaftlichen Foren ab. Der Begriff „Forum" wird hier gleichbedeutend mit dem schon an anderer Stelle verwendeten Begriff „Setting" gebraucht und bezeichnet relativ wenig spezifisch eine funktional ausdifferenzierte Sphäre der modernen Gesellschaft bzw. einen bestimmten institutionellen Kontext. Für den hier zu analysierenden „Türkei-Diskurs" wäre beispielsweise das Religionsforum von Interesse, in dem Kirchenvertreter die

Sprecherrollen einnehmen, aber auch das politische Forum, das vor allem im Bereich des politischen Diskurses (Parlamente, Wahlprogramme, Politikerreden) anzusiedeln ist. Hinzu kommen verschiedene Wissenschaftsforen wie jene der Historiker, der Politikwissenschaftler oder der Soziologen. Wiederum ist davon auszugehen, dass das *massenmediale Forum* das wichtigste Forum für die Beeinflussung der öffentlichen Meinung sowie politischer Entscheidungsträger ist (vgl. Gerhards 2003: 300). Unter Massenmedien sollen „redaktionell gestaltete, allgemein-informierende und aktuelle Medien" verstanden werden, „die sich an ein allgemeines und nicht an ein Fachpublikum richten und deren Inhalt einen Bezug zu zeitlich aktuellen Vorgängen aufweist" (Peters 1994: 169). Unter diese Definition fallen vor allem Tages- und Wochenzeitungen und Magazine, sowohl in gedruckter Form als auch online, sowie informierende Sendungen in Rundfunk und Fernsehen.

Um die Bedeutung der Massenmedien herauszuarbeiten stellen Gerhards und Neidhardt die Begriffe „Medienöffentlichkeit" und „Versammlungsöffentlichkeit" gegenüber. Versammlungsöffentlichkeiten – wie sie beispielsweise auf Markplätzen entstehen – zeichnen sich durch eine unmittelbare Verbundenheit von Sprecher und Publikum aus und sind in erster Linie typisch für vormoderne Gesellschaften. Versammlungsöffentlichkeiten existieren freilich auch in der modernen Gesellschaft; die Reichweite ihrer Impulse hängt jedoch davon ab, inwieweit sie von der Medienöffentlichkeit rezipiert und verstärkt werden (vgl. Gerhards / Neidhardt 1990: 19ff.). Obwohl also auf allen drei Öffentlichkeitsebenen, wie auch in verschiedensten gesellschaftlichen Foren öffentliche Diskurse stattfinden, wird sich die folgende Analyse auf den Diskurs des massenmedialen Forums konzentrieren. Mit Gamson und Modigliani wird dabei grundsätzlich von einer Interdependenz von öffentlicher Meinung und öffentlichem bzw. massenmedialen Diskurs ausgegangen, wobei

> [w]e do not [...] argue that changes in media discourse *cause* changes in public opinion. Each system interacts with the other: media discouse is part of the process by which individuals construct meaning, and public opinion is part of the process by which journalists and other cultural entrepreneurs develop and crystallize meaning in public discourse. (Gamson / Modigliani 1989: 2, Hervorhebung i.O.)

Auf die entscheidende Bedeutung der Massenmedien im öffentlichen Diskurs wird im Folgenden eingegangen.

2.2.3.2 Bedeutung des massenmedialen Forums

In der Tradition des Symbolischen Interaktionismus haben Hilgartner und Bosk in ihrem Essay „The Rise and Fall of Social Problems. A Public Arenas Model" nicht nur erstmals das massenmediale Forum als Arena mit umgebender Galerie beschrieben, sondern auch den Stellenwert der massenmedialen Arena für die Aushandlung von Bedeutungen aufgezeigt (vgl. Hilgartner / Bosk 1988): Die beidem Wissenschaftler gehen davon aus, dass Bedeutungen, insbesondere Bedeutungen sozialer Probleme, Ergebnis von Prozessen kollektiver Definition sind: „We define a social problem as a putative condition or situation that is *labeled* a problem in the arenas of public discour-

se and action" (ebd.: 55, Hervorhebung E.M.). Die entscheidende Bedeutung der massenmedialen Arena ist mithin darin zu sehen, dass an diesem sozialen Ort Bedeutungen
verhandelt und somit soziale Probleme konstruiert und *gerahmt*[30] werden. Hierbei heben Hilgartner und Bosk besonders den Aspekt der oben besprochenen konkurrierenden Deutungen hervor:

> Competition among social problems thus occurs simultaneously at two levels. First, within each
> substantive area, different ways of framing the situation may compete to be accepted as an
> authoritative version of reality. For example, in the area of road-traffic safety, claims about reckless
> drivers may compete with claims about safe vehicles [...]. Second, a large collection of problems
> [...] compete with one another for public attention, as a complex process of selection establishes
> priorities of what should be regarded as important. (ebd.: 58)

Wegweisend für Hilgartner und Bosk beschäftigte sich Gusfield in einer mittlerweile zum
Klassiker avancierten Untersuchung mit der kollektiven, öffentlichen Definition sozialer
Probleme am Beispiel verschiedener gesellschaftlicher Vorstellungen von Alkoholwahr-
nehmung. In seiner Analyse zeigt er verschiedene konkurrierende Deutungsmuster auf
und unterstreicht die wirklichkeitskonstituierende Macht der sich durchsetzenden
Deutungen und der dadurch entstehenden symbolischen Ordnung (Gusfield 1981).

In der massenmedialen öffentlichen Arena werden also Bedeutungen ausgehandelt
und soziale Probleme konstruiert bzw. gerahmt. Dabei wird angenommen, dass es grundsätzlich eine nicht zu überblickende Anzahl an potentiellen sozialen Problemen gibt,
wovon aber stets nur eine kleine Auswahl tatsächlich als Problem definiert wird und so
dank öffentlicher Diskussion Bedeutung und Bekanntheit erlangt (vgl. Edelman 1988:
175). Folglich wird weiter angenommen, dass die Deutung und Bewertung sozialer
Sachverhalte durch die Bevölkerung weitgehend von der massenmedialen Berichterstattung sowie von *Mediendiskursen* abhängig ist (vgl. Schetsche 1996: 109). Dies
geht Hand in Hand mit der bereits weiter oben explizierten Annahme, dass sich in
Gegenwartsgesellschaften öffentliche Meinung fast ausschließlich über die dritte Öffentlichkeitsebene konstituiert und die Deutungen der zweiten und dritten Ebene erst
dann bedeutsam werden, wenn sie von den Massenmedien aufgegriffen werden (vgl.
Gerhards / Neidhardt 1991: 55).

Es wird nun mit Hilgartner und Bosk davon ausgegangen, dass es sich bei der öffentlichen Aufmerksamkeit um ein knappes Gut – „a scarce resource" – handelt, um
welches kollektive Akteure und ihre Problemdeutungen konkurrieren (vgl. Hilgartner /
Bosk 1988: 55). Weiter basiert die vorliegende Analyse auf der Prämisse, dass öffentliche Diskurse kein Selbstzweck sind, sich also kollektive Akteure wie politische Parteien oder soziale Bewegungen am Diskurs beteiligen, um die Deutungshoheit über
Themen zu erlangen und Konkurrenten wie Publikum von ihren Standpunkten und
Argumenten zu überzeugen. Gelingt es, die eigenen Deutungen durchzusetzen, so ist
auch dies nicht Endziel, da – wie oben erklärt – herrschende Deutungen erheblichen
Einfluss auf die öffentliche Meinung und politische Entscheidungsträger haben, wobei

---

30 Der Begriff der Rahmung ist die im deutschsprachigen Raum gebräuchliche, wörtliche Übersetzung
des englischen Begriffs *frame*. Der *Frame*-Begriff geht auf Goffmans *frame analysis* oder Rahmen-
analyse zurück (1977, englisch 1974) und bezeichnet ein Interpretationsschema oder Deutungsmuster. In den folgenden Kapiteln wird auf diese Begriffe noch im Detail eingegangen.

letztere wiederum öffentlich diskutierte Probleme regulieren, indem sie entsprechende Gesetzentwürfe ins Gespräch bringen und durchsetzen (vgl. Gerhards 2003: 301).

Zusammenfassung

Fassen wir unsere grundlegenden Prämissen zusammen. Die Arena des massenmedialen Forums wird als der zentrale soziale Ort der Austragung von Kämpfen um (Be-) Deutungen sowie der Definition sozialer Probleme angenommen. In Gegenwartsgesellschaften konstituieren sich Problemwahrnehmungen sowie die öffentliche Meinung in erster Linie über die massenmediale Öffentlichkeit. Die Aufmerksamkeit der Galerie ist nicht unbegrenzt, so dass es zu Konkurrenzbeziehungen zwischen den Akteuren der Arena kommt. Diese handeln zweckorientiert und zielen darauf, öffentliche Aufmerksamkeit zu bekommen, eigene Deutungen durchzusetzen und so auf lange Sicht Entscheidungsträger zu beeinflussen bzw. dieselben zu legitimieren. Zusammenfassend bedeutet dies, dass das massenmediale Forum der soziale Ort ist, an dem einerseits kollektive Akteure Überzeugungsarbeit leisten und an dem sich andererseits die Bürger über soziale Zusammenhänge informieren und durch Beobachtung ihre eigenen Deutungen entwickeln. Idealtypisch-schematisch veranschaulicht Abbildung 2.2 diesen Zusammenhang wie folgt:

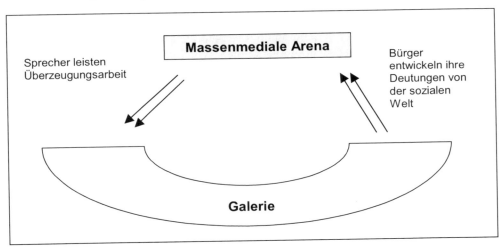

Abb. 2.2: Modell des massenmedialen Forums (eigene Darstellung)

2.2.3.3 Strategien öffentlicher Diskurse

Aus den obigen Ausführungen geht hervor, dass sich die Akteure in der Arena in folgendem Spannungsfeld befinden: Einerseits müssen sie öffentliche Aufmerksamkeit mobilisieren, um ihre Ziele zu verwirklichen und ihre (Problem-)Deutungen als die legitimen durchzusetzen. Andererseits gibt es eine unüberschaubare Anzahl von potenziellen Problemen und das Gut Aufmerksamkeit ist eine knappe Ressource. Dieses Spannungsverhältnis macht die Verwendung von Kampfstrategien, so genannten *Diskursstrategien*[31] erforderlich. Diskursstrategien bezeichnet Gerhards – in Abgrenzung zur „hardware"[32] – als die „software" der Akteure im Kampf um die Mobilisierung öffentlicher Meinung. Damit sind die Techniken der Deutung der Dimensionen eines Deutungsmusters oder Frames, also im Grunde *Deutungs*strategien gemeint. Die einschlägige Literatur zum Thema Diskursstrategien findet sich im Forschungsfeld sozialer Bewegungen, da die Mobilisierung öffentlicher Meinung bzw. Beeinflussung von Deutungsprozessen für den Erfolg einer sozialen Bewegung ausschlaggebend ist (vgl. Snow et al. 1986, Klandermans 1988, Neidhardt 1994). Snow et al. bezeichnen den Prozess der Herstellung gemeinsamer Deutungen als *frame alignment*; konkret bezogen auf den Fall sozialer Bewegungen bezeichnet dies „the linkage or conjunction of individual and SMO [social movement organisations, E.M.] interpretative frameworks" (Snow et al. 1986: 467). Hierbei werden mit *frame bridging, frame amplification, frame extension* und *frame transformation* verschiedene Dimensionen bzw. Strategien dieser Gleichrichtung von Deutungen unterschieden, allerdings ohne konkrete Strategien der Umsetzung zu benennen.

Ferner stellt Klandermans in einem Essay die Notwendigkeit der Herstellung gemeinsamer Deutungen für den Erfolg einer sozialen Bewegung heraus und unterscheidet zwischen *consensus mobilization* und *action mobilization*. Konsensmobilisierug bezieht sich auf die Etablierung eines Mobilisierungspotentials über die Herstellung einer gemeinsamen Problemsicht in der Gesellschaft, *action mobilization* darüber hinaus auf die Legitimierung der Ziele und Mittel zur Zielerreichung im Rahmen einer konkreten Aktivierung des soweit bereits mobilisierten Potentials (vgl. Klandermans 1988: 178). Beide Prozesse zielen gleichermaßen auf die Herstellung gemeinsamer Deutungen, was uns wiederum zu den Strategien führt, die in Deutungskämpfen angewendet werden. Im Hinblick auf die konkrete Benennung solcher Strategien bleibt Klandermans allerdings sehr vage, und belässt es im Grunde bei Bemerkungen zur Glaubhaftigkeit von Akteuren, Verstehbarkeit von Botschaften und Effektivität von Verbreitungskanälen (vgl. ebd.: 184-191). Eine differenziertere Kategorisierung der Prozesse, welche auf die Herstellung gleicher Problemdeutungen zielen, stammt von Snow und Benford. Sie unterscheiden drei Dimensionen von frames, nämlich *diagnostic frames*, *prognostic frames* und *motivational frames*. *Diagnostic frames* identifizieren und definieren gesellschaftliche Probleme und liefern damit Rechtfertigung für Protest. Zudem kommt es zur Deutung von Gründen, Ursachen und Verursachern, also Schuldigen für den aufgedeckten Missstand. Im Rahmen des *prognostic framing* werden Problemlö-

---

31 Der von Gerhards verwendete Diskursbegriff unterscheidet sich von dem hier verwendeten, oben explizierten Verständnis von Diskurs insofern, als Gerhards „Diskurs" gleichbedeutend mit Deutungs- oder Interpretationsrahmen verwendet. Aus diesem Grund ist von „Diskursstrategien" und nicht von „Deutungsstrategien" – was m.E. korrekter wäre – die Rede. Im Folgenden sollen die Termini „Diskursstrategie" und „Deutungsstrategie" synonym verwendet werden.

32 Mit „hardware" sind finanzielle, technische und personelle Ressourcen, verfügbare Zeit, sowie kulturelles und soziales Kapital (Bourdieu 1983) als strukturelle Bedingungen der Akteure gemeint.

sungen vorgeschlagen und konkrete Strategien, Taktiken und Zielgruppen benannt. Das *motivational framing* bei Snow und Benford entspricht im Grunde der *action mobilization* bei Klandermans: Hier geht es darum, potentielle Teilnehmer sozialer Bewegungen zu aktivem Engagement zu bewegen (vgl. Snow / Benford 1988: 200-202).

Gerhards führt diese Ansätze gewinnbringend zusammen und beschreibt konkret Deutungsstrategien, mit deren Hilfe Deutungsmuster durchgesetzt werden. Anknüpfend an Snow et al. (1986), Klandermans (1988) und Snow / Benford (1988) unterscheidet Gerhards fünf Dimensionen einer Deutung. Wer öffentliche Meinung mobilisieren will, muss:

1) ein Thema als soziales Problem deuten,
2) Ursachen und Verursacher des Problems benennen,
3) einen Adressaten für seinen Protest finden und etikettieren,
4) Ziele und die Aussicht auf Erfolg seiner Bemühungen interpretieren und
5) sich selbst als legitimierten Akteur rechtfertigen (vgl. Gerhards 1992: 308).

Nicht zuletzt muss es gelingen, die Deutungen in möglichst allen fünf Dimensionen durchzusetzen und als die legitimen oder gängigen im öffentlichen Bewusstsein zu verankern.

Je weniger differenziert ein Problem gedeutet wird, also je mehr es auf einfache, globale Forderungen reduziert wird, umso breiter wird das Publikum sein, das sich angesprochen fühlt. Umgekehrt gilt: Je höher differenziert ein Konfliktgegenstand, desto schwieriger gestaltet sich die Rekrutierung von Gefolgschaft oder Mobilisierung von Wählern (vgl. Nedelmann 1986: 399f.). Gerhards benennt daher die *begriffliche Entdifferenzierung* eines komplexen Sachverhalts als erste Strategie, um ein Problem und dessen Deutung eindeutig und klar zu kommunizieren. Im Rahmen einer solchen Entdifferenzierung kommt es zur Bildung von Begriffen, die ein Phänomen als Thema definieren und gleichzeitig als Problem etikettieren. Begriffe wie „Imperial Overstretch" oder „Überfremdung" seien für die Türkei-Debatte als Beispiele genannt. Zwei weitere Strategien signalisieren die Deutung eines Phänomens als Problem. Erstens muss ein Thema konkretisiert werden, indem ein Bezug von direkt Betroffenen zur Lebenswelt hergestellt wird (*Konkretisierung*). Dies geschieht durch eine direktes In-Beziehung-Setzen des Problems mit der Alltagswelt der Bürger und erhöht sozusagen die „Dringlichkeit" des Problems auch für den „Mann auf der Straße". Zweitens muss gleichzeitig von lebensweltlichen Zusammenhängen abstrahiert und das Thema in einen größeren Wertezusammenhang eingebettet werden, um wiederum ein möglichst breites Publikum anzusprechen (*Abstraktion*). Durch die Interpretation eines Phänomens im Kontext allgemeiner, im Idealfall universaler Werte erhält das Problem seine normative Aufladung und eignet sich umso besser zur Polarisierung. Sicherlich handelt es sich bei dem Versuch, diese beiden Strategien gleichermaßen umzusetzen, um eine Gratwanderung. Als vierte Strategie nennt Gerhards die *Dramatisierung* des Problems, wodurch eine Verschärfung des Problems für die Zukunft und Handlungsnotwendigkeit suggeriert werden. Für die Dramatisierung eines Problems bietet sich beispielsweise die Berichterstattung über ungewöhnliche Maßnahmen wie außerordentliche Pressekonferenzen an (vgl. Gerhards 1992: 310f.). Zur Dramatisierung – manchmal ist auch von *Skandalisierung* die Rede – können verschiedene Darstellungsmethoden verwendet werden. Eine Technik wird „Die Magie der großen Zahl" (Schetsche 1996: 89) genannt und bezeichnet die diskursive Bezugnahme auf häufig nicht nachprüfbare numerische Angaben zu tatsächlich oder potentiell Betroffenen. Häufig werden hier so genannte „Expertenschätzungen" angeführt, welche die Angaben legitimieren sollen; dramatisierend wirkt auch die Bezugnahme auf so genannte „Dunkelziffern", die jeglicher intersubjektiver Nachprüfbarkeit entbehren. Als zweite Dramatisierungstechnik nennt Schetsche die selektive Auswahl von spektakulären Fallbeispielen, bei denen suggeriert wird, dass es sich um typische Fälle handle. Hier werden naturgemäß insbesondere solche Fälle ausgewählt, die stark emotional aufgeladen sind. Die Dichotomisierung von Schuld führt Schetsche als dritte Dramatisierungsmethode an. Hier werden konkret Opfergruppen identifiziert und Gruppen von Schuldigen benannt und angeprangert (vgl. ebd.: 90f.). Diese Attribuierung von Schuld und klare Definition von Ursachen bzw. Verursachern des Problems geht Hand in Hand mit der Deutungsstrategie der *Personalisierung*. Im Rahmen dieser Strategie lässt sich die Mobilisierung öffentlicher Meinung verbessern, indem nicht nur Ursachen benannt, sondern darüber hinaus Schuld und Verantwortung konkreten Akteuren zugewiesen wird. Dies lässt sich noch steigern, wenn es gelingt, den Verursachern eine intendierte Absicht zu unterstellen (*Intentionalisierung*). Zudem kann die Gruppe der Verursacher öffentlich stigmatisiert werden, wenn angenommen wird, dass die Absicht des Verursachers moralisch verwerflich ist, beispielsweise weil sie die Befriedigung von Partikularinteressen beinhaltet, die dem Gemeinwohl entgegengesetzt ist. Im Idealfall gelingt es im Rahmen dieser Strategie der *Moralisierung*, besagte Akteure zu diskriminieren und ihnen die Achtung als Kommunikationspartner zu entziehen (vgl. Gerhards 1992: 312). Peters und Schetsche betonen, dass Moralisieren eine Strategie darstellt, die insbesondere in der direkten Kommunikation zwischen Vertretern der Deutung und Personen mit indifferenter oder gleichgültiger Meinung greift: Letztere werden dabei genötigt,

> sich entweder auf die vorgegebene Sprache einzulassen und damit gewisse Wertprämissen stillschweigend zu übernehmen – oder die impliziten Voraussetzungen eines solchen Sprachgebrauchs zu thematisieren. (Peters 1994: 66, zitiert nach Schetsche 1996: 93)

Eine weitere Deutungsstrategie betrifft weniger Verursacher und Ursachen sozialer Probleme als Adressaten, von denen Lösungen erwartet werden. In modernen Gesellschaften ist der Adressat öffentlicher Meinung meist das politische System, also in erster Linie politische Entscheidungsträger. Strategien der *Delegitimierung* funktionaler Alternativen dienen beispielsweise dazu, die herrschende Regierung zu diskreditieren, während Strategien der *Selbstlegitimierung* darauf zielen, die eigene Position bzw. die damit verbundenen Akteure als vertrauenswürdig darzustellen. Letzteres kann erstens dadurch geschehen, dass kollektive Akteure eine Selbstbezeichnung wählen, die idealerweise an einen gesellschaftlich anerkannten Wert gebunden ist. „Pro-life movement" als Begriff für die amerikanische Anti-Abtreibungsbewegung sei als Beispiel für eine derartige gelungene Bezeichnung genannt. Zweitens werden häufig bekannte und als vertrauenswürdig geltende Personen rekrutiert oder zitiert, um von ihrer Prominenz

und Ausstrahlung eine Art „Vertrauens-spill-over" auf den kollektiven Akteur zu erreichen (vgl. Gerhards 1992: 312f.). Schetsche führt eine weitere Technik an, die der
eigenen Deutung Glaubwürdigkeit verschaffen und den Akteur legitimieren soll. Die
„Reproduktion von Alltagsmythen" (Barthes [1957] 1964) nämlich macht eine Deutung unhinterfragbar und zwingt die Rezipienten dazu, sie als selbstverständlich gegeben, so-seiend hinzunehmen. Hess fasst sehr treffend zusammen, was die Reproduktion eines solchen Mythos ausmacht:

> [Ein Alltagsmythos, E.M.] bietet einen Komplex von ausgewählten Informationen und Attitüden
> in Bezug auf ein bestimmtes Problem an, suggeriert, dass dieses Problem so, wie es in der Aus-
> sage erscheint, auch in der Realität existiere, als etwas Natürliches, So-Seiendes. Der Mythos
> unterschlägt, dass seine Aussage und das in dieser enthaltene Phänomen etwas sozial Gemachtes
> sind, und er unterschlägt auch die unterschwellige Zielsetzung dieser sozialen Konstruktion von
> Wirklichkeit. (Hess 1986: 26, zitiert nach Schetsche 1996: 94)

Mythen gehören also in einen größeren, häufig stark historisch geprägten Denkzusam-
menhang und werden in Deutungen eingebaut, um deren Glaubwürdigkeit zu erhöhen.
Dies gelingt, da ein Alltagsmythos ohne weiteres als richtig und zutreffend anerkannt
und nicht hinterfragt wird. So handelt es sich sicherlich bei den mannigfaltigen Erzäh-
lungen zu den „Türken vor Wien" um bis heute bemühte Mythen, die Assoziationen mit
Stadtbelagerungen und Bedrohungsszenarien hervorrufen; ebenso kann der „Krieg der
Zivilisationen" (Huntington 1996) als solcher Alltagsmythos entlarvt werden, der immer wieder in Deutungen integriert wird, ohne im Hinblick auf seine Herkunft oder gar
methodisch-empirische Fundierung hinterfragt zu werden.

    Neben stehende Tabelle (Abb. 2.3) veranschaulicht die Berührungspunkte der er-
wähnten Theorien und zeigt, welchen Deutungsprozessen bzw. -dimensionen idealtypisch welche Deutungsstrategien und -techniken zugeordnet werden können. Im empirischen Teil der Analyse gilt es, die dargelegten Diskursstrategien aufzudecken und nachzuzeichnen.

Zusammenfassung

Es lässt sich festhalten, dass im Rahmen von öffentlichen Diskursen Deutungsangebote
verhandelt werden, wobei es zu Definitionskämpfen kommt, die angesichts knapper
Aufmerksamkeit und einer unüberschaubaren Zahl potentieller sozialer Probleme mithilfe von Deutungsstrategien bzw. -techniken ausgefochten werden. Öffentliche Diskurse können sich auf verschiedenen Ebenen der Öffentlichkeit abspielen, entfalten
aber ihre breiteste Wirkung im massenmedialen Forum. Die in den Massenmedien er-
zeugten Diskursbeiträge werden als Deutungsangebote verstanden, anhand derer die
Bürger ihre Deutungen von der Wirklichkeit entfalten. Massenmediale Texte stellen
damit Beiträge zur gesellschaftlichen Konstruktion der Wirklichkeit dar, denn Schließlich gewinnt die Welt ihren spezifischen Wirklichkeitscharakter für uns durch die Aussagen, „die Menschen – in Auseinandersetzung *mit ihr – über sie* treffen, wiederholen
und auf Dauer stellen" (Keller 2003: 206, Hervorhebung i.O.). Keller weist darauf hin,
dass solche Aussagen nicht nur die symbolischen Ordnungen und Bedeutungsstruktu-

	Deutungsprozesse		Deutungsstrategien und -techniken	
	Klandermans 1988	Snow / Benford 1988	Gerhards 1992	Schetsche 1996
Frame alignment (Snow et al. 1986)	Consensus mobilization	Dianostic framing	• Entdifferenzierung • Konkretisierung • Abstraktion • Dramatisierung	• Dramatisierung: - „Magie der großen Zahl" - Selektive Auswahl von Fallbeispielen - Dichotomisierung von Schuld
		Prognostic framing	• Personalisierung • Intentionalisierung • Moralisierung • Legitimierung/ Delegitimierung - Selbstbezeichnung - Rekrutierung von vertrauenswürdiger Prominenz	• Moralisierung • Legitimierung durch die Reproduktion von Alltagsmythen
Mobili-sierung von sozialen Bewegungen:	Action mobilisation	Motivational framing		

2.3   Bestimmung des Deutungsmusterbegriffs

2.3.1 Die Karriere des Deutungsmusterbegriffs in den deutschen
Sozialwissenschaften

Das Konzept des Deutungsmusters geht zurück auf ein zu jener Zeit unveröffentlichtes, aber in Fachkreisen immerfort kursierendes Manuskript von Ulrich Oevermann aus dem Jahre 1973[33] und beeinflusst seither Deutungsmusteranalysen in den verschiedensten methodischen und theoretischen Ausprägungen. Bei besagtem Manuskript handelt es sich um ein in der Form eines Projektantrags geschriebenes Exposé für eine Arbeit, in der „das für die sozialwissenschaftliche Analyse theoretisch-allgemeine Problem der Struktur von Deutungsmustern" (Oevermann 1973: 1) erforscht werden sollte, um sodann die theoretischen und methodischen Erkenntnismittel auf die Analyse von Lehrmaterialien und Lernzielkataloge im Sozialkundeunterricht anzuwenden. Entgegen Schetsches Annahme hat Oevermann den Terminus „Deutungsmuster" zwar nicht selbst erdacht, allerdings ist es sicher richtig, dass er im Anschluss an sowie in Abgrenzung von dem eingangs beschriebenen Konzept des Deutungs*schemas* nach Schütz konzipiert wurde, um die spezifisch strukturellen Elemente dieser neuen Kategorie zu unterstreichen (vgl. Schetsche 2000: 110, Oevermann 2001: 37).

Der Deutungsmusterbegriff wurde jedoch kurz nach seiner Entwicklung von Oevermann selbst zugunsten der Ent- und Fortentwicklung der Methode der objektiven Hermeneutik aufgegeben (vgl. z.B. Oevermann 1997) und begann seither, wie Schetsche es ausdrückt, ein „Eigenleben zu führen" (Schetsche 2000: 113). Dies impliziert erstens, dass der Deutungsmusterbegriff in verschiedene wissenschaftstheoretische Kontexte Einzug hielt, zweitens, dass es immer wieder Versuche gab, den Begriff theoretisch zu (re-)definieren und drittens, dass sich für den Ansatz der Deutungsmusteranalyse ein breites Spektrum an methodischen Zugängen entwickelte. Hierin sieht mancher sogar den Grund, warum Deutungsmusteranalysen in sozialwissenschaftlichen Kreisen in letzter Zeit in Mode gekommen sind (vgl. König 2004: 82). Sicherlich erfreuen sich Rahmenanalysen großer Beliebtheit, doch ist die Karriere dieses Konzepts vielmehr auf die „qualitative Wende" (Mayring 1990), also den Trend zu qualitativen Erkenntnismethoden, zurückzuführen, welcher Anfang der neunziger Jahre für die Sozialwissenschaften diagnostiziert wurde. Zudem verweist Lüders auf eine Veränderung der vorherrschenden Untersuchungsgegenstände, für deren Analyse sich Deutungsmusteranalysen in besonderer Weise eigneten: Deutungsmusteranalysen wiesen eine besondere Nähe zu gegenwartsdiagnostisch interessierten Mikroanalysen auf und eigneten sich hervorragend zur Rekonstruktion von „brüchig gewordenen Alltagserfahrungen" (Lüders 1991: 378). Von dieser Warte wird die Konjunktur des Deutungsmusteransatzes auf einen insbesondere in den Neunzigern wachsenden Bedarf an Deutungen

---

33   Heute steht das Manuskript im Internet zum Download zur Verfügung, vgl. „Zur Analyse und Struktur von sozialen Deutungsmustern": http://user.uni-frankfurt.de/~hermeneu/Struktur-von-Deutungs-muster-1973.rtf [Zugriff: 07.08.2005].

und Erklärungen einer im Umbruch befindlichen Gesellschaft bzw. historischen Konstellation zurück geführt. In der Tat setzen die Deutungsmusteranalysen der achtziger Jahre auf die Analyse von Alltagserfahrungen und konzentrieren sich beispielsweise auf Formen der Intimität in Kontaktanzeigen (Nagler / Reichertz 1986), Gesellschaftsbilder und Arbeitsbewusstsein westdeutscher Industriearbeiter (Roethe 1980), Arbeitsorientierungen in der Eisen- und Stahlindustrie (Rüßler 1990), Formen der Auseinandersetzung mit Arbeitslosigkeit in der Familie (Hornstein et al. 1986), Einstellungen zu Europa (Baumann / Burri 1996) oder pädagogisches Handeln in der Erwachsenenbildung (Arnold 1985). Insbesondere Arnold, Baumann / Burri und Roethe beziehen sich in ihren Analysen explizit auf den Deutungsmusterbegriff Ulrich Oevermanns, den es im Folgenden noch zu bestimmen gilt.

Während in den achtziger Jahren bis 1990 der inhaltliche Fokus der Studien auf Alltagserfahrungen und deren Veränderung liegt, sind seit den späten neunziger Jahren hauptsächlich öffentliche Diskurse und gesamtgesellschaftlich diskutierte Probleme Gegenstand der Analysen. In thematischer und methodischer Hinsicht führt die vorliegende Dissertation diese Linie weiter. So beschäftigt sich Keller wegweisend mit Müll – oder: der „gesellschaftlichen Konstruktion des Wertvollen" – in der öffentlichen Diskussion (Keller 1997), während Kliment die Deutungsmuster der Kernkraftprotestbewegung sowie deren öffentliche Rezeption analysiert (Kliment 1994). Gerhards und Rucht untersuchen in einer breit angelegten, komparativen Studie Deutungsmuster in der öffentlichen Debatte über Abtreibungen in Deutschland und den USA (Gerhards / Rucht 2000) und auch Viehöver nimmt im Rahmen seiner narrativen Analyse des „Klimadiskurses" Anleihen beim Frame-Begriff (Viehöver 2003). Diese ab den späten neunziger Jahren erschienenen Analysen teilen einerseits eine gemeinsame gegenwartsdiagnostische Intention, andererseits ähneln sie sich im Hinblick auf ihre sozialkonstruktivistische Perspektive, weshalb sie auch unter dem Begriff der wissenssoziologischen Deutungsmusteranalysen subsumiert werden. Soweit die Analysen öffentliche bzw. mediale Diskurse adressieren, sind die Grenzen zur Diskursanalyse fließend (vgl. Lüders / Meuser 1997: 67).

Bei einer Gegenüberstellung der unterschiedlichen Projekte, Analysefokusse und Herangehensweisen wird deutlich, dass es sich bei der Deutungsmusteranalyse um eine Forschungsperspektive handelt, die ein facettenreiches Spektrum an unterschiedlichen methodischen Zugängen aufweist. Dementsprechend häufig wird in der Literatur die unsystematische Theorie- und Methodendiskussion der Deutungsmusteranalyse bemängelt (vgl. Lüders 1994: 120, Lüders / Meuser 1997: 57, Schetsche 2000: 109f.). Aufgrund der uneinheitlichen Verwendung des Deutungsmusterbegriffs und angesichts seiner vielfältigen konzeptionellen Weiterentwicklungen seit 1973 erscheint es umso dringender, für die folgende Analyse eine möglichst exakte Definition und empirische Konturierung des verwendeten Konzepts vorzunehmen.

2.3.2   Frame, Deutungsmuster oder Rahmen?

Allgemeine Fassungen des Begriffs: Schütz und Goffman

In seiner umfassendsten und sicherlich am häufigsten verwendeten Bedeutung meint der Begriff des Deutungsmusters eine Form der Organisation der Wahrnehmung der das Individuum umgebenden Lebenswelt. Ebenso allgemein gesprochen sind Deutungsmuster logisch konsistent verknüpfte Sinninterpretationen sozialer Sachverhalte, die als Organisationshilfe für Erfahrungen in der alltäglichen Lebenswelt fungieren. Sie sind überindividueller Natur und beinhalten praktisch handlungsrelevantes Wissen (vgl. Dewe 1996: 76). Die bereits behandelten Frame-Kategorien, die Snow et al. (1986) und Snow / Benford (1988) in der Bewegungsforschung verwenden (s.o.), fallen unter dieses allgemeine Verständnis des Deutungsmusterbegriffs. Ebenso in diese Definition eingeschlossen ist die eingangs angesprochene Schütz'sche *Typisierung*, der insofern eine kognitive Entlastungsfunktion inne wohnt, als sie vom Individuellen abstrahiert, vorgeformtes Wissen anbietet und so im Alltagsdenken integrierend und ordnend wirkt.

Eine ähnliche Funktion haben die *primary frames* nach Goffman. Einen solchen Rahmen bezeichnet Goffman zunächst auch allgemein als „Interpretationsschema" (Goffman [1974] 1977: 31) bzw. als „Sichtweise" (ebd.: 49) und stellt als sein wichtigstes Charakteristikum heraus, dass er

> nicht auf eine vorhergehende oder ‚ursprüngliche' Deutung zurückgreift; ein ‚primärer Rahmen' wird eben so gesehen, dass er einen sonst sinnlosen Aspekt der Szene zu etwas Sinnvollem macht. [...] [Ein solcher Rahmen, E.M.] ermöglicht dem, der ihn anwendet, die Lokalisierung, Wahrnehmung, Identifikation und Benennung einer anscheinend unbeschränkten Anzahl konkreter Vorkommnisse, die im Sinne des Rahmens definiert sind. (ebd.: 31)

Je nach ihrer Rahmung wird eine Situation vom Individuum in ganz bestimmter Weise erfasst, interpretiert bzw. gedeutet und verstanden. Goffman unterscheidet zwischen natürlichen und sozialen Rahmen, wobei sich letztere – im Gegensatz zu ersteren – auf soziales Handeln im Sinne von Weber beziehen. Diese sozialen Rahmen bieten den Verständigungshintergrund, mit dessen Hilfe soziale Ereignisse in der Lebenswelt wahrgenommen werden. Rahmen laden also Handlungen des täglichen Lebens mit Sinn auf und machen sie auf diese Weise verstehbar.

Primäre Rahmungen bilden nun ihrerseits den Ausgangspunkt für Modulationen[34]. Goffman erkennt grundsätzlich die sehr allgemeine Fassung seines Rahmenbegriffs und gibt zu: „ich wünschte, er wäre brauchbarer" (ebd.: 35). Zentrales Thema seiner Soziologie ist die Rahmen-Analyse oder *frame analysis*, die Rahmungsprozesse und deren Auswirkungen analysiert und so nach Erklärungen für soziales Handeln sucht.

---

34   Eine Modulation ist in gewisser Weise eine Kopie des ursprünglichen primären Rahmens, wobei es insofern zu einer Sinntransformation kommt, als der neue, modulierte Rahmen mit anderem Sinn erfüllt wird. Beispielsweise verliert eine ursprünglich als ernsthaft gerahmte Situation (z.B. Ehestreit) im Kontext eines Spiels oder einer Simulation (z.B. Kabarett) – also durch Modulation – ihre Ernsthaftigkeit. Als Grenzfall der Modulation nennt Goffman die Täuschung, wobei bei diesem Sonderfall nicht alle Beteiligten über die Bedeutungtransformation informiert sind.

Die Rahmen-Analyse im Goffman'schen Sinn hat allerdings mit der Deutungsmuster-analyse, wie sie im Folgenden vorgenommen werden soll, relativ wenig zu tun. Der Grund hierfür liegt darin, dass Goffman weniger die Konstruktion von Bedeutungen durch Rahmungsprozesse zum Thema macht, sondern sich vielmehr auf verschiedene Formen der situativen Transformation von Wissen konzentriert. Er adressiert Rahmungs-prozesse von Handlungen, die er als dramaturgisch inszeniert („Wir alle spielen Thea-ter") betrachtet, was die Analogie einer Beziehung zwischen Schauspielern und Publi-kum nahe legt. Goffman geht davon aus, dass sich die Akteure auf der „Bühne des Sozialen" möglichst vorteilhaft präsentieren wollen. Zudem fokussiert er strategische Handlungen, wobei diese Sichtweise impliziert, dass Rahmungen als – mehr oder we-niger ehrliche – Mittel zur Erreichung bestimmter Ziele planvoll eingesetzt werden. Im Zentrum einer Rahmen-Analyse nach Goffman steht also immer auch die Frage, wie auf bestimmte Weise gerahmte, also *sinn*-volle Situationen transformiert und dann mit veränderter Bedeutung wahrgenommen werden. So werden neben Modulationen oder Täuschungen auch Fehlrahmungen oder Rahmenirrtümer behandelt. Im Hinblick auf die praktische Umsetzung des Goffman'schen Konzepts erscheint zudem problema-tisch, dass „es auch dem gründlichsten Leser nicht gelingen dürfte, so etwas wie eine Methodologie oder Systematik des methodischen Vorgehens der Rahmen-Analyse aus seinen [Goffmans, E.M.] Schriften herauszufiltern" (Lüders 1994: 110).

Oevermanns strukturtheoretische Konzeption

Von der oben ausgeführten allgemeinen Definition ist nun der Deutungsmusterbegriff Ulrich Oevermanns zu unterscheiden, wie er erstmals 1973 ausgearbeitet und fast 30 Jahre später in einem „Versuch einer Aktualisierung" präzisiert wurde (Oevermann 2001). In dem „Urtext" geht Oevermann zunächst von folgenden grundlegenden An-nahmen aus:

> Unter Deutungsmustern sollen nicht isolierte Meinungen und Einstellungen zu einem partikula-ren Handlungsobjekt, sondern in sich *nach allgemeinen Konsistenzregeln strukturierte* Argu-mentationszusammenhänge verstanden werden. Soziale Deutungsmuster haben also *ihre eigene* ‚Logik' [...]. Soziale Deutungsmuster sind funktional immer auf eine Systematik von objektiven Handlungsproblemen bezogen, die deutungsbedürftig sind. (Oevermann 1973: 3, Hervorhebung E.M.)

Deutungsmuster sind also nach Oevermann kollektive Argumentationsstrukturen, die nach bestimmten Regeln aufgebaut sind und sich auf gemeinsame soziale Probleme beziehen.[35] Sie stellen insofern Antworten auf alltägliche Handlungsprobleme dar, als sie helfen, diese zu deuten, einzuordnen und zu lösen. Insbesondere bei wiederkehren-

---

35 Oevermann weist allerdings darauf hin, dass Deutungsmuster und Handlungsprobleme „zirkulär mit-einander verknüpft" und daher analytisch schwer trennbar seien. Einerseits seien Handlungsproble-me immer schon kulturell vorinterpretiert, andererseits ließen sich auch die Interpretationen selbst nicht ohne Bezugnahme auf die Handlungsprobleme erklären. Eine Lösung biete nur eine „histo-risch-genetische Analyse", die objektive Handlungsprobleme zu einem willkürlich gewählten Zeit-punkt als Anfangsbedingungen für die spätere Konstruktion von Deutungsmustern annehme (vgl. Oevermann 1973: 4).

den Problemstellungen kann das Individuum auf voreingerichtete Interpretationsmuster zurückgreifen und wird dadurch kognitiv entlastet. Deutungsmuster gelten als ebenso grundlegende wie allgemein verbindliche Orientierungen in der typischen erwartbaren Handlungswirklichkeit der Individuen (vgl. Oevermann 2001: 43). Das obige Zitat und die von Oevermann explizierte Annahme des regelgeleiteten Handelns (vgl. Oevermann 1973: 5) verdeutlichen – und hierin liegt der wichtigste Unterschied zu den von Schütz, Goffman u.a. vertretenen Deutungsmusterbegriffen –, dass bei Oevermann Deutungsmuster aus strukturtheoretischer Perspektive gedacht werden. So kommt dem Begriff der Regel eine zentrale Bedeutung zu: Regeln werden als Maximen verstanden, denen das Individuum praktisch folgt, die es aber nicht unbedingt angeben können muss. Regeln werden also angewandt, ohne dass die Individuen konkretes Wissen über deren Anwendungsbereiche explizieren könnten. Regeln haben „generativen Charakter"[36], d.h. sie erzeugen Verhalten und „konstituieren den intersubjektiv verstehbaren Sinn einer Handlung". Folglich, so Oevermann, decke sich die Rekonstruktion der handlungsleitenden Regel mit der Erklärung sinnhaften Handelns (vgl. ebd.: 8). Dieses strukturale Verständnis geht analytisch von einem hierarchischen Aufbau von Oberfläche und zugrunde liegenden Regelsystemen aus. Kommunizierbare Oberflächenphänomene wie Einstellungen, Meinungen, Ideologien oder Überzeugungen werden als „Derivate" von Deutungsmustern (Oevermann 1973: 11) verstanden. Diese Oberflächenphänomene sind sozusagen Indikatoren für Deutungsmuster. Aufgabe des Forschers ist es, anhand dieser Derivate auf die tiefer liegenden „Konsistenzregeln" und deren „innere Logik" zu schließen. 2001 schreibt Oevermann:

> Die wesentliche Triebfeder im Forschungsprozess bestand [1973, E.M.] darin, [...] zu wirklich als Gesetzmäßigkeiten durchschaubaren realen Motivierungskomplexen zu gelangen, die zugleich als kollektive Strukturen eines sozialen Unbewussten zu gelten hatten. (Oevermann 2001: 37)

Fassen wir kurz zusammen, wie der Deutungsmusterbegriff 1973 konzipiert wird: Aus einem strukturalen Verständnis heraus werden Deutungsmuster als Regelstrukturen oder -systeme begriffen, die generativen Charakter haben und so soziales Handeln erzeugen. Die Rekonstruktion dieser Regeln wird als Hauptaufgabe einer Soziologie verstanden, die über die Analyse subjektiver Interpretationen zur Rekonstruktion mentaler Strukturen gelangt. Anders formuliert soll es zentrales Anliegen einer Soziologie der sozialen Deutungsmuster sein, die „innere, generative Logik" aufzudecken, nach denen Deutungsmuster funktionieren und soziales Handeln leiten. Dieses strukturtheoretische Verständnis erscheint für die vorliegende Analyse insofern problematisch, als phänomenologische bzw. interaktionistische Ansätze eben gerade der Annahme widersprechen, dass menschliches Handeln durch ein eigenlogisches System von „tieferliegenden" Strukturen geregelt wird. Der subjektive Sinn wird eben gerade nicht als Objektivation bedeutungsgenerierender Regeln, sondern vielmehr als Ergebnis lebensweltlicher Interaktion und Kommunikation begriffen. Diesen subjektiven Sinn gilt es

---

36   Oevermann war zu jener Zeit massiv von Chomskys Theorie der generativen Transformationsgrammatik beeinflusst, die ebenso auf das Vorhandensein von Tiefenstrukturen verweist, die als „schweigendes Wissen" operieren, durch Transformation in Oberflächenphänomene überführt werden und so an der Oberfläche Handeln erzeugen (vgl. Oevermann 2001: 36).

zu erschließen, um menschliches Handeln zu verstehen und zu erklären. Ein Suchen nach handlungsgenerierenden Regelstrukturen liegt phänomenologischen Ansätzen fern, nicht zuletzt weil der Handlungs- und Gestaltungsfähigkeit des Individuums besondere Bedeutung beigemessen wird. Somit werden die Handlungen der Akteure nicht als Erscheinungsformen von Deutungsmustern begriffen, sondern es wird angenommen, dass die handelnden Subjekte selbst solche Muster schaffen und verwenden. Für die folgende Analyse erscheint es zudem äußerst problematisch davon auszugehen, dass Deutungsmuster aufgrund bzw. in Abhängigkeit von objektiven Handlungsproblemen entstehen. Schetsche weist darauf hin, dass die Annahme, dass sich Deutungsmuster entsprechend der Entwicklung von objektiven Problemen verändern, auf objekttheoretischen Prämissen basiert, die spätestens seit Berger / Luckmanns Neuer Wissenssoziologie auf den Kopf gestellt wurden. Nach einem sozialkonstruktivistischen Verständnis, wie es auch der vorliegenden Analyse zugrunde liegt, wird gerade *über* die Kommunikation und auf-Dauer-Stellung von Deutungsmustern subjektiv Geglaubtes zu objektiver Faktizität. Die wirklichkeitskonstituierende Kraft von Deutungsmustern wird also darin gesehen, dass sie über den Prozess der Objektivierung *selbst* Strukturen und Institutionen hervorbringen (vgl. Schetsche 2000: 118f.).

Deutungsmuster als wissenssoziologisches Konzept

Diesen sozialkonstruktivistischen Prämissen folgend und dem obigen strukturtheoretischen Verständnis eine Absage erteilend, konturieren wir den Deutungsmusterbegriff als Konzept einer rekonstruktiven Wissenssoziologie. Meuser und Sackmann verweisen auf die Vielzahl empirischer und theoretischer Studien zum Deutungsmusterkonzept und stellen sechs „essentials" zusammen, die hinsichtlich der Begriffsverwendung eine Art Konsens in den verschiedenen von ihnen gesichteten Arbeiten darstellen. Auf diese „Minimalforderungen" soll im Folgenden Bezug genommen werden:

[1]   Deutungsmuster stehen in einem funktionalen Bezug zu objektiven Handlungsproblemen.

[2]   Deutungsmuster sind kollektive Sinngehalte; habituell verfestigte subjektive Deutungen konstituieren noch kein Deutungsmuster.

[3]   Deutungsmuster haben normative Geltungskraft. Der Geltungsbereich eines Deutungsmusters variiert zwischen der Gesamtgesellschaft und einzelnen sozialen Gruppen.

[4]   Deutungsmuster sind intern konsistent strukturiert, was durch allgemeine generative Regeln verbürgt wird.

[5]   Deutungsmuster sind – verglichen mit singulären Deutungen, Einstellungen, Meinungen – auf einer latenten, tiefenstrukturellen Ebene angesiedelt und mithin nur begrenzt reflexiv verfügbar.

[6]   Deutungsmuster haben den Status ‚relativer Autonomie'. Trotz funktionalen Bezugs auf objektive Handlungsprobleme sind sie hinsichtlich der Konstruktionsprinzipien und Gültigkeitskriterien autonom und konstituieren so eine eigene Dimension sozialer Wirklichkeit. Das erklärt die beträchtliche Stabilität von Deutungsmustern, die allerdings prinzipiell als entwicklungsoffen zu konzipieren sind. (Meuser / Sackmann 1992: 19)

Subjektives vs. objektives Handlungsproblem

Für die erste Prämisse muss zunächst geklärt werden, warum von einem objektiven Handlungsproblem die Rede ist und was für die Analyse darunter verstanden werden soll. Auch wenn die Verwendung des Begriffs „objektiv" immer eine Frage der Deutungsperspektive ist, ist es legitim, von objektiven Handlungsproblemen zu sprechen, schließlich macht es keinen Sinn, die Lebenswelt konstruktivistisch aufzulösen. Unter „objektiv" soll also mit Berger / Luckmann ein „Ding" bezeichnet werden, das durch sprachliche Objektivierung zu einem für mehrere Subjekte Wirklichen geworden ist und so als „einfach da" wahr- und hingenommen wird. Für die folgende Analyse kann also der Ende 2004 hochaktuelle Sachverhalt *EU-Beitritt der Türkei* als objektives Handlungsproblem definiert werden, für das es – im politischen Forum als auch in der öffentlichen Arena – gilt, Lösungen zu finden und zu einer begründeten Entscheidung für oder wider eines Beitritts zu kommen. Die angebotenen Lösungen bzw. Antworten auf das objektive Handlungsproblem stehen also in funktionalem Bezug zu diesem und werden in Form von Deutungsmustern in den Debatten kommuniziert. Der Begriff „Handlungsproblem" verweist auf die Handlungs*relevanz* eines Sachverhalts. Handlungsrelevant ist ein Sachverhalt für Akteure immer dann, wenn diese davon ausgehen, dass sie mit einer gewissen Wahrscheinlichkeit in ihrem Alltag mit diesem Sachverhalt konfrontiert werden könnten (vgl. Schetsche 2000: 124). Durch die Möglichkeit bzw. Wahrscheinlichkeit des zukünftigen persönlichen Betroffen-Seins wird also ein Sachverhalt zu einem Problem. Die Vielzahl und Heterogenität der Diskussionsbeiträge im öffentlichen Forum weisen darauf hin, dass der Sachverhalt *EU-Beitritt der Türkei* in der Öffentlichkeit als handlungsrelevant angesehen wird und es somit legitim ist, von einem Handlungs*problem* zu sprechen. Eine Vielzahl von Akteuren geht offensichtlich davon aus, dass sie bzw. die von ihnen vertretene soziale Gruppe mit einer gewissen Wahrscheinlichkeit, in welcher Form auch immer, von den Auswirkungen dieser Entscheidung betroffen sein wird.

Der in der zweiten Prämisse enthaltene Hinweis auf kollektive Sinngehalte ist insofern entscheidend, als in der öffentlichen Debatte, und hier insbesondere in den zu untersuchenden Prestigemedien, kollektive Akteure zu Wort kommen, die sich als Sprachrohre ihrer Gruppe verstehen (Parteien, Interessensgruppen, Regierungsvertreter). Es ist also davon auszugehen, dass diese Akteure Deutungsmuster vertreten, die bereits eine gewisse soziale Geltung erreicht haben und die somit mehr sind als habituell verfestigte subjektive Meinungen oder Einstellungen Einzelner. Dennoch muss an dieser Stelle darauf hingewiesen werden, dass die Analyse dieser Vielzahl an subjektiven Äußerungen niemals Deutungsmuster in ihrer Reinform vorfinden wird. Vielmehr gilt es, diese durch Abstrahierung von individuellen Ausprägungen soziologisch zu rekonstruieren.

Zusammenfassung

Sozialforschung ist immer verwiesen auf die Reflexion des wechselseitigen Verhältnisses von Methode, Gegenstand und Theorie. Dies bedeutet, dass die Auslegung des Deutungsmusterbegriffs für die vorliegende Analyse zum Einen von der wissenschaftstheoretischen Verortung der Analyse abhängt, zum Anderen im Kontext der eingangs gestellten Forschungsfragen erfolgen muss. Auch in der einschlägigen Literatur scheint darüber Konsens zu bestehen, dass es keinen Sinn macht, *eine* abstrakte Variante des Deutungsmusterbegriffes festzulegen (vgl. Lüders / Meuser 1997: 64). Lüders vertritt gar die Ansicht, Deutungsmuster sollten als „forschungspragmatisch-heuristisches Konzept" (Lüders 1991: 380) verwendet werden. In Anbetracht der oben vorgenommenen Verortung der Analyse im Paradigma einer interpretativen, verstehenden Soziologie und der somit in Anspruch genommenen theoretischen Prämissen kann der Deutungsmusterbegriff nicht in seiner „Urform", also nach Ulrich Oevermann, zur Anwendung kommen. Die Analyse wird sich folglich auf einen wissenssoziologischen Deutungsmusterbegriff stützen, wie er oben mithilfe Meuser und Sackmanns sechs Charakteristika konturiert und später von Schetsche als zentrale Kategorie einer wissenssoziologischen Theorie sozialer Deutungsmuster formuliert wurde (Schetsche 2000, Plaß / Schetsche 2001). In Anbetracht der Tatsache, dass in der empirischen Analyse Deutungsmuster herausgearbeitet und typisiert werden sollen, erscheint es sinnvoll, im Folgenden einige Annahmen im Hinblick auf Binnenstruktur und Arbeitsweise von Deutungsmustern zu explizieren.

2.3.3 Die Binnenstruktur von Deutungsmustern

Schetsche beschreibt Deutungsmuster als kognitive Schemata, die aus bestimmten Wissenselementen bestehen. Mit anderen Worten stellen Deutungsmuster spezifisch strukturierte kollektive Wissensbestände dar, die sich anhand von sozialen Interaktionsprozessen empirisch untersuchen lassen (vgl. Schetsche 2000: 130-136, Plaß / Schetsche 2001: 522-530). Erstens kennzeichnet jedes Deutungsmuster ein *Erkennungsschema*. Darunter wird ein Begriff oder Name verstanden, der eine Situation oder einen Sachverhalt eindeutig benennt. Der Begriff Erkennungsschema muss von dem der begrifflichen Entdifferenzierung (Gerhards 1992, Nedelmann 1986) unterschieden werden, von dem bereits die Rede war. Ein Erkennungsschema ist ein neutrales Strukturmerkmal eines Deutungsmusters, das im weiteren Sinne den Sachverhalt nennt, angesichts dessen das Deutungsmuster zur Anwendung kommt. Dies könnte für die vorliegende Analyse beispielsweise „Südosterweiterung", „Türkeidiskussion" oder „Beitrittsfrage" lauten. Vom Erkennungsschema systematisch zu unterscheiden ist der Begriff der Entdifferenzierung, der die Deutungs*strategie* bezeichnet, mit der bewusst wertend Schlagworte gebildet werden, die ihrerseits Sachverhalte in ihrer Komplexität reduzieren, um Deutungen eindeutig (bzw. einseitig) zu kommunizieren. Beispielhaft für solche Schlagworte seien – aus dem Repertoire der Beitrittsgegner – die Begriffe „Überdehnung" und „Überfremdung" genannt. Wenn nun der Forscher im Zuge der Typisierungsarbeit für die Deutungsmuster geeignete Namen finden muss, mag es hilfreich sein, auf diese bereits entdifferenzierten Begriffe zurückzugreifen.

Nach Schetsche enthält jedes Deutungsmuster neben dem genannten Erkennungsschema ein oder mehrere *Prioritätsattribute*, die signalisieren, wie dringlich eine Reaktion auf den als objektives Handlungsproblem wahrgenommenen Sachverhalt ist

(„dringend", „bevor es zu spät ist", „kurz vor zwölf"). Systematisch mit solchen Priori-
tätsattributen steuern zudem *Affektauslöser* die Emotionen, die wir angesichts des Sachverhalts empfinden („Gefahr", „schockierend", „bedrohlich"). Diese beiden Merkmale
erschweren die Erstellung eines analytischen Modells der Deutungsmusterbinnenstruktur, weil hier Strukturelemente eines Deutungsmusters und Deutungsstrategien vermischt
werden. Prioritätsattribute und Affektauslöser dienen der bereits angesprochenen Strategie der Dramatisierung bzw. Skandalisierung und sollten daher analytisch von all
jenen Elementen getrennt werden, die als Teil der Binnenstruktur von Deutungsmustern begriffen werden. Vernachlässigen wir also Prioritätsattribute und Affektauslöser
– bzw. begreifen diese als Diskursstrategien – und wenden uns nach dem Erkennungsschema dem Situationsmodell als zweitem Strukturmerkmal eines Deutungsmusters
zu. Dieses gibt im Wesentlichen Antwort auf die Frage: Was wird als Problem gedeutet
und warum? Das Situationsmodell beinhaltet also die Problemdefinition, d.h. Deutungen im Hinblick auf Ursachen, Verursacher und Folgen des Problems. Den Ursprung
eines Problems zu benennen bedeutet folglich, Lob und Tadel zuzuweisen (vgl. Edelman 1988: 179). Hierbei ist entscheidend, dass das Situationsmodell Motive, Pläne,
Wünsche und Deutungen *typischer* Akteure beinhaltet, also Rollen von Personen benennt und so vom Individuellen abstrahiert. Um den Unterschied zwischen diesen Rol-
lenträgern und individuellen realen Akteuren deutlich zu machen, spricht Schetsche
von Personae (Schetsche 2000: 133f). Das Situationsmodell und die beinhaltete Problemdefinition ist nun Voraussetzung für das Einsetzen von Strategien wie der Personalisierung, wobei hierbei eben gerade nicht in Form von Personae abstrahiert wird.
Ebenso schafft die Problemdefinition die Grundlage für Dramatisierungs- bzw. Skan-
dalisierungsarbeit.

Aus dem Situationsmodell ergibt sich weiter eine *Handlungsanleitung*, die dem
Rezipienten des Deutungsmusters beispielsweise in Form einer Handlungsempfehlung
vorliegt. Diese muss sich nicht immer explizit auf den Deutungsmusterrezipienten beziehen, ebenso kann ein Dritter benannt werden, der handeln sollte bzw. der zur Handlung aufgefordert wird („Wählen Sie...", „Die EU muss...", „Wir sollten...", „Frau Merkel,
entscheiden Sie für..." etc.). Solche Handlungsanleitungen schlagen in gewisser Weise
auch immer Problemlösungen vor. Sie entlasten das Subjekt von kognitiver Entschei-
dungsarbeit, ersparen ihm das zeitaufwändige Abwägen von Handlungsalternativen und
beschleunigen so erheblich seine Reaktion. Jedem Deutungsmuster liegt zudem ein
Bewertungsmaßstab zugrunde, der die ethischen Grundlagen für die vorgenommene
Bewertung bzw. für die in der Situation relevanten moralischen Entscheidungen enthält. Dieser implizite Bewertungsmaßstab reflektiert eine *Ideologie* und rationalisiert
bestimmte Handlungsweisen (vgl. Edelman 1988: 179). Er ist damit die Basis für die
bereits angesprochene Strategie der Moralisierung, die ja auf ein Wertesystem rekurrieren muss, um ihre Wirkung nicht zu verfehlen. Letztlich ist für die Introzeption und
Dissemination eines Deutungsmusters unverzichtbar, dass ein bestimmtes *Hintergrundwissen* in Form von grundlegenden Annahmen (Axiomen), Feststellungen und Kausa-
lattribuierungen vorhanden ist, das im Hinblick auf die Problemdefinition erklärend
wirkt. „Die Verknüpfung mit einem Wertesystem *legitimiert* die moralische ‚Korrekt-
heit' des Deutungsmusters, das Hintergrundwissen seine sachliche ‚Richtigkeit'" (ebd.:

131, Hervorhebung i.O.). Die in der empirischen Analyse zu berücksichtigenden Elemente der Deutungsmusterbinnenstruktur sollen im folgenden Schaubild veranschaulicht werden. Prioritätsattribute und Affektauslöser wurden aus den genannten Gründen nicht berücksichtigt.

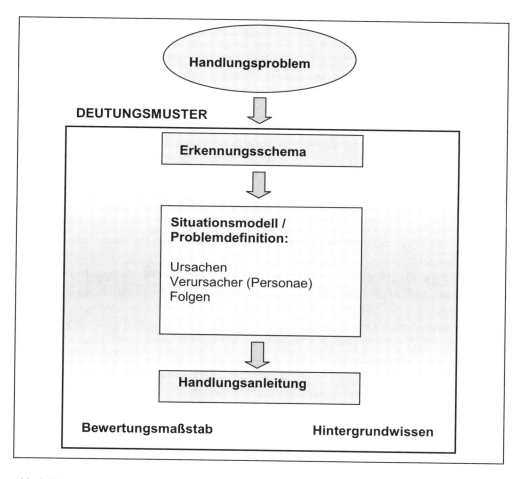

Abb. 2.4: Schematische Darstellung eines Deutungsmusters (eigene Darstellung)

2.3.4 Problemmuster in der relativistischen Problemtheorie

Problemmuster als Sonderfall von Deutungsmustern

Wie oben ausführlich dargelegt begreifen wir aus einer konstruktivistischen Perspektive die Karriere sozialer Probleme als Prozess der Durchsetzung von bestimmten Problemwahrnehmungen (vgl. z.B. Hilgartner / Bosk 1988, Edelman 1988). Schetsche hat

sich im Rahmen seiner relativistischen Problemtheorie grundlegend mit der Durchsetzung dieser Problemwahrnehmungen beschäftigt. Dabei wird die Kategorie der *Problemmuster* vorgestellt, die es von jener der Deutungsmuster abzugrenzen und zu konturieren gilt. Wir gehen also davon aus, dass soziale Probleme das Ergebnis von diskursiven Definitions- und Zuweisungsprozessen sind, die im Rahmen von Diskursen stattfinden, welche die Gesellschaft über diese Probleme führt. Die Durchsetzung von
Problemwahrnehmungen geschieht über die Kommunikation von Deutungsmustern,
wie sie oben beschrieben wurden. Als „soziales Problem" oder Handlungsproblem sollen dabei alle öffentlichen (im o.g. Sinne) Thematisierungen verstanden werden, bei
denen Akteure Forderungen materieller oder immaterieller Art an gesellschaftliche oder
staatliche Instanzen stellen und die folgenden vier Eigenschaften vorliegen: Im Rahmen der kommunizierten Deutungsmuster müssen erstens einer oder mehrere genannte
Sachverhalte im Rahmen der Problemdefinition als gegen die in der Gesellschaft dominierenden Werte gedeutet werden. Zweitens müssen derzeit oder zukünftig Geschädigte oder Benachteiligte existieren, die keine Schuld an ihrer Lage tragen. Drittens
muss eine Abhilfe im Rahmen der bestehenden Ordnung nicht nur möglich sein, sondern, viertens, angesichts des zugrunde gelegten Bewertungsmaßstabs sogar eine moralische Verpflichtung darstellen (vgl. Schetsche 2000: 59f.). Letzteres wird typischerweise im Rahmen der Handlungsanleitung kommuniziert. Wenn in einer Deutung diese
vier Eigenschaften vorliegen, soll von einem Problemmuster gesprochen werden. Damit werden Problemmuster als eine Art Sonderfall von Deutungsmustern begriffen.
Das heißt mit anderen Worten: Problemmuster sind zwar immer Deutungsmuster, aber
nicht vice versa.

Die relativistische Problemtheorie versteht sich als Bestandteil einer allgemeinen
Wissenssoziologie, deren primäre Aufgabe es ist, jenes Wissen zu rekonstruieren, mit
dem Problemwahrnehmungen erzeugt und sozial wirksam werden. Problemmuster, so
lautet die grundlegende Annahme, erzeugen einen „kollektiven Wahrnehmungskokon",
durch den soziale Probleme als Wirklichkeit konstituiert werden (vgl. ebd.: 62). In der
obigen Graphik zur Binnenstruktur sozialer Deutungsmuster könnte dieser Zusammenhang anhand eines nach unten *und* nach oben weisenden Pfeils zwischen „Handlungsproblem" und dem das Deutungsmuster umgebenden Rahmen kenntlich gemacht werden. Deutungsmuster „antworten" auf ein objektives Handlungsproblem, ja das „Konzept des Deutungsmusters ist entwickelt worden bei der Suche nach einem vermitteln-
den Glied zwischen objektiven gesellschaftlichen Handlungsproblemen und deren subjektiver Bewältigung" (Lüders / Meuser 1997: 59). Andererseits wirken Deutungsmuster – und dies insbesondere in Form von Problemmustern – zurück auf die Konstruktion eben dieser sozialen Handlungsprobleme.

Was bedeutet dies nun für den konkreten Fall der zu analysierenden Türkei-Debatte? Das Handlungsproblem, um das es im öffentlichen Diskurs geht, lautet *Beitritt der
Türkei zur EU*. In dem zu analysierenden öffentlichen Diskurs liegt nun eine Fülle von
Deutungsmustern und Problemmustern vor, die alle zu diesem Sachverhalt in Beziehung stehen. Nun liegen zwar alle Deutungen im Diskurs als Deutungsmuster vor, davon weisen aber längst nicht alle die Binnenstruktur von Problemmustern auf. Den
Theoremen der relativistischen Problemtheorie folgend sind es aber letztere, die kol-

lektive Problemwahrnehmungen erzeugen und zur Konstituierung eines sozialen Problems in der gesellschaftlichen Wirklichkeit führen. Daher gilt es nicht nur, die Deutungsmuster im Diskurs aufzuzeigen, sondern zudem anhand der Problemmuster zu zeigen, wie der „kollektive Wahrnehmungskokon" strukturiert ist.

Problemdiskurs und Gegendiskurs

Mehrere Problemmuster werden im organisatorischen Rahmen von Diskursen kommuniziert und sorgen nach ihrer Durchsetzung dafür, dass ein Sachverhalt als ein Problem wahrgenommen wird, für das Abhilfe moralisch geboten erscheint. In diesem engeren Sinne gebraucht, bezeichnet also der Begriff „Diskurs" die Menge an – teilweise durchaus konkurrierenden – Problemmustern, die von Akteuren unter Verwendung unterschiedlicher Diskursstrategien mit dem Ziel kommuniziert werden, die Deutung des jeweiligen Sachverhalts als Problem durchzusetzen. Im vorliegenden Fall sind dies jene Akteure, die den Beitritt der Türkei zur EU in Form von Problemmustern deuten. Um diesen sehr eng gefassten Diskursbegriff von anderen Diskursbegriffen – so beispielsweise von dem eingangs definierten öffentlichen Diskurs – zu unterscheiden, soll für die folgende Analyse der Begriff „Problemdiskurs" eingeführt werden. Entgegengesetzt zu Problemdiskursen existieren Gegendiskurse. Diese stellen den Problemcharakter selbst in Frage oder negieren ihn gänzlich, indem sie Deutungen kommunizieren, in denen die jeweiligen Sachverhalte mitnichten gegen die von der Gesellschaft postulierten Werte verstoßen bzw. diese verneinen, dass Betroffene oder Geschädigte existieren. Im Hinblick auf die „Türkei-Diskussion" wird dieser Gegendiskurs also von Akteuren geführt, die den EU-Beitritt der Türkei nicht als Perspektive deuten, die es zu verhindern gilt. Es ist entscheidend zu betonen, dass die Begriffe „Problemdiskurs" und „Gegendiskurs" mitnichten Annahmen über die herrschende Deutung eines Sachverhalts beinhalten. Es ist keinesfalls so, dass ein Problemdiskurs immer der dominante Diskurs wäre, gegen den sich ein Gegendiskurs behaupten müsste. Diese Überlegung führt uns zu der Frage der Deutungsmacht, auf die es noch einzugehen gilt.

Vom Begriff des Problem-, bzw. Gegendiskurses ist jener der Alternativdeutung zu unterscheiden. Schetsche spricht von Alternativdeutungen, wenn innerhalb eines Problemdiskurses verschiedene Akteure denselben Sachverhalt mithilfe unterschiedlicher Problemmuster als Problem deuten. Wir weiten den Begriff der Alternativdeutung insofern aus, als konsequenterweise auch innerhalb des Gegendiskurses von Alternativdeutungen die Rede sein soll. Das heißt, es vertreten unterschiedliche Akteure verschiedene Deutungsmuster, die funktional auf das Handlungsproblem bezogen sind, es aber nicht als Problem definieren. Es darf nicht vergessen werden, dass es sich bei der analytischen Trennung von Problemdiskurs und Gegendiskurs um ein reines Gedankenkonstrukt handelt; idealtypisch stellt es sich wie folgt dar:

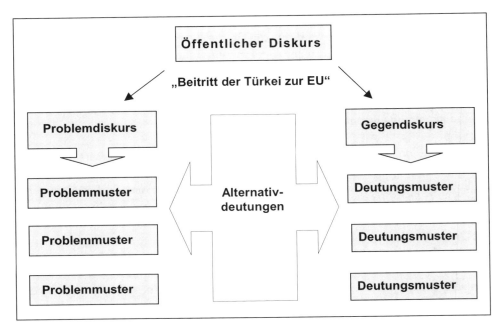

Abb. 2.5: Schematische Gegenüberstellung Diskurs-Gegendiskurs (eigene Darstellung)

2.3.5 Deutungsmuster und Deutungsmacht

Wir haben Deutungsmuster als soziale Wissensbestände begriffen, deren Binnenstruktur, Verwendung in der medialen Debatte, Verbreitung und Wirkung es in der vorliegenden Studie zu untersuchten gilt. Im Hinblick auf die mediale Türkei-Debatte ist die Beantwortung der folgenden Fragen ein weiteres zentrales Anliegen: Welche Deutungsmuster sind erfolgreicher und durchsetzungsfähiger als andere? Wie könnte man diesen Erfolg ermitteln? Gibt es Deutungen, die sich soweit etabliert haben, dass sie von allen am Diskurs beteiligten Akteuren geteilt werden? Falls ja, wie zeigt sich dieser Erfolg und welche Schlüsse lassen sich im Hinblick auf die Handlungsrelevanz dieser Deutungen ziehen? Jenseits des Analyseziels „Typologie" verweisen diese Fragestellungen auf die Lokalisierung von Deutungs- oder Definitionsmacht und stellen daher eine notwendige Ergänzung unserer Analyse dar. Wie aber, so wird zunächst zu klären sein, lässt sich Deutungsmacht konzeptualisieren und handhabbar machen? Mehrere Konzepte sollen im Folgenden vorgestellt, diskutiert und im Hinblick auf empirische Praktikabilität und Erkenntnisgewinn gegeneinander abgewogen werden.

Quantitatives Konzept: Frequenzanalyse

Mithilfe des Konzepts des *standing* misst Gerhards den Erfolg von Akteuren und ihren Deutungen im öffentlichen Diskurs. Der Begriff des *standing* meint einerseits die Häufigkeit, mit der ein Akteur von den Medien zitiert wird, stellt also auf das Zu-Wort-Kommen ab. Andererseits liegt hier die Annahme zugrunde, dass die Häufigkeit von Deutungen – in einem definierten Diskursraum und einer thematisch abgegrenzten Debatte – direkt mit der Deutungsmacht der Akteure korreliert. Entsprechend fragt Gerhards „nach der Häufigkeit, mit der Akteure ihre Deutungsmuster [...] in der Öffentlichkeit platzieren können" (Gerhards 2003: 301). So wird angenommen, dass durch Sequenzanalysen, d.h. Häufigkeitszählungen von Deutungsmustern bzw. deren struktu-raler Elemente, auf Erfolg und Durchsetzungsfähigkeit geschlossen werden kann. Für unser Forschungsvorhaben erscheint das Konzept geeignet, Deutungsmacht und -erfolg im Sinne einer zu erklärenden Variable abzubilden, da Häufigkeitszählungen das einzige Mittel darstellen, um „objektiv" das Aufkommen von Deutungen zu messen.

Glaubwürdigkeit und Kommunizierbarkeit

Das Konzept der empirischen Glaubwürdigkeit (*narrative fidelity*) fragt, inwiefern sich ein Muster sinnvoll in die Relevanzstrukturen bzw. kognitiven Kategorien unserer Alltagswelt einordnen lässt (vgl. Snow / Benford 1988). Dies meint, dass die Deutungen nicht nur im Diskurs glaubwürdig sein müssen, sondern auch in die Lebenswelt der Rezipienten „passen" müssen. Das *Public Arenas Model* von Gamson und Modigliani aufgreifend lässt sich sagen, dass empirische Glaubwürdigkeit nur dann gegeben ist, wenn die Deutungen in der Arena in sinnvollen Bezug zu jenen der Galerie gesetzt werden können. Damit stellt dieses Konzept ab auf die Plausibilität und Erklärungs-kraft von Deutungen in der Alltagsrealität all jener, welche mithilfe der Deutungen der medialen Debatte ihre Vorstellung von der sozialen Wirklichkeit entwickeln. Gamson und Modigliani selbst verweisen in diesem Zusammenhang auf die „cultural resonances" von Deutungsmustern:

> Not all symbols are equally potent. Certain packages [hier im Sinne von Deutungsmuster ver-wendet, E.M.] have a natural advantage because their ideas and language resonate with larger cultural themes. Resonances increase the appeal of a package; they make it appear natural and familiar. Those who respond to the larger cultural theme will find it easier to respond to a packa-ge with the same sonorities. (Gamson / Modigliani 1989: 5)

Ein im Sinne dieser kulturellen Resonanz glaubwürdiges und folglich besonders durch-setzungsfähiges Muster könnte beispielsweise auf einem Alltagsmythos aufbauen und sich über diesen legitimieren. Neben den Deutungsinhalten betrifft das Kriterium der *credibility* auch die kommunizierenden Akteure. Hohe Glaubwürdigkeit und Deutungs-macht, so die gängige Annahme, speisen sich aus akkumuliertem sozialem, kulturel-lem und ökonomischem Kapital (vgl. Bourdieu 1983). Empirisch gilt es vor allem zu überprüfen, inwiefern die untersuchten Diskursakteure über gesellschaftliche Anerken-nung, Bekanntheitsgrad, Prestige und Status verfügen. Der Erfolg eines Musters lässt sich zudem über das Kriterium der guten Kommunizierbarkeit begreifen. Diese ist für einen Frame immer dann gegeben, wenn er einfach strukturiert ist, einen konsistenten Aufbau vorweist (*frame consistency*) und auf den ersten Blick (!) keine Widersprüche offenbart.

Vollständigkeit des Musters

Plaß und Schetsche messen die soziale Geltung eines Deutungsmusters durch eine Analyse der medialen Musterverwendung. Ihrem Vorgehen liegt die zentrale Annahme zugrunde, dass sich der Grad der Durchsetzung eines Deutungsmusters an der Vollständigkeit ablesen lässt, mit der es in der medialen Arena kommuniziert wird:

> Je unvollständiger die Darstellung und je flüchtiger die Bezugnahme ist, desto höher ist der Geltungsgrad. Dies liegt daran, dass ein Anspielen auf ein Deutungsmuster nur dann ausreicht, wenn angenommen wird, dass das Publikum es bereits kennt. [...] Jede beiläufige Erwähnung signalisiert dem Publikum, dass es sich hier wohl um eine allgemein bekannte und anerkannte Deutung handelt. (Plaß / Schetsche 2001: 531)

Zu Recht wird darauf verwiesen, dass der „Test" auf die soziale Geltung eines Deutungsmusters auf der Basis von Befragungen mit Schwierigkeiten verbunden ist. Zwar wird angenommen, dass die Deutungsmuster vor allem medial verbreitet werden und die Bürger ihre Deutungen primär anhand medialer Diskurse entwickeln. Zum Einen stehen aber, wie im *Public Arenas Model* deutlich wird, Arena und Galerie in beständiger Wechselwirkung, d.h. letztlich gestaltet es sich nicht nur schwierig, das erstmalige Auftreten eines Deutungsmusters zu bestimmen, sondern auch zwischen dem medialen Deutungsmuster und eventuellen individuellen Repräsentationen desselben zu unterscheiden (vgl. ebd.: 531, Lüders 1991: 402). Zum Anderen dürfte bei einem Abgleich der Deutungsmuster in der medialen Debatte einerseits und in der Gruppe der – wie auch immer definierten – „Rezipienten" andererseits schon deshalb nicht mehr als eine Scheinäquivalenz erwartet werden, weil zu viele andere die Deutungen beeinflussende Größen nicht berücksichtigt werden können. Dazu gehören sowohl Herkunft, Umfeld und Bildungsstand, also auch und vor allem individuelle Lebensgeschichten und persönliche Erfahrungen potentieller Interviewpartner. Daraus folgt, dass sich die soziale Geltung von Deutungsmustern nur sehr bedingt in Form unmittelbarer „Wirkbeziehungen" überprüfen lässt (vgl. Plaß / Schetsche 2001: 524). Aus den genannten Gründen meinen wir, dass sich das Konzept der Unvollständigkeit des Musters wenig dazu eignet, Deutungsmacht in der Türkei-Debatte zu greifen.

Masterframes

Mit dem Konzept der Metanarrative oder Masterframes versucht König, erfolgreiche Deutungen zu greifen. Masterframes sind Deutungsmuster, „die soweit verinnerlicht worden sind, dass ihre empirische Angemessenheit nicht mehr hinterfragt wird" (König 2004: 86). Diese Definition hebt auf die Internalisierung sozialer Konstrukte ab, die zwar durchaus reflexiv verfügbar sind, deren Konstruktnatur selbst aber nicht (mehr) reflektiert wird. Snow und Benford abstrahieren diesen Zusammenhang folgendermaßen:

> Functioning in a manner analogous to linguistic codes in that they [the master frames, E.M.] provide a grammar that punctuates and syntactically connects patterns or happenings in the world. (Snow / Benford 1992: 138)

Mit anderen Worten heißt dies, dass Masterframes so mächtig sind, dass sie Lesarten (*grammar*) vorgeben, die als interpretative Grundbögen fungieren. So steht ein Masterframe für eine einheitliche Perspektive, von welcher aus Phänomene in der Lebenswelt gedeutet werden. Mit dem „Ethno-Nationalismus-frame", dem „Individualrechts-bzw. Staatsbürgerschafts-frame" und den „Einheit-mit-Natur-frame" nennt König drei häufig in der Literatur vorkommende Metanarrative. Dieses Konzept der Masterframes oder Metanarrative erscheint sinnvoll, um aus der Türkei-Debatte Deutungen zu filtern, die alle Diskursakteuren explizit oder implizit teilen, und die so als quasi unangetastete Grundlage für die anderweitigen Deutungskämpfe (z.B. Pro- vs. Contra-Argumentationen bzgl. des Beitritts) fungieren.

Zusammenfassung

Es wurden verschiedene Konzepte zur Operationalisierung von Deutungsmacht vorgestellt und deren Brauchbarkeit kritisch geprüft. Um die deutungsmächtigsten Frames in der Türkei-Debatte zu bestimmen, wollen wir quantifizierend vorgehen, da mithilfe einer Frequenzanalyse der Bias hermeneutischer Verfahren zunächst ausgeschlossen werden kann. Zudem lassen sich Häufigkeitszählungen dank Computerunterstützung methodisch kontrolliert durchführen. Begreifen wir also die Frequenz eines Musters als Indikator für dessen Machtstellung im Diskurs – mit anderen Worten als Explanandum – und greifen anschließend mithilfe einer Kombination der erwähnten qualitativen Konzepte den mehr oder minder großen Erfolg der jeweiligen Frames. Als Konzepte mit hoher Erklärungskraft erscheinen jene der Glaubwürdigkeit (sowohl der Muster, als auch der Akteure) und Kommunizierbarkeit, sowie Überlegungen zu den Deutungsperspektiven vorgebenden Masterframes. Da es äußerst problematisch erscheint, zu bestimmen, ob und weshalb ein Frame nur teilweise oder komplett kommuniziert wird, soll das Kriterium der Vollständigkeit des Musters als unbrauchbares Explanans ausgeschlossen werden.

2.4   Derivationen und Rhetorik

2.4.1   Definition

Rationalisierung als anthropologische Grundkonstante

Beginnen wir zunächst mit einer grundlegenden Fragestellung: Was sind Derivationen und woher kommen sie? Es wurde bereits dargelegt, dass Pareto nicht-logische Handlungen als den Normalfall menschlichen Handelns begreift (vgl. Kapitel 2.1). Betrachtet man Handlungen im Hinblick auf eingesetzte Mittel und zu erreichenden Zweck von einem „objektiven" Forscherstandpunkt aus, so wird man feststellen, dass sich die beiden in aller Regel nicht entsprechen. Das heißt mit anderen Worten, dass jedes menschliche Handeln von der grundlegenden Erfahrung der Nicht-Übereinstimmung von subjektiver Handlungsintention und objektiven Handlungsfolgen aufgrund inadäquaten Mitteleinsatzes gekennzeichnet ist (vgl. Bach 2004: 168f.). Diese Momente des Scheiterns, so Pareto, produzieren eigene Sinnzusammenhänge, die alles, was nicht-logisch ist, zumindest in schein-logischem Licht erscheinen lassen. Diese Form der Sinnstiftung wird als Rationalisierung bezeichnet; sie ist für Pareto eine Grundeigenschaft menschlichen Handelns. Die Hervorbringung schein-logischer Erklärungs-, Legitimierungs- und Rechtfertigungsstrukturen wird also als anthropologische Grundkonstante begriffen. Davon zeugt auch Paretos Aufnahme der Rationalisierungen in seine Matrix der Residuen, also jene nicht-kontingenten, handlungsbestimmenden „Gefühle":

> Bisogno di sviluppi logici. [...] *Il bisogno di logica è soddisfatto tanto con una logica rigorosa quanto con una pseudologica; in sostanza gli uomini vogliono ragionare, preme poco poi se sia bene o male.* Si osservi a quante fantastiche discussioni, come sarebbero le varie teologie, le metafisiche, le divagazioni sulla creazione del mondo, sul fine dell'uomo ed altre simili, e si avrà un concetto della prepotenza del bisogno soddisfatto da tali produzioni. (Pareto 1964a: 594, § 972, Hervorhebung E.M.)

Die aus dem Wunsch zu rationalisieren entstehenden Sinnstrukturen bezeichnet Pareto als Derivationen. Sie beinhalten „ragionamenti logici, sofismi, manifestazioni di sentimenti adoperate per derivare" (Pareto 1964b: 5, § 1401). Das menschliche Bedürfnis nach Logik – *il bisogno di logica e di ragionamento* (Pareto 1964a: 595, § 975) – klärt also die eingangs gestellte Frage, woher Derivationen kommen. Bobbio fasst dies wie folgt zusammen:

> Le derivazioni nascono dal fatto che l'uomo è un essere razionale e istintivo insieme, e come tale tende a dare forme razionale alle sue motivazioni istintive. (Bobbio 1971: 127)

> Si è visto, infatti, che la maggior parte dei ragionamenti che gli uomini costruiscono al solo scopo di soddisfare il bisogno di ragionare sono, dal punto di vista logico-sperimentale, sbagliati. (ebd.: 143)

Verschleierung wahrer Handlungsmotive

Derivationen sind für die theoretische Sinnstiftung sowohl von Handlungen als auch von Argumentationen verantwortlich. Vereinfacht formuliert könnte man sagen, sie „vertuschen" Erlebnisse des Scheiterns oder verschleiern nicht-logische diskursive Strukturen, indem sie ihnen eine „logische Lackschicht" (*vernice logica*, Pareto 1964a: 595, § 975, zitiert nach: Bobbio 1971: 127) überziehen. Der Fokus unserer Diskursanalyse liegt insofern auf letzteren, als wir diskursives Handeln als die kommunikative Variante nicht-logischen Handelns begreifen. So wird konsequenterweise angenommen, dass sich Derivationen als schein-logische Strukturen nicht nur in Form von Handlungen, sondern auch in sozialen Diskursen manifestieren. Erklären, legitimieren und rechtfertigen sind schließlich kommunikative Akte, die zwangsläufig auf menschliche Andere hin ausgelegt sind – insofern scheint es nur konsequent, in diesem Zusammenhang von intersubjektiven Kommunikationsprozessen auszugehen (vgl. Bach 2004: 303-312).

Die zentrale Frage, wie sich logische Irrtümer und Rationalisierungsstrukturen in Diskursen erkennen lassen, wird konsequenterweise im methodischen Teil behandelt (vgl. Kapitel 3.1.3).

Derivationen bilden in ihrer Gesamtheit schein-rationale Erklärungssysteme oder Ordnungen, innerhalb derer Argumente und Schlussfolgerungen logisch und rational *erscheinen*, es aber nicht wirklich sind. In Form von Rationalisierungen verselbstständigen sie sich zum Einen in alltäglichen, überall beobachtbaren Handlungen und zum Anderen im Rahmen sozialer Diskurse. Dabei sind Derivationen nicht kontingent, d.h. nicht statisch und ihrerseits wiederum den Diskursen unterworfen, in denen sie sich manifestieren. Derivationen oder Rationalisierungen sind veränderbar, modifizieren sich gleichsam im Zeitverlauf und sind abhängig von Diskurskontext, -forum und -akteuren. Mit anderen Worten: Ideenkomplexe bzw. -ordnungen wie Glaubenssysteme oder pseudo-wissenschaftliche Theorien unterliegen „Moden" und sind historisch variabel (vgl. ebd.: 166). Aufgabe einer Diskursanalyse à la Pareto ist es, Rationalisierungsstrukturen als solche zu entlarven und herauszuarbeiten, was „hinter" ihnen steckt bzw. welche wahren Motivlagen sie verschleiern.[37] An dieser Stelle sei bemerkt, dass den Individuen – hier: den diskursiven Akteuren – nicht bewusst ist, dass sie sich in einer Rechtfertigungssituation befinden, in der sie Derivationen gebrauchen oder produzieren. Daher betont Bach, dass derivationale Rechtfertigungen oder Erklärungen auf keinen Fall als List kommunikativer Verschleierung wahrer Motive oder gar als betrügerische Absicht zu verstehen sind (vgl. ebd.: 290). Zwar sind Derivationen – im Gegensatz zu Residuen – reflexiv zugänglich und die „guten Gründe", die angegeben werden, um Argumente zu verteidigen oder zu rechtfertigen, sind über Texthermeneutik erschließbar, den diskursiven Akteuren selbst bleibt jedoch verschlossen, dass ihr Räsonnieren im Grunde ein schein-logisches ist.

Nach Pareto wäre es unzulässig, die Motivationsstruktur menschlichen Handelns auf entweder Gefühle (Residuen) oder Interessen zu reduzieren, da beide als gleichberechtigte, analytische Variablen in seine soziologische Analyse eingehen. Wenn Weber auch „Gefühle" in den Bereich des Irrationalen verwiesen hätte, stimmen Pareto und Weber im Hinblick auf den Stellenwert von Interessen durchaus überein. So schreibt Weber in seinen Aufsätzen zur Religionssoziologie: „Interessen (materielle und ideelle), nicht Ideen beherrschen unmittelbar das Handeln der Menschen" (Weber [1920] 1987: 252). Eisermann stellt heraus, dass Derivationen zweierlei vertuschen: Zum Einen, wie oben gesehen, Gefühle bzw. Instinkte, und zum Anderen handlungsmotivierende Interessen, die sowohl materieller als auch immaterieller Art sein können (vgl. Eisermann 1987: 151). Zusammenfassend formuliert Pareto im *Manuale d'economia politica*:

> Die Menschen werden vom Gefühl und vom Vorteil in Bewegung gesetzt, aber es gefällt ihnen, sich vorzumachen, sie würden von der Vernunft angetrieben; deshalb suchen sie und finden stets eine Theorie, die ihnen *a posteriori* irgendeine logische Hülle für ihre Handlungen gibt. (Pareto [1903] 1980: 132, deutsche Übersetzung nach Eisermann 1987: 153)

---

37   Bach weist in seiner Interpretation des *Trattato* darauf hin, dass Pareto an keiner Stelle den Begriff der Rationalisierung verwendet, vertritt aber die Ansicht, dass dieser Terminus, soweit darunter eine *ex post* Rechtfertigung nicht-logischen Handelns in Kategorien der Vernunft und Vernünftigkeit verstanden wird, durchaus das von Pareto Gemeinte trifft (vgl. Bach 2004: 296f. und 307).

Mit der „logischen Hülle" ist hier wiederum die *ex-post* Rationalisierung gemeint, die – wie oben dargelegt – als Form der Sinnstiftung jedem menschlichen Handeln zugrunde liegt.

Soziale Diskurse, so können wir an dieser Stelle festhalten, sind durchdrungen von nicht-logischen, schein-rationalen Strukturen, die jene, dem Handeln zugrunde liegenden Motive – Gefühle und Interessen – verschleiern. Logisches Räsonnieren kommt durchaus vor, stellt aber den Ausnahmefall dar. Wenn wir mit Pareto annehmen, dass Akteure tendenziell wenig geneigt sind, sich von logisch-rationalen Argumenten, die gänzlich dem Idealtyp des szientischen Grundverständnisses entsprechen, überzeugen zu lassen (vgl. Bobbio 1971: 127f., 137f.), so drängt sich die Frage auf, weshalb sie dann schein-rationalen Räsonnements Glauben schenken. Wie überbrücken diese logische Irrtümer und Täuschungen? Wie gelingt es Derivationen trotz ihrer „objektiv" erkennbaren Pseudologik, soziale Diskurse zu durchdringen und gar zu dominieren? Wie können pseudo-logische Argumente Überzeugungskraft entfalten? Woraus speist sich ihr Erfolg? Die Antwort auf diese Fragen führt uns in das Feld der persuasiven Kommunikation.

2.4.2 Persuasive Kommunikation

Appell an Gefühle

Bobbio hat in seiner Interpretation von Paretos *Trattato* erstmals die Derivationentheorie als „un primo abbozzo di un trattato sull'argomentazione" (Bobbio 1971: 126) begriffen und sie in einer Soziologie der Rhetorik verortet:

> In una sommeria descrizione, dove dice [Pareto, E.M.] che esse [le derivazioni, E.M.] 'comprendono ragionamenti logici, sofismi, manifestazioni del bisogno di ragionare che prova l'uomo' (§ 1401), il nesso tra il concetto di derivazione e quello di discorso persuasivo appare molto stretto. (ebd.)

Aus dieser Perspektive liegt die zentrale Funktion von Derivationen darin, sich und andere von bestimmten Ideen zu überzeugen. Durch Logik können Derivationen dies natürlich nicht erreichen, wohl aber durch Appelle an Gefühle, Instinkte oder Residuen. Das dürfte gemeint sein wenn Pareto etwas irreleitend formuliert: „i ragionamenti si debbono trasformare in sentimenti, le derivazioni in residui" (Pareto 1964b: 312, § 1746). In der direkten Bezugnahme auf Residuen liegt also die Überzeugungskraft von Derivationen begründet, die Pareto um ein Vielfaches höher einschätzt als die persuasive Macht idealtypisch-rationaler Argumentation. Es erscheint paradox, dass pseudologische Gründe von der breiten Masse als gut, einleuchtend und richtig empfunden werden, während methodisch kontrollierte, wissenschaftliche Argumentation kein oder weniger Gehör findet bzw. in Diskursen kaum Deutungsmacht entfaltet:

> Gli uomini si lasciano persuadere principalmente dai sentimenti (residui), e quindi possiamo prevedere, il che poi è confermato dell' esperienza, che le derivazioni trarrono forza non da considerazioni logico-sperimentali, od almeno non esclusivamente da queste, ma bensì da sentimenti. (Pareto 1964b: 1, § 1397)

Da Derivationen im Gegensatz zum wissenschaftlichen Diskurs nicht auf logische Konsistenz oder konsequent-rationale Argumentation setzen können, liegt ihre Handlungsrelevanz in nichts anderem begründet als in ihrer subjektiven Überzeugungskraft. Diese speist sich ihrerseits aus der Bezugnahme auf Gefühle. So heißt es an anderer Stelle im Hinblick auf derivationale Effekte, also die subjektive Überzeugungswirkung von Derivationen:

> Chi scrive un libro collo scopo di spingere gli uomini ad operare in un certo modo deve necessariamente ricorrere alle derivazioni, poiché queste costituiscono il linguaggio mediante il quale si giunge sino ai sentimenti degli uomini, e si può quindi modificarne l'attività. (Pareto 1964b: 7, § 1403)

Dabei weist Bach wiederholt darauf hin, dass der Begriff *sentimenti* nicht im (tiefen-) psychologischen Sinne missverstanden werden darf. Paretos Gefühle oder Residuen sind als nicht-kontingente, unbewusste Tiefenstrukturen sozialen Handelns nicht Erkenntnisgegenstand der Psychologie, sondern der soziologischen Handlungstheorie (vgl. Bach 2004: 145, 168). Konkret verorten wir Derivationen als Formen persuasiver Kommunikation im Erkenntnisbereich einer Soziologie der Rhetorik.

Modi kollektiver Persuasion

Auf welche Weisen gelingt es nun Derivationen in Diskursen zu überzeugen? Wie lenken sie davon ab, dass sie auf falschen Fakten beruhen und / oder pseudo-logisch argumentieren? Pareto unterscheidet im *Trattato* vier verschiedenen Derivationstypen oder anders formuliert: vier Strategien der kollektiven Persuasion. Diese lauten wie folgt: 1) Behauptung (*affermazione*), 2) Autorität (*autorità*), 3) Übereinstimmung mit Gefühlen (*accordo con sentimenti*) und 4) rhetorische Beweise (*prove verbali*). Im Folgenden sollen diese vier Typen definiert und anhand jener in Kapitel 2.2 dargelegten Diskursstrategien konkretisiert und in der Folge operationalisiert werden.

Die erste und einfachste Strategie, um sich selbst und andere von etwas zu überzeugen besteht nach Pareto darin, eine Behauptung in den Raum zu stellen. Doch nicht bei jeder Behauptung handelt es sich zwangsläufig um eine Derivation. So heißt es bei Pareto:

> L'affermazione può essere subordinata all'esperienza, ed in tal caso è un'affermazione della scienza logico-sperimentale e non ha luogo nelle derivazioni. Ma l'affermazione può anche sussistere per virtù propria, per una certa forza intrinseca, indipendentemente dall'esperienza. In tal caso è una derivazione. (Pareto 1964b: 17, § 1421)

In methodischer Hinsicht gilt es also zunächst zu klären, im Rahmen welcher Diskursform welche Art von Behauptung aufgestellt wird. Handelt es sich um das Nennen von seitens des wissenschaftlichen Diskurses abgesicherten Fakten zum Zweck der Tatsachenbeschreibung – wie es im Expertendiskurs gang und gäbe ist – kann nicht von Derivationen gesprochen werden. Anders verhält es sich mit Behauptungen, die erstens nicht belegbar sind oder zweitens mit dem Ziel aufgestellt werden, „di inculcare certi sentimenti e promuovere una certa condotta" (Bobbio 1971: 131). In diesen Fällen handelt es sich um Rationalisierungen. Folgende drei Diskurstechniken können vor diesem Hintergrund als paretianische Modi der Überzeugung interpretiert werden: Erstens das Nennen von nicht nachprüfbaren Zahlen („Magie der großen Zahl"), zweitens die selektive Auswahl von Fallbeispielen und die damit verbundene Behauptung, es handle sich um typische Fälle und drittens die Dichotomisierung von Schuld. In allen drei Fällen werden empirisch nicht belegte und / oder nicht belegbare Behauptungen aufgestellt, die dem Zweck dienen, die Glaubwürdigkeit von Argumenten zu erhöhen. Unter bestimmten Umständen kann viertens die Verwendung von Selbstbezeichnungen als *affermazione* begriffen werden, nämlich immer dann, wenn diese Behauptungen beinhaltet, die nicht belegbar sind.

Als zweiten Modus der Überzeugung nennt Pareto die diskursive Bezugnahme auf erstens menschliche, zweitens traditionale und drittens göttliche Autorität und grenzt wiederum Expertendiskurs von derivationaler Verwendung ab:

> Sotto l'aspetto logico-sperimentale, la verità della proprosizione *A è B* è indipendente dalle qualità morali dell'uomo che l'enuncia. [...] Non così sotto l'aspetto dell'autorità. Se la proposizione *A è B* viene accettata solo in grazia dell'autorità di chi l'enuncia, tutto ciò che può indebolire tale autorità nuoce alle dimostrazione che *A è B*. (Pareto 1964b: 34, §§ 1444, 1445)

Im Hinblick auf Personen stellt der Begriff der Autorität auf Definitions- oder Deutungsmacht ab, die sich aus besonders hohem sozialem Kapital (Bourdieu) speist. Damit sind sowohl Ansehen und Reputation als auch Möglichkeiten der Einflussnahme auf z.B. politische Entscheidungen gemeint. Im Zusammenhang mit Tradition meint Autorität die persuasive Kraft eines „Das war schon immer so", während göttliche Autorität erst recht unangreifbar erscheint. Derivationen, die beispielsweise mit „Es steht schon in der Bibel, dass…" beginnen, dürften sowohl auf Traditionen als auch auf göttliche Autorität Bezug nehmen. Das Einsetzen personaler Autorität zu Überzeugungszwecken entspricht jener Diskursstrategie, die Gerhards als „Rekrutierung von Prominenz" bezeichnet. Diese Strategie und Paretos Modus der Persuasion durch personale Autorität eint die Bezugnahme auf anerkannte, einflussreiche oder im Rampenlicht stehende Persönlichkeiten mit dem Ziel, die Überzeugungskraft von Deutungen zu erhöhen.

Mit *accordo con sentimenti o con principi* spricht Pareto einen dritten Modus der Persuasion an, der ins Deutsche mit „Gefühlsübereinstimmung und Prinzipienkonformität" übersetzt wurde (vgl. Bach 2004: 315). Schon die Begrifflichkeit führt m.E. etwas in die Irre, schließlich wurde herausgearbeitet, dass *alle* Derivationen auf Gefühle zielen bzw. sich in diese „transformieren" und daraus ihre Überzeugungskraft gewinnen (s.o.). Inwiefern ist dann Gefühlsübereinstimmung als Besonderheit dieses Derivationstyps zu verstehen?[38] Konkret heißt es bei Pareto:

---

38   Auch Bobbios Interpretation hilft uns an dieser Stelle nicht viel weiter. Sie hebt hervor, dass im Hinblick auf die zahlreichen Subkategorien dieser Derivation „trovarne l'elemento comune costitu-

L'accordo è spesso solo coi sentimenti di chi accoglie la derivazione, e si gabella per un accordo coi sentimenti di tutti gli uomini, del maggior numero, degli onesti, ecc. Questi sentimenti poi si distaccono dal soggetto che li prova, e costituiscono principi. (Pareto 1964b: 44, § 1464)

Dieser Modus der Persuasion scheint sich also insofern auf die Gefühle der Mehrheit zu stützen als er – man könnte sagen opportunistisch – auf Mehrheitsmeinungen setzt und diese zugunsten der eigenen Argumentation ausnutzt. In diesem Zusammenhang nennt Pareto „die Ehrlichen" (*gli onesti*), was darauf schließen lässt, dass diese Derivationen besonders auf in der Gesellschaft allgemein anerkannte Werte bzw. Bewertungsmassstäbe rekurrieren, um zu überzeugen. Dieser Modus der Persuasion weist Parallelen auf mit jener Strategie, die Gerhards als Moralisierung bezeichnet. Darunter versteht er die diskursive Anprangerung von Wertverstößen (z.B. gegen Verantwortung, Aufrichtigkeit, etc.), die das Ziel hat, die eigene Deutung gegenüber anderen in vorteilhafteres Licht zu rücken. Dadurch, dass zu erwarten steht, dass hier eine Gefühls- oder eben Bewertungsübereinstimmung mit der Mehrheit der Diskursakteure vorliegt, gewinnt die so verfochtene Deutung an Glaubwürdigkeit und Überzeugungskraft.

Ähnlich wirkt die diskursive Reproduktion von Alltagsmythen, die wir ebenso diesem dritten Derivationstyp zugeordnet haben. Alltagsmythen sind *per definitionem* im kollektiven Gedächtnis verankert und natürlich mit bestimmten Wertvorstellungen, Ideen und Gefühlen verknüpft. Die diskursive Bezugnahme auf diese bringt, wenn man so will, die „Gefühlssaite" einer Deutung zum Klingen und verhindert damit zwangsläufig eine rationale (in Paretos wie auch im sonst geläufigen Sinne) Auseinandersetzung. Die Wirkungsweise von Mythen und Legenden hebt Pareto an gesonderter Stelle hervor (vgl. Pareto 1964a: 393f., § 643). Er begreift sie als eine Art von „historischen Pseudo-Erfahrungen", im Rahmen derer sich Erzählung und Deutung von empirischem Handlungsgeschehen verselbstständigen (vgl. Bach 2004: 306). Die Diskursstrategie der Intentionalisierung kann drittens als Modus interpretiert werden, über Gefühlsübereinstimmung die eigene Deutung zu legitimieren bzw. ihre persuasive Kraft zu erhöhen. Von Intentionalisierung wird gesprochen, wenn Akteuren im Diskurs eine Absicht oder Intention unterstellt wird, die die Mehrheit als verwerflich betrachtet. Auf diese Weise wird, unabhängig davon, ob die Intention wirklich besteht, über in der Regel nicht belegbare Behauptungen und die Bezugnahme auf allgemein akzeptierte Werte eine Gefühlsübereinstimmung mit der Masse hergestellt. Damit geht in der Regel Stigmatisierung und folglich Delegitimierung der betroffenen Akteure einher. Moralisierung und Intentionalisierung sind insofern verwandt, als beide Strategien auf der Anprangerung von Verstößen gegen von der Mehrheit anerkannte Werte basieren. Beide Strategien sind dabei nicht immer scharf voneinander zu trennen: Intentionalisierung ist nicht ohne Moralisierung denkbar, wohl aber umgekehrt.

Als vierten und letzten Modus kollektiver Persuasion nennt Pareto die Überzeugung durch *prove verbali*, so genannte Wortbeweise oder „rein rhetorische Beweise" (ebd.: 315), wobei letztere Übersetzung insofern problematisch erscheint, als ja alle Derivatio-

---

isce un vero rompicapo". Dabei bezeichnet Bobbio die Ansammlung an Subtypen als „non molto concludente", offensichtlich handle es sich um „vari casi, esposti senza un ordine apparente" (Bobbio 1971: 133f.). Wir beschränken uns daher auf die zentralen §§ 1464 und 1465.

nen oder Diskursstrategien im Feld der persuasiven Rhetorik verortet werden. Auch Paretos Definition grenzt diese Klasse nicht mit der wünschenswerten Schärfe ab:

> Questa classe è costituita da derivazioni verbali ottenute mercè l'uso di termini di senso indeterminato, dubbio, equivoco, e che non corrispondono alla realtà. Se si volesse intendere tale classificazione in un senso molto lato, essa varrebbe per quasi tutte le derivazioni che non corrispondono alla realtà, e quindi comprenderebbe quasi tutte le derivazioni [...]. (Pareto 1964b: 109, §
> 1543)

Auch Bobbio bemerkt, dass schließlich nicht nur die „missbräuchliche Verwendung" (*l'abuso*) von Sprache allen Derivationen gemein sei, sondern mehr noch: „è in un certo senso l'operazione del derivare per eccellenza" (vgl. Bobbio 1971: 134). Für unsere Analyse ist entscheidend, dass Pareto im Rahmen dieses Derivationensubtyps offenbar eine linguistische Analyse der verbalen Strukturen fordert – „Pareto restringe l'esame ai casi in cui il carattere verbale della derivazione è prevalente" (ebd.). So behandeln die betreffenden Paragraphen das Auffinden von Begriffen mit mehreren Bedeutungen (§ 1556) und besprechen die Analyse von Metaphern (§ 1614ff.), Allegorien (§ 1622ff.), Analogien und dergleichen. Eine solche linguistische Stilmittelanalyse kann und soll im Rahmen der hier vorliegenden Studie nicht geleistet werden. Nur der Vollständigkeit halber ist dieser vierte Modus der kollektiven Persuasion in unten stehender Tabelle aufgeführt.[39]

Modi der kollektiven Persuasion (vgl. Pareto 1964b, Bobbio 1971)	Deutungsstrategien und -techniken (vgl. Gerhards 1992, Schetsche 1996 und Kapitel 2.2)
Affermazione (§§ 1420-1433) Feststellung und Behauptung	- „Magie der großen Zahl" - Selektive Auswahl von Fallbeispielen - Dichotomisierung von Schuld - Selbstbezeichnung
Autorità (§§ 1434-1463) Personale Autorität	- Rekrutierung von Prominenz
Accordo con sentimenti (§§ 1464-1542) Gefühlsübereinstimmung	- Moralisierung - Reproduktion von Alltagsmythen - Intentionalisierung
Prove verbali (§§ 1543-1686) Rhetorische Beweise	---

Abb. 2.6: Kollektive Modi der Persuasion (eigene Zusammenstellung)

---

39   Für eine solche, direkt an der Schnittstelle zwischen Soziologie und Linguistik liegende, hervorragende Metaphernanalyse des Diskurses um die Osterweiterung sei verwiesen auf Hülsse 2003.

Perelman und Olbrechts-Tyteca haben sich ähnlich wegweisend mit persuasiver Kommunikation befasst. In ihrem *Traité de l'argumentation* (1970) negieren sie jedoch Paretos Annahme handlungsleitender Residuen und beschränken sich ausschließlich auf die von mathematischer Logik inspirierte Analyse und Klassifikation von Argumentationstechniken auf der Diskursebene. Folglich führen sie die Überzeugungskraft schein-logischer Argumentation nicht auf ihren Appell an Gefühle, sondern auf ihre Ähnlichkeit mit mathematisch-logischer und damit prestigeträchtiger Argumentation zurück:

> [Les arguments quasi logiques, E.M.] se présentent comparables à des raisonnements formels, logiques ou mathématiques [...] Mais étant donné l'existence admise de démonstrations formelles, de validité reconnue, les arguments quasi logiques tirent actuellement leur force persuasive de leur rapprochement avec ces modes de raisonnement incontestés [...] [Ils] se prélèvent du prestige de la pensée logique. (Perelman / Olbrechts-Tyteca 1970: 259f.)

So untersuchen und klassifizieren Pareto und Perelman gleichermaßen Techniken oder Strategien persuasiver Kommunikation, legen aber unterschiedliche Annahmen bezüglich der Frage zugrunde, woher sich die Überzeugungskraft der Argumente speist.[40] Im Rahmen der vorliegenden Studie soll daher davon abgesehen werden, den Türkei-Diskurs im Hinblick auf Argumentationstechniken im Sinne Perelmans zu untersuchen.

Zusammenfassung

Trotz ihrer *objektiv* erkennbaren Pseudologik entfalten Derivationen – handlungsmotivierende Gefühle und Interessen verschleiernd – eine enorme *subjektive* Überzeugungskraft. Diese speist sich eben gerade nicht aus stichhaltiger, konsistenter Argumentation, sondern aus dem Appell der Derivationen an die Residuen. Dieser kann durch eine Analyse von Diskursstrategien (be-)greifbar gemacht werden. Aus der Perspektive einer Soziologie der Rhetorik und Bezug nehmend auf Paretos *Trattato* wurden also mit Behauptung, Autorität, Übereinstimmung mit Gefühlen und rhetorischen Beweisen zunächst vier Modi kollektiver Persuasion unterschieden. Diese wurden anschließend mithilfe einiger bereits zu einem früheren Zeitpunkt dargelegten Diskursstrategien (vgl. Kapitel 2.2) konkretisiert. Die in Abbildung 2.6 zusammengestellte Übersicht, die Modi kollektiver Persuasion und Deutungstechniken idealtypisch zueinander in Beziehung setzt, kann uns nun als eine Art „Werkzeugkasten" dienen, um die Überzeugungskraft von Rationalisierungen zu operationalisieren.

---

40   Vgl. in diesem Zusammenhang insbesondere Perelmans „Logik und Argumentation" (1979).

3 Methode

3.1 Methodologische Vorüberlegungen

3.1.1 Triangulation als Gütekriterium

In der qualitativen Sozialforschung gibt es keine einheitliche, für alle Sozialwissenschaftler verbindliche Methodologie, dies widerspräche auch dem Selbstverständnis der Vertreter dieser Richtung (vgl. Lamnek 2005: 83). So gilt es, je nach den zugrunde gelegten theoretischen Prämissen und Forschungsgegenstand eine geeignete Methode zu finden, um die gestellten Forschungsfragen zu beantworten. Die Deutungsmusteranalyse wurde eingangs im theoretischen Paradigma der Phänomenologie verortet. Im Zentrum dieser Analyse steht die Rekonstruktion kollektiver Deutungen bzw. Deutungsmuster des Türkei-Diskurses. Die Derivationenanalyse hingegen zielt auf Sinnstrukturen jenseits der Annahme subjektiven Sinns und versucht zu entschleiern, was „hinter" dem Gesagten steckt. Um zu den subjektiven Sichtweisen Zugang zu finden, fühlen wir uns aus einer qualitativen Forschungsperspektive einem *hermeneutischen Zugriff* verpflichtet, der im Rahmen der Deutungsmusteranalyse das Verstehen subjektiven Sinns (Weber) und im Rahmen der Derivationenanalyse das Entlarven von Rationalisierungen in den Mittelpunkt rückt.

Um sich nicht dem Vorwurf der Willkür und der Beliebigkeit der Interpretationen auszusetzen, müssen die Interpretationsprozesse nach einer bestimmten Systematik ablaufen. Zudem müssen die Interpretationsschritte offen gelegt werden, so dass prinzipiell Nachvollziehbarkeit und intersubjektive Überprüfbarkeit gewährleistet ist – nur so kann qualitative Sozialforschung für sich behaupten, eine empirische Wissenschaft zu sein. Vielfach wird in der einschlägigen Literatur darauf hingewiesen, dass am Ende jedes Forschungsprogramms die Einschätzung der Ergebnisse anhand von Gütekriterien stehen sollte. Ebenso wird allerdings betont, dass sich die „klassischen" Gütekriterien quantitativer Methoden, nämlich Validität (Gültigkeit) und Reliabilität (Zuverlässigkeit, Exaktheit), nur bedingt für die Beurteilung qualitativer Methoden eignen (vgl. Mayring 1990: 100f., Lamnek 2005: 142ff.). So soll sich die vorliegende Arbeit anhand der sechs von Mayring aufgestellten Gütekriterien messen lassen, die da lauten: (1) Verfahrensdokumentation, um den Forschungsprozess für Dritte nachvollziehbar werden zu lassen, (2) Interpretationsabsicherung durch Argumentation, (3) Regelgeleitetheit bzw. systematisches Vorgehen, (4) Nähe zum Gegenstand, (5) kommunikative Validierung, was sich allerdings in erster Linie auf Interviewsituationen bezieht, und (6) Triangulation (vgl. Mayring 1990: 104f.).

Der Begriff der Triangulation stellt auf unterschiedliche Zugriffsweisen auf ein bestimmtes Phänomen ab, wovon ein höheres Maß an Gültigkeit und ein besseres, weil perspektivenreicheres Verständnis des Forschungsgegenstands erwartet wird. Mit Datentriangulation, Forschertriangulation, Theorientriangulation und Methodentriangulation werden vier Formen der Triangulation unterschieden (vgl. Lamnek 2005: 158f.). Eine *Datentriangulation* sieht unser Forschungsdesign insofern vor, als die Daten aus mehreren unterschiedlichen Printmedien stammen. Hierbei werden zudem mit Kommentaren, Glossen, Leserbriefen, Leitartikeln etc. verschiedene Arten von Texten unterschieden. Davon abgesehen erscheint es lohnend, die Ergebnisse der vorliegenden Untersuchung mit jenen von Forschungsprojekten zu vergleichen, die denselben Forschungsgegenstand anhand divergierender Daten oder mit anderen Methoden untersuchen. Ein solches Forschungsprojekt stellt das an der Universität Bielefeld mit dem Titel: „Die Konstruktion des politischen Raums durch In- und Exklusionssematiken. Der Diskurs um die Zugehörigkeit der Türkei zu Europa am Beispiel der EWG-Assoziation bzw. des EU-Beitritts, 1959-2004" durchgeführte Projekt dar.[41] Ebenso interessant erscheinen die Studien, die im Rahmen des an der Universität Konstanz im Zeitraum von 2003-2005 durchgeführten Projekts „Europäische Integration und kulturelle Denk- und Wahrnehmungsmuster. Kulturelle Aspekte des EU-Erweiterungsprozesses anhand der Beziehungen EU-Türkei"[42] erschienen. Im Rahmen dieses Projekts kam es zu einer inhaltsanalytischen Auswertung der Sitzungsprotokolle des Europäischen Parlaments, die sich mit den Beziehungen zwischen der Türkei und der EU befassten (vgl. Giannakopoulos / Maras 2005, 2005a, b, c). Diese Studien lohnen einen Vergleich, weil hier ebenso nach Deutungsmustern – speziell: Inklusions- und Exklusionsmustern – gefragt wird, aber eine gänzlich andere Datengrundlage herangezogen wird. Nicht zuletzt weil es sich bei der vorliegenden Studie um eine Dissertation handelt, muss auf *Forschertriangulation* verzichtet werden. In den folgenden Abschnitten soll dargelegt werden, inwiefern und warum unser Forschungsdesign eine *Theorien- und Methodentriangulation* vorsieht. Die Analyse der Deutungsmuster im Türkei-Diskurs bildet sowohl Grundlage als auch Ausgangspunkt für eine Derivationenanalyse nach Pareto. Während Phänomenlogie und Symbolischer Interaktionismus den epistemologischen Hintergrund für die Deutungsmusteranalyse bilden, wird die Derivationenanalyse in der paretianischen Theorie der Residuen und Derivationen, und damit im Forschungsprogramm des *Trattato di sociologia generale* verortet (Pareto 1964a, b). Im Gegensatz zu unserer Deutungsmusteranalyse zielt dieses nicht auf die Rekonstruktion von Deutungen oder die Konstruktion von Idealtypen, sondern vielmehr auf die Analyse von Kollektivvorstellungen und sozialen Repräsentationen im Allgemeinen und auf das Entlarven von Derivationen bzw. Rationalisierungen im Besonderen (vgl. Bobbio 1971, Bach 2004). Es gelten im Hinblick auf Texthermeneutik für beide Analyseverfahren dieselben Gütekriterien (vgl. oben). Die

---

41   Hierbei handelt es sich um eins von 19 Teilprojekten des von der DFG im Zeitraum von 2004-2008 geförderten Projekts „Das Politische als Kommunikationsraum in der Geschichte"; vgl. http://www.uni-bielefeld.de/geschichte/sfb584/ [Zugriff: 17.11.2006]. Zu diesem Projekt verfasst Jochen Walter, wissenschaftlicher Mitarbeiter an der Universität Bielefeld, eine Dissertation, die voraussichtlich Ende 2007 erscheint.

42   Vgl. für einen Abstract: http://www.uni-konstanz.de/FuF/SozWiss/fg-soz/ag-wis/JSVersion/mitarbeit/giannakopoulos/abstract.htm [Zugriff: 15.11.2006]. Zu den aus diesem Projekt hervorgegangenen Veröffentlichungen werden im Folgenden vergleichende Bezüge hergestellt (vgl. insbesondere Kapitel 4.3).

folgende Übersicht verdeutlicht den Perspektivenwechsel, der im Rahmen der Theorien-
und Methodentriangulation vorgenommen wird:

	Deutungsmusteranalyse	**Derivationenanalyse**
Soziologisch-theoretisches Paradigma	Interpretatives und kommunikatives Paradigma	
Empirisches Material	Diskursfragmente des öffentlich-medialen Türkei-Diskurses (= Texte)	
Epistemologische Basis	Phänomenologie, Symbolischer Interaktionismus	Paretianische Residuen- und Derivationentheorie
Methodologie	quantitativ und qualitativ-interpretativ	qualitativ-interpretativ
Methodisches Konzept	Konstruktion von Idealtypen	Konstrastierung mit logisch-experimentellem Wissen
Forschungsziel	Verstehen subjektiven Sinns	Entschleierung von Rationalisierungen

Abb. 3.1: Theorien- und Methodentriangulation

Aus der Übersicht geht hervor, dass sich Deutungs- und Derivationenanalyse auf dieselben empirischen Daten stützen und gleichermaßen texthermeneutisch vorgehen. Von
Theorien- und Methodentriangulation wird gesprochen, weil im Rahmen des Forschungsdesigns zwei Analysemethoden zum Einsatz kommen, die sich im Hinblick auf die
theoretischen Grundannahmen, die Forschungsfragen und das Erkenntnisinteresse erheblich unterscheiden. Dabei baut die Derivationenanalyse insofern auf der Deutungsmusteranalyse auf, als erstere darauf abzielt, vom Einzelfall zu abstrahieren, zu generalisieren und Idealtypen von Deutungsmustern zu konstruieren, die ihrerseits wiederum
die Basis für die Analyse von Rationalisierungen bilden. Der zentrale Vorteil dieser
Triangulation von Theorien und den damit verknüpften Analysemethoden liegt darin,
dass ein und derselbe Diskurs aus zweierlei Perspektive betrachtet werden kann. So
ermöglicht unser Forschungsdesign das Erschließen mehrerer Sinndimensionen, das
Entwickeln verschiedener Erklärungsansätze und in der Folge ein besseres, weil kom-
plexeres Verständnis sozialer Wirklichkeit. In den nächsten beiden Abschnitten sollen
Deutungsmuster- und Derivationenanalyse im Hinblick auf theoretische Annahmen und
methodologisches Vorgehen näher bestimmt werden.

3.1.2   Vom Verstehen subjektiven Sinns

Dem oben explizierten Verständnis von Deutungsmuster folgend verorten wir die Deutungsmusteranalyse als ein Verfahren unter dem Paradigma der wissenssoziologischen
Hermeneutik oder hermeneutischen Wissenssoziologie[43]. Diese Strömung entwickelte

---

43   Der Begriff „hermeneutische Wissenssoziologie" setzt den Akzent auf die theoretischen Prämissen
     des Konzepts, während „wissenssoziologische Hermeneutik" auf dessen interpretativen Zugriff ab-
     hebt. Im Kern bezeichnen beide Begriffe dieselbe Forschungsperspektive.

sich in Auseinandersetzung mit der bereits angesprochenen objektiven Hermeneutik nach Oevermann (vgl. Reichertz 1997) und ist als Strömung unter dem breiten Dach der sozialwissenschaftlichen Hermeneutik anzusiedeln. Bei der hermeneutischen Wissenssoziologie handelt es sich um ein noch relativ junges theoretisch-methodologisches Konzept, das im Wesentlichen auf den Arbeiten von Soeffner fußt und von Hitzler, Honer, Reichertz und Schröer substantiell weiterentwickelt wurde (vgl. grundlegend Soeffner 1989, 1991, 1999, 1999a; zur Weiterentwicklung Soeffner / Hitzler 1994; Reichertz / Schröer 1994; Schröer 1994, 1997; Honer 1999; Hitzler / Reichertz / Schröer 1999; Reichertz 2003).

Wissenssoziologische Hermeneutik

Eine sich als wissenssoziologisch definierende Hermeneutik basiert auf der Annahme, dass Handlungssubjekte Wirklichkeit einerseits als objektiv vorgegeben vorfinden, sie aber andererseits immer wieder neu ausdeuten und so modifizieren bzw. konstruieren. Erkenntnistheoretisch basiert sie also auf der phänomenologisch reflektierten Neuen Wissenssoziologie nach Berger und Luckmann. Ziel einer wissenssoziologischen Hermeneutik ist es, Deutungen, also subjektiven Sinn, methodisch kontrolliert zu rekonstruieren:

> Gefragt wird, wie Subjekte, hineingeboren in eine historisch und sozial vorgegebene soziale Welt, diese Welt permanent deuten und somit auch verändern. Pointiert: es geht um die (Re-)konstuktion der Prozesse, wie handelnde Subjekte sich in einer historisch vorgegebenen, sozialen Welt immer wieder neu ,finden', d.h. auch: zurechtfinden und wie sie dadurch zugleich auch diese Welt stets aufs Neue erschaffen und verändern. (Reichertz / Schröer 1994: 59)

Hitzler fasst dies pointiert zusammen:

> Kurz: wissenssoziologische Hermeneutik ist die ,theoretische', die von der pragmatischen Hektik alltäglicher Relevanzen abgelöste Frage danach, wie die ständige Leistung, gesellschaftliche Ordnung zu konstruieren, von den sinnhaft handelnden Alltags-Akteuren eigentlich erbracht wird [...]. D.h. es geht um das Verstehen von Handlungssinn [...]. (Hitzler 2002: Abs. 33)

Es wird hierbei an den handelnden Subjekten angesetzt, schließlich komme in ihren Handlungen subjektiv gebrochen das gesellschaftliche gemeinsame Wissen um die jeweils relevante Problemlage als treibendes und konstitutives Element ebenso zum Ausdruck wie die kreativen Modifikationen dieser gemeinsamen Wissensbestände (vgl. Schröer 1997: 111). Dies heißt jedoch *nicht*, dass individuelle Meinungen oder Intentionalitäten erforscht werden, vielmehr wird nur insofern an den handelnden Subjekten angesetzt, als es um Deutungen kollektiver Akteure in der öffentlichen Debatte geht. Eine wissenssoziologische Hermeneutik zielt auf die rationale Rekonstruktion des Typischen oder mit Weber: auf die idealtypische Rekonstruktion des typischen subjektiv gemeinten Sinns (vgl. ebd.: 113). Die Deutungsmusteranalyse ist als *ein* möglicher Ansatz im Rahmen der Forschungsperspektive zu begreifen; als weitere denkbare Verfahren seien Gattungsanalyse, Konversationsanalyse, dokumentarische Methode oder bildhermeutische Verfahren genannt. Es wurde bereits angesprochen, dass Deutungsmuster- und Diskursanalyse ineinander übergehen können. Verfahrenstechnisch begreifen wir jedoch die Deutungsmusteranalye als *eine* mögliche Technik der wissenssoziologischen Feinanalyse von Diskursen (vgl. Keller 2004, 2005), wie sie in Kapitel 2.2 bestimmt wurden. Als weitere Analyseverfahren seien beispielsweise die qualitative bzw. quantitative Inhaltsanalyse nach Mayring (Mayring 2003, Mayring / Gläser-Zikuda 2005) oder Früh (2004) genannt. Da Deutungsmuster als jene kognitiven Schemata begriffen werden, mit deren Hilfe im Rahmen von Diskursen Deutungskämpfe ausgetragen werden, wird der Deutungsmusteranalyse der Vorzug vor inhaltsanalytischen Verfahren gegeben.

Das Bemühen um eine selbstreflexive Haltung sowie die Maxime der vorurteilsfreien Herangehensweise zeichnen das wissenschaftliche, respektive wissenssoziologische Verstehen aus, wie es Schütz erstmals in seinem Essay „Common-sense and scientific interpretation of human action" (1962) beschreibt. Der Text beschäftigt sich mit der Frage, wie es möglich ist, zu quasi-objektiven, intersubjektiv nachprüfbaren Rekonstruktionen subjektiver Deutungen handelnder Akteure zu kommen, ohne sich der Willkür und Beliebigkeit der Interpretationen schuldig zu machen. Mit anderen Worten: „How is it [...] possible to grasp subjective meaning scientifically?" (Schütz 1962: 35). Da wissenschaftliches Verstehen die Grundlage für die folgende Deutungsmusteranalyse bildet und es unbedingt erforderlich ist, die Methoden des Verstehens zu explizieren, muss zunächst plausibilisiert werden, was wissenschaftliches Verstehen im Besonderen ausmacht.

Alltägliches und wissenschaftliches Verstehen

Alltägliches Verstehen ist dadurch gekennzeichnet, dass der „wide-awake grown-up man" in seinem Verstehen der bereits vorgedeuteten und (vor-)typisierten Welt die Dinge als „einfach da" hinnimmt und sie nicht hinterfragt, obwohl sie grundsätzlich hinterfragbar sind. Der Alltagsverstand bedient sich bestimmter Typisierungen, die als unproblematisches Vorwissen verwendet werden und das Individuum kognitiv entlasten (vgl. ebd.: 7). Insofern wird für den „Mann auf der Straße" das alltägliche Verstehen zu einer fraglosen Routine, es orientiert sich an einem mit der Lebenswelt in Beziehung stehenden Relevanzsystem, geschieht aber nicht aus einer wie auch immer gearteten theoretischen Einstellung heraus. Hierin liegt der wichtigste Unterschied zum wissenschaftlichen Verstehen. Dieses distanziert sich systematisch von den Pragmatismen und Relevanzsystemen des Alltagsverstandes und zielt darauf ab, einen Forschungsgegenstand theorie- und methodengeleitet zu erfassen. Im Idealfall gibt es für den Hermeneuten

> keine sozialweltliche Präsenz, keine lebendigen Mitmenschen, sondern nur in (interpretativ verfügbaren) Objektivationen ‚geronnene‘, idealisierende Modelle sozialer Erscheinungen und Typen sozialer Akteure. (Soeffner / Hitzler 1994: 29)

Schütz charakterisiert den Forscher als einen uninteressierten Beobachter, der losgelöst von seiner eigenen Biographie auf seinen Forschungsgegenstand blickt wie ein

Naturwissenschaftler in sein Reagenzglas. Das wissenschaftliche Verstehen des „disin-terested observer" vollzieht sich eben nicht in Bezug auf die pragmatischen Bedürfnis-se des Lebensvollzugs, sondern zeichnet sich durch konsequente Orientierung am, so-wie Distanz zum Forschungsgegestand aus. In diesem Moment ersetzt ein wissenschaft-liches Relevanzsystem das alltägliche:

> [The frame, E.M.] 'being in a scientific situation' [...] supersedes his [the researcher's, E.M.] biographical situation as a human being within the world. (Schütz 1962: 38)

Die Typisierungen, die im Forschungsprozess vorgenommen werden, beziehen sich nicht auf reale Personen, sondern auf Modelle von Handelnden, weshalb Schütz den Begriff des „Homunculus" einführt (ebd.: 41). Dieser Terminus verdeutlicht, dass es sich immer um vom Forscher geschaffene Akteursmodelle handelt, die zwar gedank-lich mit Relevanzsystemen ausgestattet werden, aber mit „echten" Personen wenig ge-mein haben. Wissenschaftliches Verstehen zeichnet sich zudem durch eine Form „be-rufsmäßiger" Skepsis und eine Haltung prinzipiellen Zweifels aus. Letztlich geht es sozialwissenschaftlichem Verstehen darum, Phänomene sinnentsprechend, problema-dequat und logisch konsistent zu rekonstruieren und es durch die Schaffung weiterer Konstrukte zu ermöglichen, diese im Sinne Webers zu erklären (vgl. Soeffner / Hitzler 1994: 34f.).

Die im Rahmen des Forschungsprozesses verwendeten Daten sind Objektivationen ursprünglich realer Handlungssituationen, die in Form von Texten vorliegen. Dabei handelt es sich um alltägliche Wissensbestände, Routinen und Plausibilitäten, auf die sich das Handeln der realen Akteure in der Lebenswelt bezieht. Diese Konstruktionen bezeichnet Schütz als Konstruktionen erster Ordnung. Demgegenüber werden die vom Forscher geschaffenen Konstrukte – Typen, Kategorien, Modelle, Homunculi etc. – Konstruktionen zweiter Ordnung (Schütz) genannt. Der Forscher überzieht im Rahmen der Prozesse des Beschreibens und Verstehens die alltäglichen Konstruktionen mit ei-nem Netz von Kategorisierungen und Typisierungen. Diese sind kontrollierte, metho-disch überprüfte, verstehende Rekonstruktionen der Konstruktionen erster Ordnung (vgl. Soeffner 1999).

Die Differenz zwischen alltäglichen und wissenschaftlichen Konstruktionen ergibt sich logisch aus den Unterschieden zwischen alltäglichem und wissenschaftlichem Ver-stehen. Aus der Reflexion dieser Differenz folgt die Einsicht, dass der Forscher schon durch die Beobachtung, Beschreibung und durch Verstehen der Konstruktionen erster Ordnung selbst wieder Konstruktionen schafft, die Teil der sozialen Konstruktion von Wirklichkeit sind. Mit anderen Worten „auch die Konstruktion [oder besser: Rekon-struktion, E.M.] der Konstruktion sozialer Realität ist Konstruktion sozialer Realität" (Stenger 1993: 92). Mit Berger und Luckmann gilt dies allerdings erst ab dem Moment, in dem sich der Forscher entäußert, also seine Forschungsergebnisse über das Medium Sprache – also in der Regel durch Publikation – intersubjektiv zugänglich macht.

3.1.3 Kontrastierung von Diskursen

Im Rahmen unserer Derivationenanalyse fragen wir nicht nach subjektivem Sinn, sondern haben vielmehr die theoretische Rationalisierung von Glaubens- und Wissenssystemen im Blick. Dabei hatten wir Derivationen nach Pareto als Sinnbezüge erklärender oder rechtfertigender Art, als pseudo-rationale bzw. pseudo-logische Rationalisierungen von Handeln begriffen. Von pseudo-logisch oder pseudo-wissenschaftlich soll im Folgenden immer dann die Rede sein, wenn einem Handeln oder einer Argumentation logische Folgerichtigkeit zugeschrieben wird, wo diese, von einem objektiven, wissenschaftlichen Standpunkt aus betrachtet, nicht vorhanden ist. Um solche Rationalisierungen aufzudecken, soll im Sinne Paretos eine texthermeneutische Analyse durchgeführt werden, wobei freilich der Derivationenanalyse dieselben Daten zugrunde liegen werden wie der dieser vorgelagerten Deutungsmusteranalyse. Der öffentlich-mediale Türkei-Diskurs wird also in einem zweiten Schritt im Hinblick auf die in ihm reflektierten Ideen, Weltanschauungen bzw. Ideologien untersucht. Nun wurde bereits mehrfach betont, dass Derivationen nicht-logische Argumentationen in schein-logisches Licht tauchen, dass sie auf den ersten Blick einleuchtend erscheinen und darüber hinaus eine beträchtliche Überzeugungskraft entfalten. In methodischer Hinsicht stellt sich daher die Frage, wie sich Rationalisierungen im Diskurs auffinden lassen. Wie erkennt man nun Derivationen, ohne sich von ihrer „logischen Lackschicht" in die Irre führen zu lassen? Wie lassen sich die logischen Irrtümer, auf denen sie fußen, herausarbeiten, ohne ihnen selbst auf den Leim zu gehen? Wie schafft es der Forscher, so in Distanz zu dem von ihm untersuchten Diskurs zu treten, dass er nicht selbst Derivationen produziert statt sie als schein-rational zu entlarven und ihre Überzeugungskraft einer kritischen Analyse zu unterziehen?

Paretos Rationalistätsbegriff

Es ist zunächst erforderlich, sich nochmals den Rationalitätsbegriff Paretos vor Augen zu führen. Ähnlich wie Schütz (vgl. oben) unterscheidet Pareto zwischen einem Alltagsdenken und einem wissenschaftlichen Denken, wobei für Analysezwecke letzteres als „objektive" Messlatte dient. Dieses szientistische Grundverständnis liegt jeder Derivationenanalyse zugrunde. Wie Schütz geht auch Pareto davon aus, dass unser Alltagsdenken auf unhinterfragbaren Gewissheiten beruht, die wir mithilfe von Deutungsmustern oder Frames organisieren. Dabei unterstreicht Pareto, dass unser Alltagsdenken in den meisten Fällen ein nicht-logisches, nicht-rationales ist. Was bedeutet dies konkret? Ob ein Handeln rational oder nicht-rational ist, entscheidet sich anhand der Zweck-Mittel-Relation, die – von einem unabhängigen, sachverständigen Beobachterstandpunkt aus – als logisch bzw. sich entsprechend, oder eben als nicht-logisch, sich nicht entsprechend bewertet wird. Logische und nicht-logische Handlungen werden also wie folgt unterschieden:

Vi sono azioni che consistono in mezzi appropriati al fine, e che uniscono logicamente i mezzi al fine; ve ne sono altre in cui tale carattere manca. Queste due classi di azioni sono molto differenti secondo che si considerano sotto l'aspetto oggettivo, o sotto quello soggettivo […] daremo il nome di 'azioni logiche' alle azioni che uniscono logicamente le azioni al fine, […] Le altre azioni saranno dette 'non-logiche', il che non vuol punto significare illogiche. (Pareto 1964a: 81, § 150)

Es wird deutlich, dass hierbei das Rationalitätsideal der modernen Wissenschaften als Messlatte angelegt wird: Alles Handeln oder Argumentieren, was davon abweicht, wird als nicht-logisch qualifiziert. Es sei an dieser Stelle betont, dass Pareto logische Handlungen als einen Ausnahmefall menschlichen Handelns begreift, der zwar als Grenzfall durchaus existiert, aber in seiner Soziologie eher als Idealtypus oder heuristisches Modellkonstrukt behandelt wird. Für Pareto sind es die nicht-logischen menschlichen Handlungen, die von nachhaltiger, strukturprägender gesellschaftlicher Bedeutung sind. Aus diesem Grund konzipiert er seine Soziologie als „Wissenschaft nicht-logischen Handelns" (vgl. Bach 2004: 87-99).

Alltags- und Expertendiskurse

Analog zur Differenzierung der „Denkstile" in Alltagsdenken und Forschungsdenken differenziert Pareto verschiedene soziale Diskurs- oder Theorietypen:

Gli elementi delle teorie. […] Le teorie adoperano certe cose che cadono sotto l'osservazione e l'esperienza oggettiva (§ 13), o che da queste possono essere dedotte con rigore di logica, ed altre che trascendono dalla osservazione e dalla esperienza oggettive; [...] Le cose della prima specie diremo enti sperimentali, quelle della seconda, enti non-sperimentali (§ 119). Occorre non dimenticare che […] usiamo […] il termine sperimentale ad indicare non la sola esperienza ma bensì l'esperienza e l'osservazione oggettive. (Pareto 1964a: 290f., § 470)

Le condizioni che di un'argomentazione fanno una buona derivazione sono [...] spessissimo opposte a quelle che ne fanno un buon ragionamento logico-sperimentale. (Pareto 1964b: 342, § 1772)

Das alltägliche Denken und Argumentieren findet im Rahmen von Alltagsdiskursen statt, die von pseudo-wissenschaftlichen Gedankengebäuden bzw. Theorien beherrscht werden. Typisch für diese Form von Diskurs ist die Verbindung von tatsächlichen, empirischen Erfahrungselementen und wissenschaftlichen Erkenntnissen, wobei daraus nicht-logische, pseudo-wissenschaftlich anmutende Schlussfolgerungen gezogen werden. In diesem Zusammenhang spricht Bach auch von „Bastardargumentationen". Demgegenüber zeichnet sich der Diskurs der logisch-experimentellen Wissenschaft stets durch logisch-konsistentes Denken und methodisch kontrollierte Vorgehensweise aus. Zwar seien auch von diesem Diskurs keine endgültigen Wahrheiten zu erwarten, doch produziere er wissenschaftliche Theorien, die wiederum als heuristisches Kriterium verwendet werden können (vgl. Bach 2004: 305-311). Aus diesem paretianisch-szientistischen Grundverständnis folgt:

Über den Grad objektiver Rationalität, der sich pragmatisch am wissenschaftlichen Rationalitätsstandard ausrichtet, entscheidet […] der wissenschaftliche Diskurs beziehungsweise das ‚logisch-experimentelle' Expertenwissen. (ebd.: 123)

Was heißt dies konkret für das Auffinden von nicht-logischen bzw. schein-logischen Derivationen? Um Argumentationsstrukturen als Derivationen zu entlarven, muss die Logik des Alltagsdenkens, wie sie der untersuchte öffentliche Diskurs reflektiert, mit der Logik des empirisch-wissenschaftlichen Denkens kontrastiert werden. Letztere, so wollen wir im Rahmen unserer Derivationenanalyse Paretos zentrale Annahme teilen, findet sich vor allem in wissenschaftlichen Diskursen, die unter Sachverständigen bzw. Experten stattfinden. Anders formuliert: Es gilt, die Logik der gesellschaftlichen Praxis der Logik der Forschung gegenüber zu stellen, um Rationalisierungen zu erkennen. Legt man im Hinblick auf Rationalität und Logik das wissenschaftliche Ideal zugrunde, so können nicht- bzw. schein-rationale Erklärungsysteme und Gedankengebäude, wie sie in Alltagsdiskursen dominieren, nur vor der Kontrastfolie wissenschaftlicher Diskurse sichtbar gemacht werden:

> Die spezifischen Rationalisierungsmodi des theoretischen Bewusstseins werden natürlich wiederum nur auf der Folie der rationalen Evidenz- und Plausibilitätsannahmen des modernen Wissenschaftsdiskurses sichtbar. (ebd.: 308)

Ausschließlich das durch empirische Erfahrung gewonnene Wissen qualifizierter Beobachter (Experten oder Forscher), so lautet Paretos Objektivitätskriterium, kann über Zweck-Mittel-Relationen Auskunft geben. Insofern ist die „objektive Wahrheitsprüfung" – also die Analyse der Derivationen nach Maßgabe des wissenschaftlichen Rationalitätskriteriums – integraler Bestandteil von Paretos Programm einer wissenssoziologischen Diskursanalyse (vgl. ebd.: 304). Bobbio weist darauf hin, dass Derivationen bei Pareto, gerade weil sie einer logisch-experimentellen Prüfung nicht standhalten, tendenziell negativ konnotiert sind. Während sich das zahlenmäßig kleine Publikum der Gelehrten (*pubblico dei dotti*) von logischen Räsonnements überzeugen lässt, dominieren außerhalb des wissenschaftlichen Diskurses Unwissende (*ignoranti*), die Derivationen konsumieren und produzieren. Dabei heben sich Derivationen – und dies ist für unsere spätere Vorgehensweise von größtem Interesse – in zweifacher Hinsicht vom Expertendiskurs ab: Entweder sie basieren auf Behauptungen, die empirisch nicht nachzuweisen sind, oder sie argumentieren logisch nicht nach Maßgabe wissenschaftlicher Standards, schaffen es also nicht, logisch-korrekt zu räsonnieren (vgl. Bobbio 1971: 138). Den Umgang des Forschers mit Derivationen umreißt Pareto wie folgt:

> Spesso chi segue il metodo delle scienze logico-sperimentali principia con una derivazione, che poi sottopone all'esperienza. La derivazione in tal caso è solo un mezzo di ricerca, e come tale può avere suo luogo nella scienza logico-sperimentale, ma non come mezzo di dimostrazione. (Pareto 1964b: 18, § 1424)

Nur durch ausschließliche Verwendung der Derivationen als Forschungsgegenstand bzw. -mittel (*mezzo di ricerca*) und nicht zu Beweiszwecken (*mezzo di dimostrazione*) kann vermieden werden, dass der Untersuchende selbst schein-logische Argumentationen produziert und unwissentlich an derivationalen Zirkelschlüssen teil hat. Auf diese Gefahr weist auch Boudon hin und spricht in diesem Zusammenhang von der „Omnipräsenz des Apriorischen". Dies stellt auf die Problematik ab, dass sowohl Diskursakteure als auch Forscher Realität über dieselben Frames organisieren, die *self-evident* erscheinen und daher nicht hinterfragt werden. So erlaubt es das Apriorische zwar einerseits, Erfahrungen mit Sinn zu erfüllen, andererseits besteht aber ständig die Gefahr von Verzerrungen aufgrund von Zirkelschlüssen (*danger of distortion*):

> Therefore a theory [...] may be circular, but be regarded by us as linear because of the hidden presence of statements which are not only present in our reasoning, but are also, unknown to us, decisive in the formation of our convictions. (Boudon 1994: 56)

Und an anderer Stelle heißt es:

> [W]e are convinced by an inductive line of reasoning because, since we do not see the implicit elements, we do not perceive its circular nature. [...] Generelly speaking, Simmel's model is an essential element of the 'rational' theory of beliefs – the theory which attempts to explain beliefs by reference to *good reasons* [...]. (ebd.: 73, Hervorhebung i. O.) [44]

Solche in der Türkei-Debatte angeführten „guten Gründe" gilt es also durch eine Kontrastierung mit „objektiven" Forschungsergebnissen zu kontrasieren, um Zirkelschlüsse zu umgehen und Derivationen als solche zu entlarven.

Zusammenfassung

Aufgabe einer paretianischen Diskursanalyse ist es erstens, Derivationen als solche zu entlarven, zweitens zu entschleiern, was sie verbergen und drittens zu (er-)klären, ob und weshalb sie erfolgreich überzeugen. Wie man Derivationen in Diskursen auffindet konnte soeben geklärt werden. Auf das Aufdecken jener residualen Strukturen, die von den Derivationen verschleiert werden, wird aus bereits dargelegten Gründen bewusst verzichtet (vgl. Kapitel 2.1). Im Hinblick auf den Erfolg von Derivationen werden wir an unseren in Kapitel 2.3 unternommenen Versuch anschließen, Deutungsmacht zu operationalisieren: mithilfe einer Frequenzanalyse kann ermittelt werden, wie sehr ein Frame den untersuchten Diskurs durchdringt und daraus kann schließlich abgeleitet werden, wie erfolgreich er offensichtlich ist. Stellt sich heraus, dass ein Muster als derivationale Struktur entlarvt werden kann, gilt es in einem nächsten Schritt zu erhellen, woraus sich deren Überzeugungskraft speist. In diesem Zusammenhang wird untersucht, inwiefern die verschiedenen Modi kollektiver Persuasion bzw. verschiedene Deutungsstrategien zum Einsatz kommen (vgl. Kapitel 2.4).

---

44   Boudon bezieht sich hier auf Simmels Annahme, „that it is the normal functioning of knowledge which gives rise to mistakes" und "erroneous reasoning", also Verzerrungen in menschlichen Argumentationen selbst den Normalfall in den „higher reaches of human knowledge" darstellen (Boudon 1994: 59).

3.2   Methodisches Vorgehen

3.2.1   Der Umgang mit Kontextwissen

Basierend auf der eingangs dargestellten Weberschen Definition von verstehender Soziologie leitet Soeffner vier Konsequenzen für ein methodisches Vorgehen ab, das einer sozialwissenschaftlichen bzw. wissenssoziologischen Hermeneutik verpflichtet ist. Soeffners Empfehlung lässt sich anhand der Stufen „Beobachten – Beschreiben – Verstehen – Erklären" skizzieren (vgl. Soeffner 1999: 45), was hervorragend geeignet erscheint, dem methodischen Teil unserer Deutungsmusteranalyse eine Grobgliederung vorzugeben. Unter wissenschaftlichem Beobachten (1), das sich auf den Komplex der eingangs gestellten Forschungsfragen bezieht, wird hier das kontrollierte Erheben von Daten verstanden, an dessen Ende ein Datenkorpus steht, der im vorliegenden Fall die Form eines Pressesamples annimmt. Der Schritt des Beschreibens (2) zielt auf die Reflexion der Differenz zwischen erster und zweiter Ordnung und führt, so Soeffner, „prinzipiell zu der Einsicht, dass wissenschaftliche Dateninterpretation das Leben aus ‚zweiter Hand' interpretiert" (ebd.: 46). Diese Reflexion fand bereits im Rahmen von Vorüberlegungen zum methodischen Vorgehen statt (vgl. Kapitel 2.1 und 3.1.2) und soll daher im Folgenden nicht mehr als gesonderter Punkt aufgeführt werden. Das Verstehen (3) impliziert die methodisch kontrollierte Interpretation der zuvor erhobenen Daten – also Pressestimmen – und basiert darauf, dass die Daten in Textform vorliegen, also fixiert und für Dritte zugänglich sind. Die Verben „verstehen", „auslegen", „deuten" und „interpretieren" werden in diesem Zusammenhang synonym gebraucht. Der Weg vom Verstehen zum Erklären des Ablaufs und der Wirkungen sozialen Handelns (4) führt nun über die Konstruktion eines begrifflich reinen Typus oder Idealtypus von dem oder den als Typus gedachten Handelnden und dem von ihnen subjektiv gemeinten Sinn (vgl. ebd.: 47). Beim Weberschen Idealtypus (vgl. Weber [1922] 1980, [1904] 1991) handelt es sich um eine Konstruktion zweiter Ordnung, die als theoretische Hilfskonstruktion dient, und folglich niemals in der vom Wissenschaftler konstruierten Reinform in der Wirklichkeit vorzufinden ist. Als soziologische Kategorie wird der Idealtypus im Folgenden noch näher bestimmt werden, zumal die vorliegende Analyse auf eine Typologie von Deutungs- bzw. Problemmustern zielt, die auf kontrastivem Vergleich der im ersten Schritt erhobenen Texte basiert.

Nun erscheint es wenig sinnvoll, ohne jegliches Vorwissen zur Türkei-Debatte mit der Datenerhebung zu beginnen, weswegen dem eben dargestellten vierstufigen Modell noch eine Stufe vorgeschaltet werden soll: das Informieren (0). Hitzler rät, bei der Datenerhebung die Sicht des gut informierten Bürgers einzunehmen, wie ihn Schütz schon in den vierziger Jahren beschrieben hat (vgl. Schütz [1946] 1972: 85-101). Das heißt:

> Aus der bei der Datenerhebung (nicht bei der Dateninterpretation) also voluntativ eingenommenen Sicht des gutinformierten Bürgers sehe ich die Welt mithin weder mit den Augen des politischen Profis [des Experten bei Schütz, E.M.] noch mit denen des politischen Idioten [des Mannes auf der Straße bei Schütz, E.M.], weder kenne ich im strengen Sinne die tatsächliche, institutionelle Produktion, noch kenne ich im strengen Sinne die tatsächliche, alltägliche Rezeption von Politik. (Hitzler 1991: 297, Hervorhebung i.O.)

Gut informiert zu sein bedeutet bei Schütz, „zu vernünftig begründeten Meinungen auf den Gebieten zu gelangen, die seinem Wissen entsprechend ihn zumindest mittelbar angehen" (Schütz [1946] 1972: 88). Daher muss der gut informierte Bürger „soviel Wissen wie möglich über den Ursprung und die Quellen der ihm aktuell oder potentiell auferlegten Relevanzen sammeln" (ebd.: 97). Der Schritt des Informierens muss aus Sicht des Forschers natürlicherweise der Erhebung vorangehen. Dies bedeutet für die Analyse der Türkei-Debatte die Sondierung des Untersuchungsfeldes über eine umfangreiche Erarbeitung von Kontextinformationen, die im Rahmen der Daten*interpretation* selbst-reflexiv eingesetzt werden. Im Rahmen eines früheren Forschungsprojekts, das die Analyse des europäisch-türkischen Verhältnisses im Hinblick auf das Vorliegen einer Etablierten-Außenseiter-Beziehung untersuchte (vgl. Madeker 2006), konnte bereits ein umfangreiches Hintergrundwissen zur Türkei-Thematik erarbeitet werden (vgl. Kapitel 1.4). Dies basiert erstens auf wissenschaftlicher und populärwissenschaftlicher Literatur zu Geschichte, zum politischen System und zur Gesellschaftsstruktur der Türkei, zu den europäisch-türkischen Beziehungen sowie zum Institutionensystem der EU und zu den Anforderungen, die an Beitrittskandidaten gestellt werden. Zweitens stützt sich das Kontextwissen auf regelmäßige Recherchen, Fortschrittsberichte, Reden von Regierungsvertretern, Konsultation von Umfragedaten und Verfolgung der Berichterstattung in den Medien, insbesondere was Reformen, Wahlen und Besuche von Regierungsvertretern betrifft. Drittens konnten wertvolle Informationen über sondierende Experteninterviews, Teilnahme an Tagungen, Symposien und Podiumsdiskussionen zur Türkei-Frage gewonnen werden, die in Form von Gesprächsnotizen oder Gedächtnisprotokollen vorliegen. Generell sollte davon abgesehen werden, die in der vorfindbaren Literatur oder im Rahmen von „Feldbegegnungen" nahe gelegten Deutungen des Untersuchungsgegenstandes als unreflektierte Vorgabe für das eigene Vorgehen zu übernehmen (vgl. Keller 2004: 82). Daher soll an dieser Stelle nochmals unterstrichen werden, dass all dieses Wissen als Kontextinformation eingesetzt werden soll, die einerseits die Verständnisgrundlage für die Artikel bildet, andererseits der notwendigen Selbstreflexion dient. Folgendes Schema visualisiert die fünf Schritte, an denen sich das methodische Vorgehen orientiert:

Methodische Vorgehensweise[45]	
(0) Informieren	Erarbeiten von Kontextwissen
(1) Beobachten	Erheben der Daten in Form eines Pressesamples
(2) Beschreiben	Reflexion der Differenz zwischen Konstruktionen erster und zweiter Ordnung
(3) Verstehen	Methodisch kontrollierte Auslegung des subjektiv gemeinten Sinns
---	Konstruktion von Idealtypen

Abb. 3.2: Methodisches Vorgehen der Deutungsmusteranalyse

---

45 Bewusst verzichtet diese tabellarische Übersicht auf Punkt (4), das Erklären, weil wir zum Einen in der Konstruktion von Idealtypen noch keine Erklärung sehen und zum Anderen erst im Rahmen

3.2.2   Erhebung der Daten

3.2.2.1 Das Pressesample

Grundsätzlich ist natürlich die Erhebung von Daten in den verschiedensten Formen möglich (audiovisuelle Daten, soziale Praktiken, Vergegenständlichungen). Für den Vorgang der Interpretation ist jedoch der Forscher darauf angewiesen, dass die Daten in Form sprachlicher Objektivationen vorliegen, zu denen er jederzeit zurückkehren kann. Dilthey spricht in diesem Zusammenhang von fixierten Lebensäußerungen[46] oder „Sprachdenkmalen" (Dilthey 1900: 331). Dieser Umstand schränkt – zusätzlich zu den theoretischen Vorüberlegungen und dem eingangs formulierten Erkenntnisinteresse – die Auswahl der Daten auf *textförmige Daten* ein. Des Weiteren muss sich die Wahl des Erhebungs- und Auswahlverfahrens an den zuvor bestimmten Untersuchungsgrößen orientieren: es müssen also in der Türkei-Debatte systematisch jene Texte bzw. Diskursfragmente aufgefunden werden, die auf den Sachverhalt „Beitritt der Türkei zur EU" bezogene Deutungs- bzw. Sinnmuster enthalten. Hier wären Analysen von Talkshows, Podiumsdiskussionen oder Stammtischgesprächen denkbar, doch wurde bereits ausführlich dargelegt, warum gerade die Analyse des allgemeinöffentlichen, medialen Diskurses besonders lohnend erscheint (vgl. Kapitel 2.2.3).

Der Datenkorpus sollte in erster Linie hinreichende Aufschlüsse auf die eingangs gestellten Forschungsfragen ermöglichen. Dennoch konnte sich die Zusammenstellung der Daten nicht nur am Erkenntnisinteresse orientieren, sondern musste natürlich auch von Überlegungen zur praktischen Durchführbarkeit und Handhabung bestimmt sein. Für den Datenkorpus, der hier die Form eines Pressesamples annimmt, wurde also zunächst ein Erhebungszeitraum festgelegt. Nachdem für das EU-Gipfeltreffen am 17. Dezember 2004 die Entscheidung über den Beginn von Beitrittsverhandlungen mit der Türkei angekündigt wurde, waren die Debatten im Vorfeld des Gipfels besonders emotional, vor allem aber reich an Argumenten bzw. Deutungen. In qualitativer Hinsicht erwies sich daher eine Konzentration auf Diskursfragmente des dem Gipfel vorangehenden Vierteljahres als sehr ertragreich. Da die Deutungsmusteranalyse auch einer quantitativen Überprüfung standhalten sollte, wurde der Erhebungszeitraum aus Überlegungen zur Reliabilität und Validität auf das gesamte Kalenderjahr 2004 ausgedehnt.

Die Zusammenstellung des Datenkorpus konzentrierte sich auf die sog. Qualitätszeitungen oder Prestigemedien, da erstens angenommen wird, dass die von diesen Zeitungen aufgenommenen Themen in andere Medien diffundieren (*Inter-Media-Agenda-Setting*) und zweitens davon ausgegangen werden kann, dass die Entscheidungsträger, die ja von den Akteuren im Diskurs beeinflusst werden sollen, eben diese Quali-

---

unseres Exkurses (Kapitel 5.1.5) und unserer Derivationenanalyse (Kapitel 5) soziologische Erklärungen liefern.

46   Bei Dilthey heißt es: „Aber auch die angestrengteste Aufmerksamkeit kann nur dann zu einem kunstmäßigen Vorgang werden, in welchem ein kontrollierbarer Grad an Objektivität erreicht wird, wenn die Lebensäußerung fixiert ist und wir immer wieder zu ihr zurückkehren können. Solches kunstmäßiges Verstehen nennen wir Auslegung oder Interpretation" (Dilthey 1900: 319).

tätsmedien konsultieren (vgl. Wittkämpfer 1992). Aus diesem Grund wird in diesem Zusammenhang auch von *opinion-leader media* gesprochen. „Opinion-leader media have a trend-setting function, presenting topics and interpretations which set in motion a chain of reaction in the media" (Noelle-Neumann / Mathes 1987: 402). In Deutschland werden insbesondere die *Süddeutsche Zeitung*, die *Frankfurter Allgemeine Zeitung*, die *Frankfurter Rundschau*, *Die Welt*, *Der Spiegel* und *Die Zeit* als Meinungsführer gehandelt (vgl. ebd.: 401ff.).

Bei der Zusammenstellung des Pressesamples wurde auf Ausgewogenheit geachtet und das politische Meinungsspektrum von liberal-sozialdemokratischen Einstellungen über die Mitte bis hin zu rechts-konservativen Flügeln berücksichtigt. Neben der politisch-ideologischen Ausrichtung wurde die Auflagenstärke als zusätzlicher Indikator für die meinungsbildende Macht der Medien herangezogen. Zunächst wurden die tendenziell sozialliberale *Süddeutsche Zeitung* sowie die konservativere *Frankfurter Allgemeine Zeitung* als die beiden größten deutschen Tageszeitungen berücksichtigt.[47] Während die SZ eine verkaufte Auflage von 446.000 erreicht, kommt die FAZ auf „nur" 337.300. So wurde die *Frankfurter Allgemeine Sonntagszeitung* (298.000) zusätzlich ausgewertet. Für den konservativen Flügel des politischen Spektrums wurden *Die Welt* (201.800), sowie die *Welt am Sonntag* (401.000) in die Erhebung miteinbezogen. Den Gegenpol hierzu bilden die liberal-intellektuelle *Die Zeit* (464.500) und das Wochenmagazin *Der Spiegel* (1.075.900). Regional erscheinende Blätter wie beispielsweise die *Berliner Zeitung* oder die *Sächsische Zeitung* wurden trotz vergleichsweise hoher Auflagenstärke außen vor gelassen.

Aus einem Vergleich dieser Zahlen darf allerdings noch nicht auf die politische Ausrichtung des Pressesamples geschlossen werden. Ein Aufrechnen der Auflagenstärken wäre schon deshalb irreführend, weil die Medien in unterschiedlichen zeitlichen Abständen – also täglich bzw. wöchentlich – erscheinen. Aus diesem Grund müssen die Auflagenstärken der Printmedien mit der Zahl der Erscheinungstage verrechnet werden, um die verkauften Exemplare pro Jahr vergleichen zu können. In der folgenden Tabelle werden die auszuwertenden Printmedien nach ihrer politisch-ideologischen Ausrichtung gruppiert. Die Übersicht gibt ebenso Aufschluss über die Verrechnung der Auflagenstärken mit den Erscheinungstagen. Die empirische Basis der vorliegenden Studie stützt sich also auf folgende Qualitätsmedien:

---

47   Die höchste Auflagenstärke in Deutschland erreichen zwar die *BILD-Zeitung* (ca. 3,7 Mio.), die *BILD am Sonntag* (ca. 2,0 Mio.) sowie das Wochenmagazin *Der Stern* (ca. 1,1 Mio.); alle drei Medien vertreten jedoch die Boulevardpresse und stehen für Skandal- und Sensationsjournalismus. Sie wurden aus diesen und den oben genannten Gründen nicht berücksichtigt (Angaben zu den Auflagenstärken: Institut der deutschen Wirtschaft 2005: 116).

Qualitäts-medien	(Tendenziell) liberal	Mitte-links	Mitte-rechts	(Tendenziell) konservativ
Erscheint täglich außer Sonntag		Süddeutsche Zeitung (446.000)	Frankfurter Allgemeine Zeitung (337.300)	Die Welt (201.300)
Erscheint ein Mal wöchentlich	Die Zeit (464.500)	Der Spiegel (1.075.900)	Frankfurter Allgemeine Sonntagszeitung (298.000)	Die Welt am Sonntag (401.000)
Berechnung	446.000 * (365-52) + (464.500 + 1.075.900) * 52 = ca. **220 Mio.** verkaufte Exemplare / Jahr		(337.300 + 201.300) * (365-52) + (298.000 + 401.000) * 52 = ca. **206 Mio.** verkaufte Exemplare / Jahr	

Abb. 3.3: Übersicht über die Zusammenstellung des Pressesamples

Es wird ersichtlich, dass ein Vergleich der Größe „verkaufte Exemplare / Jahr" um ein Vielfaches aussagekräftiger ist als die bloße Gegenüberstellung der Auflagenstärken. Im mitte-linken Meinungsspektrum wurden im Jahr 2004 etwa 220 Mio. Exemplare verkauft, im mitte-rechten 206 Mio. Diese Zahlen lassen auf ein Pressesample schließen, das keine klare politische Ausrichtung aufweist bzw. das politische Meinungsspektrum ausgewogen repräsentiert.

3.2.2.2 Vorgehensweise

Die Erhebung der Presseartikel wurde über die Online-Datenbank *LexisNexis* bewerkstelligt, die derzeit das wohl umfassendste Archiv für europäische Printmedien darstellt. Für den Jahrgang 2004 beinhaltet es alle Ausgaben der oben genannten Zeitungen bzw. Magazine mit Ausnahme von *Die Zeit*. Auf letztere bietet allerdings die Online-Datenbank *Genios* Zugriff. Über die Funktion „Quellensuche" wurde in *LexisNexis* zunächst nach den betreffenden Medien („Quellen") gesucht, um sie dann in Form einer Kompilation mit dem Namen „Qualitätszeitungen Deutschland" abzuspeichern. Die Speicherung gewährleistete, dass für die verschiedenen Suchvorgänge immer auf dieselbe Datengrundlage zurückgegriffen wurde. In der einschlägigen Literatur herrscht Konsens darüber, dass der thematische Fokus von Diskursen in methodologischer Hinsicht ihre Identifikation und Begrenzung erlaubt (vgl. z.B. Knoblauch 2001: 216, Keller 2004: 81). Über den Sachverhalt oder „Themenaufhänger" kann also das Wissens-bzw. Diskursfeld thematisch eingegrenzt werden. So wurde zunächst für kurze Zeiträume (z.B. 1. Januar – 31. Januar 2004) mithilfe der einschlägigen Suchbegriffe „türk!"

und „europ!" gesucht, die mithilfe des Operators AND verknüpft wurden.[48] Dies ergab für alle Monate eine vergleichsweise hohe Trefferzahl, so z.B. für den Monat Januar 241 Treffer. Die Anzeige der Treffer in Form der „erweiterten Liste" zeigt für jeden gefundenen Text den Namen des Mediums, Erscheinungsdatum, Rubrik, Seitenzahl, Anzahl der Wörter, Titel und Untertitel. Hinzu kommt eine Häufigkeitsangabe für die gefundenen Suchbegriffe sowie kurze Textauszüge, welche die gesuchten Begriffe enthalten und fettgedruckt hervorheben. Anhand dieser Angaben ließ sich bereits relativ eindeutig schließen, ob es sich bei dem untersuchten Artikel um ein relevantes Diskursfragment handelte, oder ob es lediglich um Fußballländerspiele, Reiseberichte oder den *European Song Contest* ging. Ließ sich anhand der Textauszüge nicht eindeutig auf Natur und Inhalt des Artikels schließen, so wurde der Volltext aufgerufen und durchgesehen. Zumal Deutungsmuster besonders deutlich im Rahmen von Argumentationslinien auftreten und hier auch am häufigsten verwendet werden, wurden all jene Texte berücksichtigt, die sich in irgendeiner Form wertend oder kommentierend zum Sachverhalt „EU-Beitritt der Türkei" äußerten. Diese fanden sich in erster Linie unter den Rubriken „Leserbriefe", „Leitartikel", „Glosse", „Feuilleton", „Kommentar", „Außenansicht" oder eben im Rahmen von Interviews. Da die diversen Formen der Berichterstattung entweder völlig neutral gehalten sind oder zumindest den Anspruch erheben, objektiv zu sein, wurden (Kurz-)nachrichten, Reportagen, Dokumentationen und dergleichen nicht berücksichtigt. Monat für Monat wurden so die Trefferlisten durchgesehen, die Treffer markiert, die Volltexte heruntergeladen und monatsweise archiviert. Was die Archivierung betrifft, birgt das rtf-Format gegenüber dem pdf-Format die Vorteile, dass zum Einen die Texte mit *Microsoft Word* bearbeitet werden können, zum Anderen dass die Texte im rtf-Format in die Programme zur qualitativen Datenanalyse einspeist werden können. Dank der Erhebung über Wortstämme der sehr allgemein gehaltene Suchbegriffe und der Möglichkeit des *screening* der Artikel am Bildschirm kann für die Ergebnisse Anspruch auf Vollständigkeit erhoben werden. Das heißt, dass davon ausgegangen werden kann, dass alle Diskursfragmente, die im Jahr 2004 in den genannten deutschen Qualitätszeitungen erschienen, auch tatsächlich erhoben wurden. Der folgende Screenshot von der *LexisNexis*-Benutzeroberfläche soll das bisher Gesagte illustrieren:

---

48 Das „!" wird verwendet, um alle vom angegebenen Wortstamm abgeleiteten Wörter zu finden. „Türk!" findet beispielsweise „türkisch" oder „Türkei". Glücklicherweise handelt es sich bei „türk" um einen ziemlich eindeutigen Wortstamm, der außer „türkis" keine unerwünschten Treffer liefert. Dies gilt auch für den Wortstamm „europ". Der Operator „AND" wird verwendet, wenn die damit verknüpften Begriffe alle – auch entfernt voneinander – in dem gesuchten Artikel vorkommen sollen.

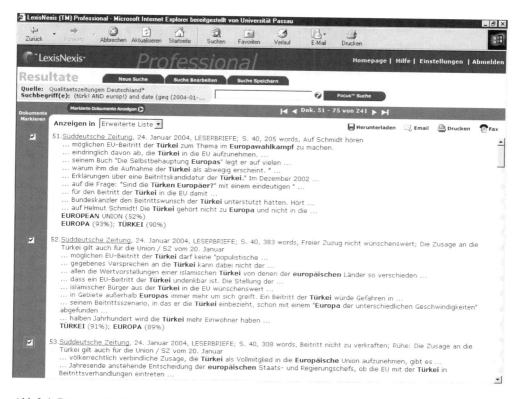

Abb.3.4: Benutzeroberfläche von *LexisNexis* (Screenshot)

Nach Abschluss der Erhebung konnte bereits geschlossen werden, dass der Sachverhalt „EU-Beitritt der Türkei" in den Printmedien des Diskursraums Deutschland offensichtlich sehr intensiv diskutiert wurde. So ergab eine erste Auswertung etwa 380 brauchbare Diskursfragmente, die größtenteils aus wertenden, aber auch aus neutral-kommentierenden Beiträgen bestanden. Angesichts der Größe des zu bewältigenden Datenmaterials fiel die Entscheidung gegen eine „Stift-und-Papier"-Auswertung und für ein computerunterstütztes Verfahren zur Daten- bzw. Inhaltsanalyse, das die Bewältigung solch umfangreicher, bereits digitalisierter Datenmengen ermöglicht.

Der folgende Abschnitt befasst sich mit dem verwendeten Programm MAXqda und der konkreten Ausgestaltung der Analyse. In diesem Zusammenhang wird sowohl auf Möglichkeiten und Grenzen des Programms, die Operationalisierung der Analyse durch Variablenzuordnung und Kategoriendefinition, als auch auf die Codierarbeit und zugrunde gelegte Gütekriterien eingegangen.

3.2.3   Computergestützte Analyse

3.2.3.1 Die Arbeit mit der Software MAXqda

Analyseinstrumente von MAXqda

Die MAXqda[49]-Software ist die derzeit in Deutschland am weitesten verbreitete Software zur qualitativen Analyse, Handhabung und Pflege größerer digitalisierter Datenmengen. Für das Programm existiert eine aktuelle, systematische Einführung (Kuckartz 2005) und mittlerweile sind auch aus der Praxis einige Forschungsberichte erschienen (vgl. die Beiträge in Kuckartz / Grunenberg / Lauterbach 2004 und in Kuckartz 2005a, 2006).[50] Der größte Vorteil der ebenso leistungsstarken wie flexiblen Software liegt darin, dass alle erhobenen Primärtexte in nur ein Dokument („Projekt") zusammengeführt und darin verwaltet werden können. Dieses Design gestattet eine Gesamtschau des gesamten Text-Sets, womit eine verbesserte Übersichtlichkeit und beträchtliche Effizienzsteigerung verbunden ist. MAXqda erlaubt die kategorienbasierte Erschließung des Textmaterials mithilfe eines Codebaums, der – entsprechend der Forderung nach prinzipieller Offenheit des qualitativen Analyseprozesses – permanent veränderbar bleibt. Zu jedem Code können digitale Code-Memos erstellt werden, die Ankerbeispiele enthalten und während der Auswertung ständig modifiziert bzw. präzisiert werden können. Auch den einzelnen Texten können Memos zugeordnet werden, die in einem eigenen Memosystem verwaltet werden können. Im Hinblick auf die Operationalisierung der Forschungsfragen stellt die Definition von Fallvariablen ein besonders wertvolles Analyseinstrument dar. Jedem Text bzw. Diskursfragment kann ein Set von Variablen, also ein Satz standardisierter Daten, zugeordnet werden, die bestimmte Merkmale des Texts beschreiben. Denkbar sind hier z.B. soziodemographische Daten für Interviews oder Angaben zur Quelle bei Texten aus Printmedien. Als besonders hilfreich erwies sich die visuelle Darstellung der Codes in Form sogenannter „Browser". Während der „Code-Relations-Browser" Codes und Untercodes ähnlich einer statistischen Korrelationsmatrix zueinander in Beziehung setzt, korreliert der „Code-Matrix-Browser" Codes und Texte. Beide Darstellungen können exportiert, in Excel-Tabellen konvertiert und bearbeitet werden. Anhand der Variablen ermöglichen Text-Retrieval-Funktionen den systematischen Vergleich von Textgruppen sowie Rückschlüsse auf das gleichzeitige Vorkommen von Codes und auf das Verhältnis von Codes und Texten.[51]

---

49   QDA steht für *Qualitative Data Analysis*. Es wurde die aktuelle Version des Programms, MAXqda2, verwendet. Im englischsprachigen Raum wird die computerunterstützte Datenanalyse häufig mit CAQDAS (*Computer Assisted Qualitative Data Analysis*) abgekürzt.
50   An der Philipps-Universität in Marburg findet jährlich die Anwenderkonferenz „CAQD" statt, deren Ergebnisse in einem Tagungsband erscheinen (Kuckartz 2005a, 2006).
51   Für eine ausführlichere Darstellung der Analysetools von MAXqda sei verwiesen auf Kuckartz / Grunenberg / Lauterbach 2004: 14f. Für eine Übersicht zu den Anwendungsfeldern und methodischen Orientierungen von MAXqda vgl. Kuckartz 2005: 16-21.

Grenzen von MAXqda

Die Inhaltsanalyse ist nach Früh „eine empirische Methode zur systematischen, inter-subjektiv nachvollziehbaren Beschreibung inhaltlicher und formaler Merkmale von Mitteilungen mit dem Ziel einer darauf gestützten interpretativen Inferenz" (Früh 2004: 25). Für inhaltsanalytische Forschungsdesigns hat sich die computergestützte Analyse, ob mit MAXqda oder anderer Software, als äußerst fruchtbar erwiesen (vgl. Stautner 2004, Esser 2005). Das vorliegende Forschungsprojekt zielt jedoch auf eine Deutungs-muster- bzw. Problemmusteranalyse, deren vorrangiges Ziel es hier sein soll, Frames soziologisch zu rekonstruieren und für die Wissenssoziologie fruchtbar zu machen. Zu diesem Zweck ist die Inhaltsanalyse lediglich als Zwischenschritt gedacht, um das Da-tenmaterial zu sichten, dimensional zu erschließen und mehr über Inhalt und Struktur potentieller Deutungsmuster zu erfahren. Zweifelsohne stellt die computergestützte Datenanalyse ein wertvolles Instrument dar, um die Phänomenstruktur von Texten bzw. Argumentationsmustern zu erschließen. „Auf die Implementation des Menüpunktes ‚Reveal Frames' werden wir aber wohl vergeblich warten müssen" (König 2004: 92). Die oben genannten *QDA-Tools* erleichtern und beschleunigen zwar die Analysearbeit des Forschers in erheblichem Maße, sie wären jedoch nicht in der Lage, diese zu erset-zen oder quasi automatisch Resultate zu liefern. Schließlich, so MAXqda-Entwickler Kuckartz, „ist es nicht der Computer, der denkt, interpretiert und codiert, sondern im-mer noch der Mensch" (Kuckartz 2005: 60). In den folgenden Abschnitten gilt es also zu untersuchen, wie die MAXqda-Funktionen der Deutungsmusteranalyse zur Seite stehen können. Konkret stellt sich die Frage nach dem Aufbau des inhaltsanalytischen Kategoriensystems, das als Herzstück der Analyse in der Lage sein sollte, hinreichen-den Aufschluss auf potentielle Deutungsmuster zu geben.

3.2.3.2 Das Kategoriensystem

Wie oben ausgeführt wurden die Volltexte aus den Datenbanken herunter geladen, im rtf-Format abgespeichert und monatsweise, also in kleineren handhabbaren Textgrup-pen, archiviert. Der erste Arbeitsschritt bestand in dem Import dieser zwölf Textgrup-pen in MAXqda. Daran schloss sich zunächst eine mehrmalige, sorgfältige Lektüre des Datenmaterials an bevor die Zuordnung von Kategorien oder Codes begann. Unter einer Kategorie oder einem Code soll im Folgenden ein analytischer Begriff oder ein Label verstanden werden, das einer Textstelle zugeordnet wird, um ein bestimmtes Phänomen zu identifizieren. Dieser Zuordnungsvorgang wird als Codierung bezeich-net. Nach Strauss beruht die Güte einer Forschungsarbeit zu einem großen Teil auf der Güte des Kodierverfahrens (vgl. Strauss 1991: 56), weshalb diesem Forschungsab-schnitt hier besondere Aufmerksamkeit gewidmet werden soll.

Nach dem Forschungskonzept der empirisch begründeten Theoriebildung oder *Grounded Theory* beginnt die Eröffnung der Forschungsarbeit mit dem so genannten offenen Kodieren (vgl. ebd.: 51). Diese Vorgehensweise zielt auf die Erfassung des Gegenstands direkt am Primärtext und bezeichnet das textnahe Kodieren Zeile für Zeile, ja Wort für Wort, um Konzepte zu entwickeln, die den Daten angemessen erscheinen. Dieses offene, naturalistische Kodieren strebt die Erfassung des Gegenstands in der Sprache des Materials an und kann wohl als die Reinform der induktiven Kategoriendefinition bezeichnet werden. Ohne sich auf vorher festgelegte Theoriekonzepte zu beziehen leitet diese die Kategorien über Verdichtungs- und Abstraktionsprozesse direkt aus dem Datenmaterial ab (vgl. Mayring 2003: 75). Entscheidend für die vorliegende Forschungsarbeit ist nun die Weiterentwicklung dieses Kodierens durch Mayring:

> In der Logik der Inhaltsanalyse muss voran das Thema der Kategorienbildung *theoriegeleitet* bestimmt werden, also ein *Selektionskriterium* eingeführt werden, das bestimmt, welches Material Ausgangspunkt der Kategoriendefinition sein soll. Dadurch wird Unwesentliches, Ausschmückendes, vom Thema Abweichendes ausgeschlossen. Die Fragestellung der Analyse gibt dafür die Richtung an. (ebd.: 76, Hervorhebung E.M.)

Während also eine induktive Kategoriendefinition ihre Codes über Abstraktion und Verdichtung direkt aus dem Text ableitet, stellt die deduktive Definition umgekehrt auf theoretische Konzepte – bzw. hier: Selektionskriterien – als Ausgangsbasis ab. An diesem Punkt kann und muss die Kategoriendefinition unserer Analyse ansetzen, die ja weniger auf die naturalistische Erfassung des Gegenstands in seiner Gänze als auf das Erfassen bestimmter Muster zielt, deren theoretische Konzeption im Sinne bestimmter Strukturmerkmale bereits im Vorfeld festgelegt wurde (vgl. Kapitel 2.3.3). Als Elemente der Binnenstruktur von Deutungs- und Problemmustern wurden – angelehnt an Schetsches Wissenssoziologie sozialer Probleme (1996, 2000) – explizit Merkmale festgelegt, die nun im Rahmen der Kategoriendefinition als abstrakte Oberkategorien fungieren sollen. Konkret handelt es sich hierbei um die Kategorien „Problemdefinition / Situationsmodell", „Handlungsanleitung", sowie „Bewertungsmaßstab / Hintergrundwissen". Im Vorfeld der Analyse wurden die theoretischen Annahmen im Hinblick auf Deutungs- und Problemmuster, Problemdiskurs und Gegendiskurs expliziert. So wurde ein Problemdiskurs als ein aus Problemmustern bestehender Diskurs definiert, der mit einem Gegendiskurs konkurriert, dessen Deutungen den Problemcharakter des Sachverhalts in Frage stellen bzw. negieren (vgl. Kapitel 2.3.4). Aus dieser Überlegung heraus wurde die Oberkategorie „Problemdefinition / Situationsmodell" unterteilt in erstens „Problemdefinition" für alle Inhalte, die den Beitritt der Türkei als problematisch deuten und zweitens in „Situationsmodell" für alle Deutungen, die offensichtlich kein Problem identifizieren.

Im Hinblick auf die eingangs gestellten Forschungsfragen zum Thema europäische Identität sowie Bezug nehmend auf die Hypothese, dass die verschiedenen Annahmen zur Identität gleichermaßen als Hintergrundwissen und Bewertungsmaßstab für Situationsmodell bzw. Problemdefinition fungieren, wurde eine weitere Oberkategorie definiert, die zunächst „Identität Europas" lautete, aber im Laufe des Forschungsprozesses in „Masterframe: Identität Europas"[52] umbenannt wurde. Komplettiert wurde das Codebaumgerüst durch den Obercode „Handlungsanleitung", worunter alle Handlungsanleitungen – sowohl resultierend aus Problemdefinitionen als auch aus Situationsmo-

---

52   Zur Definition eines Masterframes vgl. Kapitel 2.3.5.

dellen – subsumiert werden sollten.[53] Eine weitere Oberkategorie im Codegerüst stellt der Code „Deutungsstrategien" dar, dessen Subcodes nicht empiriegeleitet, sondern theoriegeleitet ausdifferenziert wurden. Orientierung hierfür lieferten die Arbeiten von Gerhards (1992) und Schetsche (1996).[54]

So wurden die inhaltsanalytischen Oberkategorien einerseits aus der Forschungsfrage, andererseits aus der Theorie abgeleitet. Es sei an dieser Stelle bemerkt, dass wir uns bewusst sind, dass jede weitere Beobachtung im Laufe des Forschungsprozesses durch die zugrunde gelegte theoretische Konzeption mitbestimmt sein wird, und dass auch diese „Konstruktion zweiter Ordnung" (Schütz) wiederum Teil hat an der gesellschaftlichen Konstruktion der Wirklichkeit. Früh verweist in diesem Zusammenhang darauf, dass aus der Grundüberlegung der transaktionalen Koppelung von Theorie und Beobachtung weder das induktive, noch das deduktive Vorgehen in seiner Reinform umsetzbar ist (vgl. Früh 2004: 123). Daraus folgt auch, dass die weitere Ausdifferenzierung des Codebaums in Subkategorien freilich nicht mehr theoriegeleitet geschehen kann, sondern empirisch anhand des Datenmaterials, also induktiv, geschehen muss. Nur über diese operationale Definition der Kategorien kann ein Bezug zur Objektebene, also zu den konkreten Daten hergestellt werden. Die Ausdifferenzierung der Unterkategorien orientierte sich an Frühs Vorschlägen zur empiriegeleiteten Vorgehensweise (vgl. Früh 2004: 135ff.). Zunächst wurden im Hinblick auf die Forschungsfragen inhaltslose und redundante Stellen ausgeblendet (Selektion oder Reduktion), um sodann die extrahierten Textstellen auf einheitlichen Abstraktionsebenen zu gruppieren (Bündelung). Den gebündelten Textabschnitten wurden Bezeichnungen zugeordnet, die den abstrahierten gemeinsamen Bedeutungsgehalt beinhalteten (Generalisierung oder Abstraktion). Im Anschluss wurde jeweils überprüft, ob die als relevant betrachteten Textpassagen auch den bereits festgelegten Oberkategorien – also hier: den Strukturelementen der Deutungsmuster – zugeordnet werden konnten. Falls ja – und dies war in der Regel der Fall – wurden die relevanten Ausdifferenzierungen als Subkategorien übernommen; falls nein wurden sie verworfen.

Da der Aufbau von Deutungsmustern und Problemmustern identisch ist, d.h. Problemmuster *nicht strukturell*, sondern *inhaltlich* definiert werden, erschien es sinnvoll und legitim, den Aufbau des Kategoriensystems anhand der Deutungsmusterbinnenstruktur auszurichten und die Oberkategorien erst im Laufe des Forschungsprozesses mit Inhalt zu füllen. So wird erreicht, dass eine Art „Schablone" über die Texte gelegt wird, also am Ende der Analyse Deutungsmuster stehen werden, deren Struktur bereits im Vorfeld definiert wurde. Doch bezüglich der *Inhalte* gewährleistet die flexible Kombination aus induktivem und deduktivem Aufbau des Codebaums einen zu jeder Zeit offenen Ausgang des Forschungsprozesses. In der aktuellen Forschungspraxis scheint die hier umgesetzte Verzahnung von deduktiver und induktiver Kategorienbildung die Regel darzustellen (vgl. Kuckartz 2005: 186).

Der Kodiervorgang als solcher orientierte sich des weiteren an zwei Leitlinien, die von den Begründern der *Grounded Theory* formuliert wurden und sich als praktische

---

53 Zum Aufbau dieses Gerüstes vgl. Abb. 2.4 zur Binnenstruktur von Deutungsmustern (S.77).
54 Vgl. Abschnitt 2.2.3.3 und insbesondere Abb. 2.3 für eine Übersicht der Deutungsprozesse und Deutungstechniken (S.63).

Hilfe erwiesen. Erstens wurde mit Strauss jeder Kodiervorgang in regelmäßigen Abständen unterbrochen, um Gedanken und Ideen in Form von Notizen oder Memos festzuhalten (vgl. Strauss 1991: 62). Wie oben bereits erwähnt unterstützt MaxQDA dieses Vorgehen und verwaltet alle Memos in einem eigenen System. Zweitens bezeichnet der Begriff der Sättigung den Moment, ab dem zusätzliches Beobachten bzw. Lesen keine neuen Subkategorien mehr hervorbringt. Während des praktischen Arbeitens signalisiert dieser den Abschluss der Kategorienbildung.

Die folgende Übersicht veranschaulicht das Zusammenspiel von Oberkategorien, Problemdiskurs und Gegendiskurs. Es wird ersichtlich, dass die Kategorien „Bewertung / Hintergrundwissen", „Handlungsanleitungen", sowie die Deutungsstrategien nicht weiter nach Problemdiskurs und Gegendiskurs differenziert sind. Erst eine Korrelation der Subcodes sowie konkrete Arbeit am Text kann Rückschlüsse auf Deutungs-, bzw. Problemmuster ermöglichen.

Problemdiskurs	Gegendiskurs
Problemdefinitionen	Situationsdefinitionen
Bewertung und Hintergrundwissen	
Bezeichnung im Codebaum: *Masterframe*[55]*: Identität Europas*	
Handlungsanleitungen	
Bezeichnung im Codebaum: *Handlungsanleitungen / Lösungen*	
Deutungsstrategien	

Abb. 3.6 Gegenüberstellung der Deutungsmusterkomponenten und ihrer Bezeichnungen im Codebaum

3.2.3.3 Die Fallvariablen

Unter Fallvariablen sollen im Folgenden Attribute verstanden werden, die sich auf einen Text – also hier: ein Diskursfragment – beziehen. Sie lassen sich mithilfe von MAXqda in Datensätzen verwalten und dienen dazu, bestimmte Merkmale eines Textes zu definieren und als so genannte Rahmendaten ständig verfügbar zu halten. So eignen sich Variablen hervorragend als Selektionskriterium bei der Kontrastierung von Textgruppen (vgl. Kuckartz 2005: 148). Kuckartz weist darauf hin, dass das Instrument „Variablen" sinnvoll eingesetzt werden kann, um Resultate von Textinterpretationen in Form von Variablenwerten zu speichern (vgl. ebd.: 149). Zur Operationalisierung der Forschungsfragen wurde dies umgesetzt und „Einstellung" als eine von drei Textvariablen definiert. „Einstellung" nimmt die Form einer Zeichenkette, also einer *String*-Variable, an und bezeichnet die Haltung eines Akteurs gegenüber dem Sachverhalt „EU-Beitritt der Türkei". Die Zuordnung geschah anhand folgender Regeln: 1)

---

55   Dass es sich hierbei um einen Masterframe handelt, wurde freilich nicht im Vorhinein festgelegt, sondern stellte sich während des Kodier- bzw. Forschungsprozesses heraus. Insofern greift diese Tabelle – zu Zwecken der besseren Visualisierung – der empirischen Analyse voraus.

„Pro" wurde einem Text zugeordnet wenn sich der Autor bzw. Interviewte explizit *für* einen Beitritt aussprach und / oder diese Haltung eindeutig darauf erschlossen werden konnte, dass inklusive Muster vertreten wurden. 2) „Contra" wurde analog attribuiert. 3) „Neutral" wurde zugeordnet wenn sich der Autor weder befürwortend noch ablehnend gegenüber dem zu untersuchenden Sachverhalt äußerte, der Text aber thematisch eindeutig als Teil des „Türkei-Diskurses" identifiziert werden konnte. Meist handelte es sich bei diesen Texten um Kommentare zu ausgewählten Aspekten der Debatte. 4) Über die Zuordnung der Variable wurde ausschließlich anhand des vorliegenden Diskursfragments entschieden; keine Rolle durfte etwaiges Vorwissen über den Autor spielen. Eine Sortierung der Texte nach „Einstellung" und die Korrelation dieser Texte mit dem Codebaum ermöglichen Aufschluss darüber, welche Haltung gegenüber dem EU-Beitritt typischerweise mit welchen Deutungen oder Diskursstrategien korreliert. Des Weiteren lässt sich anhand der Variablenverteilung die Zusammensetzung des Pressesamples erschließen und mit Umfragewerten, also insbesondere Erhebungen zur öffentlichen Meinung, abgleichen.

Auch bei der Variable „Medium" handelt es sich um eine *String*-Variable. Jedem Text wurde je nach Erscheinungsmedium „SZ" für Süddeutsche Zeitung, „FAZ" für Frankfurter Allgemeine Zeitung, „W" für Welt, „S" für Spiegel oder „Z" für Zeit zugeordnet. Oben wurde unser Pressesample anhand von Daten zu Auflagenstärken und Erscheinungszeiträumen als ausgewogen charakterisiert. Eine Variablenanalyse bzw. -korrelation erlaubt nun Hinweise auf folgende Fragestellungen: In welchen Printmedien wird der EU-Beitritt der Türkei am intensivsten diskutiert? Haben sich Hauptdiskursforen etabliert? Welche Einstellungen dominieren in welchen Medien? Welche Akteurstypen kommen in welchen Medien zu Wort?

Um letztere Frage zu beantworten und im Hinblick auf die Akteure detaillierte Erkenntnisse über die Zusammensetzung der medialen Diskursarena gewinnen zu können, wurde jedem Text eine *String*-Variable mit Namen „Typ" zugeordnet. Empiriegeleitet wurden zu diesem Zweck vier Hauptkategorien generiert. Erstens wurde eine Gruppe von Politikern definiert („Pol"), wobei zwischen deutschen („Pol D"), EU-ausländischen („Pol EU") und türkischen („Pol T") Politikvertretern unterschieden wurde. Die Gruppe der deutschen Politiker wurde zudem nach Parteispektrum unterteilt und in „Pol D mitterechts", „Pol D mittelinks" und „Pol D liberal" ausdifferenziert. Analog wurde mit der Gruppe der EU-europäischen Politiker verfahren, wodurch die Kategorien „Pol EU mitterechts", „Pol EU mittelinks" und „Pol EU liberal" entstanden. Da in der Gruppe der türkischen Politiker ohnehin nur Vertreter der Regierung Erdogan zu Wort kamen, war eine weitere Unterteilung nach politischen Flügeln oder Strömungen nicht erforderlich. Für die Zuordnung eines Politikvertreters zu einer der Subgruppen war also neben der Nationalität das Parteibuch ausschlaggebend, wobei beide Informationen in der Regel direkt den Kontextinformationen zur jeweiligen Pressestimme entnommen werden konnten.

Die Bezeichnung „Intellektuelle" wurde neben den Politikvertretern als zweite „Typ"-Gruppe gewählt, wobei Intellektuelle mit der neueren Intellektuellenforschung begriffen werden als „Persönlichkeiten, die aufgrund ihres wissenschaftlich oder künstlerisch erworbenen Bekanntheitsgrades in der politischen Öffentlichkeit kritisch intervenieren und gehört werden" (Bock 1997: 72). Von neuerer Intellektuellenforschung soll hier die Rede sein, um den Intellektuellen als Handelnden von früheren Konzeptionen wie etwa der „frei schwebenden Intelligenz" (Mannheim), der „zweckfreien Geistestätigkeit" (Geiger), oder des Gesinnungsethikers (Weber) abzugrenzen. Diese Definition bezeichnet keine Geisteshaltung oder gar einen Menschentyp, vielmehr stellt sie ab auf ein

> sehr konkret strukturierte[s] Verhalten [das Intervenieren bzw. Kritisieren, E.M.], das durch die soziale Definition der Verhaltenssituation den Charakter eines intellektuellen Verhaltens erhält. (Lepsius 1964: 81)

Den Intellektuellen charakterisiert aufgrund seiner hohen Ausstattung an sozialem, kulturellem und symbolischem Kapital eine vergleichsweise hohe Deutungsmacht oder Benennungsmacht (Bourdieu). Insofern ist davon auszugehen, dass Intellektuelle mit vergleichsweise hoher Wahrscheinlichkeit dazu in der Lage sein werden, ihre Deutungen in diskursiven Prozessen als legitime durchzusetzen: „Das impliziert, dass ihre Appelle gehört werden, dass sie sich an eine Öffentlichkeit wenden" (ebd.: 82). Wieder wurden zu Operationalisierungszwecken türkischstämmige Intellektuelle („Intellektuelle T") von EU-europäischen Intellektuellen („Intellektuelle EU") unterschieden, was zu einem späteren Zeitpunkt eine exaktere Zurechnung der Deutungen erlauben soll.

Die Leserbriefverfasser oder kurz: „Leser" wurden in einer dritten Subgruppe unter der Variable „Typ" zusammengefasst. Da sich Leserbriefverfasser vorrangig zu politischen, wirtschaftlichen und sozialen Fragen äußern, werden Leserbriefe in der Leserbriefforschung als Beiträge zu öffentlichen Diskursen verstanden (vgl. Siebert 1994: 181). Es wurde gezeigt, dass Leserbriefwechsel Diskussionsforen darstellen, in denen die konfliktäre Kommunikation besondere Formen annimmt. So lassen sich anhand Leserbriefen „Polemiken, Wortkriege und symbolische Hinrichtungen in der gesamten Gesellschaft [...] untersuchen" (Windisch 1993: 4).[56] Dieser Umstand liegt darin begründet, dass nicht nur politische Eliten und Experten, sondern auch Vertreter der Zivilgesellschaft an der öffentlichen Debatte teilnehmen können, die „Lust am Widerspruch" (Roth 2000) haben. Im Hinblick auf ihren Argumentationsstil zeichnen sich Leserbriefe durch bestimmte Merkmale aus, die im Folgenden kurz skizziert werden sollen: Erstens sind die in Leserbriefen aufgestellten Thesen häufig nur mangelhaft begründet, was im Sinne des Konzepts der Unvollständigkeit des medialen Austauschs (vgl. Plaß / Schetsche 2001: 531) auf ein weitgehend introzeptiertes und nicht mehr reflektiertes Deutungsmuster schließen lässt. Für viele Leserbriefe ist zweitens ein Verallgemeinern und Verabsolutieren persönlicher Erfahrungen typisch, was drittens häufig mit dem Ruf nach Obrigkeit einhergeht. Lorecks umfangreiche Studie zur Leserbriefkommunikation kommt zu dem Schluss, dass das Gros der Leserbriefschreiber in Diskussionen auf dem eigenen Standpunkt beharrt, also die eigenen Deutungen weder modifiziert noch revidiert. Alle genannten Charakteristika erleichtern es dem Forscher erheblich, die für den Leser zentrale Deutung zu erkennen und von Kontextinformationen zu scheiden (vgl. Loreck 1982: 406ff.).

---

56 Anhand der konfliktären Kommunikation in Leserbriefen erarbeitete Windisch eine Typologie konfliktärer Diskurse (affektiv-konfliktär, ironisch-konfliktär, didaktisch-konfliktär).

3.2.3.4   Prüfsteine und Zielvorgaben

Jede Wissenschaftlichkeit beanspruchende Forschungsarbeit bzw. -methode muss ihre Erkenntnisgewinnung nicht nur offen legen, wie in den vorangehenden Abschnitten geschehen, sondern sie auch anhand von Gütekriterien messen lassen, die sowohl als Prüfsteine für den Grad von Wissenschaftlichkeit als auch als Anhaltspunkte für die Haltbarkeit von Aussagen fungieren. Die so genannten „klassischen", also aus der quantitativen Sozialforschung stammenden, Gütekriterien Validität (Gültigkeit) und Reliabilität (Zuverlässigkeit) können nur bedingt als Zielvorgaben für den qualitativen Forschungsprozess dienen, weshalb zusätzliches Augenmerk auf die von Mayring aufgestellten Kriterien – Verfahrensdokumentation, Interpretationsabsicherung, Regelgeleitetheit, Nähe zum Gegenstand, kommunikative Validierung und Triangulation – gelegt werden soll. Im folgenden Abschnitt soll aufgezeigt werden, inwiefern die computergestützte Datenauswertung einen Zugewinn an wissenschaftlicher Güte mit sich bringt.

Validität bezieht sich in der qualitativen Sozialforschung weniger auf die Form der Datengewinnung, sondern vielmehr auf die „Realitätshaltigkeit" der sozialwissenschaftlichen Konstrukte bzw. Konstruktionen zweiter Ordnung (Schütz). Lamnek schreibt daher dem Validitätskriterium einen „bevorzugten Status gegenüber den anderen Gültigkeitskriterien" (Lamnek 1993: 162) zu. In der vorliegenden Studie sollen also typische Deutungsmuster dann als realitätshaltig gelten, wenn

> in ihnen wesentliche Momente (Strukturen) der gesellschaftlichen Realität (Objektivität) zur Geltung gelangen, eine besondere Dichte der gesellschaftlichen Vermittlungen der Situation sich auffinden und explizieren lässt. (Leithäuser / Volmerg 1981: 128f. zitiert nach: Lamnek 1993: 159)

Dieser Sachverhalt wird auch häufig mit dem Begriff „externe Gültigkeit" umschrieben, während sich die „interne Gültigkeit" auf die geforderte intersubjektive Überprüfbarkeit bezieht. Während sich die externe Gültigkeit nur über Validierungsprozesse wie argumentative Interpretationsabsicherung bzw. kommunikative Validierung (Mayring) absichern lässt, kann die interne Gültigkeit dank computergestützter Auswertung erheblich verbessert werden. MAXqda ermöglicht zwar (noch?)[57] keine Abspeicherung von Auswertungspfaden, erlaubt aber eine ebenso detaillierte wie weitgehende Dokumentation des Vorgehens mithilfe des Memo-Systems, in welchem sich Ankerbeispiele, Codierregeln und quasi unbegrenzt Notizen zur Vorgehensweise speichern lassen. Auch wenn im Rahmen des Forschungsberichts schon aus Platzgründen Abstriche bei der Verfahrensdokumentation gemacht werden müssen, ist das Vorgehen der Forscherin zumindest theoretisch in seiner Gänze nachzuvollziehen.

Unter Regelgeleitetheit soll in diesem Zusammenhang nicht das mehr oder weniger starke Festhalten an einem zuvor festgelegten, sequentiellen Vorgehen verstanden werden, weil dies zumindest tendenziell die Offenheit und Flexibilität des Forschungsprozesses reduziert (vgl. Lamnek 1993: 157, konträr dazu Mayring 1990: 104f.). Regelgeleitetheit soll vielmehr bedeuten, dass sich die einzelnen Auswertungsschritte wie Va-

---

57   Eine Speicherung der Auswertungspfade würde eine beträchtliche Verbesserung bedeuten; dies wurde auch bereits an anderer Stelle angeregt (Arnold / Behrens / Siebenhüner 2005: 44).

riablen Zuordnen und Codieren an zuvor definierte und offen gelegte Regeln halten müssen. Prinzipiell ist dank Regelgeleitetheit und Verfahrensdokumentation nicht nur intersubjektive Überprüfbarkeit, sondern prinzipiell auch Replizierbarkeit der wissenschaftlichen Untersuchung gegeben. Die von Mayring geforderte Nähe zum Gegenstand, die insbesondere in Interviewsituationen darauf abhebt, die Relevanzsysteme der Befragten einzubeziehen, wird in der vorliegenden Forschungsarbeit nicht zuletzt durch den beträchtlichen Anteil an induktivem, also textnahem Codieren erreicht.

Auch wenn für unsere Studie Reliabilität im Sinne der quantitativen Sozialforschung – also im Sinne der Genauigkeit einer Messung – schon aus methodologischen Gründen zurückgewiesen werden muss, so ist festzuhalten, dass Zuverlässigkeit selbstredend als Gütekriterium angestrebt wird. Für die computergestützte Inhaltsanalyse ist die Intracoder-Reliabilität eine entscheidende Voraussetzung. Sie soll als hoch bewertet werden, da der gleiche Text von der Forscherin in einigem zeitlichen Abstand mehrmals codiert wurde, und dies zu im Idealfall identischen Ergebnissen führte. Pretests mit fünfzig zufällig ausgewählten Pressestimmen führten zu befriedigenden Ergebnissen, weshalb von einem sehr zuverlässigen „Messvorgang" gesprochen werden darf. Da interpretative Verfahren wie die hier umgesetzte Deutungsmusteranalyse weder auf repräsentative, noch auf generalisierbare Ergebnisse zielen, empfiehlt Faltermeier, ein bescheidenes Niveau der Generalisierung anzustreben, das er „provisorisch als lebensweltlich spezifisch" charakterisiert (vgl. Faltermeier 1990: 213). Die im quantitativen Analyseprozess statistisch abzusichernde Repräsentativität wird in der qualitativen Forschung „vom Begriff des ‚Typischen' abgelöst" (Lamnek 1993: 191, Hervorhebung i. O.). In der einschlägigen Literatur herrscht Konsens darüber, dass Deutungsmusteranalysen auf die Erstellung von Typologien abzielen (Soeffner / Hitzler 1994: 39, Lüders / Meuser 1997: 74). Auf das weberianische Konzept des Idealtypus, das unserer (Re-)konstruktion des Typischen zugrunde liegt, soll daher in den folgenden Abschnitten eingegangen werden.

3.2.4   *Erstellung der Typologie*

3.2.4.1 Der Idealtypus

Wenn in der qualitativen Sozialforschung von Typologien oder Typenbildung die Rede ist, wird in der Regel an das soziologische Begriffswerkzeug des Weberschen Idealtypus angeknüpft. Diese gedankliche Konstruktion strebt ein Optimum an Sinnadäquanz an, was nicht heißt, dass der Idealtypus Wirklichkeit abbildet, wohl aber, dass er durch Abstraktion Generalisierungen schafft, in denen sich die Einzelfälle wiederfinden: Wir betrachten also „den ‚Idealtypus' wesentlich – wenn auch nicht ausschließlich – als gedankliche Konstruktion zur Messung und systematischen Charakterisierung von individuellen, d.h. in ihrer Einzigartigkeit bedeutsamen Zusammenhänge (vgl. Weber [1904] 1991: 85). Als „begriffliches Hilfsmittel" (ebd.: 79) hat der Idealtypus eine heuristische Funktion, indem er als Maßstab für die Kontrastierung – und in der Folge Erklärung – von Einzelfällen dient. Der konkrete Einzelfall wird im Hinblick auf seinen Abstand vom und seine Differenz zum begrifflich ‚reinen‘ Idealtypus erklärt (vgl. Soeffner 1999: 47). Unser Anliegen wird es allerdings weniger sein, über die Kontrastierung von ‚reinen‘ Idealtypen und ‚unreiner‘ Wirklichkeit Erklärungen zu entwickeln. Das Konzept des Idealtypus soll vielmehr als „Werkzeug" dienen, um einerseits den Türkei-Diskurs zu (re-)konstruieren und andererseits (ideal-)typische Charakterzüge der Wirklichkeit herauszuarbeiten, die wiederum im Hinblick auf Rationalisierungen untersucht werden sollen.

Mit Weber sei insbesondere im Hinblick auf die stark normativ aufgeladene Türkeidebatte festgehalten:

> Ein ‚Idealtypus‘ in unserem Sinne ist [...] etwas gegenüber der *wertenden* Beurteilung völlig indifferentes, er hat mit irgendeiner anderen als einer rein *logischen* ‚Vollkommenheit‘ nichts zu tun. (Weber [1904] 1991: 84, Hervorhebung i.O.)

Die Typisierung folgt dem Prinzip der Abduktion. Das heißt, dass die von den Akteuren selbst kommunizierten Deutungen Grundlage für die Typenbildung sind. Die idealtypischen Deutungsmuster werden aus den Wissensbeständen der Akteure rekonstruiert, wobei diese Muster von den Akteuren zwar nicht expliziert werden können, aber dennoch nicht jenseits ihrer Wissensbestände liegen. Aus diesem Grund ist auch nicht von der Konstruktion, sondern von der *Re*konstruktion von Idealtypen die Rede. Das Prinzip der Abduktion ist von jenem der Induktion zu unterscheiden, bei dem die Einzelfälle bereits bekannten Mustern bzw. Theorien zugeordnet werden (vgl. Bohnsack / Nentwig-Gesemann 2003: 165).

Webers Aussagen darüber, wie ein Idealtypus methodisch zu konstruieren ist, bleiben abstrakt und lassen sich nicht unmittelbar in ein konkretes Forschungsprogramm umsetzen:

> Er [der Idealtypus, E.M.] wird gewonnen durch einseitige Steigerung eines oder einiger Gesichtspunkte und durch Zusammenschluss einer Fülle von diffus und diskret, hier mehr, dort weniger, stellenweise gar nicht, vorhandenen Einzelerscheinungen, die sich jenen einseitig herausgehobenen Gesichtspunkten fügen, zu einem in sich einheitlichen Gedankengebilde. (Weber [1904] 1991: 73f.)

In dem Fehlen einer methodologischen Anleitung zur Konstruktion von Idealtypen mag der Grund dafür liegen, dass in vielen Studien kaum näher geklärt wird, wie es zur Typenbildung kommt (vgl. Gerhardt 1991: 435). Dieses Defizit wurde auch im Hinblick auf die Konstruktion von Deutungsmustern – in denen Idealtypen konkrete Formen annehmen – vielfach artikuliert. Die meisten Forschungsarbeiten bieten nur unzureichende Antworten auf die Frage, wie das Analyseziel der Deutungsmusteranalyse erreicht werden soll (vgl. Lüders 1994: 113). In der Tat scheinen viele Forscher intuitiv schlussfolgernd zur Typologie zu gelangen, weshalb die entsprechenden Studien oft gänzlich auf Verfahrensdokumentation, und folglich auch auf die Möglichkeit der intersubjektiven Nachvollziehbarkeit, verzichten. Die vorliegende Arbeit möchte einen Beitrag zur Schließung dieser Forschungslücke leisten, weshalb im folgenden Abschnitt

ein konkreter Weg zur computergestützten Identifizierung von Deutungsmustern beschrieben wird. Unsere Studie setzt sich nicht zuletzt zum Ziel, Deutungsmuster methodisch kontrolliert zu rekonstruieren und so für wissenssoziologische Fragestellungen fruchtbar zu machen.

3.2.4.2 Computergestützte Identifizierung von Deutungsmustern

Im Rahmen unserer theoretischen Ausführungen wurden Deutungsmuster als spezifisch konstruierte, kognitive Schemata begriffen, die aus bestimmten Wissenselementen bestehen und sich als kollektive Wissensbestände anhand von sozialen Interaktionsprozessen („Diskursen") empirisch untersuchen lassen. Angelehnt an Schetsche
(2000) wurde die Binnenstruktur eines Deutungsmusters bzw. Problemmusters konkret
anhand der Elemente „Problemdefinition / Situationsmodell", „Handlungsanleitung",
sowie „Bewertungsmaßstab / Hintergrundwissen" definiert und deduktiv entsprechende abstrakte Oberkategorien in MAXqda generiert. Aufbauend auf den oben ausgeführten Überlegungen zur Struktur von Deutungs-, bzw. Problemmustern und induktiver Kategorienbildung muss nun zunächst der Codierprozess zum Abschluss gebracht
werden. Als Zwischenergebnis liegen damit die Dimensionen des Deutungsmusters
sowohl in struktureller als auch inhaltlicher Hinsicht vor – ungeklärt bleibt aber, wie
sich die Dimensionen zueinander verhalten. Um dies zu erhellen und zu ergründen, in
welchem Verhältnis besagte Dimensionen zueinander stehen, werden die Subkategori-
en mithilfe des „Code-Relations-Browser" zueinander in Beziehung gesetzt. In einer
Matrix korreliert dieser Browser die Subkategorien und verweist so auf typische Kor-
relationsmuster. Der Browser bildet graphisch ab, welche Codes mehr oder weniger
häufig in den Texten gemeinsam auftreten, und gibt so Hinweise auf typische Argumentationszusammenhänge. Die Abbildung im Code-Relations-Browser, die in Excel
exportiert einer statistischen Korrelationsmatrix entspricht, spiegelt zwar Häufigkei-
ten, ist aber nicht in der Lage, ein fertiges Deutungsmuster zu generieren. Das dürfte
gemeint sein wenn König schreibt, dass wir trotz der Hilfe computergestützter Auswer-
tungsverfahren auf den Button „Reveal Frames" wohl vergeblich warten müssen (vgl.
König 2004: 92). Zur Rekonstruktion von Argumentationsketten ist abseits von technisch anmutenden Korrelationsmatrizen die begleitende Arbeit an den Texten – bzw.
an den kodierten Stellen – unverzichtbar.[58]

---

58   In meinem Beitrag zur diesjährigen CAQDAS findet sich eine problemorientierte Zusammenfassung
     dieses Vorgehens (vgl. Madeker 2006a).

4 Deutungsmusteranalyse

4.1 Quantitative Auswertung

In den folgenden Abschnitten werden die Ergebnisse der Variablenanalyse präsentiert und diskutiert, um in quantitativer Hinsicht eine solide Grundlage für die weitere Analyse und Interpretation zu entwickeln. Insgesamt wurden etwa 380 Artikel erhoben, die als Fragmente des Türkei-Diskurses sowohl quantitativ als auch qualitativ analysiert wurden.

Breite Ablehnung gegenüber türkischem EU-Beitritt

Eine Auswertung der Verteilung der Variable „Einstellung", welche die Haltung des jeweiligen Akteurs gegenüber dem EU-Beitritt der Türkei abbildet, ergab ein unzweideutiges und wenig überraschendes Bild. Mit 50% ist der Anteil jener Diskursfragmente, die sich unmissverständlich gegen den EU-Beitritt aussprechen, als verhältnismäßig hoch einzustufen. Diese deutliche Mehrheit der den EU-Beitritt ablehnenden Diskursteilnehmer steht etwa einem Viertel (26%) Befürwortern und einem weiteren Viertel (24%) neutral-kommentierenden Positionen gegenüber. Dies deckt sich im Großen und Ganzen mit den Ergebnissen meiner früheren Studie, in der ich denselben Diskurs untersuchte, allerdings eine deutlich kleinere Stichprobe zugrunde legte und Daten aus dem Jahr 2002 heranzog (vgl. Madeker 2006: 186). Das Ergebnis dieser Studie wie auch jenes der vorliegenden Variablenverteilung überrascht kaum, weil sich die öffentliche Meinung seit Jahren mehrheitlich gegen einen türkischen EU-Beitritt ausspricht.

Einer Eurobarometerstudie aus dem Jahre 2003 zufolge hatte die Türkei europaweit im Vergleich zu anderen potenziellen Beitrittskandidaten wie Rumänien, Slowenien oder Bulgarien mit nur 32% Pro-Stimmen die niedrigste Zustimmungsrate. Gegen einen Türkeibeitritt sprachen sich europaweit 49% der Bevölkerung aus (Europäische Kommission 2003). Die Ablehnung nahm im Jahr 2004 – dem Jahr der Kommissionsentscheidung für oder gegen die Aufnahme von Beitrittsverhandlungen – nochmals um einige Prozentpunkte zu. 71% aller Befragten bewertete den Beitritt der Türkei als „a bad thing", während nur 13% „neither good nor bad" angaben und bloß 9% vom Türkei-Beitritt als „a good thing" sprachen (Europäische Kommission 2004).

Diese Umfragewerte finden ihre Entsprechung auf nationaler Ebene. Das Institut für Demoskopie Allensbach ermittelte noch im Jahr 2000 eine Ablehnungsrate von 52%, diese stieg im Folgejahr auf 57%, um 2002 wieder auf 52% zu sinken und im Jahr 2003 den Wert von 49% zu erreichen. Im Jahre 2004 allerdings, also im Jahr der Osterweiterung und in den Monaten kurz vor der Entscheidung der Kommission – und dieses Ergebnis gilt es mit den Ergebnissen unserer Diskursanalyse zu kontrastieren –

stieg die Zahl jener, die sich gegen einen Beitritt aussprachen, zu Beginn des Jahres auf 57% und erreichte Mitte des Jahres einen Höchststand von 66%:[59]

> Insbesondere die Diskussion über einen möglichen Beitritt der Türkei hat den Eindruck verstärkt, dass der Tragweite solcher [Erweiterungs-, E.M.]entscheidungen unzureichend Rechnung getragen wird. Nur 12 Prozent der [deutschen, E.M.] Befragten unterstützen grundsätzlich den Beitritt der Türkei, 66% sprechen sich dagegen aus. Dagegen findet Frau Merkels Vorschlag einer privilegierten Partnerschaft, die die Türkei ohne Mitgliedschaft wirtschaftlich enger an die EU binden würde, wachsende Unterstützung. [...] Während für die Mehrheit außer Frage steht, dass am 1.Mai überwiegend europäische Nationen zum Mitglied der EU werden, *stufen nur 21 Prozent die Türkei als europäisches Land ein.* (Köcher 2004, Hervorhebung E.M.)

Im Oktober 2004 sahen die Umfrageergebnisse ähnlich aus:

> Die Mehrzahl der Deutschen [...] hat weiterhin schwerwiegende Bedenken, die Türkei in die Europäische Union aufzunehmen. Mehr als jeder fünfte (21 Prozent) hat das Gefühl, dass das Land am Bosporus mit seiner anderen Kultur und Religion *nicht zu Europa passt.* (Piel 2004, Hervorhebung E.M.)

Angesichts dieser Daten verwundert es, dass die Studie des Zentrums für Türkeistudien (ZfT) zur Einstellung der deutschen Bevölkerung zum EU-Beitritt der Türkei zu völlig entgegen gesetzten Ergebnissen kommt. Der Analyse zufolge, die von der türkischen Botschaft in Auftrag gegeben wurde, unterstützte noch im Jahr 2003 die Mehrheit der befragten Deutschen grundsätzlich eine Vollmitgliedschaft der Türkei (66%), während sich nur rund ein Drittel (32%) dagegen aussprach (Zentrum für Türkeistudien 2003: 33). Vorteile für Deutschland durch eine türkische EU-Mitgliedschaft erwarteten sich der Studie zufolge zudem 48% aller Befragten. Diese Zahlen widersprechen erstens den Umfragewerten der nationalen Meinungsforschungsinstitute, zweitens den Eurobarometerdaten und drittens der vorliegenden Diskursanalyse. Damit soll freilich nicht gesagt werden, das ZfT manipuliere Umfragewerte, wohl aber darf angenommen werden, dass bereits durch die Wahl der Fragestellung politisch ungewünschte Ergebnisse absichtlich vermieden wurden.

Angesichts der sehr ausgewogenen Zusammenstellung unseres Pressesamples (vgl. Kapitel 3.2.2) lässt sich angesichts der vorliegenden Daten vermuten, dass sich die Ablehnung gegenüber dem EU-Beitritt offensichtlich in allen Qualitätszeitungen, gleich welcher Couleur, beobachten lässt. Um diese Hypothese zu verifizieren, muss die Verteilung der Contra-Stimmen in den verschiedenen Medien näher betrachtet werden. In welchen Zeitungen sind diese gegenüber den Pro-Stimmen besonders dominant? Be-

---

59 Vgl. Institut für Demoskopie Allensbach 2000, 2001, 2003, 2004 und 2004a. Um die Fragestellungen transparent zu machen, sei hier ein Beispiel aus der Allensbach-Umfrage aus dem Jahr 2000 zitiert (die Fragestellungen der darauf folgenden Jahre sind vergleichbar): „Der Türkei ist nun in Aussicht gestellt worden, Beitrittskandidat für die Europäische Union zu werden. Darüber unterhalten sich zwei. Wem von beiden würden Sie eher zustimmen, dem Oberen oder dem Unteren? (Vorlage eines Bildblattes). Der Obere: ‚Ich finde es gut, wenn die Türkei sobald wie möglich Mitglied der Europäischen Union wird. Es gibt enge wirtschaftliche Beziehungen zur Türkei und viele Türken leben in Deutschland und anderen Europäischen Ländern. Deshalb ist eine Mitgliedschaft in der EU sinnvoll.‘ Der Untere: ‚Ich bin dagegen, die Türkei aufzunehmen. Das Land gehört einem ganz anderen Kulturkreis an. Auch politisch ist die Türkei noch weit davon entfernt, eine Demokratie nach westlichem Vorbild zu sein. Deswegen halte ich es für einen Fehler, der Türkei die Aufnahme in die EU in Aussicht zu stellen.'"

trachten wir zu diesem Zweck zunächst die Verteilung der Diskursfragmente auf die untersuchten Medien und korrelieren anschließend die Variablenverteilung „Einstellung" mit jener der Variable „Medium".

Konservative Medien als Hauptdiskursforen

In Anbetracht des Wissens um die Ausgewogenheit des Pressespektrums, um die Auflagenstärken und die Erscheinungsrhythmen ist es bemerkenswert, dass die beiden konservativen Blätter *Die Welt* und *FAZ* die breite Mehrheit der Gesamtheit der Diskursfragmente auf sich vereinigen (36% *Welt* und 39% *FAZ*). Trotz der Ausgeglichenheit des Meinungsspektrums und obwohl die *SZ* eine höhere Auflagenstärke verzeichnet als die *FAZ*, haben sich für die Türkei-Debatte die konservativen Medien als Hauptdiskursforen etabliert. Drei Viertel aller Diskursfragmente, die thematisch der Debatte um den EU-Beitritt zuzuordnen sind, erscheinen entweder in der *FAZ* oder in der *Welt*; hier wird das Für und Wider des türkischen EU-Beitritts am intensivsten diskutiert. *Spiegel*, *SZ* und *Zeit* vertreten das mitte-linke bzw. liberale Lager mit gemeinsam nur 25% „Diskursanteil". Es stellt sich die Frage, ob sich wohl die Ablehnung, wie oben vermutet, wie ein roter Faden durch alle Medien zieht, oder ob sich beispielsweise die *SZ* als Forum für Befürworter des Beitritts etabliert. Eine Analyse der prozentualen Stimmenverteilung ergab, dass sich die oben formulierte Hypothese erhärtet: Zwar erscheint der Löwenanteil der Contra-Stimmen in der *FAZ* und in der *Welt* (fast 60% aller *FAZ*-Fragmente, 42% aller *Welt*-Fragmente), doch über die Hälfte (54%) aller in der *SZ* erschienen Artikel sprechen sich ebenso in der einen oder anderen Form gegen den Beitritt der Türkei aus. Demgegenüber sind die entsprechenden Zahlen zu *Zeit* und *Spiegel* numerisch zu vernachlässigen. Die vergleichsweise hohen Anteile der Contra-Stimmen in der *SZ* sind insbesondere deshalb von Bedeutung, weil ohne sie angenommen werden müsste, dass die Redaktion der konservativeren Blätter auf die Auswahl der Beiträge soweit Einfluss nimmt, dass befürwortende oder liberale Stimmen der Zutritt zur Diskursarena verwehrt würde. Dies scheint offensichtlich nicht der Fall zu sein.

Als Zwischenergebnis lässt sich erstens festhalten, dass die öffentlich-printmediale Debatte in Deutschland eine ebenso hohe wie breite Ablehnung der Akteure gegenüber dem türkischen EU-Beitritt erkennen lässt. Zweitens haben sich konservative Printmedien gegenüber den im mittelinken Parteispektrum zu verortenden, tendenziell liberaleren Foren als Hauptdiskursarenen etabliert. Es konnte gezeigt werde, dass sich ein konsistentes Bild ergibt, wenn man diese Ergebnisse mit den Umfragewerten zur öffentlichen Meinung konfrontiert.

Akteure in der Türkei-Debatte

Um die in quantitativer Hinsicht bedeutsamsten Akteure zu bestimmen, wurden die Diskursfragmente im Hinblick auf die Verteilung der zuvor definierten Variable „Typ" analysiert. Einleitend lässt sich festhalten, dass angesichts der untersuchten Akteurs-

gruppen von einem *Elitendiskurs* gesprochen werden muss. Die größte Anzahl der untersuchten Stimmen stammt von Lesern (insgesamt 44%), wovon der größte Anteil aus
Deutschland oder anderen EU-Ländern stammt. Nur wenige türkischstämmige Bürger
melden sich in Form eines Leserbriefes in der Debatte zu Wort (4%). Die hohe Zahl der
Leserbriefe erklärt sich in erster Linie durch die Kürze der Zuschriften. Selbst ein nur
drei Zeilen langer Brief geht in unserem Forschungsdesign als eigenständige Meinungs-
äußerung in die Zählung ein. Häufig erscheinen in den Leserbriefrubriken bis zu fünf
kurze Zuschriften in einer Spalte, die meist alle auf nur einen Artikel antworten. Trotz
dieser auf den ersten Blick großen Zahl gilt es zudem einschränkend anzunehmen, dass
die Deutungsmacht der meisten Leser aufgrund ihres meist niedrigeren symbolischen
Kapitals (Bourdieu) – gemeint ist Prestige, Einfluss und Bekanntheitsgrad – eher schwach
ist. Es muss also vermutet werden, dass Leser – die ja im Arena-Modell als „Zuschauer" in der Galerie platziert sind[60] – mediale Muster tendenziell rezipieren und spiegeln,
anstatt diese aktiv zu modifizieren. Für diese Annahme spricht zudem, dass Leserzu-
schriften im Vergleich zu anderen Beiträgen sehr kurz ausfallen, weil ihnen seitens der
Redaktionen relativ wenig Platz zugewiesen wird. Beiträge von Journalisten stellen
den zweitgrößten Anteil an der Gesamtheit der untersuchten Diskursfragmente dar;
hierbei ist nicht verwunderlich, dass sich die „Einstellungen" (im Sinne der o.g. Variable) der Journalisten in der Regel mit der politischen Ausrichtung des Mediums dek-
ken, für das sie jeweils tätig sind. Die folgende Graphik visualisiert die weitere Auftei-
lung der Diskursfragmente auf die Akteure:

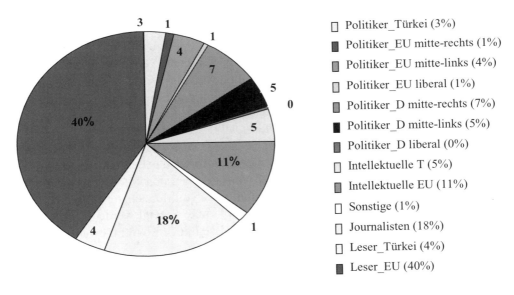

Abb. 4.1: Verteilung der Variable „Typ" (eigene Graphik)

---

60   Vgl. Abb. 2.2 (S. 56)

Die Gruppe der Intellektuellen stellt die in quantitativer Hinsicht drittwichtigste Akteursgruppe dar. Dabei sind die EU-europäischen Intellektuellen mit etwas mehr als einem Zehntel „Diskursanteil" deutlich stärker vertreten als die türkischstämmigen, die nur 5% der Diskursfragmente stellen. Da die Ablehnung der geplanten Südosterweiterung der EU und gleichsam der Kampf für eine privilegierte Partnerschaft integrale Bestandteile der Parteiprogramme von CSU und CDU sind, erscheint es nicht verwunderlich, dass in der Gruppe der deutschen Politiker (insgesamt 12% „Diskursanteil") eine leichte Dominanz des mitte-rechten Lagers zu beobachten ist. Demgegenüber fallen Stimmen (EU-)europäischer Politiker weniger ins Gewicht (insgesamt 6%). Die obige Graphik macht deutlich, dass insbesondere eine weitere Differenzierung dieser Gruppe nach Couleur bzw. politischen Lagern wenig fruchtbringend ist. Auch Politiker aus der Türkei sind mit einem „Diskursanteil" von 3% in der deutschen Debatte um den EU-Beitritt der Türkei äußerst schwach vertreten. Zählt man alle türkischen Stimmen in der Debatte zusammen, addiert also Leserbriefe von türkischstämmigen Verfassern, politische und intellektuelle Stimmen aus der Türkei, so ergibt sich mit insgesamt 12% (davon 4% Leser) eine vergleichsweise schwache Repräsentanz des Beitrittskandidaten.

4.2   Qualitative Auswertung

4.2.1   Der Türkei-Beitritt als soziales Problem

In diesem Abschnitt wenden wir uns der Konstruktion der Deutungsmusteridealtypen zu. Dabei sei vorab bemerkt, dass diese Idealtypen meist nicht völlig trennscharf nebeneinander stehen – im Gegenteil. In vielen Fällen kommt es zu Überlappungen der idealen Deutungs- und Problemmuster; zudem ist es auch denkbar, dass diese Typen miteinander konfligieren. Im Hinblick auf den Aufbau von Deutungsmustern beziehen wir uns auf das in Kapitel 2.3 ausgearbeitete Modell, das Problemdefinition, daraus abgeleitete Handlungsanleitung sowie Bewertungsmaßstab / Hintergrundwissen als wesentliche Bausteine begreift. Bevor diese einzelnen Strukturelemente miteinander korreliert werden (vgl. Kapitel 3.2), sollen im Folgenden zunächst ideale Problemdefinitionen und Handlungsanleitungen herausgearbeitet werden. Die Problemdefinitionen – im Falle von Deutungsmustern, die den Türkei-Beitritt nicht als Problem rahmen, wird an dieser Stelle von Situationsmodellen die Rede sein – wurden zunächst nach abstrakten Gesichtspunkten in Recht-, Identitäts- und Gefahr-Frames gruppiert.[61] Die folgenden Statements sind insofern ideal, als sie sich zwar stark an Ankerbeispiele anlehnen, aber im Diskurs in dieser Form nicht aufzufinden sind.

---

61   Es ist der zentrale Anspruch unserer Deutungsmusteranalyse, über eine rein inhaltsanalytische Auswertung des Textmaterials – à la Giannakopoulos und Maras (2005a,b) – hinaus zu gehen. Die Forscher aus Konstanz ordnen ihr Forschungsmaterial lediglich „thematisch" nach wirtschaftspolitischen, wertkulturellen, politisch-gesellschaftlichen und kulturpolitischen Gesichtspunkten (vgl. Giannakopoulos / Maras 2005c: 24ff.).

Als **Recht-Frames** wurden all jene Problemdefinitionen bezeichnet, die sich in erster Linie mit den Rechten und Freiheiten im Sinne der Kopenhagener Kriterien auseinandersetzen. Dazu gehören Fragen zum demokratischen Staatsaufbau (Rolle des Militärs), zu völkerrechtlichen Angelegenheiten (Zypernproblem, Völkermord) und zur Situation der Menschenrechte im Allgemeinen und im Besonderen (Menschenrechte, Stellung der Frau, Minderheiten). Zudem wurde der Frame der demokratischen Legitimierung unter dem Rechtsaspekt subsumiert. Die idealen Problemdefinitionen lauten wie folgt:[62]

Recht-Frame I: Rolle des Militärs

„Der aus Militärs bestehende Nationale Sicherheitsrat (NSR) hat sowohl formell als auch informell zu viel politische Macht und versteht sich seit Jahrzehnten als „Hüter der Demokratie". Die in der Türkei vorliegende, unzureichende Trennung zwischen Militär und Politik steht im Widerspruch zu einem europäischen Demokratieverständnis."

Recht-Frame II: Zypernproblem

„Im nördlichen Teil Zyperns wurde die griechisch-zyprische Bevölkerung vertrieben und so ein türkischer Teil der Insel geschaffen. Die völkerrechtswidrige Besetzung der Insel dauert an und spiegelt den starken Einfluss des Militärs (→ Rolle des Militärs). Solange Zypern nicht anerkannt wird, ist ein EU-Beitritt ausgeschlossen."

Recht-Frame III: Achtung der Menschenrechte

„Zwar wurde die Todesstrafe abgeschafft und Reformpakete zum Thema Menschenrechte verabschiedet, aber die Umsetzung findet im politischen und sozialen Alltag nicht oder nur schleppend statt. Folter auf Polizeistationen und Gefängnissen ist insbesondere im Osten und Südosten der Türkei nach wie vor gängige Praxis. Die Missachtung der Menschenrechte (→ Stellung der Frau) widerspricht den Kopenhagener Kriterien und ist mit einem EU-Beitritt unvereinbar."

Recht-Frame IV: Stellung der Frau

„Frauen und Männer sind faktisch nicht gleichberechtigt (→ Achtung der Menschenrechte). Frauen wird kein Selbstbestimmungsrecht zugestanden, sie kämpfen mit einer frauenfeindlichen Mentalität, patriarchalischen Strukturen und häuslicher Gewalt. Davon zeugt nicht zuletzt das Begehen so genannter Ehrenmorde."

Recht-Frame V: Völkermord

„Die Türkei leugnet bis heute den Genozid an den Armeniern (1915 / 1916) und beweist damit ihre Unfähigkeit, Verantwortung für ihre historische Schuld zu übernehmen. Wer öffentlich von Völkermord spricht, läuft Gefahr bestraft zu werden. Die Vergangenheitsbewältigung durch Anerkennung begangener Verbrechen ist jedoch ein zentraler Baustein europäischer Integration."

---

62   Diese Frames beziehen sich freilich im Diskurs aufeinander. Die wichtigsten Verweise sind mit einem „→" gekennzeichnet.

Recht-Frame VI: Minderheitenprobleme

„Die Kurden gelten offiziell nicht als Minderheiten und genießen damit nur beschränkte kulturelle Rechte. Christen und muslimische Aleviten werden ebenso wenig als religiöse Minderheiten anerkannt. Solange Minderheiten nicht geschützt und Religionsfreiheit nicht im gesamten Staatsgebiet gewährleistet ist (→ Menschenrechte), sind die Kopenhagener Kriterien nicht erfüllt und ein EU-Beitritt ausgeschlossen."

Recht-Frame VII: Demokratische Legitimierung

„Die Entscheidung für den türkischen EU-Beitritt wird gegen den Mehrheitswillen der Deutschen im Besonderen und der EU-Bevölkerung im Allgemeinen gefällt. Zumal die europäische Öffentlichkeit vom Entscheidungsprozess ausgeschlossen wird, muss dieser als unzureichend legitimiert und in der Folge als undemokratisch charakterisiert werden."

Während zu vermuten steht – und diese Hypothese gilt es noch zu überprüfen –, dass Annahmen zur Identität eine entscheidende Rolle als Hintergrundwissen für die genannten Problemdefinitionen spielen, rücken die **Identitäts-Frames** Fragen zur europäischen Identität in den Mittelpunkt der Problemdefinition selbst. Folgende Problemdefinitionen wurden unter diesem Aspekt subsumiert:

Identitäts-Frame I: Beitrittsgesuche Russland & Marokko

„Nähme man die Türkei als erste nicht-europäische Nation in die EU auf, könnte man die Gesuche weiterer nicht-europäischer Beitrittsaspiranten nicht mehr mit der Begründung ablehnen, es handle sich nicht um europäische Länder. Solche potentielle Antragssteller sind: Algerien, Marokko, Tunesien, Ägypten, Russland, Weißrussland, Ukraine, Israel, Libanon und Georgien."

Identitäts-Frame II: Dominanz

„Im Falle eines Beitritts wäre die Türkei das mit Abstand bevölkerungsreichste Land in der EU. Dies würde eine türkisch-islamische Dominanz in den EU-Gremien (Parlament, Kommission und Ministerrat) mit sich bringen. Eine solche Dominanz islamischer Wertvorstellungen würde bedeuten, dass europäische Nationen in Fragen, die die gemeinsame (Außen-)Politik betreffen, überstimmen werden könnten. Dies gilt es zu verhindern."

Identitäts-Frame III: Freihandelszone

„Durch den Beitritt eines nicht-europäischen Landes würde das in der EU bestehende Wir-Gefühl unwiederbringlich zerstört. Durch die Überdehnung über ihre natürlichen Grenzen hinaus verlöre die EU ihre politische Handlungsfähigkeit und würde zu einem Wirtschaftsraum, also einer Freihandelszone degradiert. Es gilt zu verhindern, dass so die kollektive Identität der Europäer zerstört und der Geist der europäischen Integration aufgegeben wird."

Die wohl deutungsmächtigste Gruppe stellt jene der **Gefahr-Frames** dar. Sie eint die Rahmung des EU-Beitritts als potenzielle Bedrohung für die EU und / oder Deutschland bzw. die jeweiligen Bevölkerungen. So werden Ghettobildung (Integrationsproblematik), leere Staatskassen (Finanzielle Belastung), Terrorismus und illegale Einwanderung (Grenzsicherung), Massenarbeitslosigkeit (Migration) und Islamismus (Fundamentalismus) als potenzielle, mit einem Türkei-Beitritt assoziierte Gefahrenquellen wahrgenommen.

Gefahr-Frame I: Integrationsproblematik

„Die Türken stellen Deutschlands zahlenstärkste, aber nicht integrationswillige Minderheit dar. Ein EU-Beitritt würde (→ Migration) das in Deutschland und anderen Ländern nicht bewältigte Integrationsproblem verschärfen und sowohl in Deutschland als auch in Europa zu weiterer Ghettobildung, Instabilität und Überfremdung führen."

Gefahr-Frame II: Finanzielle Belastung

„Die Türkei hätte aufgrund ihrer wirtschaftlichen Rückständigkeit und bedeutenden Rolle der Landwirtschaft Ansprüche auf hohe Zahlungen aus der EU-Kasse. Die Türkei wäre als bevölkerungsstärkstes Land nach einem Beitritt der größte Netto-Empfänger der EU. Deutschlands Steuerzahler müssten den Löwenanteil der Transfers übernehmen. So ginge mit der politischen Überforderung auch eine finanzielle Überlastung einher."

Gefahr-Frame III: Grenzsicherung

„Ein EU-Beitritt der Türkei würde gemeinsame EU-Außengrenzen mit dem Iran, Irak, Georgien, Armenien und Syrien bedeuten Damit ist die geographische Positionierung der Türkei zwischen westlichen Demokratien und Schurkenstaaten als Ausdruck einer neuen Gefahrenlage zu bewerten (→ Fundamentalismus). Die um die Türkei erweiterte EU vor illegaler Migration, Terrorismus, Massenvernichtungswaffen und nicht-demokratische Einflüssen zu schützen wird sich als aussichtsloses Unterfangen gestalten."

Gefahr-Frame IV: Migration:

„Hohe Geburtenrate, das enorme Wohlstandsgefälle, Regelungen zur Freizügigkeit und Niederlassungsfreiheit deuten für den Fall eines türkischen EU-Beitritts auf einen starken Migrationsstrom hin. Dieser würde zu Problemen auf den hiesigen Arbeitsmärkten führen, die Integrationsfähigkeit der europäischen Aufnahmeländer überfordern und letztlich zur Überfremdung der Aufnahmegesellschaften führen. Übergangsfristen würden das Problem nicht lösen, sondern nur verzögern."

Gefahr-Frame V: Fundamentalismus:

„Im Falle eines Beitritts muss damit gerechnet werden, dass sich der türkische Islam auf EU-Boden radikalisiert. Dafür spricht zum Einen, dass der türkische Regierungs-

*chef und seine Partei einen islamistischen Hintergrund haben und zum Anderen, dass
eine Re-islamisierung unter liberaleren EU-Bedingungen leichter möglich ist."*

Gefahr-, Recht- und Identitätsframes unterscheiden sich zwar im Hinblick auf die Definition der Ursachen oder Verursacher der Probleme, ähneln sich aber im Hinblick auf
die Deutung der Problemfolgen. Diese werden typischerweise in einer Überforderung,
Überfremdung und / oder Überdehnung der EU gesehen. Alle drei Folgen sind negativ
konnotiert und so gilt der Türkeibeitritt als Ursache aller Probleme als zu verhindern.
Damit ist jeweils der Kern des Handlungsproblems definiert. Während sich nun erstens
der Begriff Überforderung hauptsächlich auf institutionelle und finanzielle Gefahren-
lagen bezieht, zielt zweitens der Begriff der Überdehnung auf die geographische Ausweitung der EU-Grenzen. Drittens stellt das Konzept der Überfremdung auf integrati-
onspolitische Probleme mit Immigranten, Arbeitssuchenden, Asylbewerbern, kurz: Fremden im Besonderen und Allgemeinen ab. Auf die Frage, welche Problemfolge dabei
typischerweise mit welcher Ursachendefinition korreliert, konnte das dieser Analyse
zugrunde gelegte Sample keine aussagekräftige Antwort geben.

Wie sehen nun die Handlungsanleitungen aus, von denen sich die Diskursakteure
eine Lösung der soeben definierten Probleme versprechen? Die breite Mehrheit der
Problemmusterverfechter spricht sich unzweideutig gegen einen Beitritt aus. Die am
häufigsten ausgesprochene Handlungsempfehlung betrifft die Etablierung einer privilegierten Partnerschaft mit der Türkei, um die Vollmitgliedschaft zu umgehen. Eine
computergestützte Korrelation der Problemdefinitionen mit den Handlungsempfehlungen ergab, dass der Code „Privilegierte Partnerschaft" mit fast allen Problemdefinitionen auftritt, also als eine Art „Allheilmittel" gilt. Die Handlungsempfehlungen jener
Diskursakteure, die sich nicht mit einer Privilegierten Partnerschaft anfreunden können, betreffen EU-weite Volksabstimmungen über die Beitrittsfrage oder begnügen sich
mit der Forderung nach strikt ergebnisoffenen Verhandlungen. Beide Problemlösungs-
vorschläge treten im Vergleich zur privilegierten Partnerschaft mit deutlich geringerer
Frequenz auf. Nachdem nun die Problemdefinitionen und Handlungsanleitungen rekonstruiert wurden, stellt sich die Frage, welche Rolle Annahmen zur Identität der Türkei und Europas als Bewertungsmaßstab und Hintergrundwissen der Problemmuster
spielen. Befragen wir dazu den Code-Relations-Browser, der in einer Matrix Problemdefinitionen und Identitätsframes zueinander in Beziehung setzt:

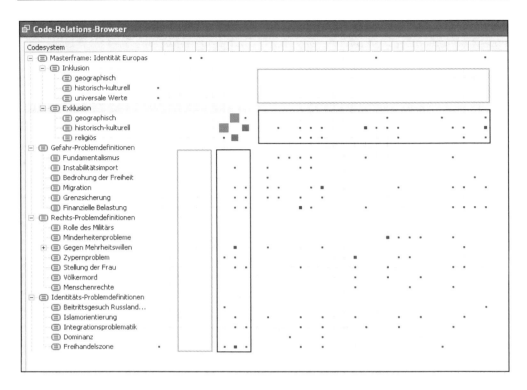

Abb. 4.2: Code-Relations-Browser (Screenshot): Identitätsframes und Problemdefinitionen

Ausschließlich aus Platzgründen und um der besseren Visualisierung willen sind die Namen der Codes nicht auch auf der horizontalen Achse abgetragen; insofern erfordert die Matrix etwas Vorstellungskraft. Die rechteckigen Kästchen im Gitternetz der Matrix stehen für das gemeinsame Auftreten der Codes in einem Diskursdokument. Dabei symbolisiert die Größe der Kästchen die Häufigkeit der Überschneidungen.

Mit inklusiver und exklusiver Identität wurden zwei Deutungsweisen europäischer Identität unterschieden, wobei erstere die Türkei als europäisch und damit „zugehörig" rahmt und letztere die Türkei als nicht-europäisch ausschließt.[63] Aus der Graphik lässt sich ablesen, dass Problemdefinitionen typischerweise mit exklusiven Deutungen europäischer Identität korrelieren, während inklusive Identitätsdefinitionen *niemals* im Zusammenhang mit der Definition des Türkei-Beitritts als Handlungsproblem auftreten. Dies könnte die Matrix kaum deutlicher abbilden. Innerhalb der gestrichelten Kästchen, in welchen inklusive Deutungen mit Problemdefinitionen korreliert sind, gibt es keinerlei Überschneidungen. Anders in den nicht schraffierten Flächen, wo exklusive Identitätsdeutungen zu Problemdefinitionen in Beziehung gesetzt werden. Das heißt mit anderen Worten: Wer den Türkei-Beitritt als soziales Problem rahmt, nimmt typischerweise *ebenso* an, die Türkei sei kein europäisches Land.

---

63   Für eine detaillierte Analyse der Identitätsdeutungen sei verwiesen auf das folgende Kapitel 4.3.

Diese enge Korrelation von Problemdefinitionen und Identitätsdeutungen frappiert. Im Grunde müssten schließlich für die Definition eines Handlungsproblems Problembeschreibung und daraus abgeleitete Handlungsanleitung ausreichen bzw. müssten diese selbsterklärend, ja überzeugend sein. Welche Rolle spielt also hier die Größe „Identität"? Wie wird sie diskursiv verwendet? Die drei Problemdefinitionen „Beitrittsgesuche Russland & Marokko", „Dominanz" und „Freihandelszone" haben gezeigt, dass Identitätsdefinitionen explizit in die Problemdefinitionen eingehen. Davon soll aber im Folgenden nicht die Rede sein. Es interessiert viel mehr, welche Rolle Annahmen zur europäischen und türkischen Identität im Rahmen der Definition des Türkei-Beitritts als soziales Problem spielen. Bevor wir auf diese Frage zurückkommen, verdeutlichen wir die eben dargestellten Zusammenhänge zunächst an einem Beispiel[64] und konstruieren anschließend einen modellhaften Idealtyp.

In der folgenden Gegenüberstellung wird in der rechten Spalte ein Diskursfragment zitiert und auf der linken Seite die Codierung offen gelegt. Aus Platzgründen kann der Forderung nach Offenlegung und Transparenz des Codierprozesses nur in diesem bescheidenen Rahmen entsprochen werden.

Erkennungsschema	**Keine Zivilgesellschaft westeuropäischer Prägung** Zum Artikel „Das türkische Geschäft" (FAZ vom 9. August 2004): […]
Problemdefinition(en)	
Problem 1: Migration (Gefahr-Frame)	Man schätzt, daß nach einem EU-Betritt [sic!] 20 Millionen Türken hierherkommen [sic!] würden, da zu einer EU-Mitgliedschaft nach einer Übergangszeit Niederlassungsfreiheit gehört.
	Das würde die sozialen Integrationsmöglichkeiten der EU-Länder überfordern.
Problem 2: Integrationsproblematik (Gefahr-Frame)	Die Fiktion einer mehrere Generationen dauernden Integration türkischer Migranten in den Arbeitsmarkt und darüber hinaus in die Gesellschaft des jeweiligen Aufnahmelandes hat sich mit der Entstehung türkischer Subgesellschaften als unrealistisch erwiesen. Es gibt zwar viele türkische Mitbürger, die sozial integriert sind, aber auch viele, denen die Mehrheitsgesellschaft fremd bleibt und die sich von ihr abgrenzen.

---

64   Dieses Beispiel wurde vor allem deshalb ausgewählt, weil es (bis auf die Handlungsanleitung) alle Problemmusterkomponenten enthält. So kann der Aufbau eines typischen Problemmusters hervorragend illustriert werden. Um der besseren Übersichtlichkeit willen wurde darauf verzichtet, auch die Diskursstrategien kenntlich zu machen.

Folge: Überforderung der Integrationsmöglichkeiten	Je mehr die Zahl türkischer Einwanderer zunimmt, desto weniger werden sich erfahrungsgemäß von ihrem homogenen sozialen Umfeld sowie dessen Kommunikationsangeboten lösen und sich in die Mehrheitsgesellschaft integrieren. Die EU und ihre Mitgliedsländer brauchen aber keine Segregation zugewanderter Minderheiten, wenn sie weiter zusammenwachsen wollen, sondern etwas, das die Menschen in Europa verbindet.
Handlungsanleitung: Wird nicht explizit genannt	
Hintergrundwissen und Bewertungsmaßstab:	
Masterframe: Identität Europas / Exklusion / historisch-kulturell Masterframe: Identität Europas / Exklusion / religiös	Es sollte also bei der Frage eines türkischen EU-Beitritts nicht zuletzt darum gehen, was für EU-Bürger identitätsstiftend ist. Auch wenn die Europäer dem Christentum zumeist nur noch formal angehören, ist dieses wie Renaissance und Aufklärung weiter bedeutsam als kulturelles Erbe, das ihre Mentalität geprägt und zur Entwicklung einer Zivilgesellschaft mit gemeinsamen Vorstellungen von Individualismus und Pluralismus, Freiheit und Mündigkeit des einzelnen sowie Minderheitenschutz und gesellschaftlicher Solidarität, Rechts- und Sozialstaat beigetragen hat. Die Türkei hat jedoch an der geistigen und politischen Entwicklung in Europa nicht aktiv, sondern lediglich als Rezipient teilgenommen und insofern keine Zivilgesellschaft westeuropäischer Prägung entwickelt. Die Öffnung des Landes nach Europa wurde von Kemal Atatürk, dem Gründer der Türkischen Republik, autoritär durchgeführt und blieb oberflächlich, war daher auch nicht mit einem Bewußtseinswandel in der Bevölkerung verbunden. Sie hat Gesetzbücher aus Europa übernommen, aber nicht das, was Montesqieu [sic!] den „Geist der Gesetze" nannte, und ist allenfalls eine formale Demokratie. Sie hat zwar Reformen zur weiteren Demokratisierung eingeleitet, auf die Todesstrafe verzichtet und den Kurden kulturelle Autonomie zugestanden; das geschah jedoch eher zur Erfüllung von Beitrittsbedingungen als auf Grund von Lehren, wie sie Europa aus der Geschichte gezogen hat. Inwieweit die Reformbeschlüsse umgesetzt werden, muß sich im übrigen erst zeigen. (Schafberg, Herwig, FAZ, 16.08.2004)

Kehren wir nun zurück auf die abstrakte Ebene und setzen graphisch mit Problemdefinition, Handlungsanleitung und Bewertung / Hintergrundwissen die oben rekonstruierten Elemente zusammen. So lässt sich der Problemmusteridealtyp modellhaft wie folgt abbilden:

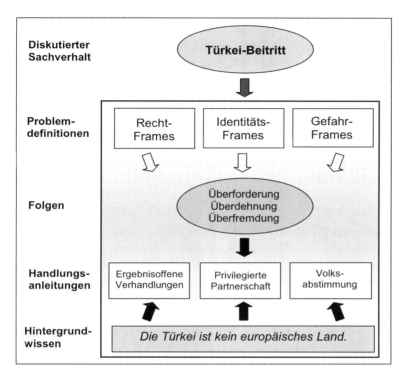

Abb. 4.3: Idealtyp eines Problemmusters im Türkei-Diskurs

Es darf angenommen werden, dass Annahmen zur europäischen Identität die Aussagen, die im Rahmen der Problemdefinition und Handlungsanleitung gemacht werden, *untermauern*, gleichsam *rechtfertigen* und *legitimieren*. Das heißt z.B., dass der Deutung, der Türkei-Beitritt bedrohe Arbeitsplätze (Gefahr-Frame) und führe zur Überforderung der Union (transparente Pfeile) durch die Annahme, die Türkei sei ohnehin kein europäisches Land, mehr Gewicht verliehen wird. Aus argumentationstheoretischer Hinsicht ist entscheidend, dass die Handlungsanleitung „Privilegierte Partnerschaft" aus zweierlei abgeleitet wird: Logisch nämlich aus der zuvor ausgearbeiteten Problemdefinition und schein-logisch aus der beispielsweise historisch und kulturell begründeten Annahme die Türkei gehöre nicht zu Europa. Dieser Zusammenhang wird in der Graphik durch die schwarzen Pfeile symbolisiert. Diese weisen erstens aus der Richtung der Problemdefinition (oben) und zweitens aus der Richtung der Identitätsdefinition (unten) auf die Kästchen mit den Handlungsanleitungen. Dieser Zusammenhang lässt darauf schließen, dass es sich bei den exklusiven Identitätsdeutungen offensichtlich um Sinnstrukturen handelt, die nicht der logisch-rationalen Argumentation, sondern vielmehr der Rationalisierung – im paretianischen Sinne – dienen.

4.2.2   Deutungsmuster im Gegendiskurs

Wie sehen nun vor der obigen Kontrastfolie jene Deutungsmuster aus, die den Türkei-Beitritt *nicht* als soziales Problem rahmen? Welche Rolle spielt hier die Größe „Identität"? Treten etwa analog zu den oben beschriebenen Zusammenhängen Situationsdefinitionen und inklusive Identitätsframes ebenso eng miteinander verknüpft auf? Anders gefragt: Arbeiten auch Beitrittsbefürworter oder -indifferente mit Annahmen zur Identität, um ihre Argumente zu verstärken oder zu legitimieren? Es wurden zunächst zwei Arten von Situationsmodellen geschieden. Während der erste Typ ausschließlich mit den vermeintlichen Vorteilen eines Beitritts argumentiert (Verjüngung, Integrationsverbesserung, Sicherheits- und Stabilitätszuwachs, Energiepolitik, Vorbildfunktion, Reformeifer, Brückenfunktion), weist der zweite Typ insofern Problemmustercharakter auf, als der *Nicht-Beitritt*, also das Ausbleiben der Südosterweiterung der EU um die Türkei als Problem gerahmt wird (Wirtschaftliche Kosten, Abgleitgefahr, Wortbruch). Die idealen Situationsmodelle lauten wie folgt:

Situationsmodell I: Verjüngung

„Die im Falle eines türkischen EU-Beitritts durch Niederlassungsfreiheit erleichterte Zuwanderung ist angesichts niedriger Geburtenraten und Überalterung der Bevölkerung in Deutschland und anderen EU-Ländern als positiv zu bewerten. Der Zuzug gut ausgebildeter Arbeitskräfte bedeutet langfristig eine Verjüngung der Bevölkerung und in der Folge volle Sozial- und Rentenkassen."

Situationsmodell II: Integrationsschub

„Die EU-Aufnahme der Türkei würde die Integration der bereits in EU-Ländern lebenden Muslime positiv beeinflussen. Insbesondere die Türkischstämmigen in Deutschland würden sich verstärkt mit Europa identifizieren und sich umso williger in ein geeintes Europa integrieren."

Situationsmodell III: Sicherheits- und Stabilitätszuwachs

„Langfristig würde eine außen- und sicherheitspolitisch als globale Macht agierende EU insofern von einer voll integrierten Türkei profitieren, als diese erfolgreich Stabilitätsarbeit im Kaukasus, im Mittelmeerraum und in Vorderasien leistet. Eine Integration der Türkei bedeutete zum Einen eine Zunahme an politischem Gewicht für die EU und zum Anderen eine enge Anbindung an die arabische Welt. Letzteres brächte verbesserte Möglichkeiten im Kampf gegen Terrorismus, Fundamentalismus und Krisenherde mit sich."

Situationsmodell IV: Energiepolitik

„Eine Vollmitgliedschaft der Türkei würde für die EU die Erschließung der Rohstoff- und Energiemärkte im Kaukasus und Mittleren Osten bedeuten. Insofern liegt die Tür-

kei an einem geostrategisch und energiepolitisch bedeutsamen Knotenpunkt. Europa könnte von den einschlägigen Kontakten Ankaras profitieren und langfristig den Zugang zu lebenswichtigen Öl- und Gasvorkommen sichern. "

Situationsmodell V: Vorbildfunktion

„Von einem Beitritt der Türkei zur mehrheitlich christlichen EU würde insofern ein positives Signal ausgehen, als Grenzen nicht entlang religiöser Grenzen gezogen würden. Dabei würde die Türkei als erstes weitestgehend islamisch geprägtes Land beweisen, dass Demokratie, Rechtsstaatlichkeit, Achtung der Menschenrechte mit einem säkularisierten Islam kompatibel sind. Die Türkei könnte damit als Vorbild und Modell für andere muslimische Länder fungieren. "

Situationsmodell VI: Reformeifer

„Die zügige Verabschiedung von Gesetzesänderungen in der jüngsten Vergangenheit hat gezeigt, dass die Aussicht auf den EU-Beitritt eine enorme Triebkraft für die Reformdynamik und Stabilisierung in der Türkei entfaltet. Die Erfahrungen der Süd- und Osterweiterung haben bewiesen, dass die Beitrittsperspektive stabilisierende Effekte in den Kandidatenländern mit sich bringt. Insofern ist es im Namen demokratischer Reformen erforderlich, der Türkei eine Vollmitgliedschaft in Aussicht zu stellen. "

Situationsmodell VII: Wirtschaftsdynamik

„Die Türkei verzeichnet ein kontinuierlich steigendes Wirtschaftswachstum und sinkende Inflationsraten. Zudem verfügt sie über ein großes Potenzial an gut ausgebildeten Fachkräften und hat die für eine konkurrenzfähige Marktwirtschaft notwendigen Reformen eingeleitet. Die Volkswirtschaften der EU und insbesondere die Exportnation Deutschland würden insofern von einem Türkei-Beitritt profitieren als dieser Absatzmärkte eröffnen und eine starke wirtschaftliche Dynamik anstoßen würde. "

Situationsmodell VIII: Brückenfunktion

„Eine volle Integration der Türkei in Europa hätte die strategische Bedeutung einer religiös-kulturellen Brücke zwischen Islam und Christentum, Europa und Vorderasien. Damit wäre ein wichtiger Schritt getan, um die eine weitere religiöse Polarisierung der Welt zu verhindern und die Verständigung der Kulturen und Völker untereinander zu fördern. "

Situationsmodell mit Problemmustercharakter I: Wirtschaftliche Kosten

„Sollte die Türkei nicht der EU beitreten, wären die ökonomischen Folgen verheerend. Crashs an den türkischen Aktien- und Währungsmärkten und steigende Inflationsraten würden das Land in eine wirtschaftliche Krise stürzen. In Deutschland und im übrigen Europa würde man die einmalige Chance vergeben, durch die Erschließung von Absatzmärkten Arbeitsplätze zu schaffen und zu sichern. "

Situationsmodell mit Problemmustercharakter II: Abgleitgefahr

„Die Konsequenzen eines Neins zur Türkei hätte unabsehbare soziale und politische Folgen sowohl für das Land als auch für die türkisch-europäischen Beziehungen. In der Türkei würden nationalistische, islamische, islamistische, in jedem Fall aber nicht-demokratische Kräfte gestärkt. Die große Gefahr ist mithin im Abgleiten der Türkei in Gewalt, Instabilität, Korruption und Krieg zu sehen."

Situationsmodell mit Problemmustercharakter III: Wortbruch

„Ein Nein zum Türkei-Beitritt käme angesichts der zahlreichen, im Laufe der letzten vierzig Jahre wiederholt gegebenen Beitrittsversprechen einem Wortbruch und damit verbunden einem Gesichtsverlust auf beiden Seiten gleich. Aufgrund der Ehrverletzung und Enttäuschung in der Türkei würden die Beziehungen zwischen EU und Türkei dauerhaft Schaden nehmen. Unverantwortlich wäre es zudem, durch ein Nein Muslimen inner- und außerhalb der EU zu signalisieren, dass sie in Europa nun doch unerwünscht seien."

Aus allen diesen Situationsmodellen wird dieselbe Handlungsempfehlung abgeleitet und ein Beitritt der Türkei zur EU gefordert. Welche Rolle spielen nun Identitätsdeutungen im Rahmen der Deutungsmuster? Eine Korrelation der betreffenden Codes erhellt diese Frage:

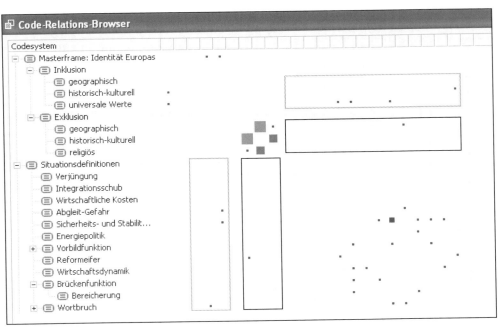

Abb. 4.4: Code-Relations-Browser (Screenshot): Identitätsframes und Situationsmodelle

In der oberen, horizontalen Leiste denke man sich wieder jene Codes, die links aufgelistet sind, in derselben Reihenfolge hinzu. Was lässt sich aus dieser Matrix schlussfolgern? Im Vergleich zum obigen Screenshot (Abb. 4.2) fällt auf, dass erstens exklusive Identitätsdeutungen bis auf eine Ausnahme nie gemeinsam mit Situationsmodellen auftreten (nicht schraffierte Flächen). Zweitens korrelieren die Situationsmodelle vereinzelt, aber in einem kaum erwähnenswerten Ausmaß mit inklusiven Deutungen (gestrichelte Kästchen). Mit anderen Worten: Jene Diskursteilnehmer, die im Türkei-Beitritt kein soziales Problem erkennen, äußern sich in der Regel überhaupt nicht zum europäischen Charakter der Türkei oder aber – wie erwähnt in wenigen Fällen – deuten das Land als zu Europa gehörig.

Fassen wir kurz zusammen. Die Bezugnahme auf eine wie auch immer konkret ausgestaltete europäische Identität findet sich überwiegend in Argumentationen *gegen* einen türkischen EU-Beitritt. Anders formuliert: In erster Linie sind es die Akteure des Problemdiskurses, also jene, die Problemmuster kommunizieren, die ihre Forderung nach Exklusion der Türkei aus der Annahme einer exklusiven europäischen Identität ableiten bzw. sie damit rechtfertigen oder legitimieren. Offenbar handelt es sich hierbei um schein-logische Ableitungen bzw. Rationalisierungen – ein Gedanke, der es lohnend erscheinen lässt, die argumentative und / oder rhetorische Funktion der exklusiven Identitätsframes vor dem theoretischen Hintergrund der paretianischen Derivationentheorie näher zu betrachten. In Kapitel 5 kommen wir darauf zurück.

4.3 Masterframe-Analyse

4.3.1 Begriffsbestimmung

Der Terminus „europäische Identität" ist ebenso vielschichtig wie schillernd, so dass es im Folgenden zunächst einen wissenschaftlichen Arbeitsbegriff zu konkretisieren gilt. Beginnen wir mit einer grundlegenden Überlegung und unterscheiden mit Seidendorf eine Mikro- und eine Makrodimension der Untersuchung europäischer Identität:

> It seems that there are two main approaches to this complex question: One at the micro-level, investigating into the individual's "feeling of Europeanness", in other words: its relation towards a – presumed or existing – European level. A second approach concentrates on the *content* of this "European level" that is, on group processes leading to a collectively constructed societal order and its cultural context. (Seidendorf 2003: 1, Hervorhebung i.O.)

Die folgenden Ausführungen werden sich auf beiden Ebenen bewegen.[65] Es sollen sowohl kollektive Konstrukte im Hinblick auf „content" untersucht, als auch Zugehörigkeitsgefühle anhand aggregierter Daten bestimmt werden. Gegenüber Seidendorfs holzschnittartiger Unterscheidung erscheint Kohlis differenziertere Dimensionalisierung

---

65   Eine vergleichbare Dimensionalisierung von europäischer Identität findet sich auch bei Benedikt, der Europa als „vorgestellte Gemeinschaft" von Europa als „individuelle Zugehörigkeitsbeschreibung" unterscheidet, allerdings mit „Institutionalisierung im Namen Europas" noch eine dritte, hiervon unabhängige Dimension hinzu fügt (vgl. Benedikt 2004: 30f.).

aussagekräftiger, in welcher der Begriff „europäische Identität" auf vier Ebenen gedacht wird. Diese soll helfen, die folgenden Ausführungen zu strukturieren. Erstens
nennt Kohli die staats- oder verfassungsrechtliche Identität, wie sie in Dokumenten
oder Verträgen der EU zum Ausdruck kommt, für die vorliegenden Ausführungen aber
wenig relevant ist. Die zweite Dimension stellt das dar, was „Europe is, or what it could
or should be, as manifested in the texts by or discourses among various groups of
intellectuals and politicians" (Kohli 2000: 120). Damit ist die ideengeschichtliche oder
diskursive Ebene umschrieben, welcher sich die vorliegende Studie methodisch über
eine Diskurs- bzw. Deutungsmusteranalyse nähert. Davon wird, drittens, eine Ebene
der kulturellen Praktiken und Symbole unterschieden, in denen sich die Handlungsrelevanz der Identitätsdeutungen zeigt. Die vierte Ebene, „that of individual identity pro-
per, or more precisely, of collective identity" (ebd.: 122) müsse nicht nur unmissverständlich von den ersten drei unterschieden werden, sondern auch und vor allem als
eigenständiger Tatbestand konzipiert und erfasst werden. Diese Forderung soll für die
anschließenden Überlegungen als Leitgedanke dienen. Zunächst wollen wir uns der
zweiten Ebene, also der diskursiven Dimension, zuwenden und darlegen, inwiefern im
Türkei-Diskurs im Hinblick auf europäische Identität von einem Masterframe gesprochen werden kann. Hier geht es darum, aufzuzeigen, wie sich die diskursive Konstruktion von europäischer Identität im Konkreten darstellt (4.3.2) und welche Konstruktionen sich als besonders mächtig erweisen (4.3.3).

4.3.2   *Konstruktionen europäischer Identität*

Als Masterframe oder Metanarrativ hatten wir einen von allen Diskursakteuren geteilten
Sockel an Deutungen begriffen, der nicht hinterfragt wird bzw. im wahrsten Sinne des
Wortes „nicht zur Debatte steht". Es kann gezeigt werden, dass die Annahme der Existenz einer kollektiven europäischen Identität im Türkei-Diskurs einen solchen Masterframe darstellt. Ohne freilich nach der empirischen Angemessenheit dieser Annahme zu
fragen, wird von allen Akteuren, unabhängig von ihrer Provenienz, beruflichen Interessen oder politischen Couleur implizit vorausgesetzt, dass eine europäische Identität exi-
stiere. Zu einem ähnlichen Schluss war Wessels bereits vor mehr als einem Jahrzehnt
gekommen; von der diskursiven Bezugnahme auf die europäische Identität schreibt er:

> [D]ie Verwendung als eine fast alltägliche Vokabel des politischen [...] Diskurses ist zumindest
> als signifikanter Indikator zu verstehen. Er weist allen Anschein nach auf einen Bedarf hin, über
> konventionelle Zugänge von EU-Untersuchungen hinauszugehen [...]. (Wessels 1995: 102)

Dies stützen auch die Analysen von Giannakopoulos und Maras, welche die Türkei-
Debatten des EU-Parlaments inhaltsanalytisch auswerten:

> Das Geflecht der herausgestellten Argumentationsmuster fügt sich zu einem breit gefächerten
> Konsens um die Grundbestandteile europäischer Identität zusammen. Vor dem Hintergrund
> dieses Konsens kann man beobachten, *wie der Wahrnehmung der Aufnahmeperspektiven der
> Türkei eine Zusammengehörigkeitseinstellung zu Grunde liegt* [...]. (Giannakopoulos / Maras
> 2005c: 31, Hervorhebung E.M.)

In *keinem* unserer untersuchten Diskursfragmente – und wir können bezogen auf Zeitraum und Medien durchaus von einer vollständigen Erhebung ausgehen (vgl. Kapitel 3.2) – wird die Existenz einer europäischen Identität bezweifelt bzw. deren Vorhandensein in Frage gestellt. Die Akteure in ihrer Gesamtheit sind sich darüber einig, dass eine solche kollektive Identität existiert; über die konkrete Ausgestaltung divergieren die Ansichten allerdings beträchtlich. Häufig sind es Fragen oder allgemein formulierte Überlegungen zum Diskursgegenstand Europa und / oder Türkei, die auf die implizite Annahme einer europäischen Identität schließen lassen:

> Passt ein islamisches Land überhaupt zu *unserer christlich geprägten Identität*? (Schuller, Konrad im Interview mit Dennis MacShane, FAZ, 02.05.2004, Hervorhebung E.M.)

> Wie lässt sich eine *europäische Identität* mit einem Mitglied Türkei vereinbaren? (Schuster, Jacques im Interview mit Gernot Erler, Die Welt, 09.09.2004, Hervorhebung, E.M.)

> Dass die *Kerngedanken* der europäischen Integration, ja das *Fundament europäischer Identität*, bei den europapolitischen Gedankenspielen der Bundesregierung keinerlei Rolle spielen, zeigt jedoch nicht nur ihr Verhalten im Blick auf die nächste Erweiterungsrunde. (Koschyk, Hartmut, FAZ, 21.12.2004, Hervorhebung E.M.)

> Man kann sich als Deutscher gegenüber der Außenpolitik der Bundesregierung nicht wehren, die Argumente eines Giscard d'Estaing ignorieren wird. Wer sich aber dessen Analyse anschließt, kann wenigstens jenen Parteien seine Wählerstimme versagen, die ,*die Natur des europäischen Projekts*' zur Unkenntlichkeit verwandeln wollen. (Müller, Leonhard, FAZ, 09.12.2004, Hervorhebung E.M.)

Schon diese Auswahl zitierter Fragmente – und hier besonders die von mir kursiv gesetzten Textteile – macht deutlich, dass kollektive, europäische Identität auf die vielfältigsten Weisen gedacht und konzeptualisiert wird. Die Bezugnahme auf eine „europäische" Geschichte beispielsweise dürfte auf die Annahme einer gemeinsamen „Kommunikations-, Erinnerungs- und Erfahrungsgemeinschaft" (Kielmansegg 1996: 55) hindeuten. Der Verweis auf die unterschiedlichen religiösen Traditionen in der Türkei und in EU-europäischen Ländern lässt demgegenüber darauf schließen, dass kollektive Identität wohl als eine Art Gruppengefühl gedacht wird, das nicht zuletzt über eine gemeinsame Religion und das damit verbundene Wertesystem hergestellt wird (vgl. Walkenhorst 1999: 29). Mit der Referenz auf „Kerngedanken" oder die „Natur" europäischer Integration wird Bezug auf das genommen, was Lepsius als institutionalisierte Ordnungsvorstellungen begreift. Diese zeichnen sich durch normativen Gehalt aus und wirken verhaltensprägend für Individuen und Kollektive (vgl. Lepsius 1999: 201).

Den im Türkei-Diskurs untersuchten diskursiven Konzeptionen von europäischer Identität ist gemeinsam, dass sie – sei es explizit oder implizit – auf ein wie auch immer geartetes, teils sehr detailliert bestimmtes, teils kaum konkretisiertes *Wir-Gefühl* einer Gemeinschaft Bezug nehmen. Das heißt, auf Diskursebene wird von der Existenz einer „imagined community" (Anderson 1991)[66] ausgegangen und auf eine Art *Zusammen-oder Zugehörigkeitsgefühl* abgestellt. Befürworter und Gegner des Türkei-Beitritts diskutieren gleichermaßen auf Basis der Annahme, dass ein solches existiert und von allen Mitgliedern des betreffenden Kollektivs geteilt wird. Stimmen, die dies in Frage stellen

---

66   Anderson prägte diesen Begriff für Zusammengehörigkeitsgefühle auf nationaler Ebene.

oder negieren, werden, wie gezeigt werden kann, ausschließlich in wissenschaftlichen Diskursen laut; in die im Rahmen dieser Studie untersuchte medial-öffentliche Debatte finden sie keinen Eingang. Umso fruchtbringender erscheint es, die beiden oben skizzierten Ebenen – die diskursive und jene der Bewusstseins- bzw. Zugehörigkeitsgefühle – zu kontrastieren.

Auf der diskursiven Ebene können mehrere, teils einander diametral entgegen gesetzte, teils sich überlappende Konstruktionen von europäischer Identität unterschieden werden, die sich analytisch und jeweils bezogen auf die Türkei in inklusive (Kapitel 4.3.2.1) und exklusive (Kapitel 4.3.2.2) Muster einteilen lassen. Als Ausgangspunkt für die Diskussion der Identitätskonstruktionen soll der in MAXqda verwendete Codebaum dienen:

Masterframe: Identität Europas	12
Inklusion	0
geographisch	3
historisch-kulturell	10
universale Werte	12
Exklusion	0
geographisch	37
historisch-kulturell	69
religiös	22

Abb. 4.5: Ausschnitt aus dem in MAXqda verwendeten Codebaum[67] (Screenshot)

Die Zahlen am rechten Rand der Graphik bezeichnen die Häufigkeit, mit welcher der links genannte Code / Subcode vergeben wurde. „Masterframe: Identität Europas" wurde immer dann codiert, wenn in einem Diskursfragment auf eine europäische Identität Bezug genommen wurde, diese aber nicht spezifiziert wurde. Dies war nur zwölf Mal der Fall, weil den Diskursfragmenten in der Regel genügend Hinweise auf die Identitätskonzeption entnommen werden konnten. Solche impliziten Annahmen bestätigen ebenso das Vorhandensein des Masterframes wie explizite Charakterisierungen europäischer Identität. Weiter wurde die Deutung „Exklusion / geographisch" 37 Mal, die Deutung „Exklusion / historisch-kulturell" 69 Mal kodiert usw. Im Hinblick auf ihr *Standing*, also rein quantitativ betrachtet, sind inklusive Identitätskonzepte im untersuchten Diskurs relativ schwach vertreten. Insgesamt stehen inklusive Frames und exklusive Deutungen im Verhältnis von ca. 1:5 (25:128).[68] Diese Zahlen eignen sich als

---

67 Für Angaben zur Erstellung des Kategoriensystems sei verwiesen auf Kapitel 3.2.3.2. Die Kästchen in der Graphik verweisen auf im Laufe des Codierungsprozesses erstellte Memos.

68 Die exakten Zahlen lauten wie folgt (vgl. Screenshot): 3 + 10 + 12 = 25 inklusive Frames stehen 37 + 69 + 22 = 128 exklusive Frames gegenüber, dies ergibt in der Summe 153 codierte Textstellen, die konkret benennen, worauf die im Diskursfragment angenommene europäische Identität basiert. Die oben genannten weiteren 12 Codierungen gehen in diese Rechnung nicht ein. Der Anteil exklusiver Muster errechnet sich über (128 x 100) / 153 = 84%; analog der Anteil inklusiver Muster (25 x 100) / 153 = 16% oder einfach 100% − 84% = 16%. Bei den prozentualen Angaben handelt sich um gerundete Werte.

erste Indikatoren für die Bestimmung von Deutungsmacht. Einschränkend muss allerdings erstens bemerkt werden, dass es während des Codierprozesses gelegentlich zu Mehrfachcodierungen innerhalb ein und desselben Diskursfragments kam. Zweitens sind die Unterkategorien der Codes „Inklusion" und „Exklusion" nicht völlig trennscharf. Auch wenn dies die Aussagekraft quantitativer Messungen einschränkt, erscheint das *Standing* von Identitätsframes dennoch als aussagekräftiger Indikator für Deutungsmacht. Um Deutungsmachtrelationen und die unterschiedliche Durchdringung des Türkei-Diskurses mit Identitätsframes zu erklären, werden im Folgenden Überlegungen zur *frame resonance* angestellt und weitere qualitative Kriterien herangezogen, die auf Konsistenz, Kommunizierbarkeit und Glaubwürdigkeit (von Frames und Akteuren) abstellen.[69]

4.3.2.1 Inklusive Frames

Die Türkei als geographischer Teil Europas

Wie der obigen Abbildung des Codebaums zu entnehmen ist, ist die Deutung, die Türkei sei „geographisch" Teil des europäischen Kontinents, am schwächsten vertreten. Es sei stellvertretend aus einem Leserbrief und einem Interview zitiert:

> Zur Geographie: wenn das geographisch zu Afrika gehörige Malta seinen Platz in der EU findet, *kann dieser der geographisch europäischen Türkei kaum abgesprochen werden.* (Grabbe, Karl H., FAZ, 19.10.2004, Hervorhebung E.M.)

> Zunächst lehrt uns schon die Geographie, dass die Türkei ein Teil des europäischen Kontinents ist. Die Türkei ist das letzte Tor Europas nach Asien und Asiens Tor zu Europa. Wenn die Europäische Union eine politische Union sein soll und kein christlicher Club, wenn die Union das Ziel hat, die Zivilisationen zusammenzuführen, *dann muss die Türkei ein Teil dieser Union sein.* (Erdogan, Recep Tayyip im Interview, Der Spiegel, 04.10.2004, Hervorhebung E.M.)

Auf Basis dieser wenigen Beispiele lässt sich kaum generalisieren. In den wenigen Fällen, in denen eine geographische Zugehörigkeit der Türkei zu Europa angenommen wird, wird – wie die kursiv hervorgehobenen Textstellen unterstreichen – daraus ein Anspruch auf politische Zugehörigkeit abgeleitet. Weiter unten wird gezeigt, dass dieser Mechanismus auch umgekehrt greift: Wer die Türkei als außerhalb des „geographischen" Europas liegend deutet, schließt daraus (schein-)logisch, dass dies inkompatibel mit einem EU-Beitritt sei.

Nehmen wir also die extrem niedrige Frequenz des soeben skizzierten Identitätsframes als Indikator für die geringe Durchsetzungskraft der Deutung. Worauf ist diese zurückzuführen? Zum Einen erscheint in Hinblick auf die Konsistenz des Frames problematisch, dass der hier verfochtene Europabegriff offen lässt, wo die Grenzen eines Europas liegen, das die Türkei als in geographischer Hinsicht europäisch konstruiert. Auf abstrakter Ebene wird wohl von der Existenz eines Nicht-Europäischen, mithin

---

69   Für eine detaillierte Bestimmung der zugrunde gelegten Konzepte vgl. Kapitel 2.3.5.

Asiatischen oder Orientalischen ausgegangen, dessen Annahme bleibt aber implizit. Zum Anderen widerspricht die Deutung, die Türkei gehöre geographisch zu Europa, dem „traditionellen", derzeit gesellschaftlich als „richtig" anerkannten Europabegriff. Diesen legitimieren nach wie vor Erdkunde-Schulbücher und die seit Jahrzehnten im Handel erhältlichen Weltatlanten. Folgt man diesen, so gehört die Türkei zu Asien und nicht zu Europa (vgl. Schultz 2004: 51f.).

Die Türkei als historisch-kultureller Teil Europas

Ein zweites inklusives Identitätskonzept konstruiert die Türkei als historisch-kulturellen – und folglich: als natürlich-ursprünglich wahrgenommenen – Teil Europas. Betrachtet man die diskursive Durchsetzung dieser Deutung, stellt man fest, dass der Frame mit zehn codierten Stellen zwar mächtiger ist als der soeben skizzierte Geographieframe, allerdings im Vergleich zu den im Folgenden noch zu konkretisierenden exklusiven Frames deutlich schwächer abschneidet. Auf die unterschiedlichsten geschichtlichen Ereignisse wird Bezug genommen, um Verbindungslinien zwischen der Türkei und jenen Staaten herzustellen, die bereits EU-Mitglieder sind. Aus Platzgründen soll nur eine kleine Auswahl an repräsentativen Diskursfragmenten zitiert werden:

> Istanbul, das alte Konstantinopel, ist eine *Wiege unserer Zivilisation*. Die Türken sind eine ägäische Nation. (MacShane, Denis im Interview, FAZ, 02.05.2004, Hervorhebung E.M.)

> Die Türkei sei Orient, sagen die Beitrittsgegner. Das ist richtig. Doch in weiten Teilen Osteuropas mischen sich Orient und Okzident. Und die Türkei selbst ist *Teil der europäischen Geschichte* und europäischen Kultur. (Prantl, Heribert, SZ, 15.05.2004, Hervorhebung E.M.)

> Alle reden von der Türkei, niemand von den langen osmanischen Jahrhunderten, in denen die Türkei europäische Geschichte schrieb, mit dem Blut der Schlachten wie mit der Tinte der Verträge. (Stürmer, Michael, Die Welt, 15.10.2004)

> Istanbul war mal Konstantinopel und auch Hauptstadt des oströmischen Reichs. Troja lag in der Türkei, und der Austausch mit dem arabischen und türkischen Raum im Mittelalter brachte Europa in Kontakt mit der Mathematik und der Antike. (Sonderegger, Peter, Die Welt, 27.09.2004)

> Wenn man der Definition Europas das Christentum zugrunde legt, könnte man die Türkei mit einigem Recht als eine der *Wiegen Europas* bezeichnen. Umgekehrt wurde die einst größte Kirche der Christenheit, die Hagia Sophia, mit der Eroberung Konstantinopels zum Vorbild der Moscheen. Ostrom und Byzanz, der Zusammenhang mit dem frühen Christentum, leben in der Türkei weiter. Die Verbindung mit Europa könnte diese teilweise verschütteten Traditionen stärken und *Europa wieder an einige seiner Wurzeln heranführen*. (Burgdorf, Wolfgang, FAZ, 06.01.2004, Hervorhebung E.M.)

Zusammengehörigkeit wird hier über die Konstruktion einer Gemeinschaft hergestellt, die bestimmte, konkret benennbare historische Wurzeln teilt. Mit anderen Worten wird von einer gemeinsamen Kommunikations-, Erinnerungs- und Erfahrungsgemeinschaft (vgl. Kielmansegg 1996: 55) ausgegangen, an der EU-Mitgliedsstaaten und Türkei gleichermaßen teilhaben. Die oben zitierten Diskursfragmente veranschaulichen, dass die Akteure teilweise weit in die Geschichte zurückgreifen, um Berührungspunkte zu konstruieren. Während das vergangene Jahrhundert weitgehend ausgeklammert wird, sind diskursive Bezüge auf die Antike, das Mittelalter und die Ära des Osmanischen Reichs charakteristisch. Diese Form der Identitätskonstruktion – und hier insbesondere die metaphorische Darstellung der Türkei als „Wiege Europas" oder „Wiege der Zivilisation" – erinnert an die Rhetorik, die der Osterweitung im Mai 2004 voranging und insbesondere von gesellschaftlichen und politischen Eliten auf nationaler und EU-Ebene betrieben wurde. Hier dominierten Konstruktionen, die klare Gemeinschaftsbezüge zwischen „altem" und „neuem", westlichem und östlichem Europa herstellten, woraus letztlich auf der Ebene politischer Entscheidungsträger „the EU's responsibility towards the CEECs and the need to act accordingly" abgeleitet wurde (Sedelmeier 2001: 177). Das Gros der Stimmen im Diskurs um die Osterweitung teilte also die Deutung, es gelte nun zusammenzuführen, was zusammen gehört (vgl. Ecker-Erhardt 2002, Brusis 2003). Dabei wurde regelmäßig der Türkei die Rolle des Fremden, Andersartigen, radikal Nicht-Europäischen zugeschrieben:

> Die von einer digitalen Logik angeleitete Analyse zeigt, dass die MOE-Staaten teilweise als Selbst und teilweise als Anderer konstruiert werden. *Die Türkei ist immer der Andere*, die EU-Mitglieder immer das Selbst. (Hülsse 2003: 158, Hervorhebung E.M.)

Wenn aber, wie in der hier untersuchten Konzeption, die Türkei als historisch-kultureller Teil Europas konstruiert wird, ja gar angenommen wird, über eine Inklusion der Türkei werde Europa zurück zu seinen Wurzeln geführt (s.o.), so stellt sich die Frage, wer oder was dann als der oder das „Andere" fungiert. Identität wird hier positiv konstruiert, d.h. über die Hervorhebung gemeinsamer, positiv konnotierter Aspekte und unter *Verzicht* auf explizites *othering*. So wird ähnlich wie im Fall des oben skizzierten geographischen Europabegriffs zwar die Existenz eines Nicht-Europäischen impliziert, es kommt aber zu keiner konkreten Abgrenzung, obwohl beispielsweise die Staaten Nordafrikas, Russland, Japan oder die USA als mögliche „Andere" denkbar wären.[70]

Das soeben skizzierte, die Türkei über historisch-kulturelle Gemeinsamkeiten inkludierende Europakonzept erscheint alles andere als trennscharf und aus diesem Grund in hohem Maße „angreifbar". Weiteren Diskussionen über den Grad des „Europäischseins" Marokkos, Tunesiens, Israels und anderen geographisch an die EU angrenzenden Ländern ist, wie die folgenden Zitate vor Augen führen, Tür und Tor geöffnet:

> Mit der Öffnung der europäischen Tür für die Türkei verzichtet die Politik auf jede Berechtigung, andere Staaten mit historischen oder kulturellen Gründen abzuwehren. Denn wenn schon die Türkei zu Europa gehört, *wie viel mehr noch Israel, Georgien oder Tunesien, Ägypten, Weißrussland, die Ukraine oder gar das alt-neue Zarenreich*? Und was spräche eigentlich dagegen, das seit 1867 zwangsweise geöffnete, heute auch demokratische *Japan* zum europäischen Außenposten zu erklären, wenn Wirtschaft und Strategie dies für nützlich hielten? (Gauland, Alexander, FAZ, 17.10.2005, Hervorhebung E.M.)[71]

---

70   Freilich wäre es auch im Falle dieser Länder – zumindest theoretisch – denkbar, historische und / oder kulturelle Gemeinsamkeiten zu konstruieren.

71   Für ähnlich lautende Statements vgl.: Bolkestein, Frits, Die Welt, 10.09.2004; Siebert, Horst, WAMS, 28.11.2004 und Winkler, Heinrich-August im Interview, Der Spiegel, 13.12.2004.

> Würde der Begriff Europa – Abendland traut man sich nicht mehr zu sagen – nicht gewisserma-
> ßen aufgelöst, wenn wir bereit wären, die Türkei, den Maghreb oder Israel, *das europäischer ist
> als die Türkei*, aufzunehmen? Ja, das ist so. Und Sie können die Liste noch erweitern. Oft ge-
> nannt wird Russland. Nähme man Russland auf, läge auch Wladiwostok in Europa. (Kohl, Hel-
> mut im Interview, FAZ, 22.01.2004, Hervorhebung E.M.)

Die soeben angesprochenen Probleme der Konsistenz und Trennschärfe erschweren
die Kommunizierbarkeit des Frames, gehen zu Lasten seiner Deutungsmacht und verhindern so eine stärkere diskursive Durchsetzung.

Inklusion über universale Werte

Ein drittes Identitätskonzept inkludiert die Türkei auf Basis der Annahme einer universalen Wertegemeinschaft. Was seine Frequenz betrifft, ist dieser Frame ebenso schwach
vertreten wie die soeben rekonstruierte, auf historisch-kulturelle Gemeinsamkeiten
abstellende Deutung. Folgendes Diskursfragment wurde als Ankerbeispiel festgelegt:

> Die Europäische Union ist eine Wertegemeinschaft. Zu den Werten, auf die sich die Union grün-
> det, gehören Demokratie und Freiheit, Pluralismus und Toleranz. Eine demokratische Türkei,
> den europäischen Wertvorstellungen verpflichtet, wäre ein Beweis, daß es keinen Widerspruch
> zwischen islamischem Bekenntnis und aufgeklärter, moderner Gesellschaft gibt. (Schröder, Ger-
> hard, Die Welt, 13.10.2004)

Das universale Wertesystem, auf das hier Bezug genommen wird, ist in den Kopenhagener Kriterien seit 1993 fest geschrieben. Diese fordern institutionelle Stabilität, Wah-
rung der Menschenrechte, Schutz von Minderheiten, eine funktionsfähige Marktwirtschaft, die Fähigkeit, dem Wettbewerbsdruck innerhalb der Union standzuhalten und
sich in die Wirtschafts- und Währungsunion eingliedern zu können. Das Bekenntnis zu
diesen Grundwerten und die Achtung der damit verbundenen Rechte und Freiheiten
stellen die Grundvoraussetzung jeder EU-Mitgliedschaft dar.

Auch hier ist der Modus der Abgrenzung implizit und erst auf den zweiten Blick zu
erkennen. Die Konstruktion der europäischen Identität basiert nicht auf expliziter Abgrenzung von einem wie auch immer gearteten „Fremden", sondern richtet sich im
weitesten Sinne gegen all jene, die sich nicht zu den oben skizzierten universalen Werten bekennen. Der hier vorliegende Inklusionsmodus erinnert stark an jenen der USA –
etwas spezifisch Europäisches ist an dieser Konstruktion nicht auszumachen. Die mangelnde Trennschärfe und die daraus resultierende „Angreifbarkeit" des Konzepts erklären, weshalb Identitätskonstruktionen über universale Werte typischerweise mit zusätzlichen Hinweisen auf eine strategische, z.B. sicherheitspolitische Notwendigkeit
und / oder gesellschaftliche Vorteile einer türkischen Vollmitgliedschaft einhergehen.
Solche Zusätze stellen typischerweise auf die Notwendigkeit der Verhinderung des *Clash
of Civilizations* (Huntington) ab, verweisen auf die stabilisierende Wirkung und Vorbildfunktion einer in die EU integrierten Türkei im Mittleren Osten oder unterstreichen
die Wichtigkeit einer türkischen Partnerschaft für den gemeinsamen Kampf gegen Fundamentalismus und Terrorismus. Andere Stimmen betonen, für die Türkei müsse ein

Anreiz geschaffen werden, sich weiter nach westlichem Vorbild zu entwickeln, um anschließend eine Art Vorreiterrolle im Mittleren Osten einzunehmen. Die positiven Aspekte lassen sich unter dem Schlagwort „Brückenfunktion" zusammenfassen: Die Türkei solle eine Brücke schlagen zwischen „westlichen Demokratien und islamischen Demokratien" (Fischer, Joschka, Der Spiegel, 03.05.2004) und auf diese Weise Dialog, Frieden und Toleranz fördern.

Die auf universale Werte abstellende Identitätskonstruktion wird also in der Regel mit zusätzlichen Hinweisen zur Wichtigkeit des türkischen EU-Beitritts versehen. Dies ist erforderlich, weil der allein stehende Identitätsframe wenig glaubwürdig erscheint. Wieder sind es vor allem mangelnde Trennschärfe bzw. logische Konsistenz, die zu Lasten seiner Überzeugungskraft bzw. Deutungsmacht gehen.

Verfechter inklusiver Frames

In einem nächsten Schritt sollen die Identitätsframes an die sie verfechtenden Akteure rückgebunden werden. Wie steht es um die Glaubwürdigkeit der *Frame-Promoter*? Um zu zeigen, welche Akteure hinter den soeben beschriebenen inklusiven Identitätsframes stehen, wurden die drei Unterkategorien des Codes „Inklusion" (vgl. Abb. 4.5) in MAXqda in Variablen transformiert, um anschließend im Rahmen einer Variablenanalyse Codes und Akteurstypen zueinander in Beziehung zu setzen.[72] Als erstes Ergebnis lässt sich festhalten, dass die türkischen Stimmen im Diskurs – also Leser, Intellektuelle und Politiker zusammen genommen – entscheidende Bedeutung bei der Konstruktion inklusiver Identitätsframes zukommt. Ein Drittel (33%) der Akteure, die die Türkei als Teil Europas konstruieren, ist türkischer Herkunft. Diese Zahl ist angesichts des Gesamtanteils türkischer Stimmen in der Debatte von nur 12% (vgl. Abb. 4.1) als überdurchschnittlich hoch einzustufen. Demgegenüber hält sich die Gruppe der „EU-Leser" vergleichsweise stark zurück und deutet in ihrer breiten Mehrheit die Türkei als nicht-europäisch. Die Zahlen sprechen für sich: 40% aller Diskursakteure hatten wir als „EU-Leser" charakterisiert, davon sieht nur knapp ein Zehntel (4%) die Türkei als an einer europäischen Identität teilhabend. Die breite Mehrheit der untersuchten Leserschaft scheint also exklusive Identitätskonzepte zu vertreten und dem Beitritt der Türkei ablehnend gegenüber zu stehen. Intellektuelle und Journalisten haben mit jeweils 15% Anteil an der diskursiven Konstruktion einer inklusiven kollektiven Identität, Stimmen aus der Politik sind mit 37% stark vertreten. Dabei überrascht nicht, dass die Politikvertreter, die die Türkei als zu Europa gehörig deuten, entweder für die türkische Regierung Position beziehen oder fast ausschließlich aus dem mitte-linken Parteispektrum kommen, d.h., um für Deutschland zu sprechen, ein Parteibuch der SPD, der

---

72   Zu diesem Zweck wird im Kontextmenü des gewünschten Codes der Befehl „In Variable transformieren" gewählt. So wird in die bereits bestehende, teilweise automatisch generierte, teilweise von der Forscherin erstellte Variablenmatrix (vgl. Kapitel 3.2.3.3) eine weitere Spalte mit einer weiteren Variable eingefügt. Die neue Variable trägt den Namen des Codes und zeigt für jeden Text die Codehäufigkeit an (hier in der Regel: „1"), sie ist also numerischen Typs. In Excel exportiert lassen sich die Variablen hervorragend miteinander korrelieren.

Grünen oder der FDP vorweisen. Rückschlüsse auf die Glaubwürdigkeit der genannten *Frame-Promoter* können nur gewonnen werden, indem die Verfechter inklusiver Frames in Relation zu Vertretern exklusiver Deutungen gesetzt werden. Die Beantwortung der Frage nach der Glaubwürdigkeit der Akteure muss also zunächst aufgeschoben werden. Wir kommen zu einem späteren Zeitpunkt darauf zurück.

4.3.2.2 Exklusive Frames

Die Türkei als geographischer Teil Asiens

Die breite Mehrheit der Diskursakteure konstruiert die Türkei als geographisch nicht zu Europa gehörig. Diese Deutung ist mit 37 Codierungen überdurchschnittlich stark vertreten. Es können zwei Varianten dieser Deutung unterschieden werden: Die erste definiert die Türkei als eindeutig orientalisch bzw. asiatisch, während die zweite von einer weiten asiatischen Landmasse mit einem kleinen europäischen Anteil spricht. Welche der beiden Deutungen überwiegt, lässt sich kaum erfassen, weil das „Geographie-Argument" in der Regel nicht allein steht, sondern in einem Atemzug mit anderen Begründungen gegen den Türkei-Beitritt genannt und nicht weiter ausgeführt wird. Als Beispiel für die erste Variante ist folgender Satz idealtypisch:

> Die Türkei gehört weder geographisch, geschichtlich noch kulturell zu Europa. (Jakob, Herbert, FAZ, 24.08.2004)

Der zweite Typ konstruiert den Beitrittskandidaten als größtenteils asiatisch, aber mit einem kleinen, messbaren Anteil an Europa. Häufig wird numerisch angegeben, wie sich die Landmasse zwischen den Kontinenten aufteilt, wobei die exakten Prozentangaben zwischen 3% und 5% variieren. Als Ankerbeispiel für diese Deutung sei die Europa-Definition von Jacques Le Goff zitiert, laut *Die Welt* einem der „angesehensten Historiker Europas":

> Die Bosnier und Albaner sind Moslems und werden trotzdem eines Tages zur Union gehören. Ausschlaggebend sind für mich geografische Gründe. Der Ural ist keine Grenze, der Bosporus aber sehr wohl. (Le Goff, Jacques im Interview, Die Welt, 30.04.2004)

Konstruiert man also den Bosporus als geographische Grenze zwischen Europa und Asien, errechnet sich der türkische Anteil an Europa wie folgt:

> Zwar besitzt die Türkei noch eine kleine europäische Enklave, doch deckt diese nur *fünf Prozent* ihres Territoriums und *acht Prozent* der Bevölkerung ab. Der restliche Teil des Landes liegt in Asien, auf der anatolischen Hochebene [...]. (Giscard d'Estaing, Valéry, FAZ, 26.11.2004, Hervorhebung E.M.)

> Die Geographie ist bedeutsam. Die Aufnahme eines Staates mit 75 Millionen Einwohnern, dessen Staatsgebiet zu *97 Prozent in Vorderasien* liegt, macht uns zu Nachbarn von Georgien, Armenien, dem Irak, Iran und Syrien. (Badinter, Robert, FAZ, 15.12.2004, Hervorhebung E.M.)

So wird auf die Geographie rekurriert, um die Annahme natürlicher Grenzen scheinbar wissenschaftlich zu legitimieren und daraus politische Forderungen abzuleiten. Die politische Konstruktion der EU solle sich an den vermeintlich natürlichen, und daher als unveränderbar wahrgenommenen geographischen Grenzen Europas ausrichten und die Erweiterung bis zu exakt dem Punkt vorantreiben, an dem diese Grenzen erreicht sind.

> Der Beitritt der Türkei zur EU ist nicht eine rein ökonomische oder politische Frage, *sondern eine geografische*, denn nur ein Teil der Türkei gehört zu Europa, und wenn wir uns über unsere *natürlichen Grenzen* nicht klar sind, bis wohin soll Europa dann reichen? Einige Leute sagen, die EU soll geöffnet werden für Völker, die ökonomisch und politisch auf unserer Linie liegen, was ist dann beispielsweise mit Australien? Die EU soll für Europäer sein, und *Europa endet dort, wo seine Grenzen sind.* (Fornt, Xavier, Die Welt, 21.08.2004, Hervorhebung E.M.)

Schultz zeigt im Rahmen einer Analyse deutscher Erdkundelehrbücher, dass die Annahme des Bosporus als „natürliche" Grenze Europas – und damit die Zugehörigkeit der Türkei zu Asien und Europa – seit Jahrzehnten in deutschen Schulen gelehrt und dadurch letztlich legitimiert wird. So formuliert Bayerns Innenminister Beckstein idealtypisch: „Ich habe gelernt, dass Istanbul in Europa, Dyabakir aber in Asien liegt" (WAMS, 17.10.2004). Deutsche Geographiebücher verdeutlichen gar anhand von Kartenmaterial, dass der Anteil der Türkei an zwei Kontinenten ein „Spiegel der unterschiedlichen Entwicklung in diesem Land" sei; vermengen also gleichsam geographische mit kulturelle Aspekte (vgl. Schultz 2003: 232f.). Eine Internetrecherche ergab, dass der skizzierte Lehrbuch-Europabegriff nicht nur dadurch legitimiert wird, dass er sich in den derzeit im Handel erhältlichen Atlanten, sondern auch in Online-Atlanten wieder findet.[73] Neben seiner weitgehenden gesellschaftlichen Akzeptanz birgt der „Geographie-Frame" zudem den Vorteil, dass er die Frage nach den Grenzen Europas bzw. der EU zu jeder Zeit unzweideutig, scheinbar „richtig" und konsistent beantworten kann. Ganz allgemein lässt sich für den Türkei-Diskurs ohnehin feststellen, dass der Konstruktcharakter von Grenzen ignoriert wird – wie folgendes Diskursfragment zeigt:

> Bundeskanzler Gerhard Schröder gehört zu den Menschen, die wohl nie etwas von Orient und Okzident gehört haben und nicht wissen, *dass die geografischen Grenzen des Abendlandes älter sind als unsere Zeitrechnung.* Europa gibt es, und die europäischen Völker können – unter bestimmten Voraussetzungen – der EU beitreten. (Munck, Eckehard, SZ, 18.12.2004, Hervorhebung E.M.)

Es bleibt außen vor, dass es keinen zeitlosen geographischen Europabegriff geben kann, da freilich auch der Europabegriff der Geographie kein Produkt der Natur, sondern eine kulturelle Konstruktion ist (vgl. Schultz 2003: 252, Fassmann 2002: 30). Was also als harte „Wahrheit" des Reliefs erscheint, so Schultz, sei nur eine imaginierte „Wahrheit" einer mentalen Welt, deren Denkschablonen in das Kartenbild hineinprojiziert werden, um von dort als „natürliche Wahrheit" zurückzukehren (vgl. Schultz 1999: 431). Zum Thema geographische Grenzen Europas kursieren zudem inhaltlich falsche Informationen, wie das folgende Zitat beispielhaft zeigt:

---

73 www.worldatlas.com beschreibt die Türkei als asiatisches Land mit einem kleinen europäischen Anteil. Der virtuelle Weltatlas bezeichnet den Bosporus als Grenze zwischen Europa und Asien und verortet die Türkei in „Asia Minor with a small part of its territory in south-eastern Europe".

> Die Europapolitik ist nach den Europäischen Verträgen geografisch definiert. Die Türkei gehört nicht zu Europa. (Arnold, Hans im Interview, Die Welt, 15.08.2004)

Freilich lassen die Europäischen Verträge bewusst offen, wie sich Europa bzw. eine europäische Identität definiert; einen Hinweis auf geographische Grenzen wird man in den Dokumenten vergeblich suchen. Die oben zitierten Diskursfragmente führen jedoch idealtypisch vor Augen, wie das Geographie-Argument im Kontext des Türkeibeitritts normativ gewendet wird und der scheinlogischen Ableitung politischer Forderungen dient.

Exklusion über primordiale Codes

Diese Variante exklusiver Identitätskonstruktion kann als die mit Abstand deutungsmächtigste charakterisiert werden. Sie zieht die Grenze zwischen europäisch und nichteuropäisch entlang der Konstruktion historischer, religiöser, oder allgemein formuliert: kultureller Unterschiede. Weil dieses Identitätskonzept auf Merkmalen beruht, die, da sie an das Abstammungsprinzip appellieren, unveränderlich sind, soll von primordialer Identitätskonstruktion gesprochen werden. Im Codebaum wurden mit „historisch-kulturell" und „religiös" zwei Subcodes unterschieden, um den Stellenwert der Religion bei der Identitätskonstruktion gesondert herausarbeiten zu können. Freilich handelt es sich hierbei um eine rein analytische Trennung. Im Folgenden soll gezeigt werden, wie kollektive Identität über die Betonung erstens historischer, zweitens alltagskultureller und drittens religiöser Unterschiede konstruiert wird.

Ein erstes Bündel an Deutungen konstruiert eine Art europäischen „Wesenskern" auf Basis historischer bzw. geistesgeschichtlicher Gemeinsamkeiten. Es wird angenommen, dass diese eine Art Schicksals-, Erinnerungs- und in der Folge Wertegemeinschaft begründen, an der die Türkei bedingt durch ihre als orientalisch konstruierte Vergangenheit keinen Anteil haben kann.

> Das Erbe der *Antike*, die *jüdisch-christliche Ethik*, die *Renaissance* und die *Aufklärung* sind an ihr [der Türkei, E.M.] genauso vorübergegangen wie an uns die Kultur des Harems. (Schuster, Jacques / Köppel, Roger, Die Welt, 24.09.2004, Hervorhebung E.M.)

> Doch gerade weil Besucher selten mehr von der Türkei kennen als Istanbul, Izmir, Antalya, Marmaris, die Strände oder vielleicht noch Ankara, sehen sie nicht, daß es zwar mittlerweile fast überall im Land Elektrizität geben mag, aber nicht das, *was man als kulturellen Kraftstoff Europas bezeichnen darf: die Berufung auf das geistige Vorbild der Aufklärung.* (o.V. Feuilleton, FAZ, 07.10.2004, Hervorhebung E.M.)

> Aus dem *christlichen Mittelalter* lassen sich keine Argumente ableiten, um Gemeinsamkeiten zwischen Türken und Europäern zu entdecken. Das Europa der *Gedankenfreiheit*, des *Rechtsstaats* und der *Demokratie* hat christlich-mittelalterliche und antike Wurzeln, aber keine muslimischen. (Hoffmann, Hartmut, FAZ, 29.03.2004, Hervorhebung E.M.)

> Der Europäische Konvent hat versucht, das Fundament dieses Ganzen näher zu bestimmen: der kulturelle Reichtum des *antiken Griechenlands* und des *Alten Roms*, das religiöse Erbe, das das Leben in Europa geprägt hat, der schöpferische Elan der *Renaissance*, die Philosophie des „*Siècle des Lumières*", die Errungenschaften des rationellen und wissenschaftlichen Denkens. Die Türkei hat nicht eine einzige dieser Aufbauphasen mit uns geteilt. (Giscard d'Estaing, Valery, FAZ, 26.11.2004)

So wird ein gemeinsamer geistesgeschichtlicher Hintergrund als Quelle kollektiver europäischer Identität gedeutet. Diese Identitätskonstruktion exkludiert die Türkei auf Basis der Annahme, es fehle ihr an den geistigen Grundlagen, die in Europa während der Antike, der Renaissance, der Reformation und der Aufklärung gelegt wurden. Wie aus obigen Zitaten hervor geht, werden diese Elemente je nach Akteur und Diskursfragment unterschiedlich stark akzentuiert – Einigkeit besteht hingegen bezüglich der in der Regel sehr allgemein gehaltenen Annahme, das empfundene Wir-Gefühl speise sich durch Geschichte und Kultur:

> *Was uns in Europa verbindet*, sind nicht nur wirtschaftliche und strategische Gesichtspunkte, sondern ein ähnlicher kultureller Hintergrund und ein gleiches ethisches Wertesystem. (Graf Czernin, Peter, SZ, 26.10.2004, Hervorhebung E.M.)

> Ein *Wir-Gefühl* kommt ohne Kultur und Geschichte nicht aus. Das erklärt, warum sich das EU-Modell nicht auf andere Kontinente übertragen ließ. Dort fehlt es an einem *Zusammengehörigkeitsgefühl*, wie es in Europa durchaus vorhanden ist. (Ulrich, Stefan, SZ, 26.10.2004, Hervorhebung E.M.)

Die Werte Freiheit, Demokratie, Rechtsstaatlichkeit etc. sind im Rahmen dieser Deutung an einen exakt definierten geistesgeschichtlichen Hintergrund gebunden und werden so als typisch europäisch gerahmt:

> Die Türkei hat jedoch an der geistigen und politischen Entwicklung in Europa nicht aktiv, sondern lediglich als Rezipient teilgenommen und insofern keine Zivilgesellschaft westeuropäischer Prägung entwickelt. (Schafberg, Herwig, FAZ, 16.08.2004)

Insbesondere mit Rückblick auf das Wirken Atatürks wird in dieser Linie argumentiert, man könne in der Türkei zwar mit Europa vergleichbare freiheitlich-demokratische Grundwerte einführen bzw. „oktroyieren", diese fänden jedoch aufgrund der fehlenden historischen Fundamente bestenfalls „oberflächlichen" (ebd.) Eingang in die türkische Gesellschaft. *Per definitionem* könne die Türkei daher weder eine Zivilgesellschaft nach europäischem Vorbild, noch eine europäische Identität ausbilden. Dies hat zur Folge, dass auch ein türkisches Bekenntnis zu und eine Institutionalisierung von Grundfreiheiten und -rechten nicht als gleichwertig mit als historisch fundiert gedeuteten europäischen Standards anerkannt wird. Das Wertesystem, so lässt sich schlussfolgern, wird vorrangig als „EU-typisch" und nachrangig als potenziell universal gültig konstruiert. Das so als typisch europäisch konstruierte Wertesystem bekommt allerdings aufgrund seiner diskursiven Verknüpfung mit einem als „EU-exklusiv" konstruierten geistesgeschichtlichen Hintergrund einen ebenso exklusiven Anstrich.

Eine zweite Rahmung hebt auf den Aspekt der Alltagskultur ab und verweist auf andersartige, ja fremde Mentalitäten und Traditionen. Die Konstruktion von Fremdheit betrifft vor allem das Geschlechterverhältnis, Einstellungen zu Korruption und Loyalität, Lebensstilen und Gewohnheiten.

> Wie nicht zuletzt Umfragen in der Türkei selbst zu belegen scheinen, besteht zwischen der Türkei und den europäischen Staaten eine deutliche kulturelle Kluft, die keineswegs allein oder hauptsächlich religiös bedingt ist. Vielmehr wurzelt dieser Unterschied tief in den *Alltagsmentalitäten*, in den sozialen Gewichtungen von *personellen* und *überpersonellen Loyalitäten*. Misst

man die Türkei an diesem Maßstab, aber auch am Maßstab ihres höchst selektiven nationalen Gedächtnisses, scheint ein Beitritt zur Europäischen Union ausgeschlossen. (Jeismann, Michael, FAZ, 26.01.2004, Hervorhebung E.M.)

Der Knatsch um den Treue-Paragraph hat gezeigt, dass die Türkei anders ist als andere EU-Länder. *Und sie wird es bleiben.* (Schlötzer, Christiane, SZ, 25.09.2004, Hervorhebung E.M.)

In diesem Zusammenhang wird typischerweise auf den Islam als prägende Kraft der türkischen Alltagskultur verwiesen, was uns zum Aspekt der Religion führt. Die Mehrheit jener Akteure, die sich auf historisch-kulturelle Unterschiede berufen, stellt die Bedeutung der Religion an gesonderter Stelle heraus oder verweist zumindest auf die enge Verknüpfung von türkischer Geschichte, Wertesystem, Alltagsverhalten und Islam. Diskursakteure bemühen die Metapher des „christlichen Clubs", um zum Ausdruck zu bringen, dass die Mitgliedschaft in der EU an die Zugehörigkeit zum Christentum bzw. an die Teilhabe am „christlich-abendländischen" Kulturkreis gebunden sein sollte:

> Nun ist Europa schon seit mehr als tausend Jahren ein christlicher Club. Das kann Herr Erdogan auch nicht ändern. Auf der christlich-abendländischen Lehre basiert nun einmal der gesellschaftlich-politische Konsens sämtlicher europäischer Staaten, die zur EU gehören. (Pfennig, Gabriele, FAZ, 02.08.2004)

Die christliche Religion wird als Wurzel und damit notwendige, unabdingbare Voraussetzung des als typisch europäisch gerahmten Wertesystems gedeutet. Dies betrifft die Gedanken der Gleichheit vor dem Gesetz, Achtung der Menschenrechte, Gewaltenteilung und Demokratie, aber auch Religionsfreiheit, Toleranz gegenüber Andersdenkenden, Minderheitenschutz, Individualismus und Pluralismus:

> Auch wenn die Europäer dem Christentum zumeist nur noch formal angehören, ist dieses wie Renaissance und Aufklärung weiter bedeutsam als *kulturelles Erbe*, das ihre Mentalität geprägt und zur Entwicklung einer Zivilgesellschaft mit gemeinsamen *Vorstellungen von Individualismus* und *Pluralismus, Freiheit* und *Mündigkeit des einzelnen* sowie *Minderheitenschutz* und gesellschaftlicher *Solidarität, Rechts- und Sozialstaat* beigetragen hat. (Schafberg, Herwig, FAZ, 16.08.2004, Hervorhebung E.M.)

Wiederum werden universale Werte als „EU-typisch" konstruiert, wobei die Verknüpfung zwischen Wertesystem und Christentum „EU-exklusiv" erscheint:

> Hier und dort haben sich unterschiedliche Grundeinstellungen, Denkmuster, Traditionen und Lebensformen herausgebildet. Dieses kulturelle Erbe hat die Menschen über Jahrhunderte geprägt und geformt, mit entsprechenden Auswirkungen auf ihr Denken und Empfinden. In dieser Vermittlung gehört die christliche Religion zum kulturellen Boden Europas, der Islam zum kulturellen Boden der Türkei. (Böckenförde, Ernst-Wolfgang, FAZ, 10.12.2004)

Wie die folgenden Diskursfragmente exemplarisch illustrieren sollen, eignen sich die Bezugnahme auf Grundwerte und -freiheiten hervorragend für die emotionale bzw. moralische Aufladung der Frames:

> Ohne *Beseelung* würde sich Europa in seiner ganzen Qualität von den Ideen seiner Gründerväter entfernen. Der in der Türkei auf den Trümmern einer römisch-christlichen Zivilisation aufgebaute Islam ist freilich gänzlich ungeeignet, *diese Seele Europas zu beleben*, er ist mit allem, was Badde beschreibt, gänzlich inkompatibel. (Mihm, Bernhard, Die Welt, 10.09.2004, Hervorhebung E.M.)

Dieses *helle Neutrum* [Europa, E.M.] *hat freilich etwas verloren: seine Wurzeln, seine christlichen Wurzeln*. Das wird denen egal sein, die gerne den Spruch auf den Lippen führen, Europa sei doch kein christlicher Club. Sooft das auch wiederholt wird, es bleibt Unsinn. (Schmid, Thomas, FAZ, 10.10.2004, Hervorhebung E.M.)

Für Identitätskonstruktionen anhand primordialer Codes ist charakteristisch, dass zwischen innen und außen, dazugehörig und ausgeschlossen, Bekanntem und Andersartigem, Eigenem und Fremdem eine unmissverständliche Grenze gezogen wird. Diese Grenze wird – ebenso wie im Falle der geographischen Exklusion (s.o.) – als natürlich, so-seiend und dementsprechend unveränderlich konstruiert. Folglich ist im Rahmen dieser Deutung kollektiver Identität Konvertierung, also die Möglichkeit europäisch zu „werden", grundsätzlich ausgeschlossen. Eisenstadt und Giesen abstrahieren diesen Zusammenhang wie folgt:

[T]he others cannot be converted or adopted, they are not guilty for committing a wrong choice, they cannot be educated, developed or even understood, every effort to understand them will fail, because they simply lack the essential preconditions of understanding. Primordial attributes of collective identity resist by their very mode of social construction any attempt at copying them successfully [...]. (Eisenstadt / Giesen 1995: 78f.)

Die Verknüpfung von kollektiver Identität mit bereits Geschehenem – und damit: nicht mehr Veränderbarem – erklärt, warum jeglicher Versuch der Nachahmung nicht als gleichwertig anerkannt werden kann und damit selbst auf lange Sicht zum Scheitern verurteilt ist. Problematisch erscheint die dieser primordialen Abgrenzung inhärente Annahme orientalischer Unterlegenheit. Mit Delanty bedeutet europäisch zu sein „denjenigen, die einen geringeren Anspruch auf diesen Titel haben, überlegen zu sein" (Delanty 1999: 274). In der untersuchten Debatte finden sich zahlreiche Belege für einen solchen „Eurozentrismus". Typischerweise charakterisieren Beitrittsgegner die türkischen Kulturbeiträge als minderwertig und heben im Gegenzug die Besonderheit und Exklusivität der als europäisch konstruierten Vergangenheit positiv hervor. Vor dieser Kontrastfolie, also durch Definition *ex negativo*, konstituiert sich die Geschichte der „Anderen" über Lücken und Mängel:

Trotz der intensiven, teilweise auch repressiven Bemühungen, aus der Türkei ein abendländisches Land zu machen, ist sie auch heute noch weit davon entfernt, die europäische Kultur mit hochrangigen, exklusiven [! E.M.] Beiträgen zu bereichern. (Senocak, Zafer, FAZ, 28.01.2004)

Von den jetzt zur Europäischen Union gehörenden Staaten hat jedes seinen mehr oder minder großen Anteil an der Entwicklung von Kunst und Wissenschaft in Europa. Diese war nie rein national, sondern immer von gegenseitiger Befruchtung geprägt. Zum Beitrag der Türkei fällt mir hierzu, abgesehen vom Kaffee, nichts Wesentliches ein [! E.M.], besonders im Vergleich zu den muslimischen Mauren während ihrer Herrschaft in Spanien. (Wagner, Dieter, FAZ, 23.12.2004)

Wir sollten die Arroganz aufbringen, unsere neuen islamischen Mitbürger Verträglichkeit, Individualität und die Rechte und Pflichten des modernen Bürgertums zu lehren, doch wir lassen uns von den Illusionen des Multikulturalismus lähmen. Seit den sechziger Jahren machen wir uns selbst weis, alle Kulturen seien gleichwertig [! E.M.]. (de Winter, Leon, Die Welt, 15.12.2004)

Europa schickt sich gerade an, aus seinen vielen in der Geistesgeschichte ruhmreich [! E.M.] verwurzelten Kulturen auch politisch ein Ganzes zu bilden. (Beckmann, M., Die Welt, 16.10.2004)

Die Konstruktion von Eigenem und Fremdem geht hier mit einer Stigmatisierung des „Anderen" als minderwertig und bezüglich Geschichte und Kultur unterlegen einher. Diese Annahmen werden, wie unsere Ausführungen zur Deutungsstrategie der Intentionalisierung (vgl. Kapitel 2.2.3.3 und 2.4) und den diversen Gefahr-Frames zeigen, typischerweise mit der Konstruktion von Gefahr und potenzieller Bedrohung unterfüttert. Auch dieses Muster finden wir bei Eisenstadts und Giesens Ausführungen zur Konstruktion kollektiver Identität:

> [t]hey [the 'others', E.M.] are simply unalterably different, and this difference conveys inferiority and danger at the same time. Strangers are frequently considered as demonic, as endowed with a strong and hostile identity which threatens the existence of primordial communities. (Eisenstadt / Giesen 1995: 78f.)

Eisenstadt und Giesen argumentieren, die Konstruktion von kollektiver Identität anhand primordialer Codes habe auf Seiten der Insider sozialen Druck zur Folge, der sich in dem Wunsch oder Willen äußere, physische und / oder psychische Distanz zu den Anderen zu schaffen bzw. aufrechtzuerhalten. Eine entscheidende Folge der Wahrnehmung der „Anderen" als fremd, minderwertig und potenziell gefährlich ist somit die Forderung nach Grenzziehung bzw. Grenzschließung, also im konkreten Fall: der institutionell sanktionierten, dauerhaften Exklusion der Türkei aus der EU. Im Türkei-Diskurs finden wir diese Forderung sowohl in impliziter, als auch in expliziter Form. Die implizite Form wurde bereits im Rahmen der Überforderungs- und Überfremdungs-Frames angesprochen (s.o.). Hier ist die Prognose, die EU werde in Folge eines Beitritts der Türkei scheitern, Bestandteil der Problemdefinition des Deutungsmusters und erscheint als unerwünscht und mittels Grenzschließung zu verhindern. Die explizite Forderung nach Exklusion spiegelt sich in den konkreten Handlungsanleitungen der Problemmustervertreter; hier stellt die „privilegierte Partnerschaft" den wohl prominentesten aller Vorschläge dar.

Es lohnt an dieser Stelle, die Resonanz der exklusiven Identitätsframes zu betrachten und sich anhand von Umfragedaten zu vergegenwärtigen, wie die öffentliche Meinung Fragen zur kollektiven Identität bzw. Zugehörigkeit der Türkei zu Europa einschätzt. Laut Umfragen des Allensbacher Instituts für Demoskopie charakterisierten 2001 nur 27% der deutschen Bevölkerung die Türkei als europäisches Land, 2002 stieg dieser Anteil auf 33%, 2003 weiter auf 35%, um im Jahre unseres Untersuchungszeitraums (2004) wieder auf nur 21% zu sinken. In der Wahrnehmung der deutschen Bevölkerung rangiert die Türkei im Hinblick auf ihr „Europäisch-Sein" damit weit hinter Bulgarien, das immerhin 64% der deutschen Bevölkerung als europäisches Land einschätzen, Rumänien (52%), Russland (27%) und der Ukraine (21%).[74]

Wie in unseren theoretischen Vorüberlegungen deutlich wurde, stehen medial-öffentlicher Diskurs und öffentliche Meinung in ständiger Interdependenz und beeinflussen sich gegenseitig. Es wäre jedoch verfehlt, die hier referierten Daten zur öffentlichen Meinung als *Ergebnis* des Wirkens der in der öffentlichen Türkei-Debatte dominierenden exklusiven Identitätsframes (Arena) auf die Öffentlichkeit (Galerie) zu in-

---

74   Vgl. Institut für Demoskopie Allensbach 2001, 2003, 2004 und 2004a.

terpretieren.[75] Nicht zuletzt ist dies schon aufgrund der Gleichzeitigkeit von analysiertem Diskurs und untersuchten Umfragewerten (beides 2004) und der zahllosen, unmöglich alle zu berücksichtigenden externen Einflüsse auf die öffentliche Meinung äußerst unwahrscheinlich. Zudem belegen frühere Daten zur öffentlichen Meinung und Untersuchungen zum Türkeibild in der deutschen Presse eine relative Konstanz der hier referierten Einstellungen und Einschätzungen zu Türkei, Europa und kollektiver Identität.[76] Die Umfragedaten lassen sich daher als Beleg für einen „cultural stock" (Zald 1996: 267), also eine Art kognitives Repertoire an Wissen und Interpretationen lesen, das einen kulturellen „Nährboden" bildet, in dem exklusive Deutungen zur Identität Europas Fuß fassen können. In der einschlägigen Literatur finden sich zahlreiche Belege für die lange Tradition des „othering" von „the East" im Allgemeinen und der Türkei (und des muslimischen Balkans) im Besonderen (vgl. Said 1978, Wolff 1994, Huntington 1996, Todorova 1997). Wir können davon ausgehen, dass „[t]he European first-level image of Turkey as the other, essentially different, exists" (Brewin 2000: 105). Neumann sieht in der Türkei gar den für Europa dominantesten generalisierten Anderen und zeigt in einer historischen Analyse wie „the other" im kollektiven Gedächtnis der Europäer verankert ist:

> Present-day representations of Turkey thus carry with them the memory of earlier representations. Theses memories are among the factors operative in today's Turkish-European discourse on European identities. (Neumann 1999: 62)

So können diskursive Konstruktionen des „Anderen" auf ein breites Repertoire an bereits im kollektiven Gedächtnis vorhandener Frames zurückgreifen:

> The ‚East' […] and […] the areas shaped by Islamic cultures are considered the principal ‚natural' generalized Other of western Europe. They are still the most important points of reference for the 'construction' ex negative of a collective identity. (Bach 2003: 52)

Die Deutungen müssen also nicht im Diskurs neu konstruiert, sondern in der Regel nur reaktiviert bzw. in vorhandene Muster eingepasst werden. Ein Beispiel für solche tief verankerten Deutungen sind Alltagsmythen, die unabhängig des Diskurses Teil des Deutungsrepertoires der Akteure sind.[77] Zwei Deutungen konnten im Zusammenhang mit primordialen Identitätsframes als diskursiv verwendete Mythen identifiziert werden. Zum Einen ist hier der Mythos vom Kampf der Kulturen oder *Clash of Civilizations* zu nennen, der zweifellos auf Huntingtons Werk (1996) zurückgeht und im Diskurs ambivalent verwendet wird. Während ihn Beitrittsgegner als Folge einer türkischen Vollmitgliedschaft prognostizieren, argumentieren Beitrittsbefürworter ein solcher Kampf könne und müsse gerade *durch* einen EU-Beitritt der Türkei verhindert werden.

---

75 Wobei einschränkend zu bemerken ist, dass es sicherlich ein Effekt der diskursiven Polarisierung der Türkei-Frage ist, dass innerhalb nur eines Jahres der Prozentsatz derjenigen, welche die Türkei als nicht-europäisches Land einordnen, von 35% auf 21% gefallen ist.

76 Vgl. Quandt 1995, Alkan 1994, Gür 1998 und Ates 2002 für Untersuchungen zum Türkeibild in der deutschen Presse.

77 Um die Verwendung dieser Alltagsmythen herausarbeiten zu können, wurden sie in den Codebaum unter dem Obercode „Deutungsstrategien" eingebaut. Nicht zuletzt ist es schließlich die Funktion eines solchen Mythos, Deutungen durch Legitimation zu mehr Deutungsmacht zu verhelfen.

Zum Anderen kann jene Deutung als Mythos charakterisiert werden, nach der der türkische EU-Beitritt in einer Art historischem Kontinuum als Fortsetzung bzw. Beendigung türkischer Belagerungen westeuropäischer Städte wie Tours (732) oder Wien (1683) zu sehen sei, wie beispielsweise im Politikteil der FAZ argumentiert wird:

> Die Vollmitgliedschaft der Türkei in der EU wird von der Elite als Schlußstein dieser universalgeschichtlichen Vision empfunden. Die Türken wären damit am „Ende der Geschichte" angelangt. (Lerch, Wolfgang Günter, FAZ, 15.07.2004)

Dies deckt sich mit den Ergebnissen früherer, qualitativer Studien zum Fremdbild des Türken bzw. „image of the other":

> [T]oday's image of the Turk is strongly influenced by a past in which the Ottoman Empire expanded into Europe through territorial conquest. For centuries, the relationship between Turkey and Europe was characterised by military confrontations. In consequence, when constructing the unflattering image of the Turks, opponents of an accession can base their arguments on long history of bloody conflict and make use of the fact that grievances and resentments against Turkey have been transmitted across generations and are embedded in the collective memory. (Madeker 2006: 189)

So bemerkt Jung, dass die Türkei in der Erweiterungsdebatte mit historischen Stereotypen zu kämpfen habe, „die bis heute das Geschichtsbild der Europäer verzerren" und den Nährboden für den kategorischen Ausschluss der Türkei aus den kulturellen Errungenschaften des Abendlandes bildeten (vgl. Jung 2004: 366). Diese Stereotypen repräsentierten ‚den Türken' als widersprüchliche Figur zwischen rachedurstigem heiligen Krieger, lustvollem Tyrannen, feigem Alliierten und verschlagenem Händler (vgl. Aydin 1993: 123). Dort also, wo die Türken im kollektiven Gedächtnis noch als „perpetrators in the siege of Vienna and as a threat of European civilisation" (Müftüler-Bac 1997: 13) gespeichert sind, fällt die diskursive Konstruktion von Gefahr und Bedrohung auf fruchtbaren Boden.

Fassen wir unsere bisherigen Überlegungen kurz zusammen. Das weit überdurchschnittlich hohe *Standing* exklusiver Identitätsframes wurde als Indikator für eine dementsprechend hohe Macht der exklusiven Deutungen interpretiert. In qualitativer Hinsicht wurde dies zum Einen über die tiefe Verankerung dieser Deutungen im „cultural stock" bzw. kollektiven Gedächtnis der Diskursakteure und Rezipienten erklärt. Zum Anderen konnte gezeigt werden, dass primordiale Deutungen durch die suggerierte „Natürlichkeit" der Grenzen an vermeintlicher logischer Konsistenz, empirischer Glaubwürdigkeit und verbesserter Kommunizierbarkeit gewinnen. Beschließen wir unsere Überlegungen mit einer Betrachtung zu den Diskursakteuren, ihrer Deutungsmacht und Glaubwürdigkeit.

Verfechter exklusiver Frames

Rein quantitativ gesehen macht die Gruppe der Leser den Löwenanteil der Konstrukteure exklusiver Identitäten aus. Über die Hälfte aller Frames (53%), welche die Türkei entweder geografisch und / oder historisch-kulturell und / oder religiös als nicht zu

Europa gehörig rahmen, stammen aus der Feder EU-europäischer Leserbriefverfasser. Zu in etwa gleichen Teilen vertreten sind danach Journalisten (19%), nationale Politiker aus dem mitte-rechten Parteispektrum (10%) und Intellektuelle (13%). Nehmen wir nun an, dass die Glaubwürdigkeit eines Akteurs von seinem Bekanntheitsgrad bzw. sozialen Kapital abhängt und berücksichtigen zudem, dass Leserbriefe in der Regel an wenig prominenter Stelle platziert sind, lässt sich schlussfolgern, dass die Gruppe der Leser im Hinblick auf Glaubwürdigkeit und Deutungsmacht als im Vergleich schwächer einzuschätzen ist. Dies würde prinzipiell für einen „Machtvorteil" inklusiver Deutungen sprechen. Dieser relativiert sich allerdings, wenn man zudem die Verwendung von Diskursstrategien berücksichtigt (s.u.). Unsere Analyse zeigt, dass insbesondere Leser in hohem Maße auf die Deutungsstrategie der „Rekrutierung von Persönlichkeiten" zurückgreifen, um ihren Deutungen mehr Gewicht zu verleihen, bzw. diese über Bezugnahme auf Politiker, Intellektuelle bzw. im weitesten Sinne Persönlichkeiten des öffentlichen Lebens zu legitimieren. Da durch die verstärkte Verwendung dieser Strategie der Mangel an Deutungsmacht und Glaubwürdigkeit kompensiert wird, fällt die Macht- bzw. Glaubwürdigkeitsdifferenz weniger schwer ins Gewicht.

Sieht man von der breiten Masse an Leserbriefverfassern ab, lässt sich feststellen, dass inklusive und exklusive Deutungen von denselben Akteursgruppen vertreten werden. Zwar unterscheiden sich Politikvertreter und Journalisten freilich bezüglich Parteizugehörigkeit bzw. politischer Couleur, doch lassen sich im Hinblick auf ihre Glaubwürdigkeit keine nennenswerten Machtunterschiede zwischen den Verfechtern inklusiver und exklusiver Deutungen feststellen. Insofern hält sich die Aussagekraft des Kriteriums *credibility of promoters* – zumindest was unsere Analyse betrifft – in engen Grenzen.

4.3.3 Betrachtung zur Deutungsmacht

In unseren theoretischen Überlegungen (vgl. Kapitel 2.3) war deutlich geworden, dass ein Kriterium allein nicht zur Operationalisierung von Deutungsmacht ausreicht. Der mehr oder minder hohe Erfolg eines Musters im Sinne einer mehr oder weniger starken Durchdringung eines Diskurses lässt sich nur über eine Kombination mehrerer Konzepte greifen und erklären. Abbildung 4.6 unternimmt den Versuch einer Synthese unserer Betrachtungen zur „Messung" von Deutungsmacht und zielt darauf ab, den Erfolg der Identitätsframes (oben) über die vier Konzepte Frequenz (*standing*), Glaubwürdigkeit (*narrative fidelity*), Kommunizierbarkeit (*frame consistency*), Glaubwürdigkeit der Diskursakteure (*credibility of promoters*) und Masterframe zu greifen (vgl. linke Spalte). Während uns das Kriterium der Frequenz als Indikator für Deutungsmacht diente, wurden die qualitativen Kriterien als erklärende Variablen herangezogen. Der Zusammenhang zwischen Identitätsframes und Deutungsmacht kann wie folgt visualisiert werden:

	Inklusion / geographisch	Inklusion / historisch-kulturell	Inklusion / universal	Exklusion / geographisch	Exklusion / historisch-kulturell	Exklusion / religiös
Standing (Frequenzanalyse)	weit unterdurchschnittlich			weit überdurchschnittlich		
Narrative fidelity (Glaubwürdigkeit)	niedrig			hoch		
Frame consistency (Kommunizierbarkeit)	unklare Grenzziehung durch implizites *othering* → schwierige Kommunizierbarkeit			klare Grenzziehung durch explizites *othering*, kultureller Nährboden → gute Kommunizierbarkeit		
Credibility of promoters (Glaubwürdigkeit der Diskursakteure)	Hoch: Politikvertreter, Intellektuelle, Journalisten			Hoch: Leser, Politikvertreter, Intellektuelle, Journalisten (Kompensation der Leser: verstärkter Einsatz der Diskursstrategie „Rekrutierung von Persönlichkeiten")		
Teil eines Masterframes	ja			ja		
Einsatz von Diskursstrategien	kein Einsatz	niedrig	niedrig	hoch	hoch	niedrig

Abb. 4.6: Identitätsframes und Kriterien zur Bestimmung von Deutungsmacht

Unsere Frequenzanalyse ergab, dass exklusive Deutungen die Debatte überdurchschnittlich stark durchdringen, während inklusive Frames im Vergleich deutlich schwächer vertreten sind. Die Deutungsmachtrelation fällt also eindeutig zugunsten exklusiver Deutungen aus. Die Übersicht führt vor Augen, um im unteren Teil der Tabelle zu beginnen, dass alle untersuchten Frames Teil des Masterframes „Existenz einer kollektiven europäischen Identität" sind – dieses Konzept gibt also nicht weiter Aufschluss über die unterschiedliche Macht der Sub- oder Teilframes in der Debatte. Ähnlich verhält es sich mit dem Kriterium der Glaubwürdigkeit der Diskursakteure. Es konnte herausgearbeitet werden, dass inklusive Identitätsframes an vorderster Stelle von linken Politikvertretern, Intellektuellen und Journalisten vertreten werden, während exklusive Frames ganz besonders in Leserbriefen, aber eben auch in Aussagen diverser Journalisten, Intellektuellen und Politikvertreter des mitterechten Parteispektrums dominieren. Im Großen und Ganzen scheint sich also – insbesondere wenn man auf Seiten der Leserbriefverfasser die Verwendung von Diskursstrategien berücksichtigt – die Glaubwürdigkeit der Akteure auf beiden Seiten die Waage zu halten. Aussagekräftiger erscheint das Kriterium der *frame consistency*, das auf logische Konsistenz und darauf basierende mehr oder minder gute Kommunizierbarkeit abstellt. Es konnte gezeigt werden, dass explizites „othering" über die Konstruktion quasi-natürlicher Grenzen logisch konsistenter erscheint und damit weniger Angriffsfläche bietet. Aufgrund der Eindeutigkeit ihrer Botschaft eignen sich exklusive Frames hervorragend zur Schlagwortbildung und bergen zudem die Möglichkeit der emotionalen Aufladung. So eignen sich primordiale Grenzkonstruktionen ganz besonders „für Situationen, in denen es nicht um Inklusion, sondern um Exklusion geht und fremde Ansprüche auf Mitgliedschaft abgewehrt werden sollen" (Giesen 1999: 132). Im Hinblick auf das Kriterium der empirischen Glaubwürdigkeit wurde deutlich, dass Frames, die die Türkei als nichteuropäisch rahmen, auf einen „cultural stock", eine Art kulturellen „Nährboden" fallen, dessen bereits vorgeformte Frames es den medial kommunizierten Deutungen erleichtern, Wurzeln zu schlagen. Im konkreten Fall wurde die Bedeutung von legitimierendem Schulbuchwissen, Alltagsmythen und Traditionen des „othering" herausgestellt, auf welche exklusive Frames erfolgreich Bezug nehmen können.[78]

Zusammenfassung

Resümieren wir kurz. Erstens konnte festgestellt werden, dass politische Forderungen in der Türkei-Debatte typischerweise schein-logisch aus Annahmen über die europäische Identität abgeleitet werden. Konkreter ausgedrückt heißt dies: Die Deutung europäischer Identität als kollektiv und exklusiv fungiert als legitimierendes Hintergrundwissen für die Konstruktion des sozialen Handlungsproblems „EU-Beitritt der Türkei" (vgl. Kapitel 4.2). Zudem wird die als exklusiv definierte kollektive Identität der Europäer auch selbst als Grund gegen die Südosterweiterung angeführt (z.B. Problemdefinition „Freihandelszone"). Zweitens konnte gezeigt werden, dass im Diskurs generell Identitätsframes dominieren, die die Türkei als nicht-europäisch, orientalisch bzw. schlicht anders oder fremd rahmen. Exklusive Deutungen europäischer Identität konnten gegenüber inklusiven Frames zudem als ungleich mächtiger charakterisiert werden. Die drei hier beleuchteten Aspekte greifen freilich ineinander. So soll aufgrund der überdurchschnittlichen *Frequenz*, also der beträchtlichen *Macht*, sowie der *legitimierenden Funktion* exklusiver Identitätskonstruktionen die Rede von einem Exklusionsdiskurs sein.

Zum Vergleich: Der Diskurs im europäischen Parlament

Die Studie der Universität Konstanz[79], die über ein Zeitfenster von sieben Jahren Argumentationsmuster in den Türkei-Debatten des Europäischen Parlaments rekonstruiert, kommt zu völlig konträren Ergebnissen. Auf europapolitischer Ebene gebe es seit Jahren einen Tenor um die politisch-gesellschaftlichen Beitrittskriterien, der laute, dass die Europakompatibilität der Türkei nicht ernsthaft in Zweifel gezogen werden könne

---

78   Die Tabelle nimmt bereits den im folgenden Abschnitt untersuchten Einsatz von Diskursstrategien vorweg. Darauf soll zu einem späteren Zeitpunkt zurück gekommen werden.

79   Ich zitiere sie bereits zu einem früheren Zeitpunkt unter dem Gesichtspunkt der Datentriangulation (vgl. Kapitel 3.1). Vgl. für detaillierte Ausführungen Giannakopoulos / Maras 2005a.

(vgl. Giannakopoulos / Maras 2005c: 22). Lediglich in den Kreisen der Europäischen Volkspartei könnten „minoritäre Nebeneinstellungen" (ebd.: 25) ausgemacht werden, die sich auf unüberwindbare Kultur- und Identitätsbarrieren berufen und somit den Türkei-Beitritt in die Sphäre des prinzipiell Undurchführbaren rücken. Von Exklusionsdiskurs oder -rhetorik kann auf europapolitischer Ebene also nicht die Rede sein. Wie lässt sich dies erklären? Giannakopoulos und Maras führen den Diskurs auf das in diversen Präambeln und Verträgen formulierte Selbstverständnis Europas zurück, das freilich gerade EU-Parlamentarier verkörpern und an vorderster Stelle repräsentieren:

> Die Auswertung der Argumentationsmuster der EU-Parlamentarier lässt das Bild eines integrationswilligen, Pluralismus fördernden und Einheit-in-der-Vielfalt-wahrenden Europas entstehen. […] Von den Forderungen nach Demokratie und Rechtsstaatlichkeit einmal abgesehen, sind die Stellungnahmen der EU-Parlamentarier von einer gewissen Reflektionsbedürftigkeit gekennzeichnet. Diese bezieht sich auf Präsuppositionen, die zwar zum Grundbestand eigenen Selbstverständnisses gehören, ohne jedoch […] selbst Gegenstand der Reflektion zu werden. (ebd.: 30ff.)

Zudem sind die Parlamentsdebatten im Lichte jahrzehntelanger politischer Beziehungen zur Türkei zu sehen, in denen sich die Türkei um Mitgliedschaft bemühte, jedoch immer wieder abgewiesen oder – mit Versprechen bedacht – vertröstet wurde (vgl. Kapitel 1.4.2). Wenn man zusätzlich berücksichtigt, dass Europapolitiker in weitaus geringerem Maße von nationalen Wahlen und Wählerstimmen abhängig sind, wird verständlich, dass sich ihr – im wahrsten Sinne des Wortes: bürgerferner – Diskurs kaum an nationalen Stimmungslagen und meinungsbildenden Debatten orientiert.

4.4   Zwischenfazit

4.4.1 Flexible Abgrenzungsmodi und multiple Andere

Eine Vielzahl an Studien zur Konstruktion der europäischen Identität spiegelt eine kaum mehr überblickbare Anzahl an „Anderen", die in Diskursen über Europa als spezifisch nicht-europäisch konstruiert werden. So zeigt Meinhof anhand von Interviews in EU-Grenzregionen, dass der Osten als bedrohlicher, nicht-europäischer „Anderer" erscheint (vgl. Meinhof 2004: 230ff.). Wodaks Studie zeugt demgegenüber davon, dass EU-Bedienstete – interviewt wurden u.a. Mitglieder des Europäischen Parlaments, der Kommission und COREPERs – ihre europäische Identität besonders über diskursive Abgrenzung von den USA oder Japan konstituieren (vgl. Wodak 2004: 122f.). Fuchs et al. legen in ihrer Studie dar, dass Anfang der neunziger Jahre in den damals noch zwölf Ländern der Europäischen Gemeinschaft die Rolle des Anderen offensichtlich innerhalb der nationalen Gemeinschaften mit Immigranten nicht-westlichen Ursprungs besetzt wurde (vgl. Fuchs et al. 1993). Kohli spricht in diesem Zusammenhang von „binnenstaatlichem ‚Orientalismus'" (Kohli 2002: 127), Bach von „Integration durch Fremdenfeindlichkeit":

> Nichts, so scheint es, eint Europa heute mehr als die Furcht vor dem Fremden. […] Die Xeno-
> phobie scheint zu einer wahnhaften Ersatzidentität im neuen Europa zu werden. Sie bildet ein
> regressives Identitätsmuster, bei dem sich über die Angstbesetzung und Abwehr von Fremden
> die geglaubte Gemeinschaft, das Wir-Gefühl der identitätsschwachen Unionseuropäer emotio-
> nal herstellt. (Bach 2001: 141)

Insbesondere im Hinblick auf die deutsch-europäische Identitätskonstruktion steht der Personifizierung des Anderen als Asylbewerber oder Straßenhändler zudem ein weniger expliziter Modus der Abgrenzung gegenüber: Die Konstruktion europäischer Identität läuft beispielsweise in Deutschland – freilich nicht nur, aber auch – entlang der Beschwörung einer Differenz zwischen der negativ besetzten, weil von Militarismus und Nationalismus besetzten Vergangenheit und der Zukunft eines geeinten, friedlichen Europas (vgl. Risse / Engelmann-Martin 2002).

Die eine, wahre, richtige europäische Identität gibt es also nicht. Dieses Ergebnis bestätigt unsere Diskursanalyse, im Rahmen derer deutlich geworden ist, dass selbst im untersuchten medialen Diskursforum Europa und europäische Identität auf verschiedenste, teils komplementäre, teils sich überlappende, teils völlig konträre Arten konstruiert werden. Analytisch wurde oben zwischen inklusiver und exklusiver Identitätskonstruktion unterschieden, gleichzeitig wurde aber deutlich, wie viele unterschiedliche Grenzziehungen sich wiederum hinter diesen Oberbegriffen verbergen. Zu einem ähnlichen Ergebnis kommt Hülsse in seiner Analyse der im Osterweiterungsdiskurs verwendeten Metaphern. Er unterscheidet erstens eine „Europäische Identität I", die strukturell unserer „exklusiven Identität" entspricht und auf einer natürlichen und sozialen Gleichheit der 15 „alten" Mitgliedsstaaten beruht, also die mittelosteuropäischen Staaten als „Andere", Nicht-Zugehörige konstruiert. Parallel existiert im Diskurs um die Osterweiterung eine „Europäische Identität II", die demgegenüber eine naturgegebene, ursprüngliche Zusammengehörigkeit der EU-Mitglieder und mittelosteuropäischen Beitrittskandidaten annimmt (vgl. Hülsse 2003: 158f.). Diese zweite Identität entspräche der von mir im Türkei-Diskurs rekonstruierten „inklusiven Identität".

Grundsätzlich bestätigt unsere Analyse Neumanns Annahme, „that there cannot be such a thing as a European identity in the singular, but only a plurality of European identities" (Neumann 2001: 160). Ebenso Risse, der auf die Kontextabhängigkeit der jeweiligen Konstruktionen hinweist:

> What about the social meanings and understandings of 'Europe'? […] Europe has many 'others'
> which are referred to and represented in a context-dependent way. This does not mean at all that
> anything goes, but it warns us not to reify the concept of European identity and to fix its meaning
> once and for all […]. (Risse 2003: 12f.)

Auf den Gedanken der Kontextabhängigkeit von Identitätskonstruktionen wollen wir weiter unten zurückkommen. Es stellt sich die Frage, wie sich der Kontext des untersuchten Diskurses konkret darstellt. Anders formuliert: Wie lässt sich erhellen, weshalb im vorliegenden Diskurs Identität so und nicht anders konstruiert wird? Hier muss unser Fokus auf dem Exklusionsdiskurs liegen, da die exklusiven Identitätsframes nicht nur eine besonders hohe Frequenz und Deutungsmacht aufweisen, sondern auch, weil ihnen darüber hinaus eine entscheidende, weil legitimierende und rechtfertigende Funktion im Rahmen der Problemdefinitionen zukommt.

4.4.2 Implizite und explizite Grenzziehungen

Eine weitere, von Kohli formulierte Schlüsselfrage lautet: Muss eine europäische Identität notwendigerweise immer eine Identität gegen Andere sein, wobei eine Grenze zwischen Mitgliedern und Nicht-Mitgliedern gezogen wird (vgl. Kohli 2002: 125)? In der einschlägigen Literatur und auf einer abstrakten Ebene wird diese Frage von vielen Theoretikern zustimmend beantwortet. Der Zusammenhang von Grenze und Kohäsion bzw. Zusammenhalt einer Gruppe wird bereits von Simmel wie folgt beschrieben:

> So ist eine Gesellschaft dadurch, daß ihr Existenzraum von scharf bewussten Grenzen eingefasst ist, als eine auch innerlich zusammengehörige charakterisiert, und umgekehrt: die wechselwirkende Einheit, die funktionelle Beziehung jedes Elementes zu jedem gewinnt ihren räumlichen Ausdruck in der einrahmenden Grenze. (Simmel [1908] 1968: 465)

Anderson versteht Grenzen als Identitätsmarker (vgl. Anderson 1998: 5), Münch begreift Grenzziehung als die „Wurzel jeder kollektiven Identität" (Münch 1993: 16) und auf diese Annahme bezieht sich auch Neumanns „Self-Other-Nexus":

> There are, first, the basic insights from the anthropological path, that delineation of a self from an other is an active and ongoing part of identity formation. The creation of social boundaries is not a consequence of integration, but one of its necessary a priori ingredients. (Neumann 1996: 166f.)

Im abstrakten Sinne scheint unbestritten, dass die Konstruktion des Eigenen oder Selbst nur über die Benennung des Fremden oder Anderen geschehen kann. Wenden wir uns nun dem Fall der diskursiven Konstruktion europäischer Identität in der öffentlich-medialen Türkei-Debatte zu.

Unsere Diskursanalyse führt vor Augen, dass es für die Konstruktion europäischer Identität *nicht notwendigerweise* einer Personifizierung wie auch immer gearteter Anderer bedarf. Die „positive", inklusive Konstruktion europäischer Identität über die Hervorhebung gemeinsamer historisch-kultureller Gemeinsamkeiten einerseits und die Betonung gemeinsamer, universaler Werte andererseits nimmt implizit das Vorhandensein Anderer an, verzichtet aber auf deren Konkretisierung und Personifizierung. Wie oben gezeigt, lässt eine solche Identitätskonzeption eine gewisse Trennschärfe vermissen:

> Positive Ideen Europas, die sich um Demokratie und Menschenrechte kreisen – etwa diejenigen des Verfassungspatriotismus – sind universalistisch gerichtet und eignen sich deshalb schlecht als Grundlage für eine Grenzziehung zwischen ‚uns' und ‚den Anderen'. Es mag Exklusionsgründe auf der Ebene politischer Praktikabilität geben, aber auf moralischer Ebene hat Exklusion keine Grundlage. (Kohli 2002: 127)

Mit anderen Worten bedeutet dies nicht nur, dass die Grenze zwischen europäisch und nicht-europäisch unscharf bleibt, sondern auch, dass sie sich weniger leicht in politisch wirksame Schlagworte fassen lässt. Zudem weist jene Form inklusiver Identität, die ausschließlich auf den in den Kopenhagener Kriterien verschriftlichten universalen Grundsätzen basiert, eine Art „logische Lücke" auf. Mit gutem Recht wird gefragt, was insbesondere in Abgrenzung zum U.S.-amerikanischen, primordiale Aspekte völlig vernachlässigenden Inklusionsmuster das spezifisch „Europäische" dieser Identitätskonzeption ausmache. Warum könne denn, so die Folgefrage, nicht auch Japan der EU beitreten?[80] Fehlende Trennschärfe, mangelnde Konsistenz und daraus resultierende schwierige Kommunizierbarkeit liefern mögliche Erklärungen für die im Vergleich zu exklusiven Konzeptionen schwächere diskursive Durchsetzung „positiver" Identitätskonstruktionen.

Wie verhält es sich demgegenüber mit den drei exklusiven Identitätskonzeptionen, die die Türkei geographisch, unter Verweis auf eine historisch-kulturelle Abstammungsgemeinschaft oder aufgrund religiösen Glaubens ausschließen? In allen drei Fällen werden explizit Andere genannt und konkretisiert: Im ersten genannten Fall sind dies alle Menschen, die jenseits des Bosporus leben, im zweiten Fall all jene, die nicht die als solche konstruierten historischen Wurzeln Europas teilen (Aufklärung, Renaissance, Säkularisierung) und im dritten Fall Muslime. Es liegt auf der Hand, dass sich diese Anderen rhetorisch hervorragend in Schlagworte fassen lassen. Die oben beschriebene Exklusionsrhetorik von CDU / CSU, konservativen Intellektuellenkreisen und dem Gros der untersuchten Leserschaft zeigt, wie erfolgreich daher Identitätskonstruktionen sind, die Identität „negativ" definieren, also Grenzen über die Personifizierung und Benennung konkreter Anderer ziehen.

Angesichts der Vielfalt der rekonstruierten – expliziten wie impliziten – Grenzziehungen muss Laffan widersprochen werden, die annimmt, die EU als politischer Verbund sei ein „active identity builder" und bestimme weitgehend, welche Länder als europäisch gelten – nämlich all jene, die gleichzeitig EU-Mitgliedstaaten seien. Dies führe dazu, dass die Termini „Europa" und „EU" austauschbar seien, ja europäische Identität und EU-Identität synonym verwendet werden könnten (vgl. Laffan 2004: 95f.). Unsere Analyse bestätigt diese Annahme nicht. Sie zeigt vielmehr, dass die Diskussion darüber, was als „europäisch" zu definieren ist, in vollem Gange ist und die *finalité* Europas noch lange nicht geklärt ist. Es kann also nicht davon ausgegangen werden, dass die EU als politische Union Deutungshegemonie darüber erlangt hat, was auch im öffentlich-medialen Diskurs als „europäisch" definiert wird.

Zusammenfassend können wir folgendes festhalten. Der öffentlich-mediale Türkei-Diskurs reflektiert Europas „fuzzy boundaries" (Risse 2003: 12, Bös 2000). Hinter der den Diskurs dominierenden Vokabel „europäische Identität" verbergen sich verschiedene Identitätskonzepte, welche die Türkei jeweils über implizite Grenzziehungen inkludieren oder über explizites „othering" exkludieren. Allein zwei unterschiedliche geographische Europabegriffe konnten unterschieden werden, dazu verschiedene, sich teilweise überlappende Konzeptionen, die auf historisch-kulturellen Gemeinsamkeiten basieren. Letztere beziehen nur zu einem kleinen Teil die Türkei ein; zu einem weitaus größeren Teil exkludieren sie sie auf Basis primordialer Grenzziehungen. Die quantitative und qualitative Auswertung des Datenmaterials lässt eindeutig darauf schließen, dass sich Abgrenzung über die Konkretisierung und Personifizierung Anderer als ungleich macht- und wirkungsvoller erweist als die bloß implizite Annahme Anderer.

---

80 Problematisch erscheint insbesondere, dass die auf europäischer Ebene derzeit gültigen Verträge nur „europäische" Länder für die Erweiterung zulassen. So lautet Art. 49 des Vertrags über die Europäische Union: „Jeder europäische Staat [...] kann beantragen, Mitglied der Union zu werden." Art. 57 Abs.1 des Entwurfs über eine Verfassung für Europa ist inhaltlich identisch: „Die Union steht allen europäischen Staaten offen [...]". An keiner Stelle wird präzisiert, was unter „europäisch" verstanden werden soll. Auch der Europäische Konvent umging eine Konkretisierung des umstrittenen Artikels.

5 Derivationenanalyse

5.1 Identitätskonstruktion als Rationalisierung

5.1.1 Einführung

Es würde den Rahmen dieser Dissertation sprengen jedes in Kapitel 4.2 rekonstruierte Deutungs- oder Problemmuster im Hinblick auf Rationalisierungen zu hinterfragen. In den folgenden Abschnitten wollen wir uns daher darauf beschränken, den Masterframe „europäische Identität" einer Derivationenanalyse zu unterziehen und untersuchen, ob und inwiefern hier schein-logische oder pseudo-rationale Strukturen aufgedeckt werden können. Im Rahmen unserer Masterframeanalyse konnte insbesondere festgestellt werden, dass exklusive Identitätsframes stark dominieren:

> At present the EU and Turkey are ,others': the EU is the subject and Turkey is among the objects of its external(ized) identity. (Wood / Quaisser 2005: 170)

Dies erscheint erklärungsbedürftig und lässt eine eingehendere Analyse lohnend erscheinen. Wie sehen dabei die einzelnen Analyseschritte aus? Zunächst soll, um es mit Pareto auszudrücken, die Logik der Praxis mit der Logik der Forschung kontrastiert werden. Das heißt, es wird verifiziert, ob der Masterframe des öffentlich-medialen Türkei-Diskurses der paretianischen „objektiven Wahrheitsprüfung" standhält. Dies bringt einen Perspektivenwechsel mit sich: Wir verlassen die Ebene der diskursiven Konstruktionen, um uns den *tatsächlichen*, durch Befragung ermittelbaren individuellen Zugehörigkeitsgefühlen zuzuwenden. Es gilt zu erhellen, ob es auf dieser Ebene eine kollektive europäische Identität gibt und ob der in der Türkei-Debatte rekonstruierte Masterframe eine empirische Entsprechung außerhalb des untersuchten Diskurses findet. Zudem wird, Paretos szientistischem Grundverständnis folgend, die öffentliche Debatte mit dem Expertendiskurs zum Thema europäische Identität kontrastiert. Dies geschieht in der Annahme, dass falsche Behauptungen und schein-logische Räsonnements nur vor der Kontrastfolie wissenschaftlicher Diskurse und nach wissenschaftlichen Standards erhobener Daten sichtbar gemacht werden können (vgl. Bach 2004: 123). Der „logisch-experimentellen" Methode folgend verifiziert also Kapitel 5.1.2 den oben rekonstruierten Masterframe anhand kontrolliert erhobenen empirischen Datenmaterials. Es darf an dieser Stelle vorweg genommen werden, dass die Annahme einer kollektiven europäischen Identität als Derivation charakterisiert werden kann. Kapitel 5.1.3 widmet sich daher einer eingehenden Analyse der Modi kollektiver Persuasion (vgl. Kapitel 2.4) und untersucht den Einsatz von Diskursstrategien. Hier geht es darum, zu beleuchten, woraus sich die Überzeugungskraft der Deutungen speist bzw. zu erhellen, wie hier falsche Behauptungen ins rechte Licht gerückt und in „gute Gründe" transformiert werden. Kapitel 5.1.4 versteht sich als Exkurs und bietet eine mögliche phänomenologische Erklärung für die Nicht-Übereinstimmung von diskursiven Identitätskonstruktionen und empirischem Datenmaterial.

5.1.2   Logik der Praxis vs. Logik der Forschung

Lässt sich nun der Masterframe „europäische Identität" wissenschaftlich-objektiv bestätigen? Stützen sich die Diskursakteure auf mittels der logisch-experimentellen Methode überprüfbare, nachweisbare und damit „wahre" (Pareto) Fakten? Wie ist es „wirklich" um die (Wir-)Gefühle der EU-Bürger bestellt, wenn man, wie Gerhards und Nissen vorschlagen, die EU als Identifikationsobjekt und die Bürger als Identifikationssubjekte betrachtend, die Gefühlsbeziehung zwischen beiden als kollektive Identität begreift (vgl. Gerhards 2003a, Nissen 2006: 157)?

Objektive Datenlage

Diese Fragen können mithilfe jener aggregierter Daten erhellt werden, welche die Europäische Kommission in Form ihrer Eurobarometerumfragen in regelmäßigen Abständen veröffentlicht. Danach befragt, wie sie sich in naher Zukunft sehen, können die interviewten Personen zwischen folgenden Optionen wählen: „weiß nicht", „nur national", „national und europäisch", „europäisch und national" und „nur europäisch".[81] Die letzten beiden Antwortmöglichkeiten können dabei als Indikatoren für das Vorliegen einer europäischen Identität interpretiert werden. Betrachten wir wieder die Umfragewerte für das Jahr 2004, also den Zeitraum unserer Diskursanalyse. Immerhin 46% aller EU-15-weit Befragten gaben 2004 an, dass sie sich als Bürger ihres eigenen Landes, *aber auch* als Europäer sehen. Demgegenüber antworteten 41%, sie identifizierten sich *ausschließlich* über ihren Nationalstaat. Nur 4% fühlten sich ausschließlich als Europäer und fast ebenso wenige (6%) empfanden sich zunächst als europäisch und dann als Bürger ihres eigenen Landes (vgl. Europäische Kommission 2004).

Vergleicht man diese Werte mit den Eurobarometerdaten der vorangehenden sechs Jahre, so stellt man fest, dass sich die Einstellungen der Bürger kaum verändert haben (vgl. Nissen 2006: 161, Abb.1). Dies lässt zunächst einmal den Schluss zu, dass auf der Ebene der 15 „alten" EU-Länder (noch) nicht von einer europäischen Identität im Sinne eines kollektiven Wir-Gefühls gesprochen werden kann. Freilich ist mit der Europäischen Union ein Bezugsobjekt für eine europäische Identität entstanden, doch stellt sich dieses

als eine ‚segmentäre Vergemeinschaftung' von ökonomisch-politischen Steuerungsfunktionen dar, die primär instrumentellen Charakter tragen. Eine darüber hinaus gehende Identitätsbildung

---

81   Bei den Angaben „national und europäisch" und „europäisch und national" ist die Reihenfolge entscheidend. Während die erste Option die Betonung auf die nationale Identität legt, hebt die zweite Antwortmöglichkeit an erster Stelle Zugehörigkeitsgefühle für Europa hervor und wird daher als Indikator für europäische kollektive Identität gewertet.

ist noch nicht eingetreten, da die Nationalstaaten die wesentlichen Träger der Entscheidungsfä-
higkeit und Legitimität der Europäischen Union sind. (Lepsius 1999: 220)

Nissen weist darauf hin, dass die soeben referierten Durchschnittswerte den Blick auf
„remarkable differences among the member countries" (Nissen 2006: 160) verwehren.
Im Hinblick auf unsere Diskursanalyse erscheint es also erforderlich, die für Deutschland erhobenen Antworten gesondert zu betrachten und mit den Ergebnissen der anderen EU-Länder zu kontrastieren. In Deutschland gaben 38% der Befragten an, sie fühlen sich ausschließlich als Deutsche, 46% empfanden sich zunächst als Deutsche und
dann als Europäer. Nur 8% antworteten, sie fühlten sich zunächst als Europäer und
dann als Deutsche, während sich 6% ausschließlich europäisch definierten. Im Großen
und Ganzen unterscheiden sich diese Werte kaum vom Durchschnitt der EU-15. Der
kleine Unterschied besteht darin, dass sich die Deutschen etwas „europäischer" fühlen
als die anderen befragten Nationalitäten – der Abstand vom Durchschnitt ist jedoch
marginal (vgl. ebd.). Rechnet man die Prozentpunkte der Antworten zu „nur europäisch" und „europäisch und national" zusammen und interpretiert sie als Indikatoren für
europäische Identität, so fühlte sich im Jahre 2004 eine 14%-starke Minderheit der
Deutschen hauptsächlich oder ausschließlich europäisch. Auch dieser Wert hat sich,
wie Nissen zeigt, seit 1996 nicht verändert und liegt geringfügig über dem EU-15-
Durchschnitt (11%) für den Zeitraum 1996-2004 (Nissen 2006: 161, Abb.2). Diese
Daten belegen zum Einen das Vorliegen so genannter Mehrfachidentitäten, wobei der
Anteil der – wenn man so will – „europäischen Teilidentität" seit knapp einem Jahrzehnt stabil bleibt. Demgegenüber zeigen die Ergebnisse von Schilds vergleichender
Studie, welche die Entwicklung multipler Identitäten in Deutschland und Frankreich
untersucht, dass ab Mitte der neunziger Jahre ein eindeutiger identitärer Rückzug auf
den Nationalstaat beobachtet werden kann (vgl. Schild 2002: 94ff.). In diese Richtung
weisen auch die Ergebnisse des nationalen Eurobarometerberichts für Deutschland vom
Herbst 2004:

> Die Deutschen scheinen sich wieder stärker auf ihr Land beziehen. Die Identifikation mit dem
> eigenen Land ist seit der letzten Umfrage im Herbst 2003 um 5 Prozentpunkte auf 71% gestie-
> gen. (Europäische Kommission 2004a)[82]

Woher sollte die Identifikation mit Europa auch kommen? Was Münch 1993 zum Thema europäische Identität bemerkte, ist heute so aktuell wie vor fünfzehn Jahren. Es
fehle Europa, so Münch, die von einer europäischen Intellektuellenbewegung gestifte-
te kulturelle Identität. Weil sich innerhalb der diversen nationalen Grenzen unterschiedliche philosophische Traditionen differenzierten, bleiben unsere Identitäten bis heute
weitestgehend nationalen Kontexten verhaftet. Wir seien folglich weit davon entfernt,
eine distinktive europäische Weltsicht zu haben, wie man dies von den USA oder von
Japan sagen könne:

---

82   Im darauf folgenden Jahr 2005 sind die Zahlen vergleichbar: „Die Deutschen verstehen sich nach
     wie vor vor allem als Deutsche, fragt man sie aber, ob sie sich nicht manchmal dazu parallel auch als
     Europäer fühlen, geben immerhin 16% (+8Pp) an, dass Ihnen das häufig passiere, während 42%
     (+13Pp) angegeben [sic!], dass ihnen das manchmal passiere. 40% (-19Pp) kennen solche parallelen
     Identitäten nicht." (Europäische Kommission 2005)

> Europa wird insofern immer mit einer Vielzahl von Sprachen und korrespondierenden kulturellen Identitäten leben. […] Die innereuropäischen Kulturdifferenzen äußern sich in allen Lebens- und Funktionsbereichen, in unterschiedlichen Rechts-, Wirtschafts-, Bildungs- und Politikkulturen, die alle der Herausbildung einer europäischen Kulturidentität entgegen wirken. […] Die Europäische Gemeinschaft ist ein Wirtschaftsriese *noch ohne* ausreichende politische Handlungsfähigkeit, *innere Solidarität und kollektive Identität.* (vgl. Münch 1993: 102f., Hervorhebung E.M.)

An der Diagnose von 1993 hat sich bis heute wenig geändert. Sowohl für die EU-Staaten im Allgemeinen, als auch für Deutschland im Besonderen lässt sich feststellen: „Only a limited number of Europeans have developed a sense of togetherness so far" (Nissen 2006: 171). Nur eine begrenzte Anzahl an Unionsbürgern fühlt sich emotional einem Europa zugehörig, wobei einschränkend bemerkt werden muss, dass unsere Daten keine Schlüsse darauf zulassen, was denn dieses Europa konkret für die Identifikationssubjekte bedeutet. Es ist deutlich geworden, dass die Europäische Union weder auf der Ebene der EU-15, noch im Hinblick auf den Nationalstaat Deutschland einen „umfassenden und finalen Bezugspunkt" für die kollektive Identitätsbildung der Menschen darstellt (vgl. Lepsius 1999: 208).

Derivationaler Charakter

Was lässt sich aus diesen Ergebnissen schließen? Der oben rekonstruierte diskursive Masterframe „europäische Identität" findet offensichtlich *keine* Entsprechung in der eben dargelegten empirischen Datenlage zu kollektiven Zugehörigkeitsgefühlen. Im Gegenteil: Was aus den Eurobarometerumfragen und den zitierten Fragmenten des Expertendiskurses auf die kollektive Identität der EU-Bürger im Allgemeinen und der Deutschen im Besonderen geschlossen werden kann, steht im Widerspruch zum Identitätsmasterframe der Türkei-Debatte.[83] Dies rechtfertigt, die diskursive Annahme einer kollektiven europäischen Identität als Derivation zu charakterisieren, welcher die Überzeugung sich und anderer von *false beliefs* (Boudon) zugrunde liegt. In der Konsequenz muss auch jeglicher argumentativer Rückgriff auf die von „allen" geteilte, kollektive europäische Identität als Derivation entlarvt werden. Damit sind Argumentationen gemeint, die aus einer vermeintlich vorhandenen, allumfassenden kollektiven Identität schein-logisch sowohl Ansprüche auf Mitgliedschaft als auch Forderungen nach Grenzziehung ableiten. Wie gesehen stellt hierbei letzteres den Regelfall dar. Bei dem Masterframe „kollektiv geteilte europäische Identität" mit allen seinen inklusiven und exklusiven Subtypen handelt es sich also um eine Ideenordnung, die den untersuchten Diskurs durchdringt, obwohl ihre Grundannahmen empirisch nicht nachgewiesen werden können.

Die Identitätsframes der Türkei-Debatte halten also keineswegs einer objektiven Wahrheitsprüfung (Pareto) stand und dürften insofern – von einem wissenschaftliche

---

83   Es sei an dieser Stelle einschränkend bemerkt, dass unsere Daten zu Zugehörigkeitsgefühlen auch jenem Teil des wissenschaftlichen Diskurses widersprechen, der seit Jahren versucht, europäische Identität als europäische Kulturgeschichte zu fassen (vgl. Brague 2002), sie etwa auf das Wirken des Christentums und der Kirche (vgl. Brandmüller 2002, Luibl 2002) zurückzuführen.

Standards ansetzenden Beobachterstandpunkt aus gesehen – auch nicht als gültiges Hintergrundwissen bzw. Bewertungsmaßstab für Problemdefinitionen fungieren. Wenn wir uns nun insbesondere die Funktion der exklusiven Identitätsframes im Rahmen der Problemmuster vor Augen führen, so stellen wir fest, dass im Türkei-Diskurs aber genau dies der Fall ist. So konnte in Kapitel 4 gezeigt werden, dass die Deutung der europäischen Identität als kollektiv und exklusiv im Problemdiskurs (oder: Exklusionsdiskurs) als legitimierendes Hintergrundwissen für Problemkonstruktionen fungiert. Die Annahme einer exklusiven europäischen Identität dient so erstens der Untermauerung von Problemperzeptionen und zweitens der Rechtfertigung von Handlungsanleitungen. Dabei ist unerheblich, wie begründet wird, dass die Türkei nicht an einer gemeinsamen Identität teilhabe. Typischerweise wird aus der Annahme eines exklusiven „Wirs" schein-logisch eine Handlungsempfehlung oder -anleitung abgeleitet, die auf dauerhaften Ausschluss der Türkei aus der EU abzielt.

Die Argumentation mit Identitätsframes im Allgemeinen und exklusiven Wir-Deutungen im Besonderen hat also derivationalen Charakter. Derivationen, so wurde oben ausführlich dargelegt (vgl. Kapitel 2.4) bestechen nicht durch Wahrheit, Objektivität oder gar Rationalität, sondern beziehen ihre Überzeugungskraft aus dem Appell an Residuen oder Gefühle. In einem nächsten Schritt soll also untersucht werden, inwiefern die oben rekonstruierten Identitätsframes mithilfe von Modi kollektiver Persuasion kommuniziert werden.

5.1.3 Überzeugung durch Rhetorik

Im diesem Abschnitt wird Bezug genommen auf die paretianischen Modi kollektiver Persuasion und ihre Operationalisierung mithilfe von Diskursstrategien. Setzt man in MAXqda Deutungsstrategien und Identitätscodes zueinander in Beziehung, kreiert der Code-Relations-Browser folgendes Bild:

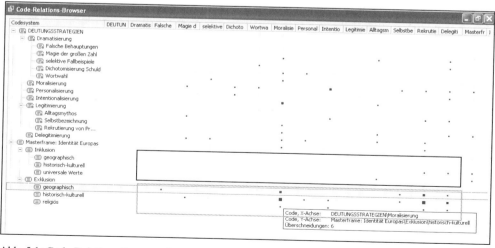

Abb. 5.1: Code-Relations-Browser (Screenshot): Identitätsframes und der Einsatz von Deutungsstrategien

Die Größe der kleinen, quadratischen Kästchen gibt die Häufigkeit an, mit der die jeweils korrelierten Codes gemeinsam in einem Diskursfragment auftreten. Für die folgenden Ausführungen interessiert vor allem die untere Hälfte der Matrix, die die Beziehung der Identitätsframes (links unten) zu den Diskursstrategien (obere Leiste) visualisiert. Was lässt sich aus dieser Graphik ableiten? Zunächst lässt sich feststellen, dass Diskursfragmente, in denen inklusive Identitätsframes codiert wurden, nur in Ausnahmefällen auch die Codierung von Diskursstrategien erforderten (oberes Rechteck). Mit anderen Worten bedeutet dies, dass jene Akteure, welche die Türkei als geographischen bzw. historisch-kulturellen Teil Europas konstruieren bzw. für eine Inklusion auf Basis universaler Werte plädieren, größtenteils auf den Einsatz von Diskursstrategien verzichten. Anders verhält es sich mit Texten, in denen exklusive Identitätsframes kommuniziert werden (gestricheltes Rechteck). Der Balken in obiger Matrix zeigt für den Code „Exklusion / geographisch" exemplarisch, dass Diskursakteure insbesondere zu den Strategien der Moralisierung und Rekrutierung von Prominenz greifen, um ihren Deutungen mehr Gewicht zu verleihen. Selbiges lässt sich auch für jene Identitätskonzepte beobachten, welche die Türkei auf Basis primordialer Werte exkludieren.

Anhand ausgewählter Textstellen soll im Folgenden illustriert werden, in welcher Beziehung der Masterframe „europäische Identität" zu den Modi kollektiver Persuasion steht. Anders formuliert: Es wird gefragt, wie der Masterframe rhetorisch „verpackt" wird, um letztlich zu erhellen, über welche Mechanismen sich die Überzeugungskraft erklären lässt, die er im Diskurs entfaltet. In Kapitel 2.4 wurden die paretianischen, vergleichsweise vage gehaltenen Modi kollektiver Persuasion über die Zuordnung von Diskursstrategien konkretisiert. Mit deren Hilfe kann nun Überzeugungskraft operationalisiert werden.

Beginnen wir mit dem ersten Modus kollektiver Persuasion, der *affermazione* oder Behauptung. Alle im vorangehenden Kapitel zitierten Diskursfragmente, die sich auf den Masterframe „europäische Identität" beziehen, können zunächst als paretianische Behauptungen (*affermazioni*) im weitesten Sinne charakterisiert werden. Wie gezeigt werden konnte, basieren sie auf einer ihnen größtenteils widersprechenden empirischen Datenlage, durchdringen aber dennoch den untersuchten Diskurs. Folgendes Diskursfragment zeigt exemplarisch, wie die Strategie „Magie der großen Zahl" mit Behauptungen zur Identität verknüpft wird:[84]

> Wenn man in die EU einen Staat wie die Türkei aufnimmt, *deren Bevölkerung von 20 Millionen 1950 auf 65 Millionen im Jahr 2000 angewachsen* und **deren Kultur vom Islam und dessen Anspruch mit geprägt ist, dann** gibt es keine gemeinsame Kultur mehr. Die unausweichliche Konsequenz: Man verabschiedet sich von der Vision eines gemeinsamen geeinten Staatenbundes **europäischer Nationen**. Will man diese Vision aufgeben? (Lustfeld, Hans, FAZ, 05.10.2004, Hervorhebung E.M. für Codes Exklusion / historisch-kulturell und Deutungsstrategien / Magie der großen Zahl)

---

84   Für die folgenden Ausführungen gilt: Identitätsmuster sind jeweils fett, Deutungsstrategien jeweils kursiv gesetzt.

Die Überzeugungskraft dieser Derivation – das explizite Beschwören einer der EU-25 gemeinsamen Kultur und die implizite Annahme einer damit verbundenen gemeinsamen kollektiven Identität – basiert auf zweierlei: Zum Einen zielen die Behauptungen darauf „di inculcare certi sentimenti" (Bobbio 1971: 131) und appellieren so vor allem an positiv konnotierte Gemeinschafts- oder Solidaritätsgefühle. Zum Anderen werden die genannten Zahlen zur Bevölkerungsgröße des Beitrittskandidaten schein-logisch mit Annahmen zur gemeinsamen Kultur verknüpft, was auf den ersten Blick einleuchtend erscheint und subjektiv überzeugt. An Gefühle appelliert auch die gewählte Selbstbezeichnung „Wir Europäer" und lenkt insofern von der Frage ab, ob denn ein „Wir" im Sinne eines von allen geteilten Wir-Gefühls überhaupt existiert:

> Es mag sein, daß die türkische Gesellschaft durch den EU-Beitritt zu mehr Selbstbewußtsein und größerer Stabilität finden kann. Aber deswegen können *wir als Europäer* die Frage **nach unserer eigenen Identität** nicht völlig ausblenden. Oder ist nur eine EU, **die ihre gewachsene Kultur und gemeinsame Geschichte geringschätzt und vergißt**, eine gute, weil „moderne" EU? (Hahn, Leopold, FAZ, 15.03.2004, Hervorhebung E.M. für Exklusion / historisch-kulturell und Deutungsstrategie / Selbstbezeichnung)

> Die Türkei beantragt nicht mehr, sondern sie fordert quasi die Aufnahme in die EU. Jede Meinungsäußerung, die diesem Ansinnen skeptisch oder ablehnend entgegensteht, registrieren die Türken mit einem Aufschrei der Empörung oder empfinden das sogar als Diskriminierung. Und das wiederum müssen gerade *wir Europäer* als anmaßend empfinden, **da die Türkei eben kein europäisches Land ist**. (Kleber, Josef, FAZ, 01.11.2004, Hervorhebung E.M. für Exklusion / kulturell und Deutungsstrategie / Selbstbezeichnung)

Im Rahmen der Diskursstrategien „Magie der großen Zahl" und „Selbstbezeichnung" dient das „strategische" Aufstellen von Behauptungen nicht der logischen Argumentation im rationalen Diskurs, sondern dem Appell an Gefühle.

Kommen wir mit der Bezugnahme auf Autorität (*autorità*) auf den zweiten paretianischen Modus kollektiver Persuasion zu sprechen. Aus obiger Matrix wird ersichtlich, dass die Strategie der Rekrutierung von Prominenz typischerweise in Verbindung mit Deutungen auftritt, welche die Türkei als nicht-europäisch rahmen, sei es in geographischer, historisch-kultureller oder religiöser Hinsicht. Verdeutlichen wir diese Beobachtung anhand einiger Textstellen:[85]

> Ein Europa mit der bis an die iranisch-irakisch-syrische Grenze reichenden kleinasiatisch-islamischen Türkei wäre in der Tat schwer vorstellbar. *Edmund Stoiber hat recht, wenn er sagt*, wer ein Land aufnimmt, **dessen größter Teil außerhalb Europas liegt**, muss sich auf die Anträge Marokkos und Tunesiens gefasst machen. (Grimm, Dietrich, FAZ, 26.05.2004, Hervorhebung E.M. für Codes Exklusion / geographisch und Deutungsstrategien / Rekrutierung von Prominenz)

> Auch *alle Warnungen von Valéry Giscard d'Estaing bis Helmut Schmidt, daß der europäische Integrationsprozeß mit dem EU-Beitritt eines muslimischen Landes*, **das zu über 90 Prozent auf dem asiatischen Kontinent liegt** und damit **einem völlig anderen Kulturkreis angehört**, gescheitert ist, werden in den Wind geschlagen. (Koschyk, Hartmut, 21.12.2004, FAZ, Hervorhebung E.M. für Exklusion / geographisch, historisch-kulturell und Deutungsstrategie / Rekrutierung von Prominenz)

---

85 Durch einfaches Klicken auf die Kästchen im Code-Relations-Browser sucht MAXqda jene Texte, in denen die betreffenden Codes gemeinsam vorkommen. Dies ermöglicht ein sekundenschnelles Auffinden der zuvor kodierten Textstellen.

> *Im Dezember 2002 antwortete Helmut Schmidt auf die Frage: „Sind die Türken Europäer?"*
> *mit einem eindeutigen „Nein, sie passen nicht dazu!" Es ist deshalb auch unzulässig,* wenn
> mein Parteivorsitzender und Bundeskanzler Gerhard Schröder sein Eintreten für den Beitritt der
> Türkei in die EU damit begründet, dass seit 1963 alle Bundeskanzler den Beitrittswunsch der
> Türkei unterstützt hätten. *Hört endlich auf Helmut Schmidt!* **Die Türkei gehört nicht zu Euro-**
> **pa und nicht in die EU!** (Deselaers, Jan, SZ, 24.01.2004, Hervorhebung E.M. für Exklusion /
> historisch-kulturell und Deutungsstrategie / Rekrutierung von Prominenz)

Die Überzeugungskraft dieser exklusiven Europa-Definitionen speist sich in erster Linie aus der Bezugnahme auf personale Autorität. Damit sind allgemein anerkannte, prestigeträchtige und einflussreiche Persönlichkeiten wie die zitierten Politiker gemeint. Im wissenschaftlichen Diskurs, so Pareto, mache es keinen Unterschied, von wem ein Argument vorgebracht werde, schließlich entscheide nur die logisch-experimentelle Methode darüber, ob es als richtig oder zutreffend anerkannt werde. Anders verhalte es sich in nicht-wissenschaftlichen Diskursen wie der untersuchten medialen Türkei-Debatte. Hier habe die Autorität des Sprechers – oder eben die diskursive Bezugnahme auf andere Akteure – entscheidenden Einfluss auf die persuasive Kraft einer Behauptung. So basiert die Überzeugungskraft der oben zitierten Europa-Deutungen (und den damit verbundenen Annahmen zur kollektiven Identität) maßgeblich auf der Bezugnahme auf Personen mit hoher Deutungs- oder Definitionsmacht.

Der dritte paretianische Überzeugungsmodus, die Herstellung von Gefühls- oder Prinzipienübereinstimmung (*accordo con sentimenti o con principi*) wurde über die drei Strategien Moralisierung, Alltagsmythos und Intentionalisierung greifbar gemacht. Am häufigsten kommt es im Rahmen der Identitätsdeutungen zur Moralisierung, was beispielhaft an folgendem Textausschnitt illustriert werden soll:

> Ich bin beeindruckt, daß Herr Schröder seine ausgedehnten Reisen durch die Welt unterbrochen
> hat, um uns endlich aus seiner Sicht über die Gründe für eine weltpolitische Aktion aufzuklären,
> die uns ganz wesentlich betreffen würde. Beeindruckt bin ich auch von Herrn Schröders Fürsor-
> ge für das Wohlergehen der Türkei. Offenbar muß er daran erinnert werden, daß er, *gewählt vom*
> *deutschen Volk, als Kanzler zuständig ist für das Wohlergehen von* **uns Deutschen als Teil**
> **Europas. Die Türkei ist ein asiatisches Land**, **ihre Bewohner sind fest verwurzelt in asiati-**
> **schen Traditionen und Religionen, die sie stark machen**. […] *Es ist nicht zu fassen, wie über*
> *die Köpfe von Millionen Menschen verfügt werden soll, und zwar auch über kommende Gene-*
> *rationen.* (Beckmann, M., Die Welt, 16.10.2004, Hervorhebung E.M. für Codes Exklusion /
> historisch-kulturell und Deutungsstrategien / Moralisierung)

In diesem Diskursfragment werden vor allem die Werte Wohlergehen, Stärke und Verantwortung hoch gehalten – sowohl was die jetzigen, als auch die zukünftigen Bürger Deutschlands und „Europas" betrifft. Dabei versteht sich der Verfasser als Advokat dieser Werte und kritisiert das offenbar verantwortungslose Handeln der Bundesregierung, die sich für einen Beitritt der Türkei einsetzt. Da die genannten Werte gesellschaftlich hohe Anerkennung genießen, dürfte die diskursive Anprangerung der Wertverstöße eine Gefühls- bzw. „Bewertungsübereinstimmung" (*accordo con principi*) mit dem Gros der Leserschaft erreichen. Durch Moralisierung wird also die eigene Deutung in vorteilhaftes Licht gerückt und von den der Deutung zugrunde liegenden, teils expliziten, teils impliziten Annahmen abgelenkt, die das kollektive Wir-Gefühl der Europäer oder den asiatischen Charakter des Beitrittskandidaten betreffen.

Die Deutungsstrategie der Intentionalisierung zielt ebenso darauf ab, mit dem Publikum oder der Galerie eine Gefühls- oder Prinzipienübereinstimmung herzustellen, wie folgendes Diskursfragment vor Augen führt:

> *Die wirtschaftliche und zivilgesellschaftliche Annäherung der Türken an Europa lässt sich für einen brillanten Strategen wie Erdogan bestens nutzen, um seine neue Zielvorstellung zu kaschieren. Knapp umrissen, besteht sie in der allmählichen Öffnung des säkularen türkischen Staates für religiös-politische islamische Einflüsse.* [...] Es ist **das unterscheidende Kennzeichen des Islam**, daß er primär in strengen Regulierungen des Alltagsverhaltens besteht und hier eine strikte Unterwerfung verlangt – das Kopftuch ist nicht mehr als ein Symbol dieses Alltagsgehorsams, den die Religion verlangt. **Das macht den Islam schlechthin unvergleichlich mit allen religiösen Erscheinungen in Europa, die sich spätestens seit Beginn der Neuzeit vom ritualisierten Alltag gelöst und allenfalls in einer engeren religiösen Sphäre aufrechterhalten haben.** (Ritter, Henning, FAZ, 17.12.2004, Hervorhebung E.M. für Codes Exklusion / religiös und Deutungsstrategien / Intentionalisierung)

Von Intentionalisierung ist hier die Rede, weil dem türkischen Premier unlautere Intentionen unterstellt und die Aufrichtigkeit seiner politischen Absichten in Zweifel gezogen werden. Es wird behauptet, Erdogan verstecke seine „wahren" Absichten, die vor allem auf eine Stärkung islamischer Einflüsse in Staat und Politik zielten. Im selben Atemzug wird die Grenze zwischen „Europäern" und „Anderen" entlang religiöser Erscheinungen gezogen, indem die Werte Unabhängigkeit, Freiheit und Selbstbestimmung als Besonderheiten europäischer religiöser Erscheinungen definiert werden. Die Gefühls- oder Prinzipienübereinstimmung wird hier dadurch erreicht, dass diese Werte nicht nur positiv konnotiert sind, sondern auch ihrerseits einen Masterframe darstellen, dessen Gültigkeit nicht mehr hinterfragt wird – mit den genannten Werten dürfte sich wohl die breite Masse der Leserschaft identifizieren. Die obige Graphik (Abb. 5.1) lässt darauf schließen, dass vor allem exklusive Identitätsdeutungen mithilfe von Diskursstrategien kommuniziert werden. Folgendes Beispiel stellt insofern eine Ausnahme dar, als eine inklusive Deutung zitiert wird, im Rahmen derer auf einen Alltagsmythos rekurriert wird, um ihre Überzeugungskraft zu erhöhen:

> **Die EU ist für uns eine Wertegemeinschaft,** und wir wollen unseren Beitrag zu deren Ziel einer „Einheit in der Vielfalt" leisten. *Sonst kommt es zum „Clash der Zivilisationen".* Die Türkei wird ein Plus für Europa sein und ihre Politik zur Erfüllung der Kopenhagener Kriterien unbeirrt fortsetzen. (Erdogan, Recep Tayyip, Die Welt, 29.04.2004, Hervorhebung E.M. für Codes Inklusion / universale Werte und Deutungsstrategien / Alltagsmythos)

Fassen wir unsere bisherigen Ergebnisse zusammen. Die Kommunikation exklusiver Identitätsframes bzw. Derivationen geschieht typischerweise über den Einsatz von Modi kollektiver Persuasion im Allgemeinen bzw. persuasiven Diskursstrategien im Besonderen. Dies gilt zwar auch, aber in weitaus geringerem Maße für inklusive Deutungen, was sich oben in der Auswahl der beispielhaft zitierten Diskursfragmente widerspiegelt. Aus der Perspektive einer Soziologie der Rhetorik erscheint es daher gerechtfertigt, nicht nur von einem exklusiven Identitätsdiskurs (oder Exklusionsdiskurs), sondern von *Exklusionsrhetorik* zu sprechen. Um diese Erkenntnis zu untermauern, beleuchten wir im folgenden Abschnitt, welche Rolle Diskursstrategien bei der Kommunikation der Problemdefinitionen im Türkei-Diskurs spielen.

Problemdefinitionen und Diskursstrategien

Der folgende Ausschnitt aus dem Code-Relations-Browser zeigt, in welch hohem Maß
die Deutung des Türkei-Beitritts als soziales Problem mit dem Einsatz von Deutungsstrategien einhergeht:

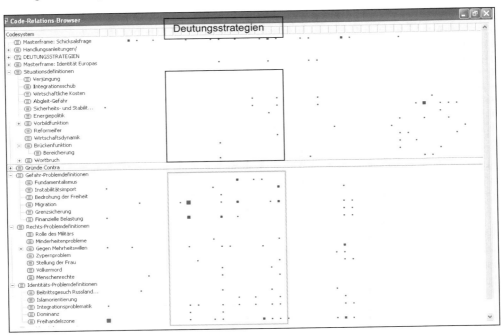

Abb. 5.2: Code-Relations-Browser (Screenshot): Situations- bzw. Problemdefinitionen und der Einsatz
von Diskursstrategien

Oberhalb des Balkens (Höhe „Gründe Contra") visualisiert die nicht schraffierte Flä-
che, inwiefern die Akteure jener Frames, die den Türkei-Beitritt als wünschenswert
rahmen („Situationsdefinitionen"), Diskursstrategien einsetzen. Das untere, gestrichelte Rechteck zeigt demgegenüber, inwieweit die Definition des Türkei-Beitritts als soziales Problem mithilfe von Deutungsstrategien kommuniziert wird. Die Verteilung
und Größe der Kästchen spricht für sich: Während im oberen Rechteck nur vereinzelt
Überschneidungen auftreten, ist im unteren Teil klar erkennbar, dass der Einsatz von
Diskursstrategien typisch für die Kommunikation von Problemwahrnehmungen ist. Dies
soll im Folgenden exemplarisch illustriert werden. Unsere Matrix zeigt, dass insbesondere für die Argumente, ein EU-Beitritt der Türkei werde die EU sowohl finanziell als
auch in Hinblick auf die Immigrationsproblematik in unvertretbar hohem Maße bela-
sten, typischerweise auf Zahlen Bezug genommen wird, die weder gesichert noch nach-
prüfbar sind. Charakteristischerweise werden in diesem Zusammenhang „Expertenschätzungen" angeführt, die – wie die folgenden Fragmente zeigen – in ihrer Höhe
beträchtlich variieren:

Nach vorsichtigen Schätzungen in der EU-Kommission hätte die Türkei nach dem derzeitigen Sachstand Anspruch auf *mindestens 20 Milliarden Euro* aus der EU-Kasse. *Andere Berechnungen belaufen sich auf 38 Milliarden Euro.* (Neumann, Manfred, SZ, 24.01.2004, Hervorhebung E.M.)

Experten haben errechnet, welche Kosten auf die EU zukommen werden. Würden Beitrittsverhandlungen mit Ankara aufgenommen, müsste die EU jährlich *17 Milliarden Euro* an die Türkei zahlen. Deutschland trüge die Hauptlast. (Schuster, Jacques, Die Welt, 20.08.2004, Hervorhebung E.M.)

Wird die Europäische Union durch den Beitritt finanziell überfordert? JA, meint Agrar-Kommissar Franz Fischler. Vor allem die rückständige Landwirtschaft erzwinge Milliardenhilfen. Insgesamt könne das die EU rund *45 Milliarden Euro* kosten. (Fischler, Franz im Interview, WAMS, 26.09.2004, Hervorhebung E.M.)

Ebenso verhält es sich mit den im Diskurs kursierenden Zahlen zum für den Fall eines Beitritts prognostizierten Strom türkischer Migranten:

Man schätzt, daß nach einem EU-Betritt [sic!] *20 Millionen Türken hierherkommen* [sic!] *würden,* da zu einer EU-Mitgliedschaft nach einer Übergangszeit Niederlassungsfreiheit gehört. Das würde die sozialen Integrationsmöglichkeiten der EU-Länder überfordern. (Schafberg, Herwig, FAZ, 16.08.2004, Hervorhebung E.M.)

Diese Entwicklung lässt im Fall eines Beitritts nichts Gutes erwarten, denn trotz temporärer Freizügigkeitsbeschränkungen dürfte der Zuzug sozial schwacher, schlecht ausgebildeter Menschen allein nach Deutschland *zwischen fünf und zehn Millionen Menschen betragen.* (Regenfelder, Karin, FAZ, 10.09.2004, Hervorhebung E.M.)

Die Matrix weist weiter darauf hin, dass der Fundamentalismusframe typischerweise über die Diskursstrategie der Intentionalisierung[86] kommuniziert wird. Allgemein formuliert impliziert dies, dass Akteuren für die als negativ bewerteten Folgen ihres Handelns Intention im Sinne einer moralisch verwerflichen Absicht zugeschrieben bzw. unterstellt wird. Diese Deutungsstrategie zielt in der Regel auf die öffentliche Stigmatisierung und Delegitimierung des jeweiligen Akteurs oder Gesprächspartners. Konkret betreffen solch moralisch niedrig stehende Absichten oder Ziele die Außerkraftsetzung der freiheitlich-demokratischen Ordnung, die Infiltrierung der Gesellschaft mit islamistischem Gedankengut und die Förderung terroristischer Aktivitäten durch die türkische Regierung:

Die Türkei liberalisiert und demokratisiert sich, weil sie sich davon Vorteile erwartet, *nicht weil ihr Liberalisierung und Demokratie ureigenste Angelegenheiten sind* – wie dies zum Beispiel für England oder die USA gilt. (Eberhardt-Lutz, Dorothee, SZ, 03.07.2004, Hervorhebung E.M.)

Die Befürworter des EU-Beitritts der Türkei verdrängen die Tatsache, daß die AKP Erdogans nicht in der Tradition Atatürks steht, sondern einen islamistischen Hintergrund hat. *Ihre Vertreter verdecken ihn zur Zeit mit dem Mantel der Modernisierung, um ihr Ziel zu erreichen.* (Wagner, Dieter, FAZ, 23.12.2004, Hervorhebung E.M.)

---

86 Zudem wurde Intentionalisierung als Deutungsstrategie immer dann codiert, wenn einem Akteur unterstellt wurde, sein Handeln habe nicht die Beweggründe die er / sie angibt, sondern diene lediglich der Kaschierung moralisch verwerflicher Intentionen.

Andererseits gibt es Leute in der Partei von Premierminister Erdogan, *die glauben, die Mitglied-schaft in der EU könnte ihnen helfen, die dritte Schlacht um Europa zu gewinnen.* Die erste Schlacht ging mit der Reconquista von Spanien verloren; die zweite Schlacht war die Belage-rung von Wien. Die dritte Schlacht, so spekulieren diese Leute, könnte siegreich sein: *als Schlacht der Demographie, die es ihnen erlaubt, Zitadellen des Dschihad in Europa zu errichten.* (Kepel, Gilles im Interview, Die Welt, 02.12.2004, Hervorhebung E.M.)

Im Hinblick auf die Strategie der Moralisierung lohnt auch der Freihandelszone-Frame eine eingehendere Betrachtung. Diese Deutung betrifft den als Folge des Türkei-Bei-tritts prognostizierten Verlust EU-europäischer Handlungsfähigkeit und bewertet den daraus resultierenden Mangel an politischer Kohäsion bzw. Wir-Gefühl als durchwegs negativ. Wie die folgenden Beispiele veranschaulichen, geht die Rahmung der EU als „bloße" Wirtschaftsgemeinschaft mit moralisierenden Untertönen einher:

Noch aber plagen viele, zu viele Menschen Zweifel, ob diese so ferne wie fremde Türkei nach Brüssel passt. Oder was eigentlich werden soll aus „ihrem Europa". Eine EU, *verlassen von ihren Völkern, wäre: tot.* (Wernicke, Christian, SZ, 18.12.2004)

Der Vorgang im EU-Parlament ist *unverantwortlich.* Die Vollmitgliedschaft der Türkei wird den *Geist der Union zerstören.* Die Bürger des jetzigen Europa mussten die Probleme der Hoppla-hopp-Erweiterung schon *schmerzhaft* erkennen. Eine reine Veranstaltung der Industrie, die erst einmal *zu Lasten des kleinen Mannes* ging. Der war aber für das *Opfer Europa mit dauerhaftem Frieden* voll bereit. (Mehrling, Gerd, Die Welt, 18.12.2004)

Die Strategie der Moralisierung betrifft insbesondere die Anprangerung von Verstößen gegen allgemein gesellschaftlich anerkannte Werte wie Verantwortung, Ehrlichkeit, Op-ferbereitschaft, Frieden, Leben und vor allem positiv konnotierte kollektive Identität.

Vor dem Hintergrund dieser Erkenntnisse erscheint es umso mehr gerechtfertigt, im Hinblick auf die öffentlich-mediale Debatte von einer Exklusionsrhetorik zu sprechen. Nicht nur die exklusiven Identitätsframes werden bevorzugt mithilfe von Diskursstra-tegien kommuniziert, auch die mit ihnen eng zusammenhängenden Problemdefinitio-nen beziehen einen Teil ihrer Überzeugungskraft aus den soeben rekonstruierten Modi kollektiver Persuasion.

5.1.4   Exklusionsdiskurs und -rhetorik

Im Rahmen der vorliegenden Studie wurde der öffentlich-mediale Türkei-Diskurs zu-nächst aus phänomenologischer Perspektive und sodann aus dem Blickwinkel einer durch Pareto inspirierten Soziologie der Rhetorik betrachtet. Beide Analyseschritte kamen insbesondere durch Kontrastierung mit inklusiven Identitätsframes zu dem Schluss, dass exklusive Deutungen offenbar eine Sonderrolle spielen – und in der Kon-sequenz umso erklärungsbedürftiger erscheinen.

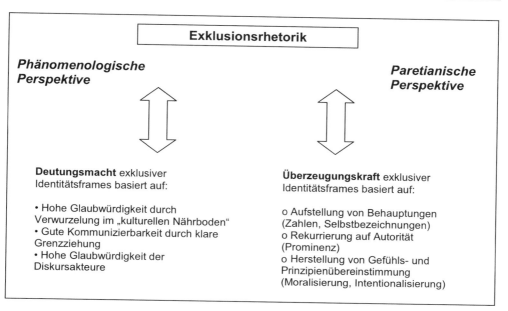

Abb. 5.3: Exklusive Identitätsframes aus zwei Forschungsperspektiven

Obige Graphik visualisiert die Fokusse und Ergebnisse der beiden Forschungsperspektiven. Fassen wir diese Übersicht in Worte und beginnen dabei auf der linken Seite der Graphik. Kapitel 4.3 befasste sich mit einer rein phänomenologischen Analyse des Masterframes „europäische Identität", bildete Idealtypen der Subframes und untersuchte die unterschiedliche Deutungsmacht der diversen Deutungen. Die Analyse ergab, dass exklusive Frames im Vergleich zu inklusiven Deutungen den Diskurs weitaus stärker durchdringen, mächtiger und etablierter sind. Als Gründe hierfür wurden vor allem die hohe Glaubwürdigkeit und gute Kommunizierbarkeit der exklusiven Deutungen angeführt. Das Übergewicht der exklusiven über die inklusiven Identitätsdeutungen rechtfertigt es, *den Identitätsdiskurs als Exklusionsdiskurs zu charakterisieren* – zumal ja aus den Annahmen zur exklusiven Identität Europas Forderungen nach Grenzziehung abgeleitet werden.

Die rechte Spalte der obigen Graphik fügt nun die soeben eingenommene Perspektive einer Soziologie der Rhetorik hinzu. Sowohl exklusive als auch inklusive Annahmen zur kollektiven Identität der Europäer konnten zunächst als Derivationen entschleiert werden. Aus paretianischer Perspektive wird weniger nach Deutungsmacht, als vielmehr nach der Überzeugungskraft von Deutungen gefragt, die zuvor als Derivationen charakterisiert wurden. Auch im Rahmen dieser Analyse stellte sich heraus, dass exklusive Deutungen eine Sonderstellung einnehmen. In weitaus höherem Maße zeichnen sie sich nämlich durch den Einsatz persuasiver Modi aus. Konkret handelt es sich dabei um das Aufstellen von ungesicherten oder falschen Behauptungen, das Rekurrieren auf personale Autorität sowie das Herstellen von Gefühls- oder Prinzipienkonformität. Aus dieser Perspektive ist es gerechtfertigt, nicht nur von *Exklusionsdiskurs*, sondern von Exklusionsrhetorik zu sprechen.

Versuchen wir eine Synthese der beiden Perspektiven. Während die eine bestätigt, dass exklusive Identitätsdeutungen vergleichsweise mächtig sind, begründet die andere deren starke persuasive Kraft. Das heißt, dass ohnehin mächtige Deutungen im Diskurs zusätzlich bevorzugt über persuasive Strategien kommuniziert werden. Mit der Frage, warum dem so ist bzw. wie sich die Exklusionsrhetorik erklären lässt, beschäftigen wir uns in Kapitel 5.2.

5.1.5 Exkurs: Phänomenologischer Erklärungsversuch

Wie gesehen legen Deutungs- und Derivationenanalyse unterschiedliche theoretische Prämissen zugrunde. Dementsprechend differieren auch die Erklärungen für Forschungsprobleme je nachdem, ob phänomenologisch oder paretianisch inspiriert vorgegangen wird. Im Folgenden soll dies anhand des „Identitäts-Paradox" verdeutlicht werden. Erklärungsbedürftig erscheint, dass europäische Identität zwar einerseits im Diskurs als soziale Konstruktion omnipräsent ist, andererseits aber auf der Ebene der empirisch bestimmbaren Zugehörigkeitsgefühle nur sehr bedingt nachgewiesen werden kann. Diese Problematik konnte mit Pareto über das Vorliegen einer derivationalen Struktur gegriffen werden. Unser Exkurs widmet sich einer rein phänomenologischen Betrachtung dieses Widerspruchs, wobei wir als phänomenologische eine Erklärung bezeichnen, die Antworten auf Forschungsfragen sowohl im Phänomen, also in der Deutung selbst sucht, bzw. nach dem subjektiven Sinn der Akteure fragt. Eine phänomenologische Perspektive „begnügt" sich also insofern mit dem Verstehen subjektiven Sinns, als sie annimmt, das Untersuchte *sei wie es ist*. Das heißt Aussagen zu Identität bzw. Zugehörigkeitsgefühlen werden betrachtet, ohne nach Sinnebenen jenseits subjektiven Sinns zu suchen oder „versteckte" Handlungsmotivationen zu vermuten. Zudem gilt die zentrale Annahme, dass kollektive Identitäten in Interaktionsprozessen entstehen, in denen es zu Deutungs- und Zuweisungsprozessen kommt. Das heißt:

> Collective identity is not naturally generated but socially constructed: it is the intentional or non-intentional consequence of interactions which in their turn are socially patterned and structured. (Eisenstadt / Giesen 1995: 72, Hervorhebung i.O.)

Soziale Diskurse, die auf verschiedenen gesellschaftlichen Ebenen stattfinden können, stellen die zentralen Arenen für die soziale Konstruktion kollektiver Identität dar. Im vorliegenden Fall dient uns der gesamtgesellschaftliche, öffentlich-mediale Diskurs als Erkenntnisgegenstand; wir argumentieren also auf der diskursiven Ebene der „‚idea' of Europe" (Kohli 2000: 120). Aus dieser Perspektive ließ sich die Frage nach der Existenz einer kollektiven europäischen Identität ohne Umschweife beantworten: Sie existiert freilich in den sie konstruierenden, und damit konstituierenden Diskursen und wird getragen von den jeweiligen Diskursgemeinschaften. „Und als was sonst sollte sie existieren?" fragt Hülsse (2003: 135) provozierend. Dem soll entgegenhalten werden, dass die Existenz der europäischen Identität offensichtlich eine Frage der Perspektive ist, die der Forscher einnimmt. Als kommunikative Wirklichkeitskonstruktion ist die europäische Identität zumindest im untersuchten Diskursforum zweifelsohne existent.

Die oben angeführten empirischen Befunde haben demgegenüber aber gezeigt, wie notwenig es ist, Identität zudem auf der Ebene der individuellen bzw. kollektiven Zugehörigkeitsgefühle zu denken.

Warum stellen nun die Sprecher des untersuchten Diskurses das Vorhandensein einer europäischen Identität nicht einmal mehr in Frage, während außerhalb der Diskursarena kaum Zugehörigkeitsgefühle nachgewiesen werden können? Unsere Erklärung setzt an den Diskursakteuren und ihrer Sozialisation an. Die untersuchte Türkei-Debatte wurde angesichts der in MAXqda gebildeten Akteurstypen als ein *Elitendiskurs* charakterisiert. Es sind in erster Linie hoch gebildete Intellektuelle, Politikvertreter und Journalisten, die zur Arena des öffentlich-medialen Forums der Qualitätszeitungen Zugang haben. In diesem Zusammenhang erscheint es lohnend, Analysen zu betrachten, die Zugehörigkeitsgefühle mit soziodemographischen Daten korellieren. Duchesne und Frognier weisen nach, dass unter allen über Eurobarometer erhobenen soziodemographischen Variablen Bildungsniveau und Einkommen am stärksten mit europäischen Zugehörigkeitsgefühlen korellieren. Demgegenüber haben Geschlecht und die Größe des Wohnortes offensichtlich wenig Einfluss auf das „gefühlte" Europäischsein (vgl. Duchesne / Frognier 1995: 209f.). Kurzum: Es sind die hoch gebildeten, einkommensstarken Schichten, die Eliten, deren europäische Identität am stärksten ausgebildet ist.

Sozialisation von Eliten

Warum ist dem so? Die „Sozialisationshypothese" scheint in diesem Zusammenhang hohe Erklärungskraft zu haben. In der politischen Einstellungsforschung wird sie in der Regel zur Erklärung von Wertorientierungen, -prioritäten, -änderungen und Wahlverhalten herangezogen (vgl. grundlegend: Inglehart 1971). Schon zu Beginn der siebziger Jahre wurde die – im Vergleich zur breiten Masse – starke Identifikation der Eliten mit Europa über das Konzept der sozialisationsbedingten „kognitiven Mobilisierung" erklärt, die maßgeblich von der Einbindung in „kosmopolitische Kommunikationsnetzwerke" abhängt und die Internalisierung von bestimmten Werten bzw. Identitäten mit sich bringt. Die verstärkte Identifikation der Eliten mit Europa lässt sich somit über folgende Prozesse erklären:

> *1.Cognitive mobilization:* […] one must become aware of it [the European Community, E.M.] before one can develop a sense of commitment. If we regard formal education as an indicator of cognitive mobilization, for example, we would expect the more educated groups to be more aware of European-level politics. *2. Internalization of values.* […] In itself, cognitive mobilization might tend to produce a relatively high level of support for European institutions – to the extent that, with cognitive mobilization, these institutions become more familiar, less threatening. (Inglehart 1970: 47, Hervorhebung i.O.)

Wertorientierungen und Identitäten hängen also maßgeblich von der Einbindung in Kommunikationsstrukturen und der Teilhabe an Informationsflüssen ab. Für die Akteure des Türkei-Diskurses muss angenommen werden, dass sie sich beruflich mit europapolitischen Themen befassen oder zumindest damit vertraut sind. Insbesondere

Journalisten, Politiker und Intellektuelle sind zudem in die einschlägigen Kommunikationsnetzwerke eingebunden. Europäische Zugehörigkeitsgefühle lassen sich also, wie auch Egeberg für EU-Funktionsträger gezeigt hat, über die berufliche Sozialisation und Einbindung in Kommunikationsstrukturen erklären:

> Being embedded in EU level structures and separated in time and space from their primary institutional affiliations back home, officials tend to develop a sense of allegiance to the supranational level. (Egeberg 1999: 470)

In eben diese Richtung weisen die Ergebnisse von Wodak, die in Interviews mit Brüsseler EU-Angestellten unzweideutig belastbare europäische Wir-Gefühle nachweisen konnte (vgl. Wodak 2004) sowie eine Studie der Universität Hohenheim, die in Kooperation mit der Marc-Bloch-Universität Straßburg Generaldirektoren in Brüssel zu Person, Amt und Europa befragte und folgendes Kernergebnis formulierte:

> Es arbeitet eine europäische Elite in Brüssel, die mehrheitlich in Beamtenhaushalten groß geworden ist und von Kindesbeinen an ein geeintes Europa als „moralische Verpflichtung" vermittelt bekam. (Universität Hohenheim 2004)

Zusammenfassung

Resümieren wir kurz. Die im Türkei-Diskurs in Form eines Masterframes vorhandene europäische Identität lässt sich als „Konstruktion von Intellektuellen" (Giesen 1999) charakterisieren, als Zugehörigkeitsdimension einer zahlenmäßig überschaubaren Elite, die auf der Ebene der durch Umfragen erhebbaren Zugehörigkeitsgefühle der breiten Masse kaum eine Entsprechung findet. Die weitaus stärkere Identifikation der Eliten mit Europa wurde mit ihrer unterschiedlichen Sozialisation, Einbindung in Kommunikationsnetzwerke und daraus resultierenden kognitiven Mobilisierung begründet. Diese Erklärung ist insofern als phänomenologisch zu bezeichnen, als sie die Identitätsstatements der Diskursakteure als gegeben hinnimmt ohne nach „versteckten" Sinnebenen oder Handlungsmotivationen zu fragen, die evtl. hinter dem Gesagten liegen könnten. Dass z.B. der argumentative Rückgriff auf ein Identitätskonstrukt der Verschleierung anderer Motivlagen, Wünsche, Hoffnungen oder gar Interessen dienen könnte, wird im Rahmen eines phänomenologischen Ansatzes kategorisch ausgeschlossen. Insofern muss eine phänomenologische Erklärung „lediglich" erhellen, warum die Diskursakteure offensichtlich andere Identifikationsmuster aufweisen als die breite Masse.

Es wurde bereits angedeutet, dass ein solcher, rein phänomenologisch fundierter Erklärungsversuch zu kurz greift. Aus diesem Grund wurde im Rahmen des Forschungsdesigns für eine Theorien- bzw. Methodentriangulation optiert. Im folgenden Kapitel führen wir also die Derivationenanalyse weiter und nehmen damit eine Perspektive ein, die es ermöglicht, weitere Sinndimensionen zu erschließen und andere Erklärungen zu finden.

5.2 Identitätskonstruktion als Form sozialer Schließung

5.2.1 Handlungstheoretische Vorüberlegungen

Im Rahmen der bisherigen Analyse wurde die diskursive Verwendung von Identitäts-frames aus verschiedenen Blickwinkeln beleuchtet. Dabei konnte erstens festgestellt werden, dass exklusive Deutungen europäischer Identität deutlich dominieren und zwei-tens typischerweise mit rhetorischen Mitteln kommuniziert werden, die der kollektiven Persuasion dienen. Für diesen Zusammenhang wurde der Begriff der *Exklusionsrheto-rik* eingeführt.

Hier soll nun nicht darauf verzichtet werden, nach den genannten Akten des Verste-hens (Kapitel 4 und 5.1) auch kausale Erklärungen für dieses Phänomen zu entwickeln. In den folgenden Abschnitten soll es daher vor allem um folgende Fragen gehen: Wie lässt sich der oben definierte Exklusionsdiskurs erklären? Warum wird in der medialen Türkei-Debatte europäische Identität vor allem exklusiv, also über historische, kultu-relle oder religiöse Abgrenzung von der Türkei, konstruiert? Nach all dem, was über Methoden- und Theorientriangulation gesagt wurde, dürfte klar sein, dass die Antwort auf diese Frage wiederum davon abhängt, welche handlungstheoretischen Annahmen zugrunde gelegt werden bzw. welche Perspektive zu Erklärungszwecken herangezo-gen wird. Während ein Erklärungsversuch à la Weber von handlungsleitenden *subjek-tiven Sinnstrukturen* ausgeht (vgl. Exkurs), wird eine durch Pareto inspirierte Perspek-tive handlungsmotivierende *Gefühle und Interessen* in den Fokus rücken, von denen angenommen wird, dass sie gleichsam von derivationalen Sinnstrukturen überlagert bzw. verschleiert werden. Residuen, Derivationen und Interessen sind gleichberechtig-te analytische Variablen in der soziologischen Analyse Paretos (vgl. Eisermann 1987: 151). Nicht zuletzt weil die Formulierung von Idealtypen als soziologische Erklärung nicht ausreicht und die vorliegende Analyse an soziale Prozesse rückgebunden werden soll, verstehen sich die folgenden Ausführungen als Teil der Derivationenanalyse. Folg-lich basieren sie auf den paretianischen Annahmen zu Residuen und Derivationen und deren Relevanz für menschliches Handeln. Zwei Dinge, so nehmen wir also mit Pareto an, motivieren soziale Aktivitäten: Interessen und Gefühle.

Interessen und Gefühle

Im Hinblick auf die Spezifizierung von Interessen beschränkt sich die Interpretation Powers' auf materielle Interessen. Der Amerikaner begreift Derivationen in erster Li-nie als Camouflage finanzieller Gier und illustriert dies anhand einiger, weniger Bei-spiele (vgl. Powers 1987: 86f.). Demgegenüber erscheint die Analyse Eisermanns aus-sagekräftiger, die Interesse als persönlichen Vorteil begreift, der sich sowohl auf öko-nomischen Gewinn, aber auch auf Gewinn an sozialem Prestige und Machtzuwachs im weitesten Sinne beziehen kann (vgl. Eisermann 1987: 164).[87] Die Verfolgung von Interessen erfordere zum Einen eine Kalkulation von Chancen und zum Anderen das Streben nach einem gegebenen Ziel. In diesem Sinne stelle sie eine komplexe Form der Anpassung dar, die auf einem rationalen, weil zweckorientierten (!) Abwägen von Vor- und Nachteilen beruhe (vgl. ebd.). Diese Arbeitsdefinition von Interessen soll für das Erste genügen. Wenden wir uns den Gefühlen als der zweiten handlungsmotivierenden Variable zu.

Es sei daran erinnert, dass bereits zu Beginn dieser Arbeit eine bewusste Entscheidung gegen eine Residuenanalyse gefällt wurde, die in erster Linie mit Operationalisierungsproblemen begründet wurde (vgl. Kapitel 2.1). Da wir also nicht auf empirisch – im Türkei-Diskurs – rekonstruierte Residuen(-kombinationen) zurückgreifen können, müssen wir uns an dieser Stelle mit einigen Annahmen im Hinblick auf zu vermutende handlungsleitende Residuen(-mischungen) begnügen. Diese können aus Paretos Matrix der Residuen, die Idealtypen von Residuen und Handlungstypen zueinander in Beziehung setzt, abgeleitet werden.[88]

Das erste Residuum, das nach Pareto für die Argumentationsstrukturen im Exklusionsdiskurs angenommen werden muss, ist jenes der *Rationalisierung*, das stets pseudologischen Reflexionen und Kausalitätsbehauptungen, wie sie in den vorangehenden Kapiteln behandelt wurden, zugrunde liegt (Bach 2004: 234, Nr. I.5, §§ 972-975):

> Questo genere […] unisce ad altri residui quello del bisogno del ragionamento, ma la grande sua importanza spinge a farne un genere a parte. Il bisogno di logica è soddisfatto tanto con una logica rigorosa quanto con una pseudologica; (Pareto 1964a: 594)

Es ist auf den ersten Blick verwirrend, dass hier als Residuum genannt wird, was im Grunde terminologisch dem Begriff der Derivation entspricht. Damit will Pareto herausstellen, dass die Rationalisierung nicht-logischer Zusammenhänge selbst eine anthropologische Grundeigenschaft menschlichen Handelns ist, die als solche dem Bewusstsein nicht reflexiv zugänglich ist, aber immer dann im Spiel ist, wenn auf Bewusstseinsebene rationalisiert wird. Insofern darf also angenommen werden, dass das Residuum „Rationalisierung" jeglicher derivationalen „Rationalisierung" zugrunde liegt. Schon allein, um terminologische Überlappungen zu vermeiden, wollen wir es damit zunächst bewenden lassen.

Das zweite Residuum, von dem angenommen werden darf, dass es den Exklusionsdiskurs maßgeblich beeinflusst, ist jenes der *Persistenz der sozialen und räumlichen Beziehungen*, dem Pareto als Handlungstyp die Konstruktion kollektiver Identität(en) bzw. Loyalität(en) zuordnet und für das Patriotismus, Possessivverhalten sowie Sprach-, Kultur- und Religionsverbundenheit als Beispiele angeführt werden (vgl. ebd.: 235, Nr. II.1, §§ 1015-1051). Es ist lohnend, sich hier Paretos Definition nochmals im Original vor Augen zu führen:

---

87   Damit umschreibt Eisermann einen Zugewinn an jenem Kapital, das Bourdieu einige Jahre zuvor als ökonomisches und soziales spezifiziert hatte (vgl. Bourdieu 1983).

88   Vgl. hierzu die tabellarische Form von Paretos Matrix der Residuen in deutscher Übersetzung und angereichert um zahlreiche anschauliche Erläuterungen und Beispiele Bach 2004: 232-239.

> Tali residui sono comuni agli uomini ed agli animali. Si è detto che certi animali hanno il senti-mento della ‚proprietà‘; ciò vuol dire semplicemente che persiste in essi il sentimento che li unisce a luoghi e cose. [...] I sentimenti che nell'uomo si dicono di famiglia, di proprietà, di patriottismo, di amore della propria lingua, della propria religione, dei compagni, ecc., sono di tal genere; solo l'uomo vi aggiunge derivazioni e spiegazioni logiche, che talvolta nascondono il residuo. (Pareto 1964a: 614f.)

Wir können mit Pareto also begründet annehmen, dass es sich bei dem Wunsch nach Beibehaltung des Status Quo *in termini* sozialer Relationen und räumlicher Strukturen – insbesondere Grenzziehungen! – um einen menschlichen „Instinkt" handelt, der nicht nur die Konstruktion kollektiver Gemeinsamkeiten und Identitäten, sondern insbesondere die Kommunikation exklusiver Identitätsframes motiviert.

Drittens erscheint es notwendig, *Gruppensolidarität* als handlungsleitendes Gefühl anzunehmen, das in Paretos Residuensammlung als Subtyp des soeben als zweites genannten Residuums erscheint. Das menschliche Bedürfnis oder der Wunsch nach Gruppensolidarität motiviert die Konstruktion von Gleichheitsvorstellungen, Nationalismus und fremdenfeindliche Diskurse (vgl. ebd., Nr. II.1c, §§ 1043-1051). Sowohl die Konstruktion von Gemeinsamkeiten, Eurozentrismus (hier zu verstehen als funktionales Äquivalent zu Nationalismus), als auch xenophobische Deutungen konnten im Türkei-Diskurs – und hier wiederum insbesondere im Zusammenhang mit exklusiven Deutungen kollektiver Identität – eindeutig nachgewiesen werden (Kapitel 4.3).

Zusammenfassend nehmen wir an, dass nicht ein einziges Residuum für die Konstruktion exklusiver Identitätsframes verantwortlich ist, sondern dass der oben rekonstruierte Exklusionsdiskurs durch eine Residuenmischung motiviert wird. Hier wirken zum Einen das allem menschlichen Handeln zugrunde liegende Bedürfnis nach Rationalisierung nicht-logischer Zusammenhänge und zum Anderen der Wunsch nach Beibehaltung sozialer und räumlicher Beziehungen. Als Subtyp dieses Residuums wurde das Bedürfnis nach Gruppensolidarität genannt, das die Konstruktion kollektiver Identitäten über das Her(aus)stellen von Gemeinsamkeiten und das Ziehen von Grenzen motiviert. Mit diesen Annahmen zu den dem Türkei-Diskurs zugrunde liegenden Gefühlen ist der residuale Rahmen – und damit jene dem menschlichen Bewusstsein nicht zugängliche Ebene der Handlungsmotivation – abgesteckt. In einem nächsten Schritt wollen wir uns dem Kontext nähern, in den die untersuchte Exklusionsrhetorik eingebettet ist, um daraus weitere Erklärungen abzuleiten.

5.2.2 Kontext Krise

Es wäre unzureichend und verfehlt, das sichtbare kommunikative Handeln, das im vorliegenden Fall als derivationales, weil rationalisierendes Handeln entschleiert werden konnte, ausschließlich auf Residuenkombinationen zurückzuführen. An dieser Stelle wollen wir daher die Interessen beleuchten, die Eisermann im Hinblick auf die menschliche Handlungsmotivation als ebenso bedeutsam erachtet wie die Residuen (vgl. Eisermann 1987: 151). Für eine Interessensanalyse erscheint es zunächst unerlässlich, sich den Kontext des untersuchten Identitätsdiskurses – bzw. konkret: der Exklusionsrhetorik – unter Zuhilfenahme von Diskursdaten und über die Debatte hinaus reichenden

Informationen zu beleuchten. Vieles deutet darauf hin, dass wir es mit einem Krisenkontext zu tun haben, in dem persönliche und kollektive Interessen umso deutlicher zu
Tage treten.

Wie definiert sich eine Krise? Vobruba sprach 2003 von der „Erweiterungskrise"
der Europäischen Union und stieß damit eine rege Intellektuellendiskussion an (vgl.
dazu Bach 2003, kritisch: Rhodes 2003). Hier wird der Begriff Krise über zwei Elemente definiert: Erstens müsse gegeben sein, dass eine Institution (hier: die EU) die an
sie gestellten Anforderungen nicht (mehr) bewältigen könne und zweitens, dass die für
Fortbestand und Funktionieren der Institution erforderliche Problembewältigung unter
einem gewissen zeitlichen Druck stehe (Vobruba 2003 nach Habermas 1976). Damit
spricht Vobruba objektive Krisenindikatoren an. Bach rückt zusätzlich subjektive Krisenperzeptionen in den Vordergrund:

> The term *crisis* has a double meaning: it designates a vitally important or decisive stage or a
> turning point [...] as well as a time of danger or difficulty or anxiety about the future. The east-
> ward enlargement of the EU, certainly, has the character of a decisive moment in the transition
> toward a new Europe. It also includes some risks with regard to its future outcome and conse-
> quences. (Bach 2006: 12)

Was hier für die Osterweiterung angesprochen ist, gilt natürlich ebenso und umso dring-
licher für eine mehr oder weniger zeitnahe Erweiterung der Europäischen Union um
die Türkei.

In einer Untersuchung zu Krise und Krisendeutung in Österreich forderten Bohmann und Vobruba bereits 1987, dass objektive Krisenindikatoren und subjektive Krisendeutungen miteinander verknüpft werden müssen, um in einem soziologischen For-
schungskontext Krisen sinnvoll zu untersuchen (Bohmann / Vobruba 1987: 6). Für die
folgenden Ausführungen wollen wir uns an dieser Überlegung orientieren und objektiv
feststellbare Indikatoren (Kapitel 5.2.2.1) ebenso berücksichtigen wie diskursive Deutungen (Kapitel 5.2.2.2). Für das Auffinden letzterer kann und muss auf den untersuchten medial-öffentlichen Türkei-Diskurs zurückgegriffen werden, um einen sinnvollen
Bezug zu den exklusiven Identitätsdeutungen herzustellen. Selbiges gilt freilich auch
für die Analyse der bestehenden Interessenslagen. Hier sollen die oben rekonstruierten
Problemmuster Aufschlüsse über persönliche und kollektive Interessen ermöglichen
(Kapitel 5.2.2.3).

5.2.2.1   Objektive Indikatoren

Um objektiv von einer Krise sprechen zu können, müssen bestimmte Indikatoren auf
eine Überforderung der bestehenden Institutionen hinweisen. Um in diesem Zusammenhang objektive und subjektive Wahrnehmungen voneinander zu scheiden, legen
wir in bewährter Manier Paretos szientistisches Grundverständnis zugrunde und orientieren uns für erstere am wissenschaftlichen Diskurs und den hierin herangezogenen
Indikatoren. Dabei ist es erforderlich, gedanklich zu trennen zwischen bereits diagno-
stizierter und für den Beitrittsfall anhand bestimmter Daten prognostizierter Überforderung der EU. Da sich unsere Deutungsmuster- und Derivationenanalyse vor allem

auf die nationale Debatte bezog, ist es zudem erforderlich, sich auch mit Krisenprognosen auseinanderzusetzen, die Deutschland im Besonderen zu treffen. Die folgenden Abschnitte behandeln also erstens Krisendiagnosen für die EU-25, zweitens Prognosen für die EU-25 und drittens für Deutschland.

Krisendiagnose für die EU-25

Skizzieren wir zunächst den aktuell diagnostizierten „Krisen-Status Quo". Dass die
Europäische Union derzeit mit einer Reihe institutioneller Probleme zu kämpfen hat,
ist augenscheinlich und es gibt im wissenschaftlichen Diskurs keine Stimmen, die dies
ernsthaft in Abrede stellen. Insofern dürfte es sich in diesem Zusammenhang um einen
Masterframe handeln. Im Hinblick auf das bestehende Demokratiedefizit und die stän-
dige Blockade notwendiger Reformen – ungeachtet deren Dringlichkeit – spricht Bach
von einer „notorious institutional weakness of the EU" (Bach 2003: 50) und an anderer
Stelle vom politischen System als „fairly weak institutional arrangement" (ebd.: 53).
So wird im wissenschaftlichen Diskurs insbesondere darauf hingewiesen, dass angesichts der diagnostizierten Reformbedürftigkeit des Systems und ohnehin überforder-
ten Institutionen auch der Aufnahmekapazität der EU enge Grenzen gesetzt seien:

> Until recently, the EU's stability was based on its internal dynamics, that is, on the mutual
> reinforcement of EU integration and expansion. At present, this process has reached its internal
> limits, defined by the EU's institutional capacities for managing complexity, as well as geogra-
> phical boundaries. As a consequence of both these elements, the limits of legitimation have also
> been reached. (Vobruba 2003: 35)

Mit der fehlenden Legitimation des Systems durch fortwährende Demokratie- und eng
damit verknüpfte Öffentlichkeitsdefizite klingen hier weitere Problemkreise an, die für
die derzeitige Krise verantwortlich gemacht werden. Das Legitimitäts- und Demokratiedefizit besteht darin, dass der Adressat von Herrschaftsbeschlüssen der EU nicht
identisch ist mit dem „demos", der die Herrschenden gewählt hat. So ist der Europäische Ministerrat nur indirekt legitimiert über die nationalen Wahlen; das Europäische
Parlament repräsentiert mitnichten die europäischen Bürger (vgl. Gerhards 2000: 288).
Politische Entscheidungen werden zunehmend von den Nationalstaaten auf die supra-
nationale Ebene verlagert, wobei die Berichterstattung nationalstaatlichen Öffentlichkeiten verhaftet bleibt. Das impliziert zum Einen, dass die Bürger nicht oder nur unzureichend über politische Entscheidungen informiert werden, die sie unmittelbar betreffen, ein Zusammenhang, der häufig unter dem Schlagwort „Bürgerferne" subsumiert
wird. Zum Anderen heißt dies, dass eine wirksame Kontrolle der politischen Entscheidungsträger, sei es über Medien oder Wahlen, nur sehr eingeschränkt möglich ist. Insofern gehen Demokratie- und Öffentlichkeitsdefizit Hand in Hand. Dass zudem Staats-
verschuldung und damit verbundene Überlastung der Steuerzahler – bei ständig stei-
gendem Konkurrenzdruck – zu einer sozialen Krise führen würde, hat Münch bereits
1999 prognostiziert:

Jetzt scheint ein Entwicklungsschritt erreicht worden zu sein, der neue Bemühungen um die Legitimation des europäischen Projektes verlangt, weil die Bürger einschneidende Veränderungen erleben, die in ihren Augen nicht nur positiv erscheinen. [...] Bei gleichzeitiger Überschuldung des Staates und Überlastung der Steuerbürger fehlt die Finanzmasse, um für die notwendigen Ausgleichsmaßnahmen zu sorgen. Durch den europäischen Binnenmarkt und die gleichzeitig erfolgte Liberalisierung des Weltmarktes hat sich der Konkurrenzdruck verschärft. Er erzeugt eine soziale Krise, deren Dimensionen vielleicht ein nicht erahntes Ausmaß erreichen könnten. (Münch 1999: 234)

Auf die skizzierten Problemkreise wird zurückgeführt, dass die Akzeptanz der Europäischen Union in den letzten Jahren gesunken ist und derzeit sowohl in den Bevölkerungen als auch unter Eliten weiter schwindet. Es besteht kein Zweifel: „The EU is becoming ever less popular" (Bach 2006: 13, vgl. auch Rhodes 2003: 54, Nissen 2003). Die schrumpfende Akzeptanz der EU spiegelte sich jüngst in der Ablehnung des Verfassungsvertrags durch die Bürger Frankreichs und der Niederlanden, ein Umstand, der nicht zuletzt in Wissenschaft, Politik und Öffentlichkeit eine Diskussion über die „(Erweiterungs-)krise" der EU auslöste.

Krisenprognose Türkei-Beitritt

Ceteris paribus[89] muss vermutet werden, dass sich die bereits bestehende Krise der EU im Falle der Erweiterung um die Türkei weiter verschärfen würde. Ein vom Bundesministerium für Finanzen in Auftrag gegebenes Gutachten des Osteuropa-Instituts kommt zu dem Schluss, dass ein Türkei-Beitritt aufgrund steigenden Verwaltungsaufwands und zunehmender ökonomischer Heterogenität der erweiterten Union die Kohärenz und Koordinierung der Politikbereiche erheblich erschweren würde (vgl. Quaisser / Reppegather 2004: 15). Angesichts der derzeit ohnehin bereits hoch komplexen Entscheidungsverfahren muss zudem davon ausgegangen werden, dass die Handlungsfähigkeit einer EU-29 erheblich eingeschränkt wäre. So zeigt eine Studie des *Centre for European Policy Studies* in Brüssel, die für den Beitrittsfall Ablauf und Ausgang von Entscheidungsprozessen analysiert, dass eine EU-29 unter den derzeit gültigen Nizza-Verträgen nur noch äußerst bedingt entscheidungs- und damit handlungsfähig wäre. Anhand eines Beispiels stellt sich dies wie folgt dar: Für den Fall, dass der Verfassungsvertrag nicht angenommen wird, liegt die statistische Durchschnittswahrscheinlichkeit für eine erfolgreiche – d.h. nicht blockierte – Entscheidung im Ministerrat bei nur 2,3% (vgl. Baldwin / Widgrén 2005: 3).

Zudem muss berücksichtigt werden, dass die Türkei als Vollmitglied der Europäischen Union wie jedes andere Land von ihrem Veto-Recht gegen Einstimmigkeit erfordernde kollektive Entscheidungen Gebrauch machen kann, falls sich diese gegen natio-

---

89   Der Autorin ist bewusst, dass sich die hier referierten Daten bzgl. der Entscheidungs- und Handlungsfähigkeit der EU unter den Bedingungen des Vertrags über eine Verfassung für Europa anders darstellen würden. Da aber die Annahme des Verfassungsvertrags in der jetzigen Form äußerst unwahrscheinlich ist und – wenn überhaupt – in weiter zeitlicher Ferne liegt, erscheint es legitim, mit *ceteris paribus*-Bedingungen zu arbeiten und den vertraglichen Rahmen von Nizza als weiterhin gültig anzunehmen.

nale Interessen richten. Insbesondere im Hinblick auf eine gemeinsame Außen-, Sicherheits- und Verteidigungspolitik bedeutet dies:

> The EU is already struggling to reach consensus on common defence, foreign and security policies. Its relation to NATO and transatlantic affairs in general are uncertain. Adding Turkey to this mix makes the situation even more complex. (Wood / Quaisser 2005: 170)

Mit dem Eintritt der Türkei in die Europäische Union würde sich zudem die politische Machtbalance signifikant zugunsten der Kohäsionsländer verschieben. Damit sind jene Staaten gemeint, deren Einkommensniveau unter 90% des EU-Durchschnitts liegt und die infolgedessen durch den EU-Kohäsionsfonds förderungswürdig sind. Diese würden in einer EU-29 nur etwa 36% der Bevölkerung (jetzt: 30%), aber 41% (jetzt: 36%) der Parlaments- und 43% (jetzt: 42%) der Ratsstimmen auf sich vereinen, dabei aber nur etwa 9% (jetzt: 14%) des Bruttoinlandsprodukts der EU erreichen (vgl. Quaisser / Reppegather 2004: 19).

Ob man nun den rechtlichen Rahmen Nizzas oder die aktuelle Version des Verfassungsvertrags zugrunde legt – die Türkei wäre in jedem Fall die zweitmächtigste Nation in der EU-29 (vgl. Baldwin / Widgrén 2005: 9). In konkreten Zahlen ausgedrückt stellt sich dies wie folgt dar: Legt man den Nizza-Schlüssel zugrunde, wäre die Türkei mit 74 Europaparlaments-Abgeordneten (wie Frankreich, Großbritannien und Italien), einem Kommissar und 29 Stimmen im EU-Rat (wie Deutschland, Frankreich, Großbritannien und Italien) vertreten. Darüber hinaus würde sie zwischen 1000 und 1500 Beamte in die diversen Organe der EU entsenden (vgl. Şen 2003: 12). Dies wird als problematische Machtverschiebung und Krisenszenario gewertet, weil Wirtschaftskraft und politischer Einfluss in einem ungünstigen Verhältnis zu einander stehen. Als wichtigster Grund hierfür wird die demographische Situation in der Türkei genannt – hier wächst die Bevölkerung schneller als in jedem anderen Mitgliedsland der EU:

> These demographics translate into Turkey being equally powerful in institutional voting rights than Germany, France or the United Kingdom. As its population increases it will have grounds to claim more weighting. The EU may soon contain a state and population not only towards whom there had been enormous scepticism in the pre-negotiation stage but one that in formal terms becomes the single most powerful member. (Wood / Quaisser 2005: 170)

Dass aufgrund dieses Missverhältnisses Verteilungsprobleme und -kämpfe prognostiziert werden, liegt auf der Hand. Das Münchner Osteuropa-Institut hat errechnet, in welchem Ausmaß ein Türkei-Beitritt das statistische Durchschnittseinkommen einer EU-28 absenken würde: Im Jahre 2013 würde das durchschnittliche Pro-Kopf-Einkommen nominell um etwa 26% und nach Kaufkraft um ca. 20% unter den Durchschnitt der EU-15 fallen. Es stelle sich die Frage, so Quaisser, ob es angesichts eines so heterogenen Wirtschaftsraumes sinnvoll sei, an einer gemeinsamen Währungspolitik festzuhalten (vgl. Quaisser 2004: 4).[90]

---

90 Aufbauend auf diese Analysen publizierte das Osteuropa-Institut ein Papier, dass sich mit alternativen EU-Integrationsstrategien für die Türkei und andere EU-Kandidatenländer befasste (vgl. Quaisser 2004a).

Insbesondere im Hinblick auf die aktuelle Agrar- und Strukturpolitik der Union entstünde in der Folge eines Türkei-Beitritts freilich ein erhöhter Reformdruck. Die Türkei würde als zweitmächtigstes, aber gleichzeitig ärmstes Mitgliedsland in den Genuss der Ziel-1-Förderung kommen und aus dem Kohäsionsfonds bis zu maximal 4% des Bruttoinlandsproduktes erhalten (für 2013: maximal 11 Mrd. Euro). Hinzu kämen hohe Nettotransfers im Bereich der Strukturfonds, wobei die Prognosen hierfür – die Rede ist von zwischen fünf und 14 Mrd. Euro jährlich – wenig aussagekräftig sind (vgl. ebd.: 5). Als Folge wird prognostiziert, dass die ohnehin derzeit schwindende Akzeptanz der EU durch drohende Verteilungskonflikte noch weiter sinken würde:

> And as distribution conflicts intensify and the social and political problems become more urgent, the willingness and capacity to bear the costs of enlargement will decrease. (Vobruba 2003: 45)

Die Akzeptanz und Unterstützung der EU in den Bevölkerungen hängt nicht zuletzt davon ab, ob die betreffenden Länder Nettozahler oder Nettoempfänger sind (vgl. Immerfall 2000). Da der Türkeibeitritt erhebliche finanzielle Belastungen mit sich bringt, steht zu vermuten, dass die EU zumindest unter den Nettozahlern weiter an Rückhalt verlieren und Beliebtheit einbüßen wird. Auch dürften sich die oben angedeuteten Legitimitätsprobleme weiter verschärfen. Bach zeichnet ein Szenario, in dem sich die neue, erweiterte EU künftig an umso deutlicher zutage tretenden, altbekannten und neuen Konfliktlinien spaltet:

> Even the unusual practice of conflict resolution using transfer payments (see CAP and regional policy) will not work as smoothly as before because of severe budget restrictions and aggravated distributional conflicts. [...] [T]he member states are going to lose their former capacity for social pacification performed essentially by citizenship inclusion, democratic participation, corporatist arrangements, and welfare state assistance. (Bach 2003: 53)

Die hier skizzierten bereits bestehenden und sich voraussichtlich weiter verschärfenden Problemkreise werden in Zukunft wohl weder der Identifikation mit den europäischen Institutionen in Brüssel, noch deren Beliebtheitswerten zuträglich sein.

Krisenprognosen für Deutschland

Es besteht kein Zweifel darüber, dass Deutschland im EU-Vergleich am meisten von den Auswirkungen eines türkischen EU-Beitritts betroffen wäre: „The Turkey question has and will have most impact on Germany" (Wood / Quaisser 2005: 152). Nicht zuletzt diese Prognose lohnt und erfordert einen kritischen Blick auf jene für Deutschland spezifischen Probleme und Krisendeutungen. Die Türken stellen seit mehreren Generationen die quantitativ stärkste Minderheit dar. Einschließlich der eingebürgerten Türken sind dies etwa 2,5 Millionen Menschen. Bis zum heutigen Tag immigrieren zudem jährlich zwischen 50 000 und 80 000 Türken nach Deutschland. Hinzu kommen schätzungsweise 25 000 kurdische Asylbewerber und eine schwer zu beziffernde Anzahl illegaler Einwanderer (vgl. Teitelbaum / Martin 2003: 102ff.). Aufgrund von Integrationsproblemen, die u.a. mit überproportional hohen Arbeitslosenzahlen Hand in Hand gehen, hat „der" türkische Einwanderer in Deutschland alles andere als ein positives

Image. Erschwerend kommt hinzu, dass die Türken als muslimische Minderheit gemeinhin als wenig integrationsbereit gelten, weswegen jegliche Integrationsprobleme – wie beispielsweise Ghettobildung oder überdurchschnittliche Kriminalitätsraten – medial zum „Kampf der Kulturen" hoch stilisiert werden.

Es gilt zu vermuten, dass ein EU-Beitritt der Türkei viele der ohnehin bestehenden sozialen und wirtschaftlichen Probleme Deutschlands verschärfen würde. Abgesehen davon, dass der deutsche Steuerzahler den Löwenanteil an den Transferzahlungen für die Türkei tragen würde, steht zu befürchten, dass deutsche Unternehmen zunehmend im türkischen Ausland investieren würden:

> This would cause further loss of workplaces, which would make European unions opponents of Turkish membership, as debate in France has indicated. The export of production to Turkey would underline Schröder's remark that German entrepreneurs are [...] *vaterlandslose Gesellen*. (Wood / Quaisser 2005: 163)

Darüber hinaus wird das Migrationspotential von der Türkei nach Deutschland als erheblich eingeschätzt. Studien gehen für den Beitrittsfall davon aus, dass jährlich zwischen 0,5 und 4,4 Millionen Menschen von der gewährten Freizügigkeit Gebrauch machen und nach Deutschland immigrieren würden. Für diese Prognose sprechen vor allem die bestehenden und voraussichtlich auch weiterhin anhaltenden Einkommensunterschiede zwischen dem Beitrittskandidaten und der Bundesrepublik Deutschland. Des Weiteren dürften Wanderungsbewegungen durch die bestehenden familiären Netzwerke in Deutschland begünstigt werden. Problematisch erscheint hierbei wiederum, dass insbesondere weniger gut ausgebildete Personen aus Anatolien und ländlichen Gebieten der Türkei, also aus jenen Regionen mit dem größten Migrationsdruck, einen überproportional hohen Anteil an der türkischen Bevölkerung in Deutschland stellen (vgl. Quaisser / Reppegather 2004: 18).

Zusammenfassung

In den voran gegangenen Abschnitten wurden Daten anerkannter Forschungsinstitute herangezogen und der aktuelle wissenschaftliche Diskurs zur derzeitigen Lage der Europäischen Union beleuchtet. Es konnte gezeigt werden, dass sich die EU momentan in einer krisenhaften Situation befindet, was sich in sinkenden Akzeptanz-, Beliebtheits- und Vertrauenswerten spiegelt. Mit Legitimations-, Demokratie- und Öffentlichkeitsdefiziten, Bürgerferne, steigenden Kosten und mangelnder Identifikation wurden die damit verbundenen Problemkreise skizziert. Weiter konnte deutlich gemacht werden, dass sich die bestehenden Probleme *ceteris paribus* durch einen Beitritt der Türkei zur Europäischen Union signifikant verschärfen würden – ein Zusammenhang, der im wissenschaftlichen Diskurs unter dem Schlagwort „Erweiterungskrise" subsumiert wird. In diesem Zusammenhang wurde vor allem auf die schwindende Handlungsfähigkeit durch erschwerte Entscheidungsfindung in den Institutionen und Distributionsprobleme verwiesen. Im Hinblick auf die Sonderstellung Deutschlands lässt sich abschließend folgendes zusammenfassen:

It is not the financial costs or migrations pressures, or size of geography, or the power shift in favour of cohesion countries alone that stimulate anxiety among political elites and populations in core EU countries. Rather, it is the combination of all these factors. (Wood / Quaisser 2005: 163)

Vor dem Hintergrund dieser Probleme steht in den Nettozahlerländern im Allgemeinen und Deutschland im Besonderen eine stetig schwindende Akzeptanz für das europäische Vertragswerk und die damit verbundenen Institutionen zu befürchten.

Was kann aus den bisherigen Ausführungen gefolgert werden? Die referierten Daten zur Erweiterungskrise der Europäischen Union liefern uns erstens befriedigende Erklärungen für die weiter oben genannten Umfragewerte zu dem extrem hohen – und über die letzten Jahre stetig gestiegenen – Widerstand der deutschen Bevölkerung gegen die Südosterweiterung. Zweitens stellen die soeben gewonnenen Erkenntnisse unerlässliche Hintergrundinformationen für ein tieferes Verständnis (und Verstehen) der in Kapitel 4.2 rekonstruierten Problemmuster dar. Aus dem nun vorhandenen Wissen um objektive Krisenindikatoren lassen sich aber noch keine Erklärungen für den Identitätsdiskurs ableiten, den wir als Exklusionsdiskurs charakterisiert hatten und von dem wir wissen, dass er in erster Linie aus schein-rationalen Äußerungen, nicht-logischen Schlussfolgerungen, kurz: aus Derivationen besteht. Anders formuliert: Die hier referierten Daten und Ergebnisse zur Krise der EU erklären weitestgehend den Inhalt der meisten Problemmuster, erlauben aber keine zufrieden stellende Antwort auf die eingangs gestellte Frage nach der Dominanz und Verwendung exklusiver Identitätsframes, die auf einen dauerhaften Ausschluss der Türkei zielen und diesen auf den ersten Blick stichhaltig und scheinbar folgerichtig mit „fehlender europäischer Identität" begründen. Neben unseren oben explizierten Annahmen zu handlungsmotivierenden Residuen und Interessen kann eine Analyse subjektiver Krisendeutungen weitere Aufschlüsse ermöglichen.

5.2.2.2 Subjektive Perzeptionen

Im folgenden Abschnitt soll anhand des vorliegenden empirischen Materials aufgezeigt werden, welche Überlegungen, Wahrnehmungen und Ideengebilde als relevante Kontext- oder Hintergrundinformation für den Exklusionsdiskurs fungieren. In dieser Hinsicht ergibt unsere Analyse der Türkei-Debatte zweierlei: Zum Einen kann ein zweiter Masterframe rekonstruiert werden, der mit „Schicksalsfrage Türkei" umschrieben werden kann und den alle Diskursteilnehmer unabhängig ihrer in der Debatte vertretenen Position vertreten. Zum Anderen lässt sich durch einen Rückgriff auf die in Kapitel 4.2 rekonstruierten Problemmuster deutlich machen, dass Verfechter exklusiver Identitätsdeutungen typischerweise auch Krisenperzeptionen teilen. Rekonstruieren wir zunächst den Masterframe „Schicksalsfrage", um über das Nachvollziehen allgemein geteilter Wahrnehmungen die „Diskursatmosphäre" zu begreifen und wenden uns im Anschluss den subjektiven Krisenperzeptionen jener Akteure zu, die Problemmuster und – typischerweise damit verbunden – exklusive Identitätsframes vertreten.

Masterframe: Schicksalsfrage Südosterweiterung

Mit Blick auf die EU fragt Pascal Merz in *Die Zeit* (13.12.2004) wenige Tage vor der
Entscheidung der Kommission über die Aufnahme von Beitrittsverhandlungen: „Ein
historischer Schritt oder der Anfang vom Ende?" Er bringt damit auf den Punkt, wie die
Akteure im Türkei-Diskurs ihren Diskussionsgegenstand rahmen: als geschichtsträch-
tige, folgenschwere Entscheidung, die, zumal über das „Schicksal" der EU entschieden
wird, wohl bedacht und intensiv diskutiert werden muss. Dieser zweite Masterframe
spiegelt sich auch im wissenschaftlichen Diskurs: „The controversy is fierce because it
is ultimately about the future of Europe" (Wood / Quaisser 2005: 164) und wird im
Folgenden mit „Schicksalsfrage Türkei" umschrieben.

Alle Diskursteilnehmer teilen die Annahme, es werde von der Kommission nicht
„nur" über die Aufnahme der Türkei in die EU, sondern auch über die Zukunft, das
Schicksal, die zukünftige Bestimmung, Form oder in einem Wort: die *finalité* Europas
entschieden. Der Türkei-Beitritt wird als die folgenschwerste und damit diskussions-
würdigste Weichenstellung in der Geschichte der EU gedeutet. Von einem Masterframe
sprechen wir, weil diese Deutung völlig unabhängig von den verschiedenen Akteursgruppen existiert und es daher keine Rolle spielt, ob der Beitritt als wünschenswert
oder verhinderungswürdig gerahmt wird.[91] Dabei wird die Entscheidung für oder gegen die Türkei im Spannungsfeld zwischen Vertiefung und Erweiterung verortet:

> Daher wird sich die Entscheidung über die Türkei daran orientieren, was die EU sein will: ein
> kulturelles Kerneuropa oder ein strategisches Großeuropa, ob die EU also eine Integrationstiefe
> nach innen anstrebt oder eine nach außen reichende Friedensordnung. (Hermann, Rainer, FAZ,
> 28.04.2004)

Folglich wird die Entscheidung über den Türkei-Beitritt gedeutet als „eine Angelegen-
heit, die das europäische Selbstverständnis in seinen Grundfesten berührt" (Stephan,
Tim, FAZ, 02.07.2004). Über die so konstruierte enorme Tragweite der Türkei-Frage
lässt sich die ebenso rege wie emotional aufgeladene Teilnahme an der deutschen Türkei-Debatte erklären. Dabei ist natürlich anzunehmen, dass sich die Konstruktion von
Bedeutsamkeit, Emotionalität und Intensität des Diskurses wechselseitig verstärkt haben. Kein Diskursakteur würde wohl Ole von Beust widersprechen, der in der *Welt*
forderte: „Es ist sinnvoll, ja, dringend erforderlich, die Aufnahme der Türkei in die EU
ernsthaft zu erörtern" (Die Welt, 28.06.2004). Egon Bahr (Der Spiegel, 06.09.2004),
Michael Glos (Die Welt, 31.12.2004) und Stefan Kornelius (SZ, 16.12.2004) sind sich
einig, für die EU wie für die Türkei gehe es um eine „Schicksalsfrage", andere sprechen von einer „existentiellen Grundsatzentscheidung" (Söder, Markus, Die Welt,
13.10.2004). Folgende beiden Diskursfragmente wurden so als Ankerbeispiele für den
Masterframe „Schicksalsfrage" festgelegt:

---

91   Dies gilt im Übrigen auch, wie die Analyse der Sitzungsprotokolle zeigt, für den Türkei-Diskurs im
     Europäischen Parlament. Giannakopoulos und Maras sprechen von „einer Art von Grenzerfahrung",
     die die Türkei für das europäische Selbstverständnis darstelle (Giannakopoulos / Maras 2005c: 21).

> Der EU-Beitritt eines Landes wie der Türkei wäre *in der Geschichte der europäischen Integration allerdings beispiellos.* Keine der bisherigen Erweiterungen ließe sich mit einer möglichen Aufnahme der Türkei vergleichen, weder die politischen, wirtschaftlichen und sozialen Implikationen noch die institutionellen Konsequenzen. (Laschet, Armin, FAZ, 30.06.2004, Hervorhebung E.M.)

> Die potenzielle Aufnahme der Türkei in die EU ist von so *epochaler Bedeutung für den Kontinent,* dass sie nur in zweiter Linie unter dem Eindruck von Fort- oder Rückschritten in welchem Politikfeld auch immer gefällt werden darf. *An erster Stelle muss eine ganz simple Frage beantwortet werden: Nutzt oder schadet der Beitritt der Europäischen Union?* (Kornelius, Stefan, SZ, 08.09.2004, Hervorhebung E.M.)

So sind sich sowohl entschiedene Beitrittsbefürworter und leidenschaftliche Gegner der Südosterweiterung in der Annahme einig, die EU stehe vor einer „gravierenden Wende" (Winkler, Heinrich-August, FAZ, 12.12.2004). Andere Stimmen sprechen von „Scheideweg" oder beschwören die „Stunde der Wahrheit" (Böckenförde, Ernst-Wolfgang, FAZ, 10.12.2004) und verweisen darauf, dass, egal wie nun über einen Beitritt entschieden werde, nichts mehr so sein werde wie zuvor. Dabei ist im Positiven wie im Negativen von „Veränderung in unkalkulierbarer Weise" (Blome, Nikolaus, Die Welt, 12.10.2004) die Rede. Konsolidierung bzw. Vertiefung und Erweiterung werden als *trade-off* empfunden, wobei von der Kommissionsentscheidung über den Türkei-Beitritt erwartet wird, dass sie entweder die eine oder die andere Waagschale beschweren wird.

Der Kern des soeben umschriebenen Masterframes wurde von Münch 1999 folgendermaßen formuliert:

> Die öffentliche Diskussion wird gegenwärtig von dem allseits geteilten Bewusstsein geprägt, dass wir uns in einem tiefgreifenden Umbruch des gesellschaftlichen Lebens befinden. [...] Unser hilfesuchender Blick richtet sich in dieser Situation, hoffend und bangend zugleich, auf die Europäische Union. (Münch 1999: 223)

Das rekonstruierte Metanarrativ basiert auf folgenden, von allen Diskursakteuren geteilten Annahmen: Erstens werde mit der Entscheidung über die Aufnahme der Türkei ein bedeutendes Stück EU-Geschichte geschrieben, zweitens damit eine neue, diskussionswürdige Dimension der Erweiterung eingeleitet und drittens das „Schicksal" im Sinne der zukünftigen Form oder Bestimmung der EU unwiderruflich besiegelt: „Das wird ein Beschluss von einer solch enormen und kaum zu kalkulierenden Tragweite sein, dass selbst diejenigen, die sich dafür stark machen, ein Zittern überkommt" (Frankenberger, Klaus-Dieter, FAZ, 13.12.2004).

Problemmuster und Krisenperzeptionen

Wir hatten gezeigt, dass Verfechter von Problemmustern typischerweise exklusive Identitätsdeutungen vertreten. Betrachten wir diese Problemmuster unter Krisengesichtspunkten nochmals genauer, so zeigt sich deutlich, dass alle Problemdefinitionen Krisenperzeptionen beinhalten (vgl. Kapitel 4.2.1). Erstens verweisen Rechtsframes auf die potenzielle Verwässerung der EU-Rechtsstandards durch den Beitritt eines Staates, dessen Militär zu großen politischen Einfluss hat, der völkerrechtswidrige Besetzungen durchführt, der die Menschenrechte nicht in dem gewünschten Maße achtet bzw. durchsetzt und von dem angenommen wird, dass Gleichberechtigung zwischen den Geschlechtern nur auf dem Papier herrscht. Zudem wird die EU als Rechtsgemeinschaft durch die Aufnahme eines Staates *ad absurdum* geführt, der begangene Verbrechen leugnet (Völkermordframe) und den Minderheiten im eigenen Land nur eingeschränkte Rechte gewährt. Durch den Import solcher Unzulänglichkeiten, so wird typischerweise argumentiert, käme ein Türkeibeitritt dem „Ende der EU" gleich (Benesch, H., Die Welt, 27.09.2004), die EU wäre „Geschichte" (Busse, Nikolas, FAZ, 09.08.2004), die „Unionsidee zerstört" (Schuster, Jacques / Köppel, Roger, Die Welt, 24.09.2004), das „Friedensprojekt in Trümmern" (Beck, Hartmut, SZ, 16.10.2004).

In weitaus bedeutenderem Maße sind, zweitens, den Gefahrframes Krisenperzeptionen inhärent. Hier betrifft die Krisenwahrnehmung in erster Linie die Perzeption von Gefahr und Bedrohung. Das ohnehin bereits bestehende Integrationsproblem werde insbesondere in Deutschland durch zunehmende Migration verschärft, was zu verstärkter Ghettobildung und Anstieg der Kriminalität führe. All diese mit dem Zuzug von Türken prognostizierten Zustände werden typischerweise unter dem Schlagwort der Überfremdung subsumiert. Darüber hinaus betreffen Krisenperzeptionen die drohende finanzielle Überlastung bei ohnehin bestehender Verschuldung, Arbeitslosigkeit und leeren Staatskassen, sowie die zunehmende Bedrohung durch Terroristen und islamische Fundamentalisten, vor denen man bedingt durch das Angrenzen so genannter „Schurkenstaaten" umso weniger geschützt sei. Für die Zukunft Europas, so schreibt Leser Grau, wäre daher ein Türkeibeitritt der „D-Day für Selbstaufgabe und Orientalisierung" (Grau, Treufried, FAZ, 30.10.2004); andere bedauern das Ende der „Zukunft des Abendlandes" (Serwetta Gburek, Patricija, SZ, 16.10.2004).

„Tatsächlich befinden sich sowohl das alte als auch das neue Europa in einer tiefen Identitätskrise" (Moisi, Dominique, Die Welt, 30.04.2004). Diese Diagnose bringt die Quintessenz der Krisenperzeptionen der dritten Problemmustergruppe zum Ausdruck. So rücken die Identitätsframes die Aufgabe des Gedankens der „Schicksalsgemeinschaft" (Zapatero, José Luis Rodriguez, Der Spiegel, 08.11.2004) in den Mittelpunkt und bewerten die Aufnahme der Türkei als Fehler mit gravierenden Folgen für die ohnehin derzeit krisengebeutelte EU: Die Südosterweiterung komme einem Tod der EU durch Verlust der Handlungsfähigkeit gleich und bedeute eine „Verkümmerung" zur „bloßen" Freihandelszone. Um diesem „internationalen Unglück" (Hauck, Roland, FAZ, 28.09.2004) zu entgehen, sei es daher dringend an der Zeit, die Notbremse zu ziehen und die Aufnahme von Beitrittsverhandlungen als Wurzel allen Übels zu unterbinden.

Zwischenfazit

Wie schon in Kapitel 4.2 dargelegt wurde, lassen sich die verschiedenen Krisenperzeptionen unter den Überbegriffen Überforderung, Überdehnung und Überfremdung subsumieren, die den Exklusionsdiskurs sowohl quantitativ als auch qualitativ ebenso dominieren wie die exklusiven Identitätsframes. Welche Schlüsse lassen diese Beobachtungen zu? Erstens liefert der Masterframe „Schicksalsfrage" Erklärungen für die Frage, warum der Türkei-Beitritt so heftig, umfassend und vor allem hoch emotional diskutiert wurde. Ein Vergleich mit der Debatte um die Pros und Cons der Osterweiterung ergibt, dass diese bei weitem nicht so emotional aufgeladen war – weder auf Seiten der Befürworter, noch im Lager der Gegner. Zweitens kann von nun an begründet mit dem Zwischenergebnis weiter argumentiert werden, dass der Türkei-Diskurs nicht nur objektiv im Rahmen eines Krisenkontextes geführt wird, sondern dass die Diskursakteure selbst – und hier insbesondere die Vertreter von Problemmustern – entweder für den Türkeibeitritt das Eintreten einer Krise prognostizieren oder eben von einer Verschärfung der bestehenden Krisenverhältnisse ausgehen. In diesem Zusammenhang erscheint es sinnvoll, nochmals an den Zusammenhang zwischen dem Metanarrativ „Schicksalsfrage" und den Krisenperzeptionen zu erinnern: Während es sich bei der Schicksalsdeutung um einen Masterframe handelt, den *alle* Diskursakteure teilen – und aus dem sie nicht zuletzt die Begründung für eine aktive Diskursteilnahme ableiten! – finden wir Krisenwahrnehmungen fast ausschließlich auf Seiten der Problemdefinierer und Verfechter exklusiver Identitätskonstruktionen.[92] Hier gilt es also anzusetzen, wenn es im Folgenden darum geht, Interessenslagen sichtbar zu machen.

5.2.2.3 Interessenslagen

Welche – persönlichen wie kollektiven – Interessen sprechen also aus den oben rekonstruierten Problemmustern (vgl. Kapitel 4.2.1)? In der Regel wird in den untersuchten Mustern durchaus angedeutet, inwiefern der Türkeibeitritt mit den Interessenslagen der Diskursakteure kollidiert, allerdings muss sich der oder die Analysierende stets darüber im Klaren sein, dass eben auch die kommunizierten Frames von einer „logischen Lackschicht" überzogen sind. Es bedarf keiner umfassenden Derivationenanalyse, um dies zu erkennen. Mit Begriffen wie „Überfremdung", „Freiheit", „Überdehnung", „Moral", „Überforderung", „Toleranz" etc. werden Emotionen geschürt und es wird deutlich, dass es sich hier weitgehend um Platzhalter handelt, die fast beliebig ausgefüllt werden können. Powers stellt diesen Zusammenhang anhand des Begriffs „Solidarität" heraus:

> The clearest example of what Pareto meant are arguments using words that evoke great emotion but in the final analysis have vague and ambiguous meaning. 'Solidarity' is one such word. It means many things to many people. In fact, in can be used to mean almost anything. But regardless of audience or imputed meaning, the word is always used as an appeal to sentiments. It moves people to action solely because it stirs emotions. (Powers 1987: 89)

Es muss also davon ausgegangen werden, dass nicht nur im Argumentationszusammenhang mit europäischer Identität rationalisiert und an Gefühle appelliert wird.

Vier Cluster von Interessenslagen kristallisieren sich in den Problemmustern heraus. Der erste lässt sich auch und vor allem aus den Recht-Frames ableiten und betrifft

---

92   Ausnahmen betreffen die drei „Situationsmodelle mit Problemmustercharakter", namentlich „Wirtschaftliche Kosten", „Abgleitgefahr" und „Wortbruch". Für Details vgl. Kapitel 4.2.2.

das kollektive Interesse der Diskursteilnehmer an der Beibehaltung des erreichten Status Quo betreffend der in der EU-25 geltenden rechtlichen Standards. Die Diskursakteure wenden sich insbesondere gegen eine Verwässerung der Idee der universal gültigen Menschenrechte, des Völkerrechts (Zypern) sowie der Gleichberechtigung der Frau. Damit untrennbar verbunden ist freilich das fundamentale Interesse an *innen- und außenpolitischer Stabilität, Frieden und Sicherheit*. Ein zweiter Cluster umfasst den *Erhalt und Schutz finanzieller Ressourcen* im weiteren Sinne. Auf die finanzielle „Überlastung" der Union verweisend, prangern Diskursakteure insbesondere jene, den Steuerzahler direkt betreffenden Transferzahlungen an die Türkei an (vgl. Gefahr-Frame „Finanzielle Belastung"). Zudem wird – typischerweise unter dem Deckmantel der drohenden Überfremdung – an den potentiellen Verlust an Arbeitsplätzen erinnert (vgl. Gefahr-Frame „Migration"). Im Kern dieser beiden Gefahr-Frames steht der Schutz ökonomischen Kapitals. Demgegenüber betrifft ein drittes Interessenbündel den Erhalt von Macht, also einen immateriellen bzw. ideellen Aspekt. Hier wird sowohl auf politische Macht im Sinne von Netzwerken, Sitzen oder Einflussmöglichkeiten im Rat oder Parlament (vgl. Identitäts-Frame „Dominanz"), als auch auf *Deutungsmacht* abgestellt. Über letztere zu verfügen impliziert, eine entscheidende – weil sozial anerkannte – Rolle in Definitionsprozessen spielen zu können. Mit dieser Form von Macht ist in der Regel besonderes Prestige und ein dementsprechender Statusvorteil verbunden. Wer Deutungsmacht innehat, kann die Richtung bestimmen, in die sich gemeinhin als gültig anerkannte Wissensordnungen – gemeint sind Wertvorstellungen, Verhaltensnormen usw. – entwickeln. Gegner des Türkei-Beitritts monieren folglich die hohe Zahl der potenziellen Neumitglieder, die damit einhergehenden türkischen Stimmrechte in EU-Institutionen sowie „andersartige", „fremde" Einflüsse auf gesellschaftlicher Ebene. In diesem Zusammenhang hat sich der Begriff der „Überfremdung" (und damit verwandt: Orientalisierung, Balkanisierung etc.) zur Kampfvokabel der Beitrittsgegner entwickelt.

Vor dem Hintergrund des paretianischen Analyserasters erscheint insbesondere eine Betrachtung einer vierten Interessenslage lohnend, die mit dem soeben angesprochenen Aspekt der Deutungsmachterhaltung untrennbar verbunden ist. Zwei der drei Identitäts-Frames weisen darauf hin, dass unter jenen Diskursakteuren, die im Türkei-Beitritt ein Problem sehen, ein fundamentales Interesse darin besteht, exklusive Identitätsdeutungen als die legitimen bzw. gültigen durchzusetzen und auf Dauer zu stellen. Zum Einen wird kritisiert, dass ein Beitritt eines nicht-europäischen Landes der EU ihren „Geist" entziehe, ihre „Natur" verleugne, ihre „Grundfesten" in Frage stelle (vgl. Identitäts-Frame „Freihandelszone"). Dies geht Hand in Hand mit dem Argument, die Türkei müsse schon allein deshalb der Beitritt verweigert werden, weil man sonst „gute" Argumente" gegen die Beitrittsgesuche anderer nicht-europäischer Länder verlöre. Gemeint sind in diesem Zusammenhang die Ukraine, Russland oder Marokko. Daraus kann geschlossen werden, dass ein grundlegendes Interesse darin besteht, das *Identitätsargument bereits jetzt im Diskurs zu etablieren*, so dass es in künftigen Erweiterungsdebatten wieder in bewährter Manier – und vergleichbare Interessen verschleiernd! – eingesetzt werden kann. Letztlich geht es aber auch hier um das Interesse am Erhalt der bestehenden Definitionsmacht, insbesondere im Hinblick auf die Frage, welchen Nationen das prestigeträchtige Label „europäisch" verliehen wird.

5.2.3 Soziale Schließung

Orientierungssuche in Krisenzeiten

Führen wir uns nochmals vor Augen, was eine Krise für die sie empfindenden und mithin von ihr direkt betroffenen Individuen bedeutet:

> Krisen bedeuten Brüche mit gesellschaftlichen Interpretationsroutinen. Sie nötigen zu intensivierten Orientierungsbemühungen. Dabei helfen Rückgriffe auf den (Normal-)zustand vor der Krise kaum. Denn von ihm hebt sich die Krise ja gerade ab. (Bohmann / Vobruba 1987: 2)

Damit verstehen wir Krisen als Zeiten subjektiver Unsicherheit und Suche nach Orientierung, die sich typischerweise aus sozialen, politischen oder wirtschaftlichen Wandlungsprozessen ergeben. Mit einer Krise gehen typischerweise Gefahrwahrnehmungen und das Ausmalen von Bedrohungsszenarien einher. Dass die Europäische Union angesichts der noch unbewältigten Osterweiterung, den negativen Verfassungsreferenden und dem diskutierten Türkei-Beitritt mitten in einer Erweiterungskrise steckt, wurde oben ausführlich dargelegt. Ebenso konnte nachgewiesen werden, dass insbesondere in den Deutungsmustern der medial-öffentlichen Debatte, die den Türkeibeitritt als soziales Handlungsproblem rahmen, subjektive Krisenperzeptionen zum Ausdruck kommen.

Nehmen wir nun weiter an, dass kulturelle Grenzziehungen einen wichtigen Bestandteil subjektiver Orientierungsbemühungen darstellen:

> The process of enlargement expands the EU border further to the east. Simultaneously, the whole territorial, political, and social order and eventually the *cultural mappings of our continent* as well are going to be *reshaped* consequent to integration and expansion. (Bach 2003: 51, Hervorhebung E.M.)

Von dieser Warte aus erscheint es nur folgerichtig, dass die Debatte um den Beitritt eines Kandidatenlandes zur bereits bestehenden politischen Union auch als Identitätsdiskurs geführt wird. Zeiten der Unsicherheit, Bedrohung und / oder die Konfrontation mit dem Neuen oder Anderen bringen ihrerseits mit sich, dass sich Identitätsdiskurse an vorderster Stelle mit der Definition eines Selbst befassen:

> [...] moments of uncertainty need a rhetorical underpinning of the self-image to then allow a reshaping of the discourse, as to integrate or not new challenges. In concentrating on these moments of perceived crisis, identity discussions can be identified and analysed. (Seidendorf 2003: 2)

In der Folge einer empfundenen Krise – und im Zusammenhang der Türkei-Debatte konnte zusätzlich gezeigt werden, dass auch objektive Indikatoren auf eine Krise hinweisen – kommt es also einerseits zur Ausdeutung einer eigenen Identität, gleichsam also der Definition eines Selbst. Diesen Zusammenhang reflektiert der oben *en detail* rekonstruierte Masterframe „europäische Identität", deren Subtypen die Türkei teilweise inkludieren, meist aber doch exkludieren. Andererseits kommt es zur Rückbesinnung auf die eigenen, individuellen oder kollektiven *Interessen* und damit verbunden zu einer kühlen, weil zweckrationalen Auseinandersetzung mit folgenden Fragen: Nützt oder schadet mir / uns der Türkei-Beitritt? Inwiefern kollidiert er mit meinen / unseren bestehenden materiellen und ideellen Interessen?

Aus diesen grundlegenden Überlegungen lässt sich ableiten, warum der Identitätsdiskurs einen integralen Bestandteil der Südosterweiterungsdebatte darstellt, wir wissen aber noch nicht, warum die Definitionsprozesse typischerweise zu ungunsten der Türkei ausfallen. Anders formuliert: Es lässt sich nachvollziehen, dass es im Zuge von Krisenperzeptionen zu verstärkten Orientierungsbemühungen kommt, die die Gestalt von Identitätsdiskursen annehmen. Warum aber von jenen, Problemmuster und Krisenperzeptionen kommunizierenden Akteuren europäische Identität *exklusiv* konstruiert wird, bedarf noch zusätzlicher Erklärung. Warum also lautet die dominante Formel des Türkei-Diskurses: „Sie gehören nicht dazu"? Warum beziehen sich viele Argumente in der Türkeidebatte auf Zugehörigkeitsgefühle, die empirisch nicht nachgewiesen werden können und sich bei genauerem, objektivem Hinsehen als Derivationen entpuppen?

Das Zusammenspiel von Residuen, Interessen und Derivationen

Erinnern wir uns an dieser Stelle nochmals an Paretos handlungstheoretische Grundannahmen und rekapitulieren die Ergebnisse der bisherigen Analysen. Residuen und Interessen motivieren menschliches Handeln, werden aber gleichsam durch rationalisierende Argumentationsstrukturen verschleiert. Während Residuen als anthropologische Grundeigenschaften begriffen werden, müssen relevante Interessenslagen – als kontingente Variablen – aus dem jeweiligen Diskurskontext erschlossen werden. Eingangs wurden folgende Annahmen über Residuen getroffen: Rationalisierung ist, erstens, eine Grundeigenschaft menschlichen Handelns. Dabei verschleiern soziale Akteure nichtrationale Zusammenhänge durch den Einsatz rhetorischer Mittel und erreichen auf diese Weise ein Höchstmaß an kollektiver Persuasion. Zweitens orientieren sich sozial Handelnde am Status Quo sozialer und räumlicher Beziehungen und zielen auf deren Persistenz, wobei, drittens, das Bedürfnis nach Gruppensolidarität die Herstellung von Gleichheit bzw. die Konstruktion kollektiver Identitäten motiviert. Im Kontext der Erweiterungskrise kristallisierten sich als handlungsmotivierende Interessen heraus: Erstens das Bedürfnis nach innen- und außenpolitischer Sicherheit, zweitens der Schutz finanzieller Ressourcen, drittens der Erhalt von politischem Einfluss und Deutungsmacht und viertens die auf-Dauer-Stellung der kommunizierten Derivationen. Mithilfe der Annahmen über Residuen und den Ergebnissen der Interessenslagenanalyse lässt sich schließlich erhellen, über welches komplexe Zusammenspiel von Interessen, Residuen und Derivationen es zur analysierten Exklusionsrhetorik kommt.

Derivationen vertuschen gleichermaßen handlungsmotivierende Gefühle und Interessen. Die Derivationen im Türkei-Diskurs verschleiern den Wunsch nach Beibehaltung sozialer und räumlicher Beziehungen, also gleichsam die Verhinderung von Grenzverschiebungen und in diesem Zusammenhang vor allem das unbedingte Beschützen eigener Ressourcen. Nicht zuletzt sind es schließlich jene, die gegenüber wie auch immer gearteten Anderen Machtpositionen begründen. Die Angst um den Verlust finanzieller Mittel, politischer Einflussnahme und nicht zuletzt Deutungsmacht wird verschleiert durch eine Identitätsrhetorik, die auf eine dauerhafte Exklusion der Türkei aus der EU zielt. Das Residuum „Gruppensolidarität" dürfte dabei das teilweise krampf-haft anmutende Suchen und diskursive Herausstellen „typisch europäischer" Gemein-samkeiten motivieren, die von einem objektiv-kritischen Standpunkt aus gesehen wohl kaum existieren. Selbst gesetzt den Fall sie existierten – „die" Europäer sind sich ihrer Gemeinsamkeiten zumindest nicht bewusst. Über einen äußerst komplexen Apparat an exklusiven Identitätskonstruktionen werden Gefühle der Bedrohung, der Sorge und der Unsicherheit kaschiert. Dabei produzieren die handlungsmotivierenden Residuen im Kri-senkontext der Türkeidebatte eine eigene Sinndimension, jene der Derivationen. Diese überzeugen, wie gezeigt werden konnte, eben gerade nicht durch ihre empirische Stich-haltigkeit oder Logik, sondern durch den aufwändigen Einsatz rhetorischer Mittel.

Vor diesem Hintergrund verwundert nicht, dass sich die exklusiven Identitätsdeu-tungen teilweise überlappen, ja sich widersprechen. Ebenso wenig überrascht, dass unter jenen Diskursakteuren, die europäische Identität exklusiv konstruieren, eine Dis-kussion um den „richtigen", zutreffenden Identitätsframe ausbleibt. Im Gegenteil: die exklusiven Deutungen treten in allen nur denkbaren Kombinationen auf, scheinen aber niemals miteinander zu konkurrieren. Das kommunizierte Ideengebilde muss schließ-lich auch nicht in sich konsistent, sondern vor allem rhetorisch ansprechend verpackt sein. Dass dies gegeben ist, konnte oben anhand zahlreicher Diskursfragmente belegt werden. Vor dem Hintergrund dieser Ausführungen erscheint also nicht weiter verwun-derlich, dass:

> If European identity means quite different things to people in terms of its ideological, territorial, political, or cultural and even religious connotations, it does not mean much if we find in survey data that people identify with ‚Europe‘. (Risse 2003: 7f.)

Dieser Zusammenhang kursiert in der Literatur unter dem Schlagwort „empty identifi-cation" (Breakwell 2004: 32) und meint, dass europäische Identität auf die unterschied-lichsten Weisen konstruiert wird und insofern für jeden Diskursakteur etwas anderes bedeutet. Im Zusammenhang der Türkei-Debatte hat sich gezeigt, dass ohnehin nicht die Inhalte der exklusiven Identitätsframes entscheidend sind, sondern vielmehr deren Funktion als Verschleierung anderer – im Kontext eines zusammenwachsenden Euro-pas schwierig bis unmöglich zu kommunizierender – Beweggründe. Trotzdem darf an dieser Stelle nicht vergessen werden, dass das Vorschieben einer Identitätsrhetorik vor „wahre" Gefühls- oder Interessenslagen weder intendiert ist, noch von den betreffen-den Diskursakteuren aktiv „gewusst" wird.

Fazit

Auf der Makroebene kommt es zu einer interessanten Form der sozialen Schließung, die sich in das Gewand einer exklusiven Identitätsrhetorik hüllt. Da sie den Anspruch kommuniziert, bestehende Krisen zu mildern oder zukünftige Szenarien zu verhindern, ist sie kaum mittels rationaler Argumentation (an-) zu greifen. Problematisch erscheint in diesem Zusammenhang, dass sich die Verknüpfung größtenteils logisch aufgebauter

Problemdefinitionen mit derivationalen, moralisierenden (Identitäts-)Elementen einer rationalen (Gegen-) Argumentation zunächst einmal völlig entzieht! Über die Konstruktion einer exklusiven europäischen Identität schließen die Diskursakteure also nachhaltig ihre Reihen und schützen ihre Ressourcen angesichts einer bereits diagnostizierten oder für den Fall des Türkeibeitritts prognostizierten sozialen Krise. Dabei werden die Problemdefinitionen subtil mit Annahmen zur kollektiven Identität rationalisiert, legitimiert, gerechtfertigt und untermauert, was sie ihrerseits durch ihren Appell an die handlungsmotivierenden Residuen beachtliche persuasive Kraft entfalten lässt.

Von den Diskursakteuren wird im Einklang mit der paretianischen Handlungstheorie angenommen, dass sich ein gewichtiger Teil ihrer Handlungsmotivation aus den genannten Residuen und Interessen speist. Die Akteure, die soeben in den Fokus gerückt wurden, konstruieren den Sachverhalt „Türkei-Beitritt" als soziales Problem und kommunizieren Krisenperzeptionen, die unter den Schlagworten Überfremdung, Überdehnung und Überforderung zusammengefasst wurden. Allen Krisenperzeptionen ist gemein, dass sie für den Fall eines Türkeibeitritts eine Implosion oder Explosion der EU prognostizieren, was in beiden Fällen eindeutig negativ bewertet wird. Im Kontext einer sowohl objektiv diagnostizierbaren, als auch subjektiv wahrgenommenen Krise kommt es im Diskurs zu verstärkten Orientierungsbemühungen und damit verbunden zu Diskussionen um die Bestimmung der eigenen Position. So entstehen Identitätsdebatten. In dem in unserer Analyse fokussierten Türkei-Diskurs wird eine europäische Identität seitens der Problemdefinierer deshalb exklusiv definiert, weil erstens das Festhalten an sozial und räumlich Bestehendem und die Bewahrung des Status Quo – hier *in termini* wirtschaftlicher Ressourcen und Machtverhältnisse – zu den grundlegenden, residualen menschlichen Eigenschaften zählt und zweitens materielle und ideelle Interessen verschleiert werden müssen, die in ihrer „wahren" Form nicht kommunizierbar wären. Auf der Makroebene kommt es so zu einer machtvollen sozialen Schließung über die Konstruktion einer Ideologie des Eurozentrismus, die radikal ausschließt, was als „nicht europäisch" definiert wird. Im konkreten Fall der Debatte um die Südosterweiterung ist es der Türke, der den Platz des generalisierten Anderen einnimmt.

Die Exklusionsrhetorik kann und darf also nicht auf ein oder mehrere Problemdefinitionen reduziert werden. Weder *der* Islam, *die* Migrationsgefahr oder *die* drohende Transferzahlung – noch eine beliebige Kombination aus dem Genannten! – motiviert das „*Sie gehören nicht zu uns*". Vielmehr liegt der oben analysierten Exklusionsrhetorik ein komplexes Zusammenspiel von handlungsmotivierenden Residuen, krisenbedingten Orientierungsbemühungen und Interessenslagen zugrunde.

5.3   Ausblick

Bezüglich der Generalisierbarkeit unserer Forschungsresultate dürfen nun zwei Fragen nicht unbeantwortet bleiben: Inwiefern ließen sich diese Ergebnisse auf, erstens, *andere EU-Länder* und zweitens, *andere Beitrittskandidaten* ausweiten? Wenden wir uns zunächst der ersten Teilfrage zu: Inwiefern kann aus den nun vorliegenden Forschungsergebnissen auf die öffentlichen Debatten in anderen EU-Ländern geschlossen werden, die den Beitritt der Türkei zum Gegenstand haben? Anders formuliert: Darf angesichts des anthropologischen Grundkonstantencharakters der Residuen angenommen werden, dass es hier auf ähnliche Weise zu sozialen Schließungsprozessen kommt?

Sowohl die hier vorgelegte Deutungsmuster- als auch die Derivationenanalyse stützt sich auf Daten aus dem nationalen Diskursraum Deutschland. Es erscheint höchst gewagt, zu generalisieren, weil keine vergleichbaren qualitativen Untersuchungen für andere Diskursräume vorliegen. In Einzelfallanalysen gälte es einerseits zu klären, ob auch in anderen EU-Ländern mit Deutschland vergleichbare Krisenperzeptionen artikuliert werden, die einen Identitätsdiskurs begründen würden. Fest steht, dass zumindest im Hinblick auf objektive Krisenindikatoren der Türkei-Beitritt Deutschland in singulärer Weise (be-)trifft. Zudem müsste analysiert werden, welche Deutungsmuster in anderen Diskursen auftreten, um sodann zu erhellen, ob und auf welche Weise kollektive Interessen mit Konstruktionen kollektiver Identität verknüpft sind. Angesichts dieser Vielzahl an unbekannten Variablen lässt sich nicht mit Bestimmtheit sagen, ob es in anderen EU-Ländern zu ähnlichen Identitätsdiskursen bzw. zu ähnlich gearteten sozialen Schließungsprozessen kommt. Mit Blick auf die Datenlage und den Expertendiskurs (vgl. Nissen 2003, 2006 und Kapitel 5.1) zu Zugehörigkeitsgefühlen auf europäischer Ebene darf aber angenommen werden, dass wir in Kontexten, in denen mit Bezug auf ein europäisches Wir- oder Zusammengehörigkeitsgefühl argumentiert wird, mit hoher Wahrscheinlichkeit auf Rationalisierungen treffen, die tiefer liegende Motivationsstrukturen verschleiern.

Inwiefern ließen sich unsere Ergebnisse nun auf andere potenzielle Beitrittskandidaten – beispielsweise auf die Ukraine, Georgien, Israel oder Weißrussland – übertragen? Könnte „der Russe" ebenso den Platz des generalisierten Anderen einnehmen wie „der Türke" im oben analysierten Diskurs? Angesichts der derzeitigen Erweiterungsdynamik der EU steht zu vermuten, dass diese Fragen in den kommenden Jahren von Relevanz werden. Die oben diagnostizierte Erweiterungskrise lässt mittelfristig keine Abschwächung der subjektiven Krisenperzeptionen und objektiven Krisenindikatoren erwarten. Vor diesem Hintergrund – also unter Annahme gleich bleibender Bedingungen – ist es also wahrscheinlich, dass im Falle einer Beitrittsdiskussion ebenso Ukrainer, Georgier, Israelis oder Weißrussen als generalisierte Andere konstruiert und über eine Exklusionsrhetorik ausgeschlossen würden. Anders gewendet: Nehmen wir rein hypothetisch an, man hätte im Jahr 2004 in Deutschland nicht über die Türkei, sondern über den Beitritt der Ukraine diskutiert. Auch wenn die Problemmuster freilich auf die Besonderheiten der Ukraine zugeschnitten gewesen wären – in der Bundesrepublik wären sicherlich vergleichbare *persönliche und kollektive Interessen* betroffen gewesen. Da die Exklusionsrhetorik auf das Zusammenspiel von Residuen und Interessen im Krisenkontext zurückgeführt wurde – und eben gerade *nicht* auf den Islam o.ä. – steht zu vermuten, dass „der Ukrainer" mit einer ähnlich strukturierten Exklusionsrhetorik konfrontiert worden wäre. Mit Blick auf die Zukunft impliziert dies, dass im Kontext einer weiterhin bestehenden Erweiterungskrise beliebige Beitrittskandidaten als Nicht-Europäer konstruiert und in die Rolle des generalisierten Anderen gedrängt werden könnten.

6 Resümee

Im Rahmen der vorliegenden Studie wurde erstmals der Versuch unternommen, Paretos Diskurstheorie auf ein konkretes Forschungsproblem anzuwenden. Eisermann, Berger, Bobbio und Bach folgend wurde Pareto wissenssoziologisch gelesen und seine Konzeption von persuasiver Rhetorik als diskurstheoretische Verknüpfung der residualen und derivationalen Handlungsebene begriffen. Als Ziel hatten wir uns eingangs gesetzt, im medial-öffentlichen Türkei-Diskurs Derivationen sichtbar zu machen, von denen wir mit Pareto annahmen, dass sie in ihrer Eigenschaft als rationalisierende Strukturen soziale Diskurse dominieren und dabei handlungsmotivierende Interessen und Gefühle verschleiern. Wir wollen abschließend versuchen, theoriegeleitet zu resümieren, wie sich Paretos diskurstheoretischer Grundbogen erfolgreich in eine wissenssoziologische Diskursanalyse umsetzen lässt. Da wir nur mit Derivationenanalysen Erfahrung haben und für Residuenanalysen noch keine Pionierarbeiten vorliegen, wollen wir uns auf die Analyse von Rationalisierungen beschränken.

1. Zunächst gilt es, den zu untersuchenden Diskurs in seinen Argumentationsstrukturen nachzuvollziehen und zu rekonstruieren. Es hat sich bewährt, nach Weberschem Vorbild idealtypisierend vorzugehen, um zu abstrakten Kategorien zu gelangen, die später der paretianischen Objektivitätsprüfung unterzogen werden können. So wurde in der vorliegenden Analyse eine Deutungsmustertypologie als „Etappenziel" definiert, weil es die Binnenstruktur der zugrunde gelegten Frame-Konzeption erlaubte, analytisch zwischen Problemdefinitionen und Bewertungen zu unterscheiden. Freilich lässt sich hier – je nach Forschungsfrage und Hypothesenbildung – von der Narrationsanalyse bis hin zur Arbeit mit *story lines* und Dispositiven (Foucault) ein breites Spektrum an methodischen Zugängen denken.
2. Die von Pareto recht unscharf formulierten paretianischen Modi kollektiver Persuasion müssen operationalisiert werden. Zu diesem Zweck griffen wir auf die Definition von Deutungsstrategien nach Gerhards und Schetsche zurück, die den Aspekt der Überzeugung durch Rhetorik berücksichtigen. Wie gezeigt werden konnte, lassen sich Paretos Überzeugungsstrategien aber auch mit linguistischen Ansätzen verknüpfen; selbst klassische Stilmittelanalysen erscheinen fruchtbringend.
3. Weiter gilt es, im Sinne von Pareto „objektives" Wissen über jene Argumentationszusammenhänge zusammenzutragen, nach deren Rationalisierung im Rahmen der Forschungsfrage gefahndet wird und die nun dank Schritt (1) in Form objektivierter Analysekategorien (hier: Deutungsmuster) vorliegen. Freilich ist „in Wirklichkeit" alles Wissen subjektiv, da sozial konstruiert. Mit „objektiv" meint Pareto ein Expertenurteil, in welchem größtmögliche Tatsachenkenntnis und ein Höchstmaß an methodischer Kontrolle angestrebt wird. Nur so ergibt sich die Möglichkeit zu beurteilen, ob und inwiefern soziales Handeln logisch begründet ist.

4. In der Kontrastierung der Diskurslogik mit der Forscherlogik bzw. -expertise schlägt schließlich das Herz der paretianischen Derivationenanalyse. Mit diesem Schritt werden zweifelhafte oder falsche Grundlagen sozialen Handelns sichtbar, mithin *false beliefs* (Boudon) als solche entlarvt. Gesetzt den Fall, es wurde eine Residuenanalyse durchgeführt bzw. Annahmen über handlungsleitende Residuen zugrunde gelegt, fügt sich an dieser Stelle Paretos Diskurstheorie nahtlos in seine Handlungstheorie, weil sich ideologisches Bewusstsein und Handeln letztlich über Residuen (und Interessen) begründen lässt.

5. Schließlich gilt es, über eine Analyse der Modi kollektiver Persuasion der paretianischen Grundannahme Rechnung zu tragen, dass sich die Überzeugungskraft aller rationalisierenden Diskurse aus ihrer Rhetorik speist, die ihrerseits an die handlungsmotivierenden Gefühle appelliert. Die Diskursanalyse wird also durch eine Analyse der persuasiven Strategien komplettiert, die es erlaubt, die Handlungsrelevanz völlig unlogischer, weil rationalisierender Strukturen zu er- und begründen.

6. Letztlich sollte sich jede Diskursanalyse auch durch eine erklärende Dimension auszeichnen, also der Frage nachgehen, *warum* die Diskursakteure *ex post* rationalisieren bzw. welche Kombination aus handlungsleitenden Residuen und Interessen dem Diskurs jeweils zugrunde liegt. Zielführend erscheint hier eine Kombination aus Residuen- und Interessensanalyse, da Gefühle und Kosten-Nutzen-Kalküle als gleichberechtigte Variablen in Paretos Theorie eingehen. Während sich auch die Residuen laut Pareto hermeneutisch erschließen lassen, gilt dies freilich umso mehr für die Interessenslagen. Hier ist es fruchtbringend, abgesehen von subjektiven Diskursperzeptionen auch den Diskurs*kontext* mit einzubeziehen. In der vorliegenden Studie wurde dieser Forderung entsprochen, indem sowohl diskursive Krisenwahrnehmungen als auch objektiven Indikatoren gleichermaßen berücksichtigt wurden.

Fassen wir abschließend die Ergebnisse der empirischen Analyse zusammen. Die Deutungsmusteranalyse hat gezeigt, dass in der öffentlich-medialen Debatte um die türkische EU-Mitgliedschaft Problem- und Identitätsdefinitionen systematisch miteinander verknüpft werden. Der potenzielle Beitritt der Türkei zur EU wird von der überwiegenden Mehrheit der Diskursakteure als *soziales Handlungsproblem* gerahmt, wobei die Definition einer *exklusiven europäischen Identität* einen integralen Bestandteil der Problemdefinitionen darstellt. Dabei konnte verdeutlicht werden, dass die exklusiven Identitätsdefinitionen für die Problemdefinierer als *rechtfertigendes* und *legitimierendes* Hintergrundwissen fungieren. Da die Stimmen der Beitrittsbefürworter, deren Situationsdefinitionen zwar auch, aber in weitaus geringerem Maße mit inklusiven Identitätsdefinitionen korrelieren, im Vergleich kaum Gehör finden, wurde die untersuchte Debatte als *Exklusionsdiskurs* charakterisiert. Eine detaillierte Analyse der Identitätsframes ergab, dass die Annahme, die Europäer werden durch eine *kollektive Identität*, also gleichsam geteilte Wir-Gefühle zusammengehalten, von allen Diskursteilnehmern geteilt wird (Masterframe).

Eine Kontrastierung der rekonstruierten Identitätsmuster mit den Umfrageergebnissen zu europäischen Wir-Gefühlen und einschlägigen Expertendarstellungen konnte den

Identitätsdiskurs als *Rationalisierungsdiskurs* entlarven: Nur ein Bruchteil der Europäer *fühlt* sich europäisch, doch werden Bezugnahmen auf Wir-Gefühle und exklusive
Identitätsdefinitionen in der Türkei-Frage zu mächtigen Waffen *in termini* einer diskursiv stattfindenden *sozialen Schließung*. Freilich, soweit sei Kritikern entgegengekom-
men, es mag durchaus sein, dass sich die diskutierenden Eliten *tatsächlich* ungleich
mehr mit Europa identifizieren als Umfragewerte suggerieren und sich folglich gegen
einen Beitritt des „Anderen" stemmen. Dieser Einwand – mit dem sich unser Exkurs
(Kapitel 5.1.5) auseinandersetzt – reicht jedoch nicht aus, um die machtvolle *Exklusionsrhetorik* zu erklären, mittels derer die Türkei diskursiv ausgeschlossen wird. So
ergab eine Untersuchung der Modi kollektiver Persuasion, dass Problemmuster und
exklusive Identitätsframes typischerweise mithilfe von *Diskursstrategien* (Moralisierung, Dramatisierung, etc.) kommuniziert werden.

Gestützt auf Paretos Handlungstheorie wurde also untersucht, welche „wahren" Beweggründe den Schließungsprozess motivieren. In diese Analyse gingen Annahmen zu
handlungsleitenden Residuen und Überlegungen zu Kosten-Nutzen-Kalkülen als Variablen ein. Wir konnten erstens zeigen, dass die Türkei-Debatte im *Kontext einer Erweiterungskrise* geführt wurde, ja als Teil eines Krisendiskurses gesehen werden kann,
in welchem es verstärkt zu Orientierungsbemühungen und zur Identitätssuche kommt.
Zweitens wurde deutlich, dass es in diesem Zusammenhang zur Rückbesinnung auf
fundamentale Interessen kommt (Sicherung des rechtlichen Status Quo, Stabilität und
Sicherheit, Schutz finanzieller Ressourcen, Erhalt von Deutungsmacht), die im Diskurs
teils offen, teils unter dem Derivationenschleier kommuniziert werden. Drittens konnten die – sicherlich nicht-intendierten – Verschleierungsbemühungen der Diskursteilnehmer auf eine Kombination aus diffusen *xenophobischen und eurozentrischen Gefühlslagen* zurückgeführt werden.

Betrachten wir diese Ergebnisse unter einer Berger / Luckmann'schen Perspektive und
inspiriert durch Paretos Diskurstheorie. Es ist eine zentrale Annahme der Neuen Wissenssoziologie, dass Diskurse Wissensordnungen prozessieren und dadurch objekti-
vieren. Mit anderen Worten heißt dies, die Türkei-Debatte „schafft" europäische Identitäten und damit (zumindest vorläufig) gültiges Wissen. In diesem Zusammenhang
werden – angesichts der Mächtigkeit der betreffenden Frames – besonders exklusive
Identitätsdefinitionen als Wahrheiten konstruiert. Inwieweit der untersuchte Diskurs
tatsächlich Zugehörigkeitsgefühle beeinflusst bleibe dahin gestellt. Die Ergebnisse der
durch Pareto inspirierten Derivationenanalyse zeigen, dass es sich bei der die öffentliche Arena dominierenden Identitätsdebatte um einen Rationalisierungsdiskurs handelt,
der nicht nur voller logischer Widersprüche steckt, sondern darüber hinaus auf nicht
gesicherten bis schlicht falschen Fundamenten ruht. Verknüpfen wir diese beiden Blickwinkel, so kommen wir zu dem Schluss, dass in der öffentlichen Türkei-Debatte Wissensordnungen als wahr und *taken-for-granted* (Berger / Luckmann) konstruiert werden, die „in Wahrheit" höchst zweifelhaft sind und ihre Überzeugungskraft lediglich
aus Appellen an diffuse Gefühle gewinnen. Auf der politischen Bühne werden Interessen vertuscht, indem Wissensordnungen auf Dauer gestellt werden, die auf keinerlei

„objektiven" Erkenntnissen basieren. Für Pareto wäre diese Erkenntnis nicht neu, konzipierte doch der Italiener seine Soziologie als Wissenschaft nicht-logischen Handelns. Auch wenn sich die Menschen laut Pareto in der Regel nicht von logischen Erklärungen überzeugen lassen, kann es, so meine ich, dennoch Aufgabe des Soziologen sein, hier Aufklärungsarbeit zu leisten und so in bescheidenem Rahmen der gewohnheitsmäßigen Bezugnahme auf Derivationen entgegen zu wirken.

Angesichts des beständigen Anwachsens unserer Wissens- und Kommunikationsgesellschaft erkannte Mayring in den neunziger Jahren die Notwendigkeit neuer methodologischer Zugänge und diagnostizierte die *qualitative Wende*. Mit Blick auf die verschobenen Analysefokusse prägte Knoblauch wenige Jahre später den Begriff der *kommunikativen Wende*. In diesem Zusammenhang, so möchte ich abschließend festhalten, hat Pareto ein Diskursprogramm vorgelegt, das sich nicht nur in seiner Forschungsprogrammatik hervorragend einpasst, sondern auch ein breites Spektrum an spannenden Anknüpfungsmöglichkeiten eröffnet. Als empirische Gegenstände bieten sich all jene sozialen Diskurse an, die auf gesellschaftlicher Ebene um politische oder religiöse Deutungsmacht ringen. Da Paretos Diskurstheorie weiterhin intensiver Rezeption harrt, bleiben freilich Kreativität und Originalität gefragt.

Literaturverzeichnis

Agai, Bekim 2004: Islam und Kemalismus in der Türkei. In: Aus Politik und Zeitgeschichte B 33-34, 18-24.

Akkaya, Çiğdem / Aver, Caner 2004: Die türkische Sicherheitspolitik in einem unsicheren Raum. In: Südosteuropa Mitteilungen 44 (1), 66-82.

Algieri, Franco 2002: Assoziierungs- und Kooperationspolitik. In: Weidenfeld, Werner / Wessels, Wolfgang (Hg.): Europa von A – Z. Taschenbuch der europäischen Integration, Bonn: Europa Union, 69-72.

Alkan, Mustafa Nail 1994: Die Perzeption der Türkei im Spiegel der westdeutschen Presse von 1960-1971, Bonn: Rheinische Friedrich-Wilhelms-Universität.

Altan, Mehmet 2002: The Relationship between the European Union and Turkey. In: Gieler et al. (Hg.): Turkey at the Crossroads, Münster: Lit, 16-19.

Anastasakis, Othon 2005: Großbritannien, ein Verbündeter der Türkei in Europa? In: Giannakopoulos, Angelos / Maras, Konstadinos (Hg.): Die Türkei-Debatte in Europa. Ein Vergleich, Wiesbaden: VS, 149-157.

Anderson, Benedict 1991: Imagined Communities. Reflections on the Origin and Spread of Nationalism, London: Verso.

Anderson, Malcolm 1998: European Frontiers at the End of the Twentieth Century: An Introduction. In: Anderson, Malcolm / Bort, Eberhardt (Hg.): The Frontiers of Europe, London / Washington D.C.: Pinter, 1-10.

Angermüller, Johannes 2004: Michel Foucault – auf dem Weg zum soziologischen Klassiker? In: Soziologische Revue 27 (4), 385-394.

Arikan, Harun 2003: Turkey and the EU. An awkward Candidate for Membership? Ashgate: Aldershot.

Arnold, Rolf 1985: Deutungsmuster und pädagogisches Handeln in der Erwachsenenbildung, Heilbronn / Obb.: Klinkhardt.

Arnold, Marlen / Behrens, Torsten / Siebenhühner, Bernd 2005: Qualitative Sozialforschung im GELENA-Projekt. In: Kuckartz, Udo (Hg.): Tagungsband zur CAQD 2005. 10. – 11. März 2005. Phillips-Universität Marburg. WinMAX/MAXqda Anwenderkonferenz. Mit vielen erweiterten Abstracts der Tagungsvorträge und Informationen rund um MAXqda, Marburg: Philipps-Universität Marburg, 32-45.

Ates, Seref 2002: Der EU-Beitritt der Türkei und seine Spiegelung in der deutschen und türkischen Presse. In: KAS-Auslandsinformationen 10 / 2002, Konrad-Adenauer Stiftung, 31-72. Verfügbar über: http://www.kas.de/publikationen/2002/1052_dokument.html [Zugriff: 15.05.2005].

Aydin, Kamil 1993: Western Images of the Muslim Turks Prior to the 20th Century: A Short Outline. In: Hamdard Islamicus 16 (4), 103-125.

Bach, Maurizio 2001: Integration durch Fremdenfeindlichkeit? Über die Grenzen Europas und die kollektive Identität der Europäer. In: Gellner, Wienand / Strohmeier, Gerd (Hg.): Identität und Fremdheit. Eine amerikanische Leitkultur für Europa? Baden-Baden: Nomos, 141-149.

Bach, Maurizio 2003: The Europeanization of Cleavages and the Emergence of a European Social Space. In: Journal of European Social Policy 13 (1), 50-54.

Bach, Maurizio 2004: Jenseits des rationalen Handelns. Zur Soziologie Vilfredo Paretos, Wiesbaden: VS.

Bach, Maurizio 2006: The Enlargement Crisis of the European Union: From Political Integration to Social Disintegration? In: Bach, Maurizio / Lahusen, Christian / Vobruba, Georg (Hg.): Europe in Motion. Social Dynamics and Political Institutions in an Enlarging Europe, Berlin: sigma, 11-28.

Baldwin, Richard / Widgrén Mika 2005: The Impact on Turkey's Membership on EU Voting, CEPS Policy Brief 62: Brüssel.

Barthes, Roland [1957] 1964: Mythen des Alltags, Frankfurt / Main: Suhrkamp.

Baumann, Markus / Burri, Regula 1996: Deutungsmuster und Einstellungen zu Europa. Zwei Fallanalysen zur EWR-Abstimmung vom 6.Dezember 1992, Bern: Universität Bern.

Benedikt, Clemens 2004: Diskursive Konstruktion Europas. Migration und Entwicklungspolitik im Prozess der Europäisierung, Frankfurt / Main: Brandes & Apsel.

Berger, Brigitte 1967: Vilfredo Pareto and the Sociology of Knowledge. In: Social Research 34 (2), 265-281.

Berger, Peter L. / Luckmann, Thomas [1966] 2004: Die gesellschaftliche Konstruktion der Wirklichkeit. Eine Theorie der Wissenssoziologie, Frankfurt / Main: Fischer.

Blumer, Herbert [1969] 1981: Der methodische Standort des Symbolischen Interaktionismus. In: Arbeitsgruppe Bielefelder Soziologen (Hg.): Alltagswissen, Interaktion und gesellschaftliche Wirklichkeit 1 + 2, Opladen: Westdeutscher, 80-146.

Bobbio, Noberto 1971: Saggi sulla scienza politica in Italia, Roma / Bari: Laterza.

Bock, Hans Manfred 1997: Intellektuell, in: Picht, Robert / Hoffmann-Martinot / Lasserre, René (Hg.): Fremde Freunde. Deutsche und Franzosen vor dem 21. Jahrhundert, München / Zürich: Piper, 72-78.

Bohmann, Gerda / Vobruba, Georg 1987: Krisenvergleich: Krise und Krisendeutung 1929 ff und 1974 ff in Österreich, Berlin: Wissenschaftszentrum.

Bohnsack, Ralf / Nentwig-Gesemann, Iris 2003: Typenbildung. In: Bohnsack, Ralf / Marotzki, Winfried / Meuser, Michael (Hg.): Hauptbegriffe Qualitative Sozialforschung. Ein Wörterbuch, Opladen: Leske & Budrich, 162-166.

Bös, Mathias 2000: Zur Kongruenz sozialer Grenzen. Das Spannungsfeld von Territorien, Bevölkerungen und Kulturen in Europa. In: Bach, Maurizio (Hg.): Die Europäisierung nationaler Gesellschaften, Wiesbaden: Westdeutscher, 429-455.

Boudon, Raymond 1994: The Art of Self-Persuasion. The Social Explanation of False Beliefs, Cambridge: Polity Press.

Bourdieu, Pierre 1983: Ökonomisches Kapitel, kulturelles Kapital, soziales Kapital. In: Kreckel, Reinhard (Hg.): Soziale Ungleichheiten, Göttingen: Schwartz, 183-198.

Bozkurt, Mahmut 1995: Die Beziehungen der Türkei zur Europäischen Union, Frankfurt / Main / New York u.a.: Peter Lang.

Brague, Rémi 2002: Europäische Kulturgeschichte. In: Elm, Ralf (Hg.): Europäische Identität: Paradigmen und Methodenfragen, Baden-Baden: Nomos, 25-32.

Brandmüller, Walter 2002: Integration Europas und Katholische Kirche. In: Elm, Ralf (Hg.): Europäische Identität: Paradigmen und Methodenfragen, Baden-Baden: Nomos, 33-49.

Breakwell, Glynis M. 2004: Identity Change in the Context of the Growing Influence of European Union Institutions. In: Herrmann, Richard K. / Risse, Thomas / Brewer, Marilynn B. (Hg.): Transnational Identities. Becoming European in the EU, Lanham u.a.: Rowman & Littlefield, 25-39.

Brewin, Christopher 2000: The Image of the Turk in Europe. In: Burçoğlu, Nedret Kuran (Hg.): The Image of the Turk in Europe from the Declaration of the Republic in 1923-1990, Istanbul: Isis Press, 93-106.

Brusis, Martin 2003: Zwischen europäischer und nationaler Identität – Zum Diskurs über die Osterweiterung der EU, verfügbar über: www.cap.lmu.de/download/2003/2003_identitaet_brusis.pdf [Zugriff: 19.08.2005].

Bublitz, Hannelore 2003: Diskurs, Bielefeld: transcript.

Bublitz, Hannelore / Bührmann, Andrea D. / Hanke, Christine / Seier, Andrea (Hg.) 1999: Das Wuchern der Diskurse. Perspektiven der Diskursanalyse Foucaults, Frankfurt/Main: Campus.

Bühl, Walter L. 2002: Phänomenologische Soziologie. Ein kritischer Überblick, Konstanz: UVK.

Buhbe, Matthes 1996: Türkei. Politik und Zeitgeschichte, Opladen: Leske & Budrich.

Carkoglu, Ali / Rubin, Barry / Rubin, Barry M. (Hg.) 2003: Turkey and the European Union. Domestic Politics, Economic Integration, and International Dynamics, London: Frank Cass.

Demesmay, Claire / Fougier, Eddy 2005: Die französische Malaise im Spiegel der Türkei-Debatte. In: Giannakopoulos, Angelos / Maras, Konstadinos (Hg.): Die Türkei-Debatte in Europa. Ein Vergleich, Wiesbaden: VS, 49-62.

Delanty, Gerard 1999: Die Transformation nationaler Identität und die kulturelle Ambivalenz europäischer Identität. Demokratische Identifikation in einem postnationalen Europa. In: Viehoff, Reinhold / Seegers, Rien T. (Hg.): Kultur, Identität, Europa. Über die Schwierigkeiten und Möglichkeiten einer Konstruktion, Frankfurt / Main: Suhrkamp, 267-288.

Dewe, Bernd 1996: Soziale Deutungsmuster. In: Kerber, Harald / Schmieder, Arnold (Hg.): Handbuch zur Soziologie, Reinbek: Rowohlt, 76-80.

Dilthey, Wilhelm 1900: Die Entstehung der Hermeneutik. In: Dilthey, Wilhelm (Hg.): Gesammelte Schriften Bd.5, Leipzig / Berlin: Teubner, 317-331.

Donati, Paolo R. 2001: Die Rahmenanalyse politischer Diskurse. In: Keller, Reiner et al. (Hg.): Handbuch Sozialwissenschaftliche Diskursanalyse. Bd.1: Theorien und Methoden, Opladen: Leske + Budrich, 145-175.

Drulák, Petr (Hg.) 2001: National and European Identities in EU Enlargement. Views from Central and Eastern Europe, Prag: Institute of International Relations.

Duchesne, Sophie / Frognier, André-Paul 1995: Is There a European Identity? In : Niedermayer, Oskar / Sinnot, Richard (Hg.) : Public Opinion and Internationalized Governance, Oxford: Oxford UP, 193-226.

Durugönül, Esma 1995: Über die Reislamisierung in der Türkei als sozial-religiöse Bewegung. Unter besonderer Berücksichtigung der zwei Jahrzehnte 1979-1990, Frankfurt / Main: Lang.

Ecker-Ehrhardt, Matthias 2002: Die deutsche Debatte um die EU-Osterweiterung – Ein Vergleich ihres ideellen Vorder- und Hintergrundes, Discussion Paper P 02-303 Wissenschaftszentrum Berlin für Sozialforschung, Arbeitsgruppe Internationale Politik, verfügbar über: http://skylla.wz-berlin.de/pdf/2002/p02-303.pdf [Zugriff: 19.08.2005].

Edelman, Murray 1988: Die Erzeugung und Verwendung sozialer Probleme. In: Journal für Sozialforschung 28 (2), 175-192.

Egeberg, Morton 1999: Transcending Intergovernmentalism? Identity and role perceptions of national officials in EU decision making. In: Journal of European Public Policy 6 (3), 456-474.

Eigmüller, Monika / Vobruba, Georg (Hg.) 2006: Grenzsoziologie. Die politische Strukturierung des Raumes, Wiesbaden: VS.

Eisenstadt, Shamuel N. / Giesen, Bernhard 1995: The Construction of Collective Identity. In: European Journal of Sociology 36, 72-102.

Eisermann, Gottfried 1962: Pareto als Wissenssoziologe. In: Kyklos 15 (1), 427-464.

Eisermann, Gottfried 1962a: Vilfredo Paretos System der allgemeinen Soziologie, Stuttgart: Enke.

Eisermann, Gottfried 1987: Vilfredo Pareto. Ein Klassiker der Soziologie, Tübingen: Mohr.

Elm, Ralf (Hg.) 2002: Europäische Identität: Paradigmen und Methodenfragen, Baden-Baden: Nomos.

Eribon, Didier 1991 [1989]: Michel Foucault. Eine Biographie, Frankfurt / Main: Suhrkamp.

Esser, Sebastian 2005: Europas Suche nach einer gemeinsamen Öffentlichkeit. Eine Inhaltsanalyse der Debatte über eine EU-Verfassung in europäischen Tageszeitungen, Marburg: Tectum.

Faltermaier, Toni 1990: Verallgemeinerung und lebensweltliche Spezifität: Auf dem Weg zu Qualitätskriterien für die qualitative Forschung. In: Jüttemann, Gustav (Hg.): Komparative Kasuistik, Heidelberg: Asanger, 204-217.

Fassmann, Heinz 2002: Wo endet Europa? Anmerkungen zur Territorialität Europas und der EU. In: Mitteilungen der Österreichischen Geographischen Gesellschaft 144, 28-36.

Foucault, Michel [1966] 1974: Die Ordnung der Dinge, Frankfurt / Main: Suhrkamp.

Foucault, Michel [1973] 1981: Archäologie des Wissens, Frankfurt / Main: Suhrkamp.

Foucault, Michel [1976] 1983: Der Wille zum Wissen. Sexualität und Wahrheit, Bd.1, Frankfurt / Main: Suhrkamp.

Foucault, Michel [1972] 1991: Die Ordnung des Diskurses. Mit einem Essay von Ralf Konersmann, Frankfurt / Main: Fischer.

Foucault, Michel 1987: Das Subjekt und die Macht. In: Dreyfus, Hubert L. / Rabinow, Paul (Hg.): Michel Foucault: Jenseits von Strukturalismus und Hermeneutik, Frankfurt / Main, 243-261.

Frey, Gerhard (Hg.) 2004: Halbmond über Deutschland? Warum die Türkei nicht in die EU gehört, München: FZ-Verlag.

Früh, Werner 2004: Inhaltsanalyse. Theorie und Praxis. 5. Überarbeitete Auflage, Konstanz: UVK.

Fuchs, Dieter / Gerhards, Jürgen / Roller, Edeltraud 1993: Wir und die anderen. Ethnozentrismus in den zwölf Ländern der europäischen Gemeinschaft. In: Kölner Zeitschrift für Soziologie und Sozialpsychologie 41, 238-253.

Gamson, William A. / Modigliani, Andre 1989: Media Discourse and Public Opinion on Nuclear Power: A Constructionist Approach. In: American Journal for Sociology 95, 1-37.

Gau, Juliane 2006: Fortschrittsbericht 2006: Eine politische Warnung an die Türkei, erschienen auf europa-digital.de am 09.11.2006, http://www.europa-digital.de/text/aktuell/dossier/tuerkei/bericht06.shtml [Zugriff: 10.11.2006].

Geiger, Theodor 1962: Arbeiten zur Soziologie. Methode, Moderne Großgesellschaft, Rechtssoziologie, Ideologiekritik, Neuwied am Rhein / Berlin: Luchterhand.

Gerhards, Jürgen 1992: Dimensionen und Strategien öffentlicher Diskurse. In: Journal für Sozialforschung 32 (3/4), 307-318.

Gerhards, Jürgen 2000: Das Öffentlichkeitsdefizit der EU: Theoretische Überlegungen und empirische Befunde, in: Baerns, Barbara / Raub, Juliana (Hg.): Information und Kommunikation in Europa. Transnational Communication in Europe. Berlin: Vistas, 46-60.

Gerhards, Jürgen 2003: Diskursanalyse als systematische Inhaltsanalyse. Die öffentliche Debatte über Abtreibungen in den USA und in der Bundesrepublik Deutschland im Vergleich. In: Keller, Reiner / Hirseland, Andreas / Schneider, Werner / Viehöver, Willy (Hg.): Handbuch sozialwissenschaftliche Diskursanalyse, Bd.2: Forschungspraxis, Opladen: Leske & Budrich, 299-324.

Gerhards, Jürgen 2003a: Identifikation mit Europa. Einige begriffliche Vorklärungen. In: Allmendinger,
Jutta (Hg.): Entstaatlichung und soziale Sicherheit. Verhandlungen des 31. Kongresses der Deutschen
Gesellschaft für Soziologie in Leipzig 2002, Opladen: Leske & Budrich, 467-474.

Gerhards, Jürgen 2004: Europäische Werte – Passt die Türkei kulturell zur EU? In: Aus Politik und Zeitgeschichte B 38, 14-20.

Gerhards, Jürgen 2005: Kulturelle Unterschiede in der Europäischen Union. Ein Vergleich zwischen Mit-
gliedsländern, Beitrittskandidaten und der Türkei, Wiesbaden: VS.

Gerhards, Jürgen / Neidhardt, Friedhelm 1990: Strukturen und Funktionen moderner Öffentlichkeit: Fragestellung und Ansätze, Berlin: Wissenschaftszentrum.

Gerhards, Jürgen / Neidhardt, Friedhelm 1991: Strukturen und Funktionen moderner Öffentlichkeit: Fragestellung und Ansätze. In: Müller-Doohm, Stefan / Neumann-Braun, Klaus (Hg.): Öffentlichkeit, Kultur,
Massenkommunikation, Oldenburg: bis, 31-89.

Gerhards, Jürgen / Neidhardt, Friedhelm / Rucht, Dieter 1998: Zwischen Palaver und Diskurs. Strukturen
öffentlicher Meinungsbildung am Beispiel der deutschen Diskussion zur Abtreibung, Opladen: Westdeutscher.

Gerhards, Jürgen / Rucht, Dieter 2000: Öffentlichkeit, Akteure und Deutungsmuster. In: Gerhards, Jürgen
(Hg.): Die Vermessung kultureller Unterschiede. Deutschland und die USA im Vergleich, Opladen: Westdeutscher, 165-188.

Gerhardt, Uta 1985: Verstehende Strukturanalyse. Die Konstruktion von Idealtypen als Analyseschritt bei
der Auswertung qualitativer Forschungsmaterialien. In: Soeffner, Hans-Georg (Hg.): Typik und Sozial-
struktur, Frankfurt / New York: Campus, 31-84.

Gerhardt, Uta 1991: Typenbildung. In: Flick, Uwe / Kardoff, Ernst von / Keupp, Heiner / Rosenstiel, Lutz
/ Wolff, Stephan (Hg.): Handbuch qualitative Sozialforschung. Grundlagen, Konzepte, Methoden und
Anwendungen, München: Psychologie Verlags Union, 435-439.

Giannakopoulos, Angelos / Maras, Konstadinos 2005, Die Türkei-Debatte in Europa. Ein Vergleich, Wiesbaden: VS.

Giannakopoulos, Angelos / Maras, Konstadinos 2005a: Einstellungen der Fraktionen des Europäischen
Parlaments zu einem EU-Beitritt der Türkei: eine empirische Ausweitung von Sitzungsprotokollen 1996-
2004. In: Südosteuropa: Zeitschrift für Gegenwartsforschung 53 (1), 109-129.

Giannakopoulos, Angelos / Maras, Konstadinos 2005b: Beziehungen EU-Türkei: Positionen der Kommission und der Ratspräsidentschaft. Eine inhaltsanalytische Auswertung von Sitzungsprotokollen des Europäischen Parlaments. In: Südosteuropa. Zeitschrift für Gegenwartsforschung 53 (2), 213-226.

Giannakopoulos, Angelos / Maras Konstadinos 2005c: Der Türkei-Diskurs im Europäischen Parlament
1996-2003. In: Giannakopoulos, Angelos / Maras, Konstadinos (Hg.): Die Türkei-Debatte in Europa,
Wiesbaden: VS, 21-34.

Gieler, Wolfgang / Inat, Kemal / Gürak Hasan (Hg.) 2002: Turkey at the Crossroads, Münster: Lit.

Giesen, Bernhard 1999: Europa als Konstruktion der Intellektuellen. In: Viehoff, Reinhold / Segers Rien T.
(Hg.): Kultur, Identität, Europa. Über die Schwierigkeiten und Möglichkeiten einer Konstruktion, Frankfurt / Main: Suhrkamp, 130-146.

Goffman, Erving [1974] 1977: Rahmenanalyse. Ein Versuch über die Organisation von Alltagserfahrungen, Frankfurt / Main: Suhrkamp.

Goulard, Sylvie 2004: Le Grand Turc et la République de Venise, Paris: Fayard.

Göztepe, Ece 2004: Die Kopftuchdebatte in der Türkei. Eine kritische Bestandsaufnahme für die deutsche
Diskussion. In: Aus Politik und Zeitgeschichte B 33-34, 32-38.

Große Hüttmann, Martin 2005: ‚Die Türkei ist anders als Europa': Die öffentliche Debatte um einen EU-
Beitritt der Türkei in Deutschland. In: Giannakopoulos, Angelos / Maras, Konstadinos (Hg.): Die Türkei-
Debatte in Europa, Wiesbaden: VS, 35-47.

Grothusen, Klaus-Detlev 1985: Türkei, Göttingen: Vandenhoeck & Ruprecht.

Gür, Gürsel 1998: Das Türkeibild in der deutschen Presse unter besonderer Berücksichtigung der EU-
Türkei-Beziehungen, Frankfurt / Main: Peter Lang.

Gumpel, Werner 2004: Die Türkei zwischen den Konfliktstaaten. In: Südosteuropa Mitteilungen 44 (1),
16-27.

Gusfield, Joseph R. 1981: The Culture of Public Problems. Drinking-Driving and the Symbolic Order,
Chicago: Chicago UP.

Habermas, Jürgen 1976: Legitimation Crisis, Cambridge: Polity Press.

Habermas, Jürgen 1981a: Theorie des kommunikativen Handelns. Handlungsrationalität und gesellschaftliche Rationalisierung, Frankfurt / Main: Suhrkamp.

Habermas, Jürgen 1981b: Theorie des kommunikativen Handelns. Zur Kritik der funktionalistischen Vernunft, Frankfurt / Main: Suhrkamp.

Hajer, Maarten A. 1995: The Politics of Environmental Discourse. Ecological Modernization and the Policy Process, Oxford: Clarendon Press.

Heit, Helmut (Hg.) 2005: Die Werte Europas, Münster: Lit.

Herrmann, Richard K. / Risse-Kappen, Thomas / Brewer, Marilyn (Hg.) 2004: Transnational Identities: Becoming European in the EU, Lanham: MD: Rowman & Littlefield.

Hess, Henner 1986: Kriminalität als Alltagsmythos. In: Kriminologisches Journal 1, Beiheft, 24-44.

Hilgartner, Stephen / Bosk, Charles L. 1988: The Rise and Fall of Social Problems. A Public Arenas Model. In: The American Journal of Sociology 94, 53-78.

Hitzler, Ronald 1991: Dummheit als Methode. Eine dramatologische Textinterpretation. In: Garz, Detlef / Kraimer, Klaus (Hg.): Qualitativ-empirische Sozialforschung. Konzepte, Methoden, Analysen, Opladen: Westdeutscher, 295-318.

Hitzler, Ronald 2002: Sinnrekonstruktion. Zum Stand der Diskussion (in) der deutschsprachigen interpretativen Soziologie. In: Forum Qualitative Sozialforschung / Forum: Qualitative Social Research [Online-Journal], 3 (2), 35 Absätze; verfügbar über: http://www.qualitative-research.net/fqs-texte/2-02/2-02hitzler-d.pdf [Zugriff: 23.08.2005].

Hitzler, Ronald / Honer, Anne (Hg.) 1997: Sozialwissenschaftliche Hermeneutik. Eine Einführung, Opladen: Leske + Budrich.

Hitzler, Ronald / Reichertz, Jo / Schröer, Norbert (Hg.) 1999: Hermeneutische Wissenssoziologie. Standpunkte zur Theorie der Interpretation, Konstanz: UVK.

Honer, Anne 1999: Bausteine zu einer lebensweltlich orientierten Wissenssoziologie. In: Hitzler, Ronald / Reichertz, Jo / Schröer, Norbert (Hg.): Hermeneutische Wissenssoziologie. Standpunkte zur Theorie der Interpretation, Konstanz: UVK, 51-67.

Hornstein, Walter / Lüders, Christian / Rosner, Siegfried et al. (Hg.) 1986: Bericht zum Forschungsprojekt. Arbeitslosigkeit in der Familie. Eine empirische Studie über Prozesse der Arbeitslosigkeit innerhalb von betroffenen Familien im Hinblick auf soziale Ausgrenzung und gesellschaftliche Wandlungsprozesse, München: Universität der Bundeswehr, Fakultät für Pädagogik.

Hülsse, Rainer 1999: The Discursive Construction of Identity and Difference – Turkey as Europe's other? Diskussionspapier, ECPR Joint Sessions of Workshops, Mannheim 26. – 31. März 1999, verfügbar über: http://www.essex.ac.uk/events/jointsessions/paperarchive/mannheim/w22/hulsse.pdf [Zugriff: 19.03.2005].

Hülsse, Rainer 2000: Looking beneath the surface – invisible othering in the German discourse about Turkey's possible EU-Accession, Diskussionspapier, Ionian Conference, Corfu, Griechenland, 19. – 22. Mai 2000, verfügbar über: www.lse.ac.uk/collections/EPIC/documents/ICHuelsse.pdf [Zugriff: 18.05.2005].

Hülsse, Rainer 2003: Metaphern der EU-Erweiterung als Konstruktionen europäischer Identität, Baden-Baden: Nomos.

Huntington, Samuel 1996: Kampf der Kulturen. Die Neugestaltung der Weltpolitik im 21.Jahrhundert, München: Goldmann.

Husserl, Edmund [1913] 1976: Ideen zu einer reinen Phänomenologie und phänomenologischen Philosophie, Bd.1: Allgemeine Einführung in die reine Phänomenologie, Dordrecht u.a.: Kluwer.

Immerfall, Stefan 2000: Europäische Integration und Europäische Identität. In: Henschel, Thomas J. / Schleissing, Stephan (Hg.): Europa am Wendepunkt. Arbeitspapiere der Forschungsgruppe Jugend und Europa, München: Centrum für angewandte Politikforschung, 6-12.

Inglehart, Ronald 1970: Cognitive Mobilization and European Identity. In: Comparative Politics 3 (1), 45-70.

Inglehart, Ronald 1971: Changing Value Priorities and European Integration. In: Journal of Common Market Studies 10 (1), 1-36.

Institut der deutschen Wirtschaft 2005: Deutschland in Zahlen 2005, Köln: IDW.

Jacob, Rüdiger 1995: Krankheitsbilder und Deutungsmuster. Wissen über Krankheit und dessen Bedeutung für die Praxis, Opladen: Westdeutscher.

Jung, Dietrich 2004: Politik oder Religion? Die islamische Türkei und die europäische Integration. In: Neue politische Literatur. Berichte über internationales Schrifttum 49 (3), 365-384.

Kalberer, Susanne 2002: Die Türkei – Teil der europäischen Union? Chancen und Risiken eines Beitritts, Sindelfingen: Libertas.

Keller, Reiner 1997: Diskursanalyse. In: Hitzler, Ronald / Honer, Anne (Hg.): Sozialwissenschaftliche Hermeneutik. Eine Einführung, Opladen: Leske + Budrich, 309-333.

Keller, Reiner 1998: Müll – Die gesellschaftliche Konstruktion des Wertvollen. Die öffentliche Diskussion über Abfall in Deutschland und Frankreich, Opladen, Wiesbaden: Westdeutscher.

Keller, Reiner 2001: Wissenssoziologische Diskursanalyse. In: Keller, Reiner et al. (Hg.): Handbuch Sozialwissenschaftliche Diskursanalyse. Bd.1: Theorien und Methoden, Opladen: Leske + Budrich, 113-143.

Keller, Reiner 2003: Der Müll der Gesellschaft. Eine wissenssoziologische Diskursanalyse. In: Keller, Reiner et al. (Hg.): Handbuch Sozialwissenschaftliche Diskursanalyse. Bd.2: Forschungspraxis, Opladen: Leske + Budrich, 197-232.

Keller, Reiner 2004: Qualitative Diskursforschung. Eine Einführung für SozialwissenschaftlerInnen, Wiesbaden: VS.

Keller, Reiner 2005: Wissenssoziologische Diskursanalyse. Grundlegung eines Forschungsprogramms, Wiesbaden: VS.

Keller, Reiner / Hirseland, Andreas / Schneider, Werner / Viehöver Willy (Hg.) 2001: Handbuch Sozialwissenschaftliche Diskursanalyse, Bd.1: Theorien und Methoden, Opladen: Leske & Budrich.

Keller, Reiner / Hirseland, Andreas / Schneider, Werner / Viehöver Willy (Hg.) 2003: Handbuch Sozialwissenschaftliche Diskursanalyse. Bd.2: Forschungspraxis, Opladen: Leske + Budrich.

Kielmansegg, Peter: Integration und Demokratie. In: Jachtenfuchs, Markus (Hg.): Europäische Integration, Opladen: Leske & Budrich, 47-72.

Klandermans, Bert 1988: The Formation and Mobilization of Consensus. In: Klandermans, Bert / Kriesi, Hanspeter / Tarrow, Sidney (Hg.): International Social Movement Research 1, 173-198.

Klemm, Jana / Glasze, Georg 2004: Methodische Probleme Foucault-inspirierter Diskursanalysen in den Sozialwissenschaften. Tagungsbericht: ‚Praxis-Workshop Diskursanalyse‘. In: Forum Qualitative Sozialforschung / Forum Qualitative Social Research [Online Journal], 6 (2), verfügbar über: http://www.qualitative-research.net/fqs-texte/2-05/05-2-24-d.htm [Zugriff: 03.05.2005].

Kliche, Thomas / Adam, Suzanne / Jannik, Helge 1997: ‚Bedroht und der Islam?‘ Die Konstruktion eines ‚postmodernen‘ Feindbildes am Beispiel Algerien in zwei exemplarischen Diskursanalysen. In: Hamburger Forschungsberichte aus dem Arbeitsbereich Sozialpsychologie HAFOS Nr. 19, verfügbar über: http://www.uni-hamburg.de/fachbereiche-einrichtungen/fb16/absozpsy/HAFOS-19.pdf [Zugriff: 04.08.2005].

Kliment, Tibor 1994: Kernkraftprotest und Medienreaktionen. Deutungsmuster einer Widerstandbewegung und öffentliche Rezeption, Wiesbaden: DUV.

Knoblauch, Hubert 1995: Kommunikationskultur. Die kommunikative Konstruktion kultureller Kontexte, Berlin: de Gruyter.

Knoblauch, Hubert 2001: Diskurs, Kommunikation und Wissenssoziologie. In: Keller, Reiner u.a. (Hg.): Handbuch Sozialwissenschaftliche Diskursanalyse. Bd.1: Theorien und Methoden, Opladen: Leske + Budrich, 207-223.

Köcher, Renate 2004: Beklommenheit vor dem historischen Schritt. In: FAZ vom 21.04.2004, Nr.93.

Kohli, Martin 2000: The battlegrounds of European Identity. In: European Societies 2 (2), 113-137.

Kohli, Martin 2002: Die Entstehung einer europäischen Identität. Konflikte und Potentiale. In: Kaelble, Harmut / Kirsch, Martin / Schmidt-Gering, Alexander (Hg.): Transnationale Öffentlichkeiten und Identitäten im 20. Jahrhundert, Frankfurt / Main: Campus, 111-134.

König, René (Hg.) 1979: Handbuch der empirischen Sozialforschung, Bd.13: Sprache, Künste von Thomas Luckmann, Alphons Silbermann, Stuttgart: Ferdinand Enke.

König, Thomas 2004: CAQDAS in der Frame Analysis. In: Kuckartz, Udo / Grunenberg, Heiko / Lauterbach, Andreas (Hg.): Qualitative Datenanalyse: computergestützt. Methodische Hintergründe und Beispiele aus der Forschungspraxis, Wiesbaden: VS, 81-93.

Kramer, Heinz 1987: Für und Wider einer türkischen EG-Mitgliedschaft. In: Integration. Beilagen zur Europäischen Zeitung 10 (4), 151-164.

Kramer, Heinz 1996: Die Türkei im Schnittpunkt der Regionen und Kulturen. In: Geographische Rundschau 48 (10), 590-594.

Kramer, Heinz 2005: EU – Türkei: Vor schwierigen Beitrittsverhandlungen, SWP-Studie, 11. Mai 2005, verfügbar über: http://www.swp-berlin.org/common/get_document.php?id=1268 [Zugriff: 04.08.2005].

Kuckartz, Udo 2005: Einführung in die computergestützte Analyse qualitativer Daten, Wiesbaden: VS.

Kuckartz, Udo (Hg.) 2005a: Tagungsband zur CAQD 2005. 10. – 11. März 2005. Phillips-Universität Marburg. WinMAX/MAXqda Anwenderkonferenz. Mit vielen erweiterten Abstracts der Tagungsvorträge und Informationen rund um MAXqda, Marburg: Philipps-Universität Marburg.

Kuckartz, Udo (Hg.) 2006: Tagungsband zur CAQD 2006. 09. – 10. März 2006. Phillips-Universität Marburg. WinMAX/MAXqda Anwenderkonferenz. Mit erweiterten Abstracts der Tagungsvorträge und Informationen rund um MAXqda, Marburg: Phillips-Universität Marburg.

Kuckartz, Udo / Grunenberg, Heiko / Lauterbach, Andreas (Hg.) 2004: Qualitative Datenanalyse: computergestützt. Methodische Hintergründe und Beispiele aus der Forschungspraxis, Wiesbaden: VS.

Kuneralp, Selim 2001: Joining the European Union: A Process Underway. In: Novati, Giampaolo / Di Casola, Maria Antonia (Hg.): L'Europa e i ruoli della Turchia, Mainland: Gufffrè, 65-72.

Kurt, Ronald 2004: Hermeneutik. Eine sozialwissenschaftliche Einführung, Konstanz: UVK.

Laffan, Brigid 2004: The European Union and its Institutions as ,Identity Builders'. In: Herrmann, Richard K. / Risse, Thomas / Brewer, Marilynn (Hg.) 2004: Transnational Identities: Becoming European in the EU, Lanham, MD: Rowman & Littlefield, 75-96.

Lamnek, Siegfried 1993: Qualitative Sozialforschung. Bd.1: Methodologie, Weinheim: Psychologie-Verl.-Union.

Lamnek, Siegfried 2005: Qualitative Sozialforschung. Lehrbuch, Weinheim / Basel: Beltz.

Leggewie, Claus (Hg.) 2004: Die Türkei und Europa. Die Positionen, Frankfurt / Main: Suhrkamp.

Leithäuser, Thomas / Volmerg, Birgit 1981: Die Entwicklung einer empirischen Forschungsperspektive aus der Theorie des Alltagsbewusstseins. In: Leithäuser, Thomas / Salje, Gunther / Volmerg, Ute (Hg.): Entwurf zu einer Empirie des Alltagsbewusstseins, Frankfurt/Main: Suhrkamp, 11-162.

Lepsius, Rainer M. 1964: Kritik als Beruf. Zur Soziologie der Intellektuellen. In: Kölner Zeitschrift für Psychologie und Sozialpsychologie 16 (1), 75-91.

Lepsius Rainer M. 1999: Die Europäische Union. Ökonomisch-politische Integration und kulturelle Pluralität. In: Viehoff, Reinhold / Segers, Rien T. (Hg.): Kultur, Identität, Europa. Über die Schwierigkeiten und Möglichkeiten einer Konstruktion, Frankfurt / Main: Suhrkamp, 201-222.

Loreck, Sabine 1982: Leserbriefe als Nische öffentlicher Kommunikation: eine Untersuchung in lerntheoretischer Perspektive, Münster: Lit.

Lorey, Isabell 1999: Macht und Diskurs bei Foucault. In: Bublitz, Hannelore / Bührmann, Andrea D. / Hanke, Christine / Seier, Andrea (Hg.): Das Wuchern der Diskurse. Perspektiven der Diskursanalyse Foucaults, Frankfurt / Main: Campus, 87-96.

Loth, Wilfried 2002: Die Mehrschichtigkeit der Identitätsbildung in Europa. Nationale, regionale und europäische Identität im Wandel. In: Elm, Ralf (Hg.): Europäische Identität: Paradigmen und Methodenfragen, Baden-Baden: Nomos, 93-109.

Luckmann, Thomas 1979: Soziologie der Sprache. In: König, René (Hg.): Handbuch der empirischen Sozialforschung, Bd.13: Sprache, Künste von Thomas Luckmann, Alphons Silbermann, Stuttgart: Ferdinand Enke, 1-116.

Luckmann, Thomas 2005: On the Communicative Construction of Reality, Vortrag, gehalten am 02.Februar 2005 an der London Business School / Department of Information Systems, verfügbar über: http://is.lse.ac.uk/events/luckmannLecture.pdf [Zugriff: 18.05.2005].

Lüders, Christian 1991: Deutungsmusteranalyse. Annäherungen an ein risikoreiches Konzept. In: Garz, Detlef / Kraimer Klaus (Hg.): Qualitativ-empirische Sozialforschung, Opladen: Westdeutscher, 377-408.

Lüders, Christian 1994: Rahmenanalyse und der Umgang mit Wissen. Ein Versuch, das Konzept der Rahmenanalyse E. Goffmans für die sozialwissenschaftliche Textanalyse nutzbar zu machen. In: Schröer, Norbert (Hg.): Interpretative Sozialforschung. Auf dem Wege zu einer hermeneutischen Wissenssoziologie, Opladen: Westdeutscher, 107-127.

Lüders, Christian / Meuser, Michael 1997: Deutungsmusteranalyse. In: Hitzler Ronald / Honer, Anne (Hg.): Sozialwissenschaftliche Hermeneutik. Eine Einführung, Opladen: Leske & Budrich, 57-79.

Luibl, Hans Jürgen 2002: Gott und die Europäisierung Europas – Europas Identität in evangelischer Perspektive. In: Elm, Ralf (Hg.): Europäische Identität: Paradigmen und Methodenfragen, Baden-Baden: Nomos, 51-73.

Madeker, Ellen 2006: The EU and Turkey – an Established-Outsiders Relationship? In: Bach, Maurizio / Lahusen, Christian / Vobruba, Georg (Hg.): Europe in Motion. Social Dynamics and Political Institutions in an Enlarging Europe, Berlin: sigma, 175-201.

Madeker, Ellen 2006a: Zur Anwendung von MAXqda in der Deutungsmusteranalyse. In: Kuckartz, Udo (Hg.): CAQD 2006. Tagungsband, Marburg: Philipps-Universität Marburg, 45-50.

Mayring, Philipp 1990: Einführung in die qualitative Sozialforschung, München: Psychologie Verlags Union.

Mayring, Philipp 2003: Qualitative Inhaltsanalyse. Grundlagen und Techniken, Weinheim / Basel: Beltz.

Mayring, Philipp / Gläser-Zikuda, Michaela (Hg.) 2005: Die Praxis der qualitativen Inhaltsanalyse, Weinheim / Basel: Beltz.

Meinhof, Ulrike Hanna 2004: Europe Viewed from Below: Agents, Victims, and the Threat of the Other. In: Herrmann, Richard K. / Risse, Thomas / Brewer, Marilynn (Hg.) 2004: Transnational Identities: Becoming European in the EU, Lanham, MD: Rowman & Littlefield, 214-244.

Meuser, Michael / Sackmann, Reinhold (Hg.) 1992: Analyse sozialer Deutungsmuster. Beiträge zur empirischen Wissenssoziologie. Pfaffenweiler: Centaurus.

Meuser, Michaeli / Sackmann, Reinhold 1992: Zur Einführung: Deutungsmusteransatz und empirische Wissenssoziologie. In: Meuser, Michael / Sackmann, Reinhold (Hg.): Analyse sozialer Deutungsmuster. Beiträge zur empirischen Wissenssoziologie, Pfaffenweiler: Centaurus, 9-37.

Meyer, Thomas 2004: Die Identität Europas, Frankfurt / Main: Suhrkamp.

Moser, Brigitte / Weithmann, Michael 2002: Die Türkei. Nation zwischen Europa und dem Nahen Osten, Regensburg / Wien u.a.: Pustet.

Müftüler-Bac, Meltem 1997: Turkey's Relations with a Changing Europe, Manchester: Manchester UP.

Münch, Richard 1993: Das Projekt Europa. Zwischen Nationalstaat, regionaler Autonomie und Weltgesellschaft, Frankfurt / Main: Suhrkamp.

Münch, Richard 1999: Europäische Identitätsbildung. Zwischen globaler Dynamik, nationaler und regionaler Gegenbewegung. In: Viehoff, Reinhold / Segers, Rien T. (Hg.): Kultur, Identität, Europa. Über die Schwierigkeiten und Möglichkeiten einer Konstruktion, Frankfurt / Main: Suhrkamp, 223-252.

Nagler, Kerstin / Reichertz, Jo 1986: Kontaktanzeigen – auf der Suche nach dem anderen, den man nicht kennen will. In: Aufenanger, Stefan / Lenssen, Margrit (Hg.): Handlung und Sinnstruktur. Bedeutung und Anwendung der objektiven Hermeneutik, München: Juventa, 84-122.

Nedelmann, Birgitta 1986: Das kulturelle Milieu politischer Konflikte. In: Neidhardt, Friedhelm / Lepsius, Rainer M. / Weiss, Johannes (Hg.): Kultur und Gesellschaft, Opladen: Westdeutscher, 397-414.

Neidhardt, Friedhelm 1994: Öffentlichkeit, öffentliche Meinung, soziale Bewegungen. In: Neidhardt, Friedhelm (Hg.): Öffentlichkeit, öffentliche Meinung, soziale Bewegungen, Opladen: Westdeutscher, 7-41.

Neumann, Iver B. 1996: Self and Other in International Relations. In: European Journal of International Relations 2 (2), 139-174.

Neumann, Iver B. 1999: Uses of the other. The East in the European Identity Formation, Manchester: Manchester University Press.

Neumann, Iver B. 2001: European identity, EU Expansion, and the Integration / Exclusion Nexus. In: Cederman, Lars-Erik (Hg.): Europe's identity. The external dimension, London: Lynne Rienner, 141-164.

Nissen, Sylke 2003: Who Wants Enlargement of the EU? Support for Enlargement among Elites and Citizens in the European Union. In: Czech Sociological Review 39 (6), 757-772.

Nissen, Sylke 2006: European Identity and the Future of Europe: Bach, Maurizio / Lahusen, Christian / Vobruba, Georg (Hg.): Europe in Motion. Social Dynamics and Political Institutions in an Enlarging Europe, Berlin: sigma, 155-174.

Noelle-Neumann, Elisabeth / Mathes, Rainer 1987: The ‚Event as Event‘ and the ‚Event as News‘: The Significance of ‚Consonance‘ for Media Effects Research. In: European Journal of Communication 2 (4), 391-414.

Oevermann, Ulrich 1973: Zur Analyse der Struktur von sozialen Deutungsmustern, Manuskript, verfügbar über: http://user.uni-frankfurt.de/~hermeneu/Struktur-von-Deutungsmuster-1973.rtf [Zugriff: 15.03.2005].

Oevermann, Ulrich 1997: Thesen zur Methodik der werkimmanenten Interpretation vom Standpunkt der objektiven Hermeneutik, Vortrag gehalten anlässlich der 4. Arbeitstagung der Arbeitsgemeinschaft objektive Hermeneutik e.V. am 26. / 27. April 1997, verfügbar über: http://user.uni-frankfurt.de/~hermeneu/Werkimman-Interpret-1997.rtf [Zugriff: 07.08.2005].

Oevermann, Ulrich 2001: Die Struktur sozialer Deutungsmuster. Versuch einer Aktualisierung. In: Sozialer Sinn, 1, 35-81.

Öktem, Kerem 2005: British Media Perspectives on Turkey's EU Accession Prospects: Euro-scepticism and Turko-philia. In: Südosteuropa 53 (4), 587-597.

Öymen, Onur 2001: Die türkische Herausforderung. EU-Mitglied oder entfernte Verwandte? Köln: Önel.

Öztürk, Asiye 2004: Das Entstehen eines Macht-Dreiecks. Ankara auf dem Weg nach Washington und Tel Aviv. In: Aus Politik und Zeitgeschichte B 33-34, 25-31.

Pareto, Vilfredo [1903] 1980: Manuale d'economia politica, Mailand: Società Editrice Libraria.

Pareto, Vilfredo 1964a: Trattato di sociologia generale, Bd.1, Mailand: Edizioni di Comunità.

Pareto, Vilfredo 1964b: Trattato di sociologia generale, Bd.2, Mailand: Edizioni di Comunità.

Parsons, Talcott [1937] 1968: The Structure of Social Action. A Study in Social Theory with Special Reference to a Group of Recent European Writers, New York: Free Press.

Perelman, Chaim / Olbrechts-Tyteca, Lucie 1970 : Traité de l'argumentation. La nouvelle rhetorique, Brüssel: Université de Bruxelles.

Perelman, Chaim 1979: Logik und Argumentation, Königstein / Ts: Athenäum.

Parsons, Talcott [1937] 1968: The Structure of Social Action, New York: Free Press.

Peters, Hans-Peter 1994: Wissenschaftliche Experten in der öffentlichen Kommunikation über Technik, Umwelt und Risiken. In: Neidhardt, Friedhelm (Hg.): Öffentlichkeit, öffentliche Meinung, soziale Bewegungen, Opladen: Westdeutscher, 162-190.

Piel, Edgar 2004: Türkische Bedenken. In: FAZ vom 31.10.2004, Nr. 44, 33.

Plaß, Christine / Schetsche, Michael 2001: Grundzüge einer wissenssoziologischen Theorie sozialer Deutungsmuster. In: Sozialer Sinn 3, 511-536.

Powers, Charles H. 1987: Vilfredo Pareto, London u.a.: Sage.

Quaisser, Wolfgang 2004: Die Türkei in der Europäischen Union? Kurzanalysen und Informationen 11 / 2004, München: Osteuropa-Institut.

Quaisser, Wolfgang 2004a: Alternative EU-Integrationsstrategien für die Türkei und andere EU-Kandidatenländer. Kurzanalysen und Informationen 12 / 2004, München: Osteuropa-Institut.

Quaisser, Wolfgang / Reppegather, Alexandra 2004: EU-Beitrittsreife der Türkei und Konsequenzen einer EU-Mitgliedschaft. Gutachten im Auftrag des Bundesministeriums für Finanzen. Working Paper 252, München: Osteuropa-Institut.

Quandt, Siegfried 1995: Die Darstellung der Türkei, der Türken und Kurden in deutschen Massenmedien, Gießen: Justus.

Reichertz, Jo 1997: Objektive Hermeneutik. In: Hitzler, Ronald / Honer, Anne (Hg.): Sozialwissenschaftliche Hermeneutik. Eine Einführung, Opladen: Leske + Budrich, 31-55.

Reichertz, Jo 2003: Hermeneutische Wissenssoziologie. In: Bohnsack, Ralf / Marotzki, Winfried / Meuser, Michael (Hg.): Hauptbegriffe Qualitative Sozialforschung. Ein Wörterbuch, Opladen: Leske & Budrich, 85-89.

Reichertz, Jo / Schröer, Norbert 1994: Erheben, Auswerten, Darstellen. Konturen einer hermeneutischen Wissenssoziologie. In: Schröer, Norbert (Hg.): Interpretative Sozialforschung. Auf dem Wege zu einer hermeneutischen Wissenssoziologie, Opladen: Westdeutscher, 56-84.

Rhodes, Martin 2003: The Enlargement Crisis of the European Union. In: Journal of European Social Policy 13 (1), 54-57.

Riemer, Andrea 2003: Die Türkei und die Europäische Union. Eine unendliche Geschichte? In: Aus Politik und Zeitgeschichte B 10-11, 40-46.

Risse, Thomas 2003: European Institutions and Identity Change: What have we learned? Paper prepared for Richard Herrmann, Marilyn Brewer, and Thomas Risse (eds.), Identities in Europe and the Institutions of the European Union, verfügbar über: http://userpage.fu-berlin.de/*~atasp/texte/030730_europeaninstandidentity_rev.pdf [Zugriff: 03.05.2006].

Risse, Thomas / Engelmann-Martin, Daniela 2002: Identity Politics and European Integration: The Case of Germany. In: Pagden, Anthony (Hg.): The Idea of Europe. From Antiquity to the European Union, Cambridge: Cambridge UP, 287-316.

Roethe, Thomas E. 1980: Acht exemplarische Fallanalysen zur These von den zwei politischen Kulturen. Eine Rekonstruktion sozialer Deutungsmuster westdeutscher Industriearbeiter, Universität Dortmund: Dissertation.

Roth, Walter 2000: Leserbriefe. Lust am Widerspruch oder gesellschaftliches Engagement? Königslutter: Slices of Life.

Rüßler, Harald 1990: Veränderung von Produktionsstrukturen und Arbeitsorientierungen in der Eisen- und Stahlindustrie, Dortmund: Universität Dortmund [Dissertation, Microfiche].

Said, Edward 1978: Orientalism, London: Routledge and Kegan Paul.

Scheler, Max 1926: Die Wissensformen und die Gesellschaft. Probleme einer Soziologie des Wissens, Leipzig: Neue Geist-Verlag.

Schetsche, Michael 1996: Die Karriere sozialer Probleme. Soziologische Einführung, München / Wien: Oldenburg.

Schetsche, Michael 2000: Wissenssoziologie sozialer Probleme. Grundlegung einer relativistischen Problemtheorie, Wiesbaden: Westdeutscher.

Schild, Joachim 2002: Nationale und europäische Identitäten – komplementär oder unvereinbar? Orientierungen von Deutschen und Franzosen im europäischen Mehrebenensystem. In: Meimeth, Michael / Schild, Joachim (Hg.): Die Zukunft von Nationalstaaten in der europäischen Integration – Deutsche und Französische Perspektiven, Opladen: Leske & Budrich, 81-106.

Schlegel, Dietrich 2004: Sicherheitspartner Türkei: Geopolitik und Europäische Interessen. Bericht über das Schwerpunktprojekt der SOG zu den EU-Perspektiven der Türkei. In: Südosteuropa Mitteilungen 44 (1), 83-91.

Schmidt, Helmut 2004: Die Selbstbehauptung Europas, München: Ullstein.

Schmidt, Rudolf 2004: Die Türken, die Deutschen und Europa. Ein Beitrag zur Diskussion in Deutschland, Wiesbaden: VS.

Schneider, Werner 1999: So tot wie nötig – so lebendig wie möglich! Sterben und Tod in der fortgeschrittenen Moderne: Eine Diskursanalyse der öffentlichen Diskussion um den Hirntod in Deutschland, Münster: Lit.

Schröer, Nobert (Hg.) 1994: Interpretative Sozialforschung. Auf dem Weg zu einer hermeneutischen Wissenssoziologie, Opladen: Westdeutscher.

Schröer, Norbert 1997: Wissenssoziologische Hermeneutik. In: Hitzler, Ronald / Honer, Anne (Hg.): Sozialwissenschaftliche Hermeneutik. Eine Einführung, Opladen: Leske + Budrich, 109-129.

Schultz, Hans-Dietrich 1999: Natürliche Grenzen als politisches Programm. In: Honegger, Claudia / Hradil, Stefan / Traxler, Franz (Hg.): Grenzenlose Gesellschaft? Verhandlungen des 29. Kongresses der Deutschen Gesellschaft für Soziologie, des 16. Kongresses der Österreichischen Gesellschaft für Soziologie, des 11. Kongresses der Schweizerischen Gesellschaft für Soziologie in Freiburg, Opladen: Leske & Budrich, 328-343.

Schultz, Hans-Dietrich 2003: Welches Europa soll es denn sein? Anregungen für den Geographieunterricht. In: Internationale Schulbuchforschung. International Textbook Research 25, 223-256.

Schultz, Hans-Dietrich 2004: Die Türkei: (k)ein Teil des geographischen Europas? In: Leggewie, Claus (Hg.): Die Türkei und Europa. Die Positionen, Frankfurt / Main: Suhrkamp, 39-53.

Schütz, Alfred [1932] 1960: Der sinnhafte Aufbau der sozialen Welt. Eine Einleitung in die verstehende Soziologie, Frankfurt / Main: Suhrkamp.

Schütz, Alfred 1962: Collected Papers I, Den Haag: Nijhoff.

Schütz, Alfred 1971: Gesammelte Aufsätze I. Das Problem der sozialen Wirklichkeit, Den Haag: Nijhoff.

Schütz, Alfred 1972: Gesammelte Aufsätze II. Studien zur soziologischen Theorie, Den Haag: Nijhoff.

Schütz, Alfred [1946] 1972: Der gut informierte Bürger. Ein Versuch über die soziale Verteilung des Wissens. In: Gesammelte Aufsätze II. Studien zur soziologischen Theorie, Den Haag: Nijhoff, 85-101.

Schütz, Alfred / Luckmann, Thomas 1979: Strukturen der Lebenswelt I, Frankfurt / Main: Suhrkamp.

Schütz, Alfred / Luckmann, Thomas 1984: Strukturen der Lebenswelt II, Frankfurt / Main: Suhrkamp.

Schwab-Trapp, Michael 2003: Methodische Aspekte der Diskursanalyse. Probleme der Analyse diskursiver Auseinandersetzungen am Beispiel der deutschen Diskussion über den Kosovokrieg. In: Keller, Reiner / Hirseland, Andreas / Schneider, Werner / Viehöver, Willy (Hg.): Handbuch sozialwissenschaftliche Diskursanalyse Bd.2: Forschungspraxis, Wiesbaden: VS, 169-195.

Schwarz, Oliver 2006: Die Zypern-Frage: Letzte Schonfrist für Ankara, erschienen auf europa-digital.de am 08.11.2006, http://www.europa-digital.de/text/aktuell/dossier/tuerkei/bericht06_zypern.shtml [Zugriff: 10.11.2006].

Sedelmeier, Ulrich 2001: Eastern Enlargement: Risk, Rationality, Role-Compliance. In: Green Cowles, Maria / Smith, Michael (Hg.): The State of the European Union. Risks, Reform, Resistance, and Revival, Oxford: Oxford UP, 164-185.

Seidendorf, Stefan 2003: Europeanization of National Identity Discourses? Comparing French and German Print Media. Paper presented at the ECPR Joint Session of Workshops, Edinburgh 28th – 2nd April 2003.

Şen, Faruk 1998: Länderbericht Türkei, Darmstadt: Wissenschaftliche Buchgesellschaft.

Şen, Faruk 2003: Folgen eines Beitritts der Türkei für die Europäischen Union. In: Südosteuropa Mitteilungen 43 (1), 4-15.

Seufert, Günter 2004: Laizismus in der Türkei – Trennung von Staat und Religion? In: Südosteuropa Mitteilungen 44 (1), 16-29.

Siebert, Hans-Joachim 1994: ‚Der Leser hat das Wort' – Zur Leserbriefkommunikation in der Presse. In: Sommerfeldt, Karl-Ernst (Hg.): Sprache im Alltag. Beobachtungen zur Sprachkultur, Frankfurt / Main u.a.: Peter Lang, 181-192.

Simmel, Georg [1908] 1968: Soziologie. Untersuchungen über die Formen der Vergesellschaftung, Berlin: Duncker & Humblot.

Snow, David A. / Benford, Robert D. 1988: Ideology, Frame Resonance and Participant Mobilisation. In: Klandermans, Bert / Kriesi, Handpeter / Tarrow, Sidney (Hg.): International Social Movement Research 1, Greenwich, Connecticut: JAI Press, 197-217.

Snow, David A. / Benford, Robert D. 1992: Master Frames and Cycles of Protest. In: Morris, A.S. / McClueg-Müller (Hg.): Frontiers in Social Movement Theory. New Haven: Yale UP, 133-135.

Snow, David A. / Rochford, E. Burke Jr / Worden, Steven K. / Benford, Robert D.1986: Frame Alignment Processes, Micromobilization, and Movement Participation. In: American Sociological Review 51, 464-481.

Soeffner, Hans-Georg 1989: Auslegung des Alltags – der Alltag der Auslegung. Zur wissenssoziologischen Konzeption einer sozialwissenschaftlichen Hermeneutik, Frankfurt / Main: Suhrkamp.

Soeffner, Hans-Georg 1991: Verstehende Soziologie und sozialwissenschaftliche Hermeneutik – Die Rekonstruktion der gesellschaftlichen Konstruktion der Wirklichkeit. In: Berliner Journal für Soziologie 1 (2), 263-269.

Soeffner, Hans-Georg 1999: Verstehende Soziologie und sozialwissenschaftliche Hermeneutik. Die Rekonstruktion der gesellschaftlichen Wirklichkeit. In: Hitzler, Ronald / Reichertz, Jo / Schröer, Norbert (Hg.): Hermeneutische Wissenssoziologie. Standpunkte zur Theorie der Interpretation, Konstanz: UVK, 39-49.

Soeffner, Hans-Georg 1999a: ‚Strukturen der Lebenswelt‘ – ein Kommentar. In: Hitzler, Ronald / Reichertz, Jo / Schröer, Norbert (Hg.): Hermeneutische Wissenssoziologie. Standpunkte zur Theorie der Interpretation, Konstanz: UVK, 29-37.

Soeffner, Hans-Georg / Hitzler, Ronald 1994: Hermeneutik als Haltung und Handlung. Über methodisch kontrolliertes Verstehen. In: Schröer, Norbert (Hg.): Interpretative Sozialforschung. Auf dem Wege zu einer hermeneutischen Wissenssoziologie, Opladen: Westdeutscher, 28-54.

Stautner, Stefan 2004: Türkei: Europa oder Orient? Repräsentation der Türkei zwischen Europa und Orient, Berlin: Rhombos.

Steinbach, Udo 2002: Grundlagen und Anfänge der Republik. In: Informationen zur politischen Bildung 277 (4), 9-11.

Steinbach, Udo 2002a: Türkei. In: Weidenfeld, Werner (Hg.): Europa-Handbuch, Gütersloh: Bertelsmann, 307-313.

Steinbach, Udo 2004: Die Türkei und die EU. Die Geschichte richtig lesen. In: Aus Politik und Zeitgeschichte B 33-34, 3-5.

Stenger, Horst 1993: Die soziale Konstruktion okkulter Wirklichkeit. Eine Soziologie des ‚New Age‘, Opladen: Leske & Budrich.

Strauss, Anselm 1991: Grundlagen qualitativer Sozialforschung. Datenanalyse und Theoriebildung in der empirischen soziologischen Forschung, München: Wilhelm Fink.

Struck, Ernst 2003: Die Türkei im Brennpunkt amerikanischer und europäischer Geopolitik. In: Geographische Rundschau 55 (4), 4-9.

Teetzmann, Doris 2001: Europäische Identität im Spannungsfeld von Theorie, Empirie und Leitbildern, Göttingen: Cuvillier.

Teitelbaum, Michael S. / Martin, Philip L. 2003: Is Turkey Ready for Europe? In: Foreign Affairs 82 (2), 97-111.

Tibi, Bassam 1998: Aufbruch am Bosporus. Die Türkei zwischen Europa und Islamismus, München / Zürich: Diana.

Todorova, Maria 1997: Imaging the Balkans, Oxford: Oxford UP.

Trimberger, Ellen Kay 1978: Revolution from Above. Military Bureaucrats and Development in Japan, Turkey, Egypt and Peru, New Brunswick N.J.: Transaction.

Universität Hohenheim 2004: Presseinformation. Geeintes Europa – Vision oder Illusion? Potentiale und Gefährdungen der Europäischen Union. Betrachtungen ihrer heimlichen Macher, Stuttgart / Düsseldorf, verfügbar über: http://www.soziologie.uni-hohenheim.de/downloads/presse/2004_03_PM_Geeintes_Europa.pdf [Zugriff: 18.03.2005].

Viehoff, Reinhold / Segers, Rien T. (Hg.) 1999: Kultur, Identität, Europa. Über die Schwierigkeiten und Möglichkeiten einer Konstruktion, Frankfurt / Main: Suhrkamp.

Viehöver, Willy 2003: Die Wissenschaft und die Wiederverzauberung des sublunaren Raumes. Der Klimadiskurs im Licht der narrativen Diskursanalyse. In: Keller, Reiner / Hirseland, Andreas / Schneider, Werner / Viehöver, Willy 2004: Handbuch sozialwissenschaftliche Diskursanalyse Bd.2: Forschungspraxis, Wiesbaden: VS, 233-270.

Vobruba, Georg 2003: The Enlargement Crisis of the European Union. Limits of the Dialectics of Integration and Expansion. In: Journal of European Social Policy 13 (1), 35-49.

Vobruba, Georg 2005: Die Dynamik Europas, Wiesbaden: VS.

Vobruba, Georg 2005a: Die Dynamik Europas und der zwanglose Zwang zur Türkei-Integration. In: Blätter für deutsche und internationale Politik 50 (7), 811-818.

Von Oppeln, Sabine 2005: Die Debatte über den EU-Beitritt der Türkei in Deutschland und Frankreich. In: Leviathan 33 (3), 391-411.

Walkenhorst, Heiko 1999: Europäischer Integrationsprozeß und europäische Identität. Die politische Bedeutung eines sozialpsychologischen Konzepts, Baden-Baden: Nomos.

Weber, Max [1904] 1991: Die ‚Objektivität' sozialwissenschaftlicher und sozialpolitischer Erkenntnis. In: Weber, Max (Hg.): Schriften zur Wissenschaftslehre, Stuttgart: Reclam, 21-101.

Weber, Max [1913] 1988: Über einige Kategorien der verstehenden Soziologie. In: ders. (Hg.): Gesammelte Aufsätze zur Wissenschaftslehre, Tübingen: Mohr, 427-474.

Weber, Max [1920] 1987: Gesammelte Aufsätze zur Religionssoziologie, Bd.1, Tübingen: Mohr.

Weber, Max [1922] 1988: Gesammelte Aufsätze zur Wissenschaftslehre, Tübingen: Mohr.

Weber, Max [1922] 1980: Wirtschaft und Gesellschaft. Grundriss der Verstehenden Soziologie, Tübingen: Mohr.

Wehler, Hans-Ulrich 2004: Die türkische Frage. Europas Bürger müssen entscheiden. In: Leggewie, Claus (Hg.): Die Türkei und Europa. Die Positionen, Frankfurt / Main: Suhrkamp, 57-69.

Wehler, Hans-Ulrich 2004a: Verblendetes Harakiri. Der Türkei-Beitritt zerstört die EU. In: Aus Politik und Zeitgeschichte B 33-34, 6-8.

Wessels, Wolfgang 1995: Europäische Identität aus politischer Sicht: Modeerscheinung, Mythos oder magische Legitimationsformel? In: Henrichsmeyer, Wilhelm (Hg.): Auf der Suche nach europäischer Identität, Bonn: Institut für europäische Integrationsforschung, 101-122.

Williams, Glyn 1999: French Discourse Analysis. The Method of Post-Structuralismus, London: Routledge.

Wimmel, Andreas 2005: Transnationale Diskurse in der europäischen Medienöffentlichkeit: Die Debatte zum EU-Beitritt der Türkei. In: Politische Vierteljahresschrift 46 (3), 459-483.

Wimmel, Andreas 2006: Transnationale Diskurse in Europa. Der Streit um den Türkei-Beitritt in Deutschland, Frankreich und Großbritannien, Frankfurt / Main: Campus.

Windisch, Uli 1993: Der verbale K.O. Die konfliktäre Kommunikation am Beispiel von Leserbriefen, Zürich: Seismo.

Winkler, Heinrich August 2004: Soll Europa künftig an den Irak grenzen? In: Leggewie, Claus (Hg.): Die Türkei und Europa. Die Positionen, Frankfurt / Main: Suhrkamp, 271-273.

Winkler, Heinrich August 2004a: Ehehindernisse. Gegen einen EU-Beitritt der Türkei. In: Leggewie, Claus (Hg.): Die Türkei und Europa. Die Positionen, Frankfurt / Main: Suhrkamp, 155-158.

Wittkämpfer, Gerhard W. / Bellers, Jürgen / Grimm Jürgen / Heiks Michael 1992: Pressewirkungen und außenpolitische Entscheidungsprozesse – Methodologische Probleme der Analyse. In: Wittkämpfer, Gerhard W. (Hg.): Medien und Politik, Darmstadt: Wissenschaftliche Buchgesellschaft, 150-168.

Wodak, Ruth 2004: National and Transnational Identities. European and Other Identities Constructed in Interview with EU Officials. In: Herrmann, Richard K. / Risse, Thomas / Brewer, Marilyn (Hg.) 2004: Transnational Identities: Becoming European in the EU, Lanham, MD: Rowman & Littlefield, 97-128.

Wolff, L. 1994: Inventing Eastern Europe. The Map of Civilization on the Mind of the Enlightenment, Stanford: Stanford UP.

Wood, Steve / Quaisser, Wolfgang 2005: Turkey's Road to the EU: Political Dynamics, Strategic Context and Implications for Europe. In: European Foreign Affairs Review 10 (2), 147-173.

Yesilada, Birol A. 2002: Turkey's Candidacy for EU Membership. In: The Middle East Journal 56 (1), 95-111.

Zald, Mayer N. 1996: Culture, ideology, and strategic framing. In: McAdam, Doug / McCarthy, John D. / Zald, Mayer N. (Hg.): Comparative Perspectives on Social Movements. Political Opportunities, Mobilizing Structures, and Cultural Framings, Cambridge, Cambridge UP, 261-274.

Zentrum für Europäische Integrationsforschung 2006: EU-Turkey-Monitor 2 (2), Bonn: Rheinische Friedrich-Wilhelms-Universität.

Umfragen und EU-Dokumente

Europäische Kommission 2003: Eurobarometer 58. Die öffentliche Meinung in der Europäischen Union, Standard Eurobarometer, Brüssel, http://europa.eu.int/comm/public_opinion/archives/eb/eb61/eb61_de.htm [Zugriff: 11.11.2004].

Europäische Kommission 2004: Eurobarometer 61. Die öffentliche Meinung in der Europäischen Union, Standard Eurobarometer, Brüssel, http://europa.eu.int/comm/public_opinion/archives/eb/eb61/eb61_de.htm [Zugriff: 12.06.2006].

Europäische Kommission 2004a: Eurobarometer 62. Die öffentliche Meinung in der Europäischen Union. Herbst 2004. Nationaler Bericht Deutschland, Brüssel, http://ec.europa.eu/public_opinion/archives/eb/eb62/eb62_germany_nat.pdf [Zugriff: 15.10.2005].

Europäische Kommission 2004b: Regelmäßiger Bericht über die Fortschritte der Türkei auf dem Weg zum Beitritt, Brüssel, http://europa.eu.int/comm/enlargement/report_2004/pdf/rr_tr_2004_de.pdf [Zugriff: 11.11.2004].

Europäische Kommission 2005: Eurobarometer 64. Die öffentliche Meinung in der Europäischen Union. Herbst 2005. Nationaler Bericht Deutschland, Brüssel, http://ec.europa.eu/public_opinion/archives/eb/eb64/eb64_de_nat.pdf [Zugriff: 02.11.2006].

Europäische Kommission 2006: Regular Report on Turkey's Progress Towards Accession, Brüssel, http://ec.europa.eu/enlargement/pdf/key_documents/2006/Nov/tr_sec_1390_en.pdf [Zugriff: 10.11.2006].

Europäischer Rat 2005: Presidency Conclusions 16 / 17 December 2004, 16238/1/04 REV 1 CONCL 4, Brüssel, http://ue.eu.int/ueDocs/cms_Data/docs/pressData/en/ec/83201.pdf [Zugriff: 18.03.2005].

Europäische Union 2005: Vertrag über eine Verfassung für Europa, Luxemburg: Amt für amtliche Veröffentlichungen der Europäischen Gemeinschaften.

Europäische Union 2005a: Press Release IP/05/807. Commission presents a rigorous draft framework for accession negotiations with Turkey, Brussels, http://europa.eu.int/rapid/pressReleasesAction.do?reference=IP/05/807&format=PDF&aged=0&language=EN&guiLanguage=en [Zugriff 10.11.2006].

German Marshall Fund of the United States 2006: Transatlantic Trends. Key Findings 2006, Washington et al., http://www.transatlantictrends.org/doc/2006_TT_key%20Findings%20FINAL.pdf [Zugriff: 01.11.2006].

Institut für Demoskopie Allensbach 2000: Allensbacher Berichte Nr.2, Schwer wiegende Bedenken gegen den EU-Kandidaten Türkei, Allensbach am Bodensee.

Institut für Demoskopie Allensbach 2001: Gefühle tiefer Fremdheit. Von Renate Köcher. Dokumentation des Beitrags in der FAZ Nr.211 vom 11.September 2001, Dokumentation 53 / 26, Allensbach am Bodensee.

Institut für Demoskopie Allensbach 2003: Wirtschafts- oder Wertegemeinschaft? Das Beitrittsersuchen der Türkei entscheidet über den zukünftigen Weg Europas. Von Renate Köcher. Dokumentation des Beitrags in der FAZ Nr.42 vom 19. Februar 2003, Dokumentation 6464, Allensbach am Bodensee.

Institut für Demoskopie Allensbach 2004: Der Winter des Mißvergnügens. Die Stimmung zur Jahreswende ist von Verdrossenheit geprägt. Von Elisabeth Noelle. Dokumentation des Beitrags in der FAZ Nr.23 vom 28.Januar 2004, Dokumentation 6552, Allensbach am Bodensee.

Institut für Demoskopie Allensbach 2004a: Beklommenheit vor dem historischen Schritt. Die Bevölkerung sieht überwiegend die Risiken der Osterweiterung. Von Renate Köcher. Dokumentation des Beitrages in der FAZ Nr.93 vom 21.April 2004, Dokumentation 6574, Allensbach am Bodensee.

o.V. 2001: Europa-Recht. Textausgabe mit einer Einführung von Claus Dieter Classen, München: Beck.

Zentrum für Türkeistudien 2003: Die Einstellung der deutschen Bevölkerung zum EU-Beitritt der Türkei. Ergebnisse einer telefonischen Befragung im Auftrag der Botschaft der Republik Türkei in Deutschland, http://www.zft-online.de/daten_fakten/studien/Bericht_EU-Beitritt-2.pdf [Zugriff: 11.11.2004].

Pressestimmen

Arnold, Hans 2004: Die Türkei gehört nicht zu Europa. In: Die Welt, 15.08.2004.

Badinter, Robert 2004: Nicht gegen die öffentliche Meinung. In: FAZ, 15.12.2004.

Bahr, Egon 2004: Pause zur Selbstfindung. In: Der Spiegel, 06.09.2004.

Beck, Hartmut 2004: Die EU wird handlungsunfähig und instabil (Leserbrief). In: SZ, 16.10.2004.

Beckmann, M. 2004: Schröder verschweigt Folgen des Beitritts (Leserbrief). In: Die Welt, 16.10.2004.

Beckstein, Günther im Interview 2004: Rechtsradikale bieten keine Lösungen. In: WAMS, 17.10.2004.

Benesch, H. 2004: Türkei: Schon Europa oder noch ,Morgenland'? (Leserbrief). In: Die Welt, 27.09.2004.

Blome, Nikolaus 2004: Unterschriften sind zu wenig. In: Die Welt, 12.10.2004.

Böckenförde, Ernst-Wolfgang 2004: Nein zum Beitritt der Türkei. In: FAZ, 10.12.2004.

Bolkestein, Frits 2004: Der lange Weg nach Europa. In: Die Welt, 10.09.2004.

Burgdorf, Wolfgang 2004: Die europäische Antwort. Wir sind der Türkei verpflichtet. In: FAZ, 06.01.2004.

Busse, Nikolas 2004: Das türkische Geschäft. In: FAZ, 09.08.2004.

De Winter, Leon 2004: Wir müssen eine Weile die Tore schließen. In: Die Welt, 15.12.2004.

Deselaers, Jan 2004: Auf Schmidt hören (Leserbrief). In: SZ, 24.01.2004.

Eberhardt-Lutz, Dorothee 2004: Bedrohung, die von der Türkei ausgeht (Leserbrief). In: SZ, 03.07.2004.

Erdogan, Recep Tayyip im Interview 2004a: Die EU ist für uns eine Wertegemeinschaft. In: Die Welt, 29.04.2004.

Erdogan, Recep, Tayyip im Interview 2004: Es gibt nur ein Verhandlungsziel. In: Der Spiegel, 04.10.2004.

Fischer, Joschka im Interview 2004: Alptraum von Gewalt. In: Der Spiegel, 03.05.2004.

Fischler, Franz im Interview 2004: Was passiert, wenn die Türkei der EU beitritt? In: WAMS, 26.09.2004.

Fornt, Xavier 2004: Kosten unrealistisch aus dem Ärmel geschüttelt (Leserbrief). In: Die Welt, 21.10.2004.

Frankenberger, Klaus-Dieter 2004: Über die Grenze hinaus. In: FAZ, 13.12.2004.

Gauland, Alexander 2004: Im historischen Blindflug. In: FASZ, 17.10.2004.

Giscard d'Estaing, Valéry 2004: Zurück zur Vernunft. In: FAZ, 26.11.2004.

Glos, Michael im Interview 2004: Der Sieg 2006 fällt uns nicht in den Schoß. In: Die Welt 31.12.2004.

Grabbe, Karl H. 2004: Private Vorurteile über die Türkei (Leserbrief). In: FAZ, 19.10.2004.

Graf Czernin 2004: Aufmarschraum (Leserbrief). In: SZ, 06.10.2004.

Grau, Treufried 2004: Selbstaufgabe (Leserbrief). In: FAZ, 30.10.2004.

Grimm, Dietrich 2004: Allerweltsgebilde (Leserbrief). In: FAZ, 26.05.2004.

Hahn, Leopold 2004: Ausbruch aus dem Meinungskartell (Leserbrief). In: FAZ, 15.03.2004.

Hauck, Roland 2004: Heftiger Streit um den EU-Beitritt der Türkei (Leserbrief). In: Die Welt, 28.09.2004.

Herbert, Jakob 2004: Fragiles Gebäude (Leserbrief). In: FAZ, 24.08.2004.

Hermann, Rainer 2004: Kerneuropa vs. Großeuropa. In: FAZ, 28.04.2004.

Hoffmann, Hartmut 2004: Das ‚christliche Mittelalter' (Leserbrief). In: FAZ, 29.03.2004.

Jeismann, Michael 2004: Zeitschmelze. Europas geflutete Geschichte. In: FAZ, 26.01.2004.

Kepel Gilles im Interview 2004: Hollands Multikulturalismus war Apartheid. In: Die Welt, 02.12.2004.

Kleber, Josef 2004: Forderungen (Leserbrief). In: FAZ, 01.11.2004.

Kohl, Helmut im Interview 2004: Ein Europa der zwei Geschwindigkeiten ist schädlich. In: FAZ, 22.01.2004.

Kornelius, Stefan 2004a: Die überdehnte Union. In: SZ, 08.09.2004.

Kornelius, Stephan 2004: Die Risiko-Entscheidung. In: SZ, 16.12.2004.

Koschyk, Hartmus 2004: Falsche Prioritäten in der Koalition (Leserbrief). In: FAZ, 21.12.2004.

Laschet, Armin 2004: Länger beraten als eine Zigarettenpause lang. In: FAZ, 30.06.2004.

Le Goff, Jacques im Interview 2004: Geboren im Mittelalter. In: Die Welt, 30.04.2004.

Lerch, Wolfgang 2004: Allzeit westwärts. In: FAZ, 15.07.2004.

Lustfeld, Hans 2004: Beitritt zur EU (Leserbrief). In: FAZ, 05.10.2004.

MacShane, Dennis im Interview 2004: Britannien wird ja sagen. In: FASZ, 02.05.2004.

Mehrling, Gerd 2004: Weiter Streit um den Türkei-Beitritt zur EU (Leserbrief). In: Die Welt, 18.12.2004.

Merz, Pascal 2004: Zumutung Türkei (Leserbrief). In: Die Zeit, 30.12.2004.

Mihm, Bernhard 2004: Europas ‚Wir-Gefühl' endet am Bosporus (Leserbrief). In: Die Welt, 10.09.2004.

Moisi, Dominique 2004: Europa, wo liegt es? In: Die Welt, 30.04.2004.

Müller, Leonhard 2004: Projekt Europa (Leserbrief). In: FAZ, 09.12.2004.

Munck, Eckehard 2004: Schubladendenken (Leserbrief). In: SZ, 18.12.2004.

Neumann, Manfred 2004: Beitritt nicht zu verkraften (Leserbrief). In: SZ, 24.01.2004.

o.V. Feuilleton 2004: Education profane. In: FAZ, 07.10.2004.

Pfennig, Gabriele 2004: Keine Frage der Ehre (Leserbrief). In: FAZ, 02.08.2004.

Prantl, Heribert 2004: Ein 780 576 Quadratkilometer großes Kopftuch. In: SZ, 15.05.2004.

Regenfelder, Karin 2004: Türkei als Mittler zwischen Orient und Okzident (Leserbrief). In: FAZ, 10.09.2004.

Ritter, Henning 2004: Camouflage. Was will die Türkei? In: FAZ, 17.12.2004.

Schafberg, Herwig 2004: Keine Zivilgesellschaft westeuropäischer Prägung (Leserbrief). In: FAZ, 16.08.2004.

Schlötzer, Christiane 2004: Türkische Tücken. In: SZ, 25.09.2004.

Schmid, Thomas 2004: Töricht und selbstvergessen. In: FASZ, 10.10.2004.

Schröder, Gerhard 2004: Warum die Türkei in die EU gehört. In: Die Welt, 13.10.2004.

Schuster, Jacques / Köppel, Roger 2004: Zehn Gründe gegen einen EU-Beitritt der Türkei. In: Die Welt, 24.09.2004.

Schuster, Jacques 2004a: Abenteuer Türkei. In: Die Welt, 20.08.2004.

Schuster, Jacques im Interview 2004: Wollen wir die Türkei als Mitglied in der EU? In: Die Welt, 09.09.2004.

Senocak, Zafer 2004: Europa ist eine Kunst. In: FAZ, 28.01.2004.

Serwetta Gburek, Patricija 2004: Blauäugige Politiker (Leserbrief). In: SZ, 16.10.2004.

Siebert, Horst 2004: Wohin driftet Europa? In: Die Welt, 28.11.2004.

Söder, Markus 2004: Die Angst vor dem Volk. In: Die Welt, 13.10.2004.

Sonderegger, Peter 2004: Schon Europa oder noch „Morgenland"? (Leserbrief). In: Die Welt, 27.09.2004.

Stephan, Tim 2004: Schweigen zum ‚anderen Europa' (Leserbrief). In: FAZ, 02.07.2004.

Stürmer, Michael 2004: Verkanntes Objekt der Geschichte. In: Die Welt, 15.10.2004.

Ulrich, Stefan 2004: Abschied von Europa. In: SZ, 26.10.2004.

Von Beust, Ole 2004: Nachfragen in Ankara, aber nicht belehren. In: Die Welt, 28.07.2004.

Wagner, Dieter 2004: Kein Kulturbeitrag (Leserbrief). In: FAZ, 23.12.2004.

Wernicke, Christian 2004: Das große Aber. In: SZ, 18.12.2004.

Winkler, Heinrich-August im Interview 2004: Für Menschenrechte werben. In: Der Spiegel, 13.12.2004.

Winkler, Heinrich-August im Interview 2004a: Europas Leichtsinn. In: FASZ, 12.12.2004.

Zapatero, José Luis Rodrigez im Interview 2004: Deutschland soll Lokomotive sein. In: Der Spiegel, 08.11.2004.

Methoden

Hans Benninghaus

Deskriptive Statistik
Eine Einführung für Sozialwissenschaftler
10., durchges. Aufl. 2005. 285 S.
Br. EUR 19,90
ISBN 978-3-531-14607-2

Alexander Bogner / Beate Littig /
Wolfgang Menz (Hrsg.)

Das Experteninterview
Theorie, Methode, Anwendung
2., durchges. Aufl. 2005. 278 S.
Br. EUR 24,90
ISBN 978-3-531-14447-4

Michael Häder

Empirische Sozialforschung
Eine Einführung
2006. 497 S. Br. EUR 19,90
ISBN 978-3-531-14010-0

Cornelia Helfferich

Die Qualität qualitativer Daten
Manual für die Durchführung
qualitativer Interviews
2. Aufl. 2005. 193 S. Br. EUR 14,90
ISBN 978-3-531-14493-1

Betina Hollstein / Florian Straus (Hrsg.)

Qualitative Netzwerkanalyse
Konzepte, Methoden, Anwendungen
2006. 514 S. Br. EUR 39,90
ISBN 978-3-531-14394-1

Udo Kuckartz

**Einführung in die
computergestützte Analyse
qualitativer Daten**
2., akt. und erw. Aufl. 2007. 268 S.
Br. EUR 19,90
ISBN 978-3-531-34247-4

Udo Kuckartz / Thorsten Dresing /
Stefan Rädiker / Claus Stefer

Qualitative Evaluation
Der Einstieg in die Praxis
2007. 119 S. Br. EUR 12,90
ISBN 978-3-531-15366-7

Heinz Sahner

Schließende Statistik
Eine Einführung für Sozialwissenschaftler
6. Aufl. 2005. 155 S. Br. EUR 16,90
ISBN 978-3-531-14687-4

Nadine M. Schöneck / Werner Voß

Das Forschungsprojekt
Planung, Durchführung und Auswertung
einer quantitativen Studie
2005. 229 S. mit CD-ROM. Br. EUR 23,90
ISBN 978-3-531-14553-2

Erhältlich im Buchhandel oder beim Verlag.
Änderungen vorbehalten. Stand: Juli 2007.

www.vs-verlag.de

VS VERLAG FÜR SOZIALWISSENSCHAFTEN

Abraham-Lincoln-Straße 46
65189 Wiesbaden
Tel. 0611.7878-722
Fax 0611.7878-400